부산, 항일의 길

부산, 항일의 길

광복회 부산지부 엮음

경인문화사

부산독립운동사 『부산, 항일의 길』을 발간하며...

광복회는 조국의 독립을 위해 순국선열과 애국지사들과 그 유족으로 구성되어 대일항쟁기 국가와 민족을 위하여 목숨을 다 바친 독립운동 선열들의 유지를 받들어 올곧은 민족정기를 세우고, 선열들의 숭고한 독립정신을 미래 창조의 원동력으로 삼아 나라와 겨레를 위해 국민화합과 민족 대통합을 이루어 조국 통일에 선도적인 역할을 하고자 노력하고 있습니다.

올해는 광복 80주년을 맞이하여, 부산에서도 독립기념관 건립이 확정되어 첫 삽을 뜨는 뜻깊은 해입니다. 부산지부에서는 부산의 독립운동을 체계적으로 정리하기 위한 첫 번째 작업으로 『부산, 항일의 길』을 집필하였습니다. 개항 이후부터 1945년 광복에 이르기까지 부산지역의 독립운동을 시간 순으로 정리하고, 기록하여 한 권의 책으로 엮어내었습니다.

부산은 개항을 전후한 시기부터 대일항쟁기 36년 동안 일제 식민 수탈의 최전선이었습니다. 한반도에서 가장 많은 일본인이 정착해 살면서 그들의 근대시설에 많은 조선인이 생계를 유지해 살았기 때문에 부산 지역민들은 이에 순종과 저항이라는 선택을 고민해야 했습니다. 부산 지역민이 선택했던 저항과 항일의 이야기를 『부산, 항일의 길』을 통해 들여다볼 수 있습니다.

1980년대 이후 부산의 독립운동사가 체계적으로 정리되지 않았던 아쉬움을 『부산, 항일의 길』을 발간함으로써 다시금 부산 독립운동의 위상을 되새기며, 후손들에게 선열들의 정신을 이어 나가길 기대해 봅니다. 『부산, 항일의 길』을 발간할 수 있도록 지원해 준 부산광역시와 1년여 간 집필을 위해 노력해 주신 집필진과 편집위원님들께 감사의 말씀 전합니다.

대한민국 국민 모두가 독립을 위해 노력하신 선열들의 정신을 이어 가는 그날까지 광복회 부산지부는 끊임없이 노력하겠습니다.

2025. 12.

광복회 부산지부장 백기환

『부산, 항일의 길』 발간을 축하하며

광복회 부산광역시지부의 『부산, 항일의 길』 발간을 진심으로 축하드립니다. 역사를 기록한다는 것은 과거를 돌아보는 일에 그치는 것이 아닙니다. 우리가 어떤 희생과 대가를 치르며 여기까지 걸어왔는지, 어떤 고난과 파고를 헤치며 오늘에 이르렀는지를 돌아보고, 지금 이 시점에서 우리가 나아갈 방향을 결정하기 위한 가장 현실적인 행위입니다.

그런 점에서 광복회 부산광역시지부가 광복 80주년을 맞아 『부산, 항일의 길』을 발간하시는 것은 부산과 대한민국의 미래를 새롭게 여는 대단히 뜻깊은 일이라 할 것입니다. 책 발간에 많은 노고를 기울이신 백기환 광복회 부산광역시지부장님을 비롯한 관계자 여러분께 깊은 감사의 말씀을 드립니다.

부산은 우리나라 항일 독립운동의 중요한 무대였습니다. 일제의 침략이 가장 먼저 닿았던 관문이었고, 동시에 독립의 의지가 가장 치열하게 맞섰던 최전선이었습니다. 일본과 맞닿은 항만과 철도는 식민 통치의 통로였지만, 그 길은 또한 독립운동가들의 결연한 발걸음과 비밀스러운 연대가 오간 길이기도 했습니다.

의열단을 중심으로 한 무장 독립운동이 부산에서 전개되었고, 박재혁 의사의 부산경찰서 의거를 비롯해 식민 통치의 심장부를 겨냥한 결단의 순간들이 역사에 새겨졌습니다. 항만과 공장, 학교 곳곳에서는 노동자와 학생들이 일제의 억압에 맞서 뜨거운 항일 운동을 펼쳤습니다. 이 책은 바로 그분들의 이름과 삶을 다시 오늘에 불러내어 부산이 걸어온 항일의 여정을 하나로 엮어내는 귀중한 작업입니다.

부산시 역시, 광복 80주년을 맞아 뜻깊은 일을 진행하고 있습니다. 특히 부산시민공원 안에 부산독립운동기념관 조성을 시작했습니다. 부산독립운동기념관은 흩어져 있던 부산의 항일 독립운동사를 체계적으로 정리하고, 기억과 교육, 연구가 함께 이루어지는 중심 공간이 될 것입니다. 또한 많은 시민과 학생들이 일상의 공간에서 독립운동의 역사와 마주하고 국가 존재의 가치를 되새기는 공간이 될 것입니다.

부산시는 독립유공자와 유가족에 대한 예우를 더욱 두텁게 하고 보훈이 생활 속에서 체감될 수 있도록 정책과 지원도 강화해 나갈 것입니다. 보훈은 나라를 위한 헌신에 대한 우리 사회의 응답이자, 그 희생 위에 세워진 공동체를 더 굳건히 지켜나가겠다는 선언이기 때문입니다. 우리 시는 선열들이 피땀으로 물려주신 대한민국과 우리 부산을 세계 속에 더욱 당당한 나라와 도시로 발전시키는 데 혼신의 힘을 다하겠습니다.

책자 발간을 위해 자료를 조사하고 내용을 정리하며 집필에 참여하신 전문가 여러분과 광복회 부산시지부 관계자 여러분의 노고에 깊이 감사드립니다. 이 책이 부산의 독립운동사를 알리고 선열들의 정신을 이어가는 소중한 자료로 널리 이용되기를 진심으로 바랍니다. 감사합니다.

2025. 12.

부산광역시장 박형준

『부산, 항일의 길』 발간을 축하하며...

존경하는 독립유공자 유가족 여러분, 그리고 시민 여러분!

먼저 조국의 독립을 위해 희생하신 모든 애국선열들께 무한한 경의를 표하며, 삼가 머리 숙여 명복을 빕니다. 아울러 부산의 독립운동사를 기리고 알리기 위해 애써주신 모든 분들께 깊은 감사의 말씀을 드립니다.

특히 이번 부산독립운동사 책자의 발간을 위해 큰 노력을 기울여 주신 백기환 광복회 부산광역시 지부장님과 관계자 여러분께 진심으로 감사의 마음을 전합니다.

올해는 대한민국이 광복을 맞이한 지 80주년이 되는 뜻깊은 해입니다. 우리에게 역사의 큰 전환점이자, 잊어서는 안 될 교훈을 되새겨주는 시간이기도 합니다. 이러한 해에 부산의 독립운동사를 체계적으로 정리한 부산독립운동사 책자 발간은 독립운동의 숨결이 살아 있는 도시, 이곳 부산의 역사적 위상을 바로 세우는 일일뿐 아니라 우리 모두에게 대한민국의 미래를 위해 지켜야 할 가치와 정신을 되새기게 해주어 그 의미가 매우 깊다 할 것입니다.

일제강점기의 부산은 개항 이후 외세 침탈의 압력을 직접적으로 받았던 지역적 특수성과 항만·교통 중심지로서 형성된 활발한 네트워크를 기반으로 다양한 방식으로 항일운동을 전개하였습니다. 또한 부산의 독립운동은 지역을 넘어 국내외 독립운동 세력과 연계하여 항일정신의 중요한 축을 형성하였습니다.

그리고 수 많은 독립운동가들은 잃어버린 조국을 되찾기 위해 자신의 모든 것을 바치시고 '독립'이라는 희망의 불씨를 끊임없이 밝혀 마침내 우리 민족에게 '광복'이라는 자랑스러운 역사를 맞이하게 해주셨습니다.

『부산, 항일의 길』은 1876년부터 1910년까지 개항기의 민족운동, 1910년부터 1919년까지 무단통치기의 민족운동, 1919년부터 1932년까지 민족분열정책기의 민족운동, 1932년부터 1945년까지 민족말살통치기의 민족운동에 이르기까지 부산에서 펼쳐진 독립운동의 흐름을 네가지 시기로 나누어 담아내고 있습니다.

이 방대한 작업을 위해 참여해 주신 강대민님, 박철규님, 김승님, 배진영님, 김혜진님의 집필진과 감수를 맡아 책자의 완성도를 더해 주신 안환님, 문용호님, 최경숙님께 깊은 경의를 표합니다. 여러분들의 연구와 노력이 없었다면 부산의 독립운동사는 여전히 많은 부분이 가려져 있었을 것입니다.

부산지방보훈청은 일제강점기 우리 민족의 항일독립운동을 기억하고, 독립유공자의 숭고한 애국정신이 미래세대에게 온전히 계승될 수 있도록 최선을 다하겠습니다.

독립운동의 역사는 결코 과거의 이야기가 아닙니다. 그것은 오늘의 대한민국을 지탱하는 근본이자 더 나은 내일을 향해 나아가는 힘입니다.

다시 한번 부산독립운동사 책자 발간을 진심으로 축하드립니다. 이 책을 통해 부산의 항일정신과 독립운동의 역사가 더욱 널리 알려지고, 국민과 지역사회가 함께 그 숭고한 정신을 기억하는 계기가 되기를 기대합니다.

감사합니다.

2025. 12.

부산지방보훈청장 이남일

차 례

제3장 항일의 길을 달리다

제4장 항일의 길을 이어가다

총론

올해 2025년은 1945년 일본 제국주의로부터 해방된 지 80주년을 맞는 해이다. 그동안 많은 시민들과 정관계·학계의 노력을 바탕으로 해방이 외력의 작용 즉, 제2차 세계대전에서 일제가 연합군에게 패망한 결과로 주어진 것이 아니라, 우리 민중들이 투쟁한 민족해방운동의 역사로 쟁취한 성과임을 확인하고 공유하였다.

그러나 지난 2000년대 이후 기왕의 민족주의적 역사관에 문제점을 제기하며 반기를 드는 이들이 나타나기 시작했다. 그들은 이른바 '뉴라이트 사관'을 내세우며, 기왕의 민족해방운동사의 성과에 대해 반발하고 폄훼하였다. 그들은 민족주의 사관에 대해 폐쇄적 사관과 종족주의적 인식에 지나지 않는다고 비난하였으며, 일제강점기의 수탈에 대해서도 '실증적 연구'를 운운하며 일제의 침략적 경제 정책과 당시의 기형적 경제 구조에 대해 왜곡된 주장을 강변하였다.

이러한 움직임에 대해 역사학계의 입장에서는 무엇보다 올바른 사관에 기반하여 한국 근현대사의 역사를 재검하고 기술할 필요가 있다. 특히 2000년대 이후 중앙 중심의 역사를 탈피한 각 지역의 민족해방운동사 연구를 적극적으로 수용하고, 그에 기반을 하여 한국 민족해방운동사 전체를 확장, 개편하는 것이 필요하다.

이번 『부산, 항일의 길』의 저술은 이러한 문제의식을 바탕으로 이루어졌다. 이번 저술은 무엇보다 부산 지역을 중심으로 한 민족해방운동이 어떠한 흐름 속에서 도도히 흘러왔는가를 확인하는데 중점을 두었다. 더불어 각 시기의 운동이 어떻게 발원하고 응집하여 폭발했는지 그리고 그 흐름이 오늘날 어떻게 계승되고 있는지를 서술하고자 하였다.

이를 위해 저자들은 부산의 근·현대를 네 시기로 구분하여 항일 민족해방운동사를 기술하였다. 즉 배진영은 1868년과 1869년을 거치는 서계 사건을 기점으로 한 개항기의 역사와 1910년대의 무단통치에 대한 부산 지역의 민족운동을 흥미롭게 서술하였다. 1919년 부산 지역의 3·1 운동을 담당한 박철규는 참여 인원과 그 행적을 심도 있게 추적하면서 해당 운동이 얼마만큼 다양한 계층과 지역에서 광폭적으로 이루어졌는지를 증명하였으며, 1920년대를 정리한 김승은 당시에 이루어졌던 다양한 형태의 민족해방운동을 균형감 있게 서술하였다. 특히 그는 부산 지역에서의 민족해방운동이 당대의 시대상과 사상 조류의 변화를 반영하여 어떻게 진행되었는지를 깊이 있게 서술하여 흥미를 높였다. 마지막으로 1930년대와 해방까지의 역사를 김혜진이 살펴보고 이어 부산지역 독립유공자 현황을 정리하였다. 이 과정에서 그는 민족말살 정책기에 이루어진 일제의 폭압 속에서도 지속적으로 이루어졌던 부산 지역의 민족해방운동이 끝내 부산 항일의거로 폭발하는 과정을 보여주었다.

이상의 방향으로 각 저자들은 부산의 민족해방운동이 단선적이고 파편적으로 이루어진 것이 아니라, 제국주의 일본의 침략과 폭압의 과정에 지속적으로 저항하고 그 가운데에서 조국의 해방을 일구어내는 거대한 서사였음을 증명하였다. 이러한 책의 내용을 좀 더 자세히 정리하면 다음과 같다.

1. 항일의 길을 닫다

1868년 메이지유신 이후 일본은 제국주의 노선을 강화하며 조선에 대한 침략을 본격화했다. 그 출발점은 1869년 '서계 사건'이었다. 일본의 메이지 신정부가 자신들의 수립을 알리는 외교문서인 서계를 조선에 보내면서 일어난 사건으로, 이를 통해 그들은 전통적인 동아시아 외교 체제를 벗어나 제국주의적 외교 체제로 변화했음을 천명하였다. 이에 대해 당시의 동래부는 일본의 서계 수납을 거부하고 철공철시(撤供撤市)를 단행하여 조선의 자주적 외교 의지를 표명하였다.

이에 대해 일본 정부가 1875년 파견한 군함 호쇼함의 부산 정탐과 무력시위가 이어졌다. 이에 부산의 관민들은 투석전을 벌이며 동래부 남문을 중심으로 일본의 난입을 저지했다. 이 사건은 개항기 부산에서 전개된 최초의 민중적 항일투쟁이었다.

개항 이후 부산 지역에서는 일본의 침략과 그에 대한 저항이 이어졌다. 조선 정부가 1879년 두모진 해관을 설치해 세금을 부과하자, 일본은 조약 위반을 명분으로 무력시위를 벌여 해관을 강제로 폐쇄시켰다. 이후 미면교환체제(쌀 수출·면제품 수입) 아래 조선 내 쌀값 상승과 빈농 몰락이 이어지면서, 1883년 동래민란과 1884년 쌀 판매 거부운동 등 반일 민중운동이 부산과 경남 일대에서 폭발했다. 1886년에는 일본인 상인의 폭행으로 조선인이 사망한 '선창가 투쟁사건'과 일본 감수소의 조선 여성 납치 시도 등으로 민심이 격화되어 동래부민이 무장 투석전을 벌이는 사건도 발생했다.

한편 부산의 항일운동은 무력 저항뿐만 아니라 계몽운동으로도 이어졌다. 그 중심에는 동래 기영회가 있었으며 개항 이후 근대교육(제도)과 신학문 수용을 통해 민족계몽의 중심이 되었다. 동래 기영회는 동래부학교와 삼락학교·동명학교 등을 설립했고 이것이 1900년대 초에는 초량사립소학교, 구명학교, 정정의숙(여학교), 명진학교 등 민간 사립학교의 개교로 계승되었다.

1907년에는 국채보상운동이 부산에서도 확산되었다. 동래 구포리 주민들의 의연을 시작으로 동래부국채보상일심회가 결성되었으며, 부산상무의회가 핵심 역할을 했다. 특히 부산의 기방 명월루·망해루의 기생 40여 명이 100전 이상을 헌금한 일은 전국적으로 주목받았다.

경제적 실력양성운동의 중심에는 박기종이 있었다. 1880년대 부산에서 전경사라는 기선회사를 창립해 조선 최초의 민간 해운사업을 시도했던 그는 동시에 근대식 학교 개성학교를 설립하여 산업·지식 근대화를 추진하였다. 뒤이어 부산~하단을 잇는 부하철도회사를 설립해 철도 부설을 시도했다. 비록 경부선의 일본 자본에 밀려 실패했으나, 그의 활동은 지역 상인의 자주경제 의식을 자극했다.

이러한 실력운동은 1910년대 민족 금융운동으로 이어졌다. 일본 제일은행의 금융 지배에 맞서 윤상은 등이 주도한 구포저축주식회사가 설립되어 민족 자본의 저축·대부를 도모했다. 이어 봉래일기계가 창립되어 상인 중심의 금융조직으로 발전했다. 안희제도 참여한 이 조직은 이후 백산상회, 동래은행 등 민족기업 설립의 기반이 되었다. 이들은 일본 식산은행의 자본 침투에 맞서 지역 자본을 결집시키는 경제적 항일운동을 전개하였다.

결국 1868~1919년 부산의 민족운동은 단순한 반일감정이 아니라, 근대민족 형성과 자주적 경제·교육 체계 구축을 지향한 실질적 독립운동이었음을 보여준다. 더불어 이러한 경험이 부산·경남의 3·1운동을 비롯해, 이후 민족해방운동의 뿌리가 되어 성장했음을 보여준다.

2. 항일의 길을 걷다

부산·동래 지역의 3·1운동은 지역적 특성에 따라 학생·교사 주도의 평화 시위, 그리고 구포·김해·양산 방면에서의 민중 중심 시위로 확산되었다. 이러한 부산민들의 3·1운동은 운동의 초창기부터 깊숙하게 관여가 되어있었다. 특히 교남학우회를 주도했던 경성의전의 김형기, 허영조, 윤자영 등은 부산 출신의 유학생으로 그 활약이 두드러졌다.

이들 유학생 중 상당수가 3월 2~3일 사이 부산·마산으로 내려와 독립선언서를 배포하는 한편 지역 학생들에게 거사 참여를 권유했다. 이러한 활동은 부산 지역 3·1운동의 직접적인 기폭제가 되었다. 이에 따라 3월 3일~4월 말까지 부산·동래·강서 지역에서 총 36건의 시위 준비가 진행되었다. 이 중 24건이 실제 시위로 이어졌고, 12건은 준비 단계에서 발각되었다. 그 지역과 참여층도도 넓어 부산부, 동래, 강서, 기장, 명지, 녹산, 가덕도 등에서 시위가 확인되었으며 시위 주도층은 학생, 기독교계, 불교계 승려, 노동자, 농민 등 다양했다.

이 중 동래 지역에서는 동래고등보통학교(이하 동래고보)·동래여학교·명정학교 등의 학생층을 중심으로 3·1운동이 진행되었다. 이들은 3월 13일 동래시장에서 대규모 시위를 일으켰고, 이것은 범어사의 적극적인 참여를 추동하였다. 범어사 승려들은 조직적으로 시위에 참여했으며 법명 '기봉'으로 활동했던 윤상은(승려 출신 지방학림생) 등 다수의 승려가 체포되었다. 여기서 드러나듯 다른 지역과 달리 불교 세력의 참여가 매우 두드러졌다는 점이 부산·동래의 특성이다.

즉 동래 지역에서는 3월 13일 동래시장 시위를 시발점으로 하여 3월 17일 범어사 승려 시위, 3월 18일 동래 남문 1·2차 시위, 3월 말~4월까지 지속적인 야간 시위가 이어졌다. 이 가운데 총 17건의 시위가 준비되었고, 14건이 실제 실행될 정도로 동래 지역의 시위는 활발히 진행되었다.

한편 부산진·좌천동 일대에서는 일신여학교를 중심으로 3·1운동이 전개되었다. 일신여학교는 부산 지역 여성운동의 중심지로, 3월 11일과 4월 8일 두 차례 큰 시위를 전개했다.

교사 주경애가 서울 학생단의 연락을 받아 부산상업학교와 협조했고, 학생 이명시 등이 연락책을 담당했다. 이러한 일신여학교의 시위 참여는 부산·경남 지역 여성운동 발전에 직접적인 영향을 주었고, 이후 박차정 등 독립운동가를 배출하는 기반이 되었다.

더불어 부산·동래 지역의 3·1운동으로 구포장터 시위를 주목할 수 있다. 당시 구포는 낙동강 수로가 발달한 물류 중심지이자 큰 장이 서는 상업 거점으로 하루의 거래액이 1,500원에 이를 정도로 주변 최대 시장이었다. 3월 29일 장날을 기점으로 농민·상인·노동자가 자연스럽게 결집하며 발생한 격렬한 시위가 발생했다.

이날 구포장터 대규모 만세시위는 민중의 자발적 참여가 매우 강했으며, 이날의 경험을 바탕으로 주변 지역으로 시위가 확산되었다는 특징을 지닌다. 당시 참여자들의 증언을 참조했을 때도 학생들의 지도보다는 농민·상인·노동자들의 자발적 의지가 뚜렷이 드러났고, 이것은 1920년대 부산 지역의 민족해방운동에 커다란 영향을 미쳤다.

이러한 면을 살펴보았을 때 부산, 나아가 경남에서 벌어졌던 3·1운동은 다음과 같은 특징을 보였다.

우선 만세 시위의 반복성과 강렬함이 나타났다. 부산·동래·창원·합천 등지에서 10회 이상 반복 시위가 발생했었다. 한편 해안 도시와 내륙 지역의 차이가 나타난 것은 흥미로운데 부산·동래·마산 등 도시는 학생 중심의 시위가 주를 이루었으나 합천·함안 등 내륙은 재지(在地)세력 중심의 격렬한 시위가 벌어졌다. 또한 불교·유림 세력의 활발한 참여가 이루어졌는데 특히 불교 세력의 경우 범어사 승려들이 대거 시위에 참여해 타 지역 대비 매우 높은 비중을 차지하였다.

3·1운동의 규모를 통계적으로 살펴보면 부산·동래 관련 시위가 36건이 발생한 것을 필두로 총 179회의 시위가 부산·경남 전역에서 전개되었다. 이 과정에서 사망자 81명, 부상자 233명, 피검자 754명이 발생하고 경찰서, 헌병분견소, 면사무소가 다수 파괴되면서 당시 일제 통치기반에 큰 충격을 주는 성과를 거두었다.

부산 독립유공자 233명을 조사했을 때, 그 중 3·1운동 관련자가 약 48.8%로 절대적 비중을 차지할 정도로 광범위하게 이루어졌다. 부산 지역의 3·1운동은 학생·승려·노동자·농민 등 다양한 계층이 참여한 도시형·농촌형 독립운동의 복합 모델이었다. 또한 선언서 전달 - 학생 시위 - 민중 확산 구조가 명확히 나타났다는 점에서, 한국 근대 민중운동의 중요한 사례로 평가된다.

이러한 측면에서 부산 지역의 3·1운동은 서울 유학생들의 선행 활동, 학생·여성·승려·노동자·농민의 다층적 참여, 도시와 내륙의 차별화된 양상, 동래·구포 등 반복적·대규모 시위라는 특징을 지닌 독립운동이었다.

부산의 시위는 물리적 성과뿐 아니라, 이후 부산·경남 지역의 청년운동·여성운동·불교계 항일운동에 직접적 영향을 주며 지역 민족운동의 초석을 마련했다.

즉 부산 3·1운동은 단순한 만세시위를 넘어 지역 단체 조직화와 이후 민족해방운동으로 이어지는 기반이었다. 더불어 그것은 부산의 민족운동이 단순한 반일의 감정적 저항이 아니라, 조직적 항일투쟁의 출발점이 되었음을 보여주는 사건이었다.

3. 항일의 길을 달리다

3·1운동 이후 일제의 통치가 무단통치에서 문화통치로 전환되면서 한국 사회에서는 억눌려 있던 청년·노동·농민·여성 등 다양한 계층의 운동이 급속히 활성화되었다. 사회주의·민족주의·무정부주의 등 여러 사상이 혼재하며 새로운 독립운동 방식이 모색되었고, 이를 일반적으로 '문화운동'이라 불렀다.

특히 1920년대 경남·부산·동래·기장 지역은 청년운동과 사회주의 운동이 집중적으로 확산된 공간이었다. 해당 시기 부산의 민족해방운동은 청년운동·노동운동·여성운동·학생운동·신간회 활동 등 다양한 분야에서 활발히 진행되었다. 이를 자세히 살펴보면 다음과 같았다.

우선 해당 시기, 부산 지역에서 중요한 역할을 했던 것은 청년운동이었다. 1920년대 중반 이후, 서울 지역을 중심으로 북풍회·화요회·사회주의자동맹 등 사상단체가 등장하며 청년운동의 조직화가 급속히 진행되었다. 이들은 1925년 조선공산당 결성을 견인했고, 함께 출범한 고려공산청년회는 군·도 단위 청년연맹 조직을 핵심 방침으로 제시했다.

이에 따라 경남·부산 지역에서도 활동가들을 중심으로 청년연맹이 다수 결성되었다. 그러나 화요파와 서울파의 경쟁은 군·도 단위 조직에서 충돌로 이어져, 경남도청년연맹 주도권을 둘러싼 갈등이 발생하였다. 이러한 내분은 부산청년연맹 창립 불허 등 일제 탄압으로도 연결되었다.

부산청년회는 초기에는 민족자본 상층의 문화운동 중심이었으나, 1923년 경기 침체와 활동가 이탈로 급속히 쇠퇴하였지만 1924년 지도부가 하층 민족자본을 기반으로 재편되면서 다시 활력을 찾았다. 이에 따라 도항 노동자 권익 보호, 기근 구제 활동, 물산장려운동 참여 등 민중 중심 활동에 적극 나섰다. 그러나 1925~1927년 사회주의 세력 간 분열로 침체를 겪었고, 이후 부산청년동맹 결성으로 새로운 전환기를 맞았다.

한편 동래 지역 최초의 청년단체는 동래청년구락부로, 1910년대 중반~1920년 전후에 이미 존재했다. 구성원은 주로 동래동명학교·동래고보 출신의 학력 높은 청년들이었다. 이들은 3·1운동, 사회주의 활동, 조선공산당 동래조직 등과 긴밀히 연계되었다. 1920년대 중반 동래청년연맹은 순회강연, 야학 설치, 여성·소년운동 전개, 농민조합 창립 지원 등 다양한 사회운동을 조직적으로 추진하였다. 이들은 1928년 이후 동래청년동맹으로 재편되며 신간회와 적극적으로 연계해 전(全)민족적 운동을 수행했다.

한편 부산 지역에서는 노동운동도 활발히 진행되었다. 이는 개항기 이후 이른 산업화로 인해 항만·공업 노동자가 늘어났다는 지역적 특성에서 비롯한 결과였다.

1920년대 후반에는 철공조합·양화직공조합·양말직공조합 등 다양한 노동단체가 결성되며 조합원 수가 증가했다. 또한 여성노동자 파업(1929년 釜山女工盟罷)이 크게 전개되어 노동자 측의 승리로 귀결되며 지역 사회에 큰 반향을 일으켰다. 이러한 노동운동은 사회주의 청년세력과 긴밀히 연결되어, 청년조직의 성장과 함께 파업·임금 투쟁·노동자 야학 등이 활발하게 추진되었다.

앞서 1929년 부산여공동맹파업에서 확인할 수 있듯 부산에서는 여성운동도 성장하였다. 특히 박차정을 비롯해 김계년·권복해·김수선·박소수 등도 적광회·여자청년회·동래청년연맹 등에서 활동하며 지역 여성운동을 견인했다.

한편 3·1운동 이후 학생운동은 민족해방운동에서 중요한 위치를 이어갔다. 그 중 동래고보는 지역 사회운동 인력의 핵심 배출지였다. 1920년대 후반 학생운동은 투쟁지도부 구성, 사회주의 이념 수용, 조직적 동맹휴학으로 발전했다.

특히 1925년 대규모 맹휴, 1926년 장산 촛불사건, 1927년 혁조회 활동 등은 학생운동이 단순한 항의가 아니라 정치적 행동으로 전환된 계기였다. 이 과정에서 학생들은 신간회·청년동맹과 긴밀히 연대하며 지역 사회운동의 새로운 주체로 부상했다.

결국 이러한 활동들은 1927년 이후 전민족적 운동 조직으로 성장한 신간회 활동으로 귀결되었고, 이를 바탕으로 지역의 사회운동이 확장되었다. 이 중 신간회 동래지회에는 1929년 이후 사회주의 활동가들이 적극 진출하면서 광주학생운동 지지 시위에 참여하고, 농민·노동·여성·소년운동과 연계하는 등 활발한 활동을 진행하였다. 그러나 1929년의 언론·집회 탄압 규탄 연설회 사건으로 큰 피해를 입었다. 기장지회도 그 과정이 유사했다. 기장정진청년회 인물들이 중심이 되어 설립된 기장지회는 청년동맹 활동을 비롯해 근우회, 노동조합과의 협력 등으로 지역 사회주의 운동의 거점 역할을 했다.

이상에서 확인할 수 있듯 1920년대 부산·동래·기장 지역의 민족해방운동은 청년·노동·여성·학생·농민 등 다양한 계층의 참여, 사회주의·민족주의의 협력과 경쟁, 대중운동의 확장이라는 특징을 지녔다. 특히 해당 지역의 경험은 한국 민족운동이 '비밀결사 중심'에서 '대중 참여형 사회운동'으로 전환한 과정을 잘 보여주었으며, 신간회를 매개로 전민족적 운동의 틀이 마련되는 데 중요한 역할을 했다. 결국 1929년 이후 일제의 탄압이 강화되며 조직이 위축되지만, 이 시기의 경험은 1930년대 이후 학생·청년세대의 운동 기반을 제공했다.

4. 항일의 길을 이어가다

1930년대는 1929년의 광주학생운동을 계기로 전국 학생운동이 확산되었지만, 일제의 강력한 탄압으로 인해 지하화·비밀결사화된 시기였다. 일제는 1931년 만주사변 이후 조선을 병참기지로 전환하고, 1937년 중일전쟁과 함께 황국신민화·조선어 금지·신사참배 등을 강요하며 민족말살정책을 추진했다.

이 시기 부산에서는 학생비밀결사 중심의 항일운동이 진행되었다. 대표적 조직으로 소년공산당, 적기회, 반제전위동맹, 사회과학연구회, 적색스포츠단 등이 있었다. 소년공산당은 부산진보통학교 학생·졸업생이 중심으로 결성되어 1931년 동맹휴학을 주도, 수업료 철폐 등 14개 요구안을 제시했다.

적기회는 동래고보 학생 김명돌·이치우·권동수·김응엽 등이 결성한 단체로서 '적색뉴스'를 발간하고 반전격문을 살포했다. 이후 반제전위동맹으로 개조되어 사회과학연구회·수영무산청년회 등을 산하에 두고 활동했다. 이들은 일본제국주의의 침략전쟁 반대, 소비에트 연대, 조선의 완전독립 등을 주장하다가 발각되어 치안유지법 위반으로 체포되었다.

1940년에는 부산항일학생의거가 발생했다. 11월 23일 부산공설운동장에서 열린 경남학도 전력증강국방경기대회에서 일본인 심판의 편파판정에 분노한 학생들이 항의 시위를 벌였고, 경찰의 폭력 진압으로 다수 학생이 구속·부상당했다. 이 사건은 1930년대 후반 군국주의 하에서 부산지역 학생·청년층이 보여준 대표적 항일운동이었다.

1938년 <조선교육령>의 개정으로 조선어 수업이 축소되고, 체조·군사훈련 중심 교육이 강화되면서 교육현장은 황국신민 양성의 도구로 전락했다. 이에 대한 저항으로 학생들은 문화적·비밀결사적 형태의 민족운동을 지속했다.

1930년대 부산의 독립운동은 공개적 대중투쟁이 어려운 상황에서도 사상적 저항과 지하운동으로 계승되었다. 이는 해방 직전까지 이어진 학생·노동계열 항일운동의 사상적·조직적 뿌리가 되었다.

이상의 구성을 바탕으로 한 『부산, 항일의 길』이 책장에 꽂히는 또 하나의 책이 아니라, 독자들의 흥미를 유발함은 물론 부산의 민족해방운동에 대한 새롭고도 올바른 역사 길잡이가 되길 바라본다. 역사는 결코 지나간 역사만의 기록이 아니다. 그것은 현실에 투영되는 과거 경험의 투사이자, 이에 대한 비판적 사고를 통해 만들어야 할 미래의 조감도이기도 하다. 그 조감도를 만들어갈 독자 제현의 앞길에 이 책이 미력하나마 도움이 되기를 다시 한 번 바라본다.

제1장

항일의 길을 딛다

1. 개항기 일본의 침략과 부산 지역의 민족운동
2. 무단통치기 부산 지역의 민족운동

1. 개항기 일본의 침략과 부산 지역의 민족운동

1) 일본의 침략적 개항

(1) 침략의 서막, 서계 사건과 부산

조선의 문호(門戶)가 개방되기 시작하던 1870년대부터 1900년대에 이르는 시기를 일컬어 개항기라고 통칭한다. 해당 시기는 메이지 유신을 계기로 점차 제국주의로의 변화를 모색하던 일본과 이를 방어하고 독립을 유지하고자 했던 조선의 노력이 충돌했던 기간이기도 하다.

이는 1868년 10월, 새로이 성립된 일본 메이지 정부가 간사재판(전 선문사) 카와모토 쿠자에몬(川本九左衛門)을 통해 조선에 자신들의 왕정복고를 알린다는 명분으로 서계(書契)를 보내면서 시작했다. 1869년 1월 30일에 이르러서 서계를 접수하던 왜학훈도(倭學訓導) 안동준(安東晙)은 일본 사신의 관직과 호칭을 일방적으로 바뀐 점, 서계의 인장(印章)이 조선에서 지급한 도서(圖書)가 아닌 메이지 정부가 새로 만든 도장(圖章)으로 사용된 점 등을 문제로 이를 접수하지 않았다.[1)]

무엇보다 내용에 있어 황제, 황조(皇祚), 황상(皇上) 및 봉칙(奉勅) 등 황제국의 용어를 사용하였던 것이 문제였다. 여전히 전통적인 중화질서를 중심으로 외교관계를 이해했던 조선으로서는 받아들일 수 없는 문서였다. 일본 측은 이에 항의하였으나 당시 동래부사 정현덕(鄭顯德)은 이들을 초량 왜관으로 돌려보냈다. 이때부터 조선과 일본의 대치는 3년간에 걸쳐 장기간 이루어졌다.

자신들을 소중화(小中華)로 생각하던 조선과 천황을 자처하던 일본과의 물러설 수 없는 대치가 부산 지역에서 이루어진 것이다. 이는 1870년,

우라사 사이스케(浦瀨最助)와 안동준 사이의 교섭이 일본 내에 거부[2]당하고 정한론(征韓論)이 논의되는 가운데에서 심각성이 더해졌다.

결국 일본은 문제의 해결을 위해 1872년 외무권대록 모리야마 시게루(森山茂)·히로츠 히로노부(廣津弘信)·외무성십등출사 사가라 마사키(相良正樹) 등을 조선으로 파견하였다. 이 당시 일본은 파견단을 기선(汽船) 만쥬마루(滿珠丸)에 승선시켜 보냈는데, 이는 자신들의 선박이 구식을 벗어나 최신의 기술력을 갖추었음을 선전하는 동시에 조선에 대한 압박을 가하기 위한 방편이었다.

이들은 1870년에 미리 부산으로 파견되어있던 외무서기 요시오카 코키(吉岡弘毅)와 합류하여 사절단을 꾸리고, 동래부사 정현덕(鄭顯德)과의 회담을 추진하였다. 그러나 조선의 대응은 여전히 부정적이었다. 왜학훈도 안동준은 부친상을 이유로 아예 부산을 떠났다가 수개월이 지난 후에야 일본 사신단을 접견하는 등 일본과의 만남이 지속적으로 미루어졌다.[3]

결국 요시오카 등 56명의 일본인들은 왜관에서 나와 동래부사를 만나기 위해 난출(闌出)을 시도[4]하였다. 1872년 음력 5월 27일의 일이었다. 훈도 안동준과 별차(別差) 고재건(高在健)은 부산 첨사(釜山僉使) 김철균(金澈均), 두모포 만호(萬戶) 나치순(羅致淳) 등과 함께 일본 사신들을 제어하고자 했으나 실패[5]하였다.

이 사건을 계기로 일본은 초량왜관의 직무를 외무부의 소관으로 변경하고, 9월에 외무대승 하나부사 요시모토(花房義質)를 파견하였다. 이때 일본은 군함(軍艦) 카스가마루(春日丸)와 기선 유코마루(有功丸)을 함께 보내어 조선에 대한 압박을 더하였다. 이후 하나부사는 왜관을 일방적으로 공관(公館)으로 변경하고 세견선(歲遣船)과 대관소(代官所)를 폐지했다. 이로써 당시까지 조일(朝日)관계의 틀이었던 기유약조(己酉約條)는 실질적으로 파기[6]되고 양국의 관계는 급속도로 냉각되었다.

이에 대한 동래부사 정현덕의 대응은 단호하였다. 그는 안동준과 고재순을 통해 하나부사의 면담을 거부하고, 카스가마루와 유코마루의 철거를

〈그림 Ⅰ-1〉 부산초량왜관도(19세기말)
※출처: 국립중앙박물관

명했다. 더불어 왜관에 대해 철공철시(撤供撤市), 즉 왜관의 폐쇄 및 일본과의 교역 중단을 선언[7]했다. 결국 하나부사 일행은 수개월에 걸쳐 대치만 이어가다가 귀국하고 말았다.

이러한 조선의 대응은 일본의 상계에 상당한 타격을 입혔다. 일본은 동래부의 철공철시를 타개하기 위하여 밀무역을 시도하였다. 1873년 4월에는 미쓰이(三井) 계열의 상인들이 대마도 상인들을 참칭하며 동래상인들과 밀거래를 한 것이었다. 이것은 메이지 정부 외무성의 허가 아래서 이루어진 일이었다. 동래부는 이를 심각하게 받아들여 철저한 조사와 대응을 명했다.

동래부사 정현덕은 1873년 5월 28일에 왜관 출입을 감시하는 수문장과 통사(通事)에게 잠상(潛商)을 엄중히 다스리라는 전령서를 왜관수문장직사(倭館守門將直舍)의 뒷벽에 게시하도록 명하였다. 이 전령서는 잠상을 단속하는 경계문이었으나 「양이(洋夷)의 풍속을 모방함은 이미 일본인이 아니며」, 「불법지국(不法之國)」이란 내용이 있었다.[8] 이와 같은 대응은 일본을 종래 중화질서 내의 국가가 아니라 서양 오랑캐의 앞잡이이며, 그들의 밀무역 행위는 국가 단위에서 불법 행위를 진행하는 것과 다름없다는 일갈이었다.

이상의 글에서 나타나듯 '서계(書契) 사건'과 그 뒤를 잇는 고종(高宗)대의 왜관난출, 철공철시 사건은 동래, 즉 부산 지역을 중심으로 이루어졌다. 물론 이 사건을 주도했던 동래부사 정현덕과 왜학훈도 안동준은 흥선대원군의 수족으로, 그의 통상수교금지정책을 적극적으로 옹호한 인물들이었다. 그로 인해 파면은 물론 결국 정현덕은 1882년 대원군의 실각과 함께 사사(賜死)되었고, 안동준은 1875년 동래부 경계상에서 효수형을 당하였다. 정현덕은 강릉 출신이었지만, 부산시가 반일행위를 인정해 2002년 그를 '20세기 이전 부산을 빛낸 인물' 중 한 명으로 선정했으며, 안동준 역시 순흥 출신이지만 동래부에서 일본의 침략적 접근을 막아내는 활약을 벌였다. 물론 이들의 활동에 부산, 즉 동래부와 초량의 주민들이 적극적으로 호응하지는 못했지만, 그 명을 따라 수행했던 경험은 이후 일본에 대한 저항으로 이어지도록 만들었다. 그 저항의식이 분출되는 데에는 오래 걸리지 않았다. 1876년 호쇼함(鳳翔艦)의 정탐과 그에 대한 대응으로 발현된 것이다.

(2) 호쇼함(鳳翔艦)의 정탐 활동과 부산

서계(書契) 사건을 기점으로 한반도에 대한 침략의 야욕을 준비하던 일본은 1870년대부터 본격적인 그 실행을 추진하였다. 이를 위해서는 전략적 정보 수집 및 군사 거점 확보가 중요했기에 일본 정부는 자국의 군함들이 조선 연안을 측량하고 해도(海圖)를 제작하며, 지역 정보를 수집하는 정탐 활동을 광범위하게 전개하였다.

이러한 일본의 의도는 운요호(雲揚號) 사건을 전후하여 노골화되었다. 이른바 1873년의 정한론 정변 이후 일본 메이지 정부는 즉각적인 행동보다는 체계적인 준비 과정을 통한 침략을 추진한다. 그리고 일본이 일으킨 침략의 파고(波高)를 처음으로 목도(目睹)한 것은 부산이었다.

메이지 정부가 운요호와 다이니테이보(第二丁卯)호를 부산에 파견하라는 명령을 내린 것은 1875년 5월 4일[9]이었다. 이중 다이니테이보호는 측량함(測量艦)으로서 조선의 해안선을 측량하고 이를 바탕으로 침략을 도모하겠다는 의도를 드러낸 것이었다.

운요호 등은 1875년 5월 25일 부산에 입항하였고 동래부사 박제관(朴齊寬)은 훈도 현석운(玄昔運)을 파견하여 운요호에 대한 문정(問情)을 시도하였다. 그러나 운요호 함장 이노우에 요시카(井上良馨)는 군함이 '하나의 해성(海城)'과 같아 마음대로 승선시키기 어렵다며 이를 거부하여 양측의 긴장도를 높였다. 이후 운요호 사건이 발발하자 일본은 이를 계기로 조선에 대한 강제 개항을 추진하기 위해 부산에 군함을 파견하였다.

부산 초량왜관과 재부(在釜) 일본거류민을 보호한다는 명분으로 일본은 1875년 9월 29일 일본 정부는 카스가함을 다시 파견하였다. 이때 외무소승 이사관 직(職)을 맡고 있던 모리야마 시게루는 운요호 사건에 관해 일본 정부의 지휘 없이 조선 정부와 직접 교섭하지 말라는 훈령을 따라 접촉을 자제하며 동래부의 사정을 탐색하였다. 이 과정에서 10월 26일에는 일본군 55인이 부산에 상륙하여 부산진(釜山鎭)의 군교(軍校)들과 맞서고, 훈도 현석운과 별차(別差) 이준수(李濬秀)의 항의가 뒤따르는 사건[10]이 벌어지기도 했다.

소기의 성과를 이룬 일본 정부는 모리야마를 귀환시키고, 부산에 대한 압박을 강화하기 위해 교대할 새로운 군함을 부산에 파견했다. 모슌함(孟春艦)이었다. 1875년 10월 27일, 해군소장 나카무타 구라노스케(中牟田倉之助)는 군함을 이끌고 10월 27일 부산으로 입항하면서 예포를 요란하게 발사해 무력시위를 벌였다. 이에 카스가함도 호응하여 예포를 발사함으로써 부산의 군민들이 일본의 개전(開戰) 선언인 줄 알고 크게 혼란[11]을 겪었다. 일본의 무력시위는 이에 그치지 않았다. 이미 10월 13일에 다대포 근역에서 해상 훈련을 벌였던 카스가함에 이어서, 나카무타 역시 군사훈련을 핑계로 무력시위를 지속했다.

이렇듯 일본이 조장한 혼돈의 와류(渦流) 속에서 호쇼함(鳳翔艦)이 부산으로 입항했다. 해당 함정이 부산에 입항한 것은 1875년 12월 11일 이전 또는 12월 16일경으로 추정되며, 야마자키 가케노리(山崎景則)가 함장을 맡았다. 모슌함을 대체해 파견된 호쇼함 역시 무력 시위를 벌이며 입항해 부산에서 공포감을 강화했다. 여기에 당월에 만쥬마루(萬珠丸)가 합류하였고, 이들의 뒤를 이어 특명전권변리대신으로 임명된 구로다 기요타카(黑田清隆)가 함대를 이끌고 들어왔다. 1876년 1월 15일, 구로다는 겐부(玄武)함, 모슌함, 닛신(日進)함, 다카오(高雄)함 등 5척의 군함을 이끌고 부산에 도착했다. 이 결과, 부산항에는 기존의 호쇼함과 만쥬마루까지 합쳐 총 7척의 일본 군함이 정박[12]하게 되었다.

이러한 사태는 조선, 특히 부산에 엄청난 압박으로 다가왔다. 이에 억

눌린 부산군민들은 제대로 된 저항을 할 수 없었다. 오히려 구로다가 강화도로 출발해 강화도조약을 체결하는 동안, 마침 기관 고장을 일으킨 호쇼함은 부산에 머물며 불법적인 해안선 측량을 시도하기까지 하였다.

호쇼함은 1876년 2월 29일부터 3월 10일까지 11일간 부산 초량진을 출발하여 남해도(南海島)까지 왕복하며 남해안 일대와 섬들을 측량했다. 이들의 행위는 강화도조약의 체결과 내용이 전달되기 전에 시작된 것으로 명백한 불법 행위였다. 이 당시 호쇼함은 무엇보다 군함이나 선박이 안전하게 정박할 수 있는 곳을 찾는 데 심혈을 기울였다. 그 결과, 측량지 중 저구미를 '좋은 묘지(好錨地)', 가배량을 '좋은 묘지'·'양호한 묘지'·'무쌍의 호묘지', 사량진을 '절호의 묘지'로 선별[13]했다.

그러나 이런 측량 행위가 원활하게 이루어진 것만은 아니었다. 1876년 3월 8일 호쇼함이 사량만(蛇梁灣)에 상륙하여 측량할 당시에는 군민(軍民)들과의 충돌이 일어나기도 했다. 즉 근역의 조선 군민들이 총을 쏘고 돌을 던지면서 측량을 막은 사건이 발생한 것이다. 호쇼함 측은 조선 관리들을 만나 "오로지 힐문(詰問)"하며 항의했다고는 적혀있으나 그 진위는 좀 더 살펴보아야 할 것이다. 단 이 사건은 강화도 조약 체결 이후 일본의 해안 측량에 대한 최초의 조선인 저항이라는 점에서 중요한 의미[14]를 지닌다.

11일간의 측량 활동을 마친 호쇼함은 3월 10일 오후 11시 30분 부산 초량왜관에 도착하여 측량을 마무리했다. 이후 호쇼함의 정탐활동은 각종 해도(海圖)와 『환영수로지(寰瀛水路誌)』 등의 수로지(水路誌)를 작성하는데 일조를 하였다.

이후 1876년 4월 26일 조선 연해를 불법 시위하던 호쇼함의 함장 야마자키가 조선인 통역과 군인들을 이끌고 부산항에 입항하였다. 전술(前述)한 바와 같이 구로다 함대가 부산항에 입항하여 무력을 과시[15]한 바가 있었기에 동래부에서 긴장할 수밖에 없었다. 일본군은 '유력(遊歷)'이라는 명목을 내세웠으나 그 본의(本意)는 동래부를 정탐하고자 하는 바였다.

동래부사 홍우창(洪祐昌)은 이를 거부하고 남문을 봉쇄하였다. 그러나 일본군은 물러서지 않고 강제로 성문을 깨고 난입할 듯 행동했다. 이런 상황을 지켜보던 부산민중들은 수비군을 도와 투석전을 벌였다. 일본군은 군민들의 저항에 잠시 물러났으나 끝이 아니었다. 야마자키는 다음날 무장 군인 40여명을 동원해 남문을 다시 침략하였고, 결국 동래부성에 진입하였다. 비록 일본군의 침략적 행위를 전면적으로 막아내지는 못했지만 남문에서 이루어진 투석전은 개항기 부산에서 이루어진 최초의 민중적 반일 투쟁[16]이었다.

2) 부산 지역의 저항적 민족운동

(1) 재부 일본인과의 충돌

강화도 조약에 의해 강제 개항이 이루어진 시기를 전후하여 부산의 무역구조에서도 중요한 변화가 나타나기 시작했다. 조선에서 일본으로 수출되던 목면(木綿)의 수가 줄어들고, 도리어 왜관(倭館)을 통해 유입되는 옥양목(玉洋木) 즉 영국산 면제품이 급증하는 현상이 나타난 것이다. 1873년부터 1874년 당시 옥양목의 조선 내 수입이 전체 수입의 24~29%에 이를 정도였는데, 일본상인들은 해관세를 절감하기 위해 상해 - 나가사키 - 부산으로 이어지는 해로(海路)를 이용했다. 게다가 조선의 경우 개항장의 수출입 상품에 대해 수년 간의 관세가 면제되고 있는 상황이었는데, 이는 1876년 8월 24일 이사관 미야모토 고이치(宮本小一)와 강수관(講修官) 조인희(趙寅熙) 사이의 문서 규정에 의한 것[17]이었다.

이렇게 왜곡된 관세 구조를 바로 잡기 위하여 조선 정부는 1878년 9월 28일 부산 두모진(豆毛鎭)에 해관을 설치했다. 더불어 수출입 상품에 대한 세목(稅目)을 지정한 후 이에 대한 해관 수세를 실시하였다. 이는 주권을 지닌 국가로서 정당한 조치였으며, 그나마 엄밀한 의미에서의 관세(關

稅)라기보다는 국내 상인들에게 부과되는 일종의 무역 거래세 정도의 성격을 지녔다.

그러나 일본은 이로 인해 부산항에서의 무역이 심대한 타격을 입었다고 주장하며, 부산주재 일본관리 대리 야마노조 스케나가(山之城祐長)가 동래부사 윤치화(尹致和)에게 항의하였다. 그들은 조선의 조치가 설과수세(設課收稅)에 해당하며 이는 강화도조약에 위반되므로 즉각 정세(停稅)해 줄 것을 요구하였다. 이러한 일본의 강변(强辯)에 대해, 윤치화는 두모진의 수세는 조선상인들에 대한 조치에 지나지 않으므로 수용할 수 없음을 밝혔다.

동래부의 조치에 불만을 느낀 거류회의소 의원과 상인들은 10월 9일 판찰관 관저에서 시위를 벌이고, 다음날에는 일본관민 200여 명이 동원되어 항의를 이어나갔다. 이때 일본인들은 흉기를 소지한 채 동래성문 부근의 민가를 침입하는 등의 난동을 부렸고, 이에 격분한 동래부 주민들이 기왓장과 자갈 등으로 투석전을 벌여 대항했다. 이 소식을 들은 야마노조는 급히 부산거류 일본관민을 총검으로 무장시킨 후 달려왔으나 사태는 종료된 이후였다. 이에 야마노조는 잔여 인력을 동원해 두모진 해관으로

〈그림 Ⅰ-2〉 두모진 해관터
※출처: 부산본부세관

몰려가 시위를 벌인 후 거류지로 돌아가게 되었다.[18]

이후 일본은 하나부사 요시모토를 파견하여 동래부에 두모진 해관의 정세를 재차 요구했다. 동래부의 해관 문제는 중앙 정부와의 논의를 거친 후에야 답변을 할 수 있다고 밝혔으나 일본 측은 압박을 멈추지 않았다. 그들은 부산에 정박하고 있던 히에이함(比叡艦)의 병력을 동원해 12월 4일 무력시위를 벌였다. 이때 일본군 수병 150명이 상륙하여 두모진 근처를 행군하였으며, 두모진의 뒷산에 올라가 군사훈련을 하면서 공포(空砲)를 여러 발 쏘기도 했다. 또한 함선에서는 절영도를 표적삼아 대포의 발사를 시험[19]했다.

결국 위기감을 느낀 윤치화는 12월 24일 역학(譯學) 유광표(劉光杓)를 통해서 수세가 정지되었음을 알린 후 12월 26일 두모진 해관의 문을 닫고 말았다. 일본의 강력한 무력에 의한 결과였다. 이 사건을 지켜본 부산 지역민의 배일 감정은 점차 강화되었고, 이것은 1884년 쌀 판매 거부사건으로 재차 폭발하였다.

1876년 개항 이후 부산으로 진출한 일본인들은 부산포에 전관 거류지를 설정, 이를 거점으로 자신의 지배권을 사방으로 확대해 나갔다. 그러나 그 과정에서 일본인들은 부산 지역민들과 지속적인 충돌을 일으켰고 이것은 호쇼함 사건이나 두모진 해관 수세 사건에서도 나타나는 일이었다. 특히 1884년 갑신정변의 영향은 상당한 것이었다. 사흘 만에 개혁의 불길은 사그라졌지만 그 후과는 부산에까지 미쳤다.

갑신정변의 소식을 접한 부산 지역민들의 배일(排日) 의식은 더욱 높아져 당시 부산 주재 일본 영사가 "관외 각지는 요즘 인심이 심히 나빠져, 일본인이 통행하는 것만 보아도 투쟁을 하려는 정세"라고 외무성에 보고할 정도였다. 당시의 경상 감사 또한 동래 부사 조병필(趙秉弼)에게 지역민들이 일본인을 능욕하지 못하도록 단속하라고 엄명할 정도로 지역민들의 일본인들에 대한 반감은 고조[20]되어 갔다.

이러한 분위기는 특히 개항기 조선과 일본과의 왜곡된 미면교환체제

(米綿交換體制)에서 비롯된 바가 크다. 당시 조선에서는 쌀의 수출과 면제품 수입을 골자로 하고 있었던 만큼 일본인들은 곡물 수출을 통해 상당한 상업적 이윤을 획득하고 있었는데 이 과정에서 일본은 체제의 허점을 이용해 상당한 이익을 보고 있었던 것이다. 즉 일본은 자국 상인들의 곡물 대량 매입에 필요한 자금을 지원하는 동시에 조선 상인과 일본 상인 간의 도량형 차이, 조선 양곡의 구매 시 대금 선(先)지급 후(後)인도 관행에서 나타나는 부채 문제 등을 지원하였다. 이로 인해 일본인과의 곡물 매매 과정에서 조선 상인들은 자금력의 차이를 느끼게 되었고, 이에 대한 불만이 높아지게 되었다.

더불어 일본으로 쌀 수출이 기하급수적으로 늘어나면서 조선 내에서는 오히려 쌀 공급이 제대로 이루어지지 않아 쌀값이 치솟으면서 이를 구매하여 생계를 잇던 빈농이나 무전 농민들의 반발을 초래하기도 하였다. 이것은 이미 1883년 5월 동래민란(東萊民亂)을 통해서 1차 폭발을 한 상황이었지만 여전히 부산과 그 배후지였던 경남 일대에서는 쌀의 매집에 집중하던 일본 상인들에 대한 적대적 분위기가 유지되고 있었다.

이런 상황 속에서 조일(朝日) 간의 곡물 거래 과정에서 상품 대금을 독촉하던 일본 상인들을 농민들이 집단으로 구타하는 등의 사건이 일어나게 되었다. 이 과정에서 지역민들의 배일적 분위기는 더욱 고조되어 그 안전도 보장받기 힘든 상황이 되어버렸다. 특히 1884년 갑신정변 후에는 일본인들에 대한 부산항 지역민들의 항일 저항 의식이 더욱 높아져 그 해가 풍년임에도 불구하고 일본인에게 쌀을 판매하지 않아 쌀 수출이 격감하기도 하였다. 또한 12월에는 부산항의 일본인 상인 오다(小田移作)와 소지(裝司倣作)가 상품 대금을 독촉하기 위해 경상남도 고성군 당항포로 갔다가 그 곳의 농민들에게 구타당하는 사건이 발생[21]하기도 하였다.

이러한 사건은 단순히 부산 지역민들의 항일의식 고조(高潮)라는 창(窓)으로만 이해될 수 있는 게 아니었다. 호쇼함 사건과 두모진 해관 수세 사건을 거치는 동안 반복되고 있던 일본의 폭력적 강압에 대한 저항에서 나타난 것인 동시에 조일 간 미면교환체제의 그늘 아래에서 생존의 위협을 받고 있던 부산 지역민들의 위기의식을 반영하는 것이었다.

1886년에는 일본 거류민들과 부산 지역민들의 갈등을 더욱 격화시키는 사건들이 연이어 일어났다. 먼저 일어난 것은 6월 중순에 일어난 이른바 선창가 투쟁 사건이었다. 1886년 6월 14일 밤 부산진에 살고 있던 김광엽(金光燁)과 김주이(金周伊)가 배에 닭을 싣고 일본 거류지로 들어가 평소 잘 알고 지내던 오노(小野) 및 마츠모토(松本)라는 일본인에게 팔았다. 다음 날 그 값을 받기 위해 배를 타고 일본 거류지 앞 선창으로 갔는데, 갑자기 일본인 3명이 나타나 돌을 던지며 이들을 구타하고 내쫓는 바람에 김광엽은 바다에 빠져 죽고 김주이는 근근이 살아 돌아와 이 사실을 동래 부사에게 보고하였다. 당시 동래 부사였던 김학진(金鶴鎭)은 일본 영사에게 엄중하게 항의하면서 이 사건에 대한 배상을 요구했으나 일본 측은 불응하였다. 이 사건을 전해들은 부산진 민중들은 크게 분개하여 일본인 타도를 외치는 등 항일 감정이 매우 고조되었다.[22)]

이러한 부산 지역민들의 감정에 더욱 불을 지른 사건은 온천장에 위치했던 일본감수소(日本監守所)의 감수 스기하라(衫原)의 만행이었다. 아직 부산진에서의 여파가 남아있던 1886년 9월 27일에 세 명의 조선 여인이 감수소 앞을 지나갈 때, 스기하라가 한 명의 여인을 감수소 내실로 납치하여 욕보이려 했던 것이다. 이 말을 전해들은 동민 20여 명이 몽둥이를 들고 감수소 내실로 찾아가 여인을 구하고 내부를 파괴하였다. 소식을 접한 동래부사 김학진(金鶴鎭)은 격분하여 다시 한 번 일본 영사에게 항의하는 동시에 감수소의 철수까지 요구하였다. 일본 영사는 이런 요구에 대해 끝까지 불응[23)]하여 그 뜻을 이루지는 못했으나, 앞선 두 사건은 부산 지역 내에서 일본 거류민들의 난동을 억제하는데 일정한 역할을 하였다.

(2) 부산 지역의 애국 계몽 운동

일본에 의해 강제 개항된 부산은 근대적 문물을 비교적 일찍부터 접하게 된 지역이었다. 그로 인해 일본의 침략에 대해서도 봉건적 근왕주의(勤王主義)에 기반을 둔 저항이 진행되기보다는 애국계몽운동에 바탕을 둔 민족운동이 일어났다. 이러한 운동은 크게 세 가지 방향에서 진행되었다. 즉 교육운동, 국채보상운동, 경제적 민족운동의 방향이었다. 이상의 운동들은 의병운동과 같이 직접적이지는 않았으나 그에 못지않은 치열함을 지니고 진행되었다.

우선 부산 지역의 교육운동은 〈동래 기영회〉를 중심으로 진행되었다. 〈동래 기영회〉는 1846년 3월 동래부에 거주하던 50세 이상의 유지들이 중심이 되어서 결성된 조직으로 그 출신이 동래 지역의 무청(武廳)에서 무임(武任)을 지내다 퇴임한 사람들과 작청(作廳)에서 이서(吏胥)를 역임했던 사람들이 중심이 되었다. 무임과 이서라는 이질적인 조직의 통합을 통해서 〈기영계(耆英禊)〉라는 새로운 통합 조직을 형성한 것[24]이다.

〈기영계〉는 처음에는 일종의 시회(詩會) 조직으로서 동래 노년 연령집단의 일원으로 출발했으나, 1853년에 조직을 재정비하여 입회 자격과 계금(契金) 관리 등 여러 규정을 마련하면서 발전의 중요한 계기를 마련했다. 그러다가 1876년에 윤지수, 이기영, 이우경, 신성하 등이 중심이 되어 〈기영회〉를 다시 중흥했으며, 이때 〈기영계〉에서 〈기영회〉로 명칭이 개칭되고 조직이 확장된 것으로 보인다.

기영회가 동래 지역에서 일정한 위치를 차지할 수 있었던 것은 부산의 역사적, 지역적 특징에서 비롯되었다. 즉 여타 지역에 비해 과거 급제자의 배출이 부족해 중앙으로의 진출을 이루지 못했던 동래 출신의 양반들이 향임(鄕任)이나 상급 무임(武任)을 중심으로 지역 내에서의 권력을 장악한 것이다. 이 과정에서 동래 지역의 향반(鄕班)들은 이서층과의 일정한 연대와 상호 협조 속에서 권위를 유지할 수 있었던 것이다. 이렇듯 향반들과 이서층, 무임층들의 연대 조직으로서 동래의 지배층을 이루고 그 활동체로서 움직인 것이 동래 기영회였다.

이들은 각 회원들이 1898년 동래부학교를 설립하면서부터 본격적인 교육 운동에 뛰어들었다. 그 시작으로 무임 최고직인 중군 출신의 신명록(辛明錄)이 동래부학교를 창립한 것이었다. 그는 일본과의 교류, 경쟁 및 신학문의 수용을 위해 한문과 일본어 교육을 실시하였다. 이러한 신명록의 의지는 이 학교에서 배출된 기영회 회원과 김병규(金秉圭) 등에 의해 계승되었다. 1906년에는 당대 회장이었던 송상종(宋商宗)에 의해 삼락학교(三樂學校)가 개교되었고, 다음해인 1907년에 해당 학교가 박필채(朴苾彩)를 중심으로 동명학교(東明學校)로 개편되었다. 동명학교는 1916년 박규석(朴圭錫) 교장 대에 사립동래고등보통학교로 전환되었다. 이 외에 동래공고의 전신인 동래원예전수학교, 내성초등학교의 전신인 동래보통학교, 유락초등학교의 전신인 동래 제2보통학교 등의 개교 및 운영에도 신명록, 박필채를 비롯한 이광욱(李光昱), 김병규 등 지역 유지를 비롯한 동래 기영회원들의 적극적인 참여[25]가 있었다.

더불어 민간인에 의한 사학설립운동도 활발하게 진행되었다. 1902년 박인식의 주도로 다대포사립실용학교가 개교하였고, 1906년에는 박영길, 김낙준, 최유봉 등이 발기인으로 초량사립소학교가 문을 열었다. 1907년에는 안희제, 윤상은이 동래부 참서관 최덕의 보조를 받아 구명학교를 창립했고, 같은 해에 박필채의 주도로 여학교인 정정의숙이 개교하였다. 1908년에는 부산면 주민들이 설립한 사립육영학교와 부산진부인회의 양정의숙, 허치오가 주도한 옥성학교와 범어사가 관여한 명정학교, 이유진이 하단에 건립한 양정학교와 초량부인회가 중심이 되었던 초량사립여학교 등 6개 학교가 개교하기도 했다. 1909년에는 명지에서 동명학교가, 좌천에서는 서석주 등이 관여한 좌천보통학교와 사상에서는 명진학교가 지양식을 교장으로 개교하였다.[26]

한편 부산 지역의 부두 노동자 등 노동자를 위한 야학교가 설립되었는데, 1908년에 초량 동림학교 내에 야학교가 설치된 것이 시작이었다. 정기두, 김영규, 김덕구 등이 주도하였으며, 경향신문사는 신문을 무료 지급하며 사립초량소학교의 야학교를 지원하였다. 동래부에서는 동래부 수면 사립노동야학교가 김병규, 김우영, 추봉찬 등을 발기인으로 개교하였고, 1909년에는 영주동 유지 고인하, 조용우, 박승옥 등이 명진학교를 설립하였다.[27)]

이상의 학교들은 1876년 박기종이 건립한 부산 최초의 근대학교인 개성학교[28)]와 1892년에 시작된 사립일신여학교[29)] 등과 함께 개항기 부산 지역의 교육 운동을 주도했다. 이렇게 활발히 벌여진 교육 운동은 신학문을 통해 새로운 세계의 인식하고자 하는 부산 지역민의 의지를 발현한 것이었다. 더불어 이 과정에서 이루어진 관민(官民)의 협조 경험이 향후 부산에서 이루어진 민족운동에 저류(低流)를 이루었으며, 마침내 1919년 부산 지역의 3·1운동으로 폭발하게 되었다.

한편 부산 지역에서 이루어졌던 국채보상운동은 1907년 3월 6일자 《황성신문》의 기사에 따르면 동래부 구포리 주민 23명이 690전의 금액을 의연한 것으로부터 시작되었다. 이후 동래부국채보상일심회가 설립되고 그 취지서를 발표하면서 본격화[30)]되었다. 그 결과로 부산 지역의 국채보상운동이 시작되었던 1907년 3월부터 최종적으로 마무리가 되었던 1908년 11월까지 총 2,253건, 총 173,919전의 의연이 확인[31)]되었으며, 단체 의연이 전체 의연의 절반 이상을 차지했었다. 특히 부산상무의회와 같은 상업단체의 참여가 두드러졌으며, 여성, 아동 등 다양한 계층의 참여가 이루어졌다. 반면, 전현직 관리나 종교계의 참여는 상대적으로 제한적이었던 특징을 보였다.

부산 지역 국채보상운동의 가장 두드러진 특징은 단체 의연의 비중이 압도적으로 높았다는 점이다. 즉 전체 2,253건의 의연 중 1,228건(54.50%)이 단체를 통해 이루어졌으며, 전체 의연액 173,919전 중 111,900전(64.34%)이 단체 의연에서 나왔다[32)]. 이는 부산 지역 국채보상운동이 개인의 자발적인 참여를 넘어 조직적인 틀 안에서 활발하게 전개되었음을 보여주는 예이다.

이 운동을 주도했던 대표적인 단체는 〈부산상무의회(釜山商務議會)〉였다. 〈부산상무의회〉는 346건의 의연을 기록했으며, 이는 전체 단체 의연의 28.17%에 해당할 정도이다. 또한 의연액은 54,845전으로, 전체 의연액의 31.53%, 단체 의연액의 49.01%를 차지[33]했다. 이는 〈부산상무의회〉가 부산 지역 국채보상운동에서 가장 핵심적인 역할을 수행했음을 입증한다.

그 뒤를 잇는 단체로 〈동래상업단체〉, 〈개진교육회(개성교육회)〉와 같은 상업 단체 및 기관의 의연은 총 659건으로 전체 의연의 29.24%를 차지했으며, 금액은 79,240전으로 부산 지역 전체 의연액의 절반 가까이 되는 45.56%에 해당[34]했다. 이러한 수치는 상업 부문의 영향력이 부산 지역 국채보상운동에 지대했음을 보여주는 동시에 일본의 경제적 침략으로부터 자신들의 시장을 지키려 했던 상인 세력들의 노력을 보여준다.

단체 의연에 비해 개인 의연의 금액상 비중은 상대적으로 적었으나, 그 회수는 1,025건에 이를 정도였다. 이는 전체 의연의 45.49%에 해당하고, 금액은 62,019전으로 전체 의연액의 35.66%를 차지했다.

부산 지역에서 이루어진 국채보상운동의 동태를 살펴볼 때 눈에 띠는 것은 운동이 부산 전역에 걸쳐 이루어졌다는 측면과 아동을 포함한 가족들의 의연이 이루어졌다는 점 그리고 여성들의 의연이 두드러졌다는 점을 논할 수 있다. 지역으로 구분했을 때 부산항(釜山港)을 중심으로 한 초량, 수정동, 좌천리 등을 포함해 하단, 다대리, 당리 지역에도 의연활동이 일어났으며, 기장군의 월내리와 판곡리까지 그 흐름이 이어진 것[35]은 해당 운동이 부산 전역을 통해 이루어졌다는 점을 보여준다. 또한 초량 맥류(麥柳) 가족(부친과 5남), 좌수원 건방(乾方) 가족(부친과 5남매), 동래 수산공(水產公) 가족(부인과 4남매) 등[36]에서 보이듯 아동을 비롯한 가족의 의연이 행하지면서 해당 운동의 폭이 얼마나 넓었는지를 확인 할 수 있다.

무엇보다 여성들의 참여가 일반 부인회에서 기생에 이르기까지 활발하게 이루어졌다는 점을 주목할 수 있다. 〈부산항 좌천리 감선의연 부인회〉, 〈단연 동맹 부인회〉, 〈영도국채보상부인회〉 등이 조직되어 의연 활동을 벌인 것[37]은 물론이거니와 〈명월루(明月樓)〉와 〈망해루(望海樓)〉 등에 소속된 기생 43명이 참여하였다. 특히 상당수의 기생이 100전이라는 거금을 쾌척하였고, 행파(杏坡), 금란(琴蘭), 녹휘(綠輝) 등은 2회 이상 의연을 했으며, 운희(雲姬)는 동기(童妓)임에도 불구하고 모금에 참여[38]하였다. 이상에서 확인할 수 있듯이 부산에서의 민족운동은 지역과 신분, 남녀의 성별을 가리지 않고 진행되었으며, 이것은 향후 일제 강점기 아래에서도 지속되었던 민족해방운동 및 사회 운동에 큰 영향을 주었다.

마지막으로 부산 지역의 경제적 민족운동을 박기종(朴琪淙)을 통해 살펴보겠다. 부산 즉 동래는 조선 후기까지 남상(南商) 또는 내상(萊商)이라고 불리던 특허 상단을 보유했던 지역이었다. 앞서 〈동래 기영회〉를 통해서 엿볼 수 있듯 동래의 상인들은 해당 지역의 향반 및 향임(鄕任)들과 결탁하여 자신들의 이권을 보호하는 동시에 일정한 권력을 보장받기도 하였다. 이러한 결탁이 조선 전 기간 동안 이어지는 동안 동래의 향반들은 부산 지역의 특수한 지역성, 즉 향임과 사인 집단과의 연대 속에서 향반으로서의 위치를 공고히 하는 집단으로서의 특성을 지니게 되었다. 그런데 개항기에 접어들면서 부산의 향반 등 지도층들은 새로운 국제 질서와 그에 기반을 둔 자본주의 체제를 접하게 되었다. 그 체제가 비록 왜곡되고 뒤틀린 제국주의적(帝國主義的) 체제라고 하더라도 부산의 지도층들은 어떻게 하든 조응할 수밖에 없는 상황이었다.

동래의 대표적 향반 가문 출신이었던 박기종은 1860년대 후반부터 뛰어난 일본어 능력을 바탕으로 관직에 진출하기 시작했다. 1869년 『각사등록(各司謄錄)』에는 그가 옥포통사(玉浦通事)로서 왜대선(倭大船)에 대한 보고를 올렸다는 기록이 있다. 옥포는 당시 일본인들이 미곡을 거래하던 무역 기지 중 하나로, 박기종의 업무가 일본인들과 밀접하게 관련되어 있었음을 보여준다. 이후 박기종은 한일 교섭 실무를 수행했다. 1872년 서계 문제로 인한 마찰 당시 실무를 맡아 서계 문제와 조선인 송환 문제 등에 직접 참여하기도 했다. 1875년부터 시작된 강화도 조약 회담에도 소통사로 참여했으며, 제1차, 제2차 수신사로 일본에 파견되어 일본의 근대화를 경험[39]했다. 이러한 경험은 박기종이 조선 내 최고의 일본통(日本通)으로 활동하는 계기를 만들었다.

한일 외교 활동에 참여하면서 박기종은 일본인들과의 교류를 지속했고, 더불어 사업 자본으로 활용할 수 있는 은전(恩典)을 하사받기도 했다. 1880년에 귀국한 그는 용양위부호군(龍驤衛副護軍)에 제수되었고, 1883년에는 경희궁위(慶熙宮衛)에 제수된 후 부산에서 외교 직무와 상업 및 어업을 겸업했다. 이 과정에서 박기종은 개항장 부산에서의 영향력을 확고히 다졌으며, 1886년 부산항경찰관(釜山港警察官)에 제수되었다. 경찰관으로서 막중한 업무에 종사하는 한편, 중앙 정부의 한일 교섭 업무에도 지속적으로 참여했다.

당시 박기종은 사적으로 어업을 통해 자본을 축적하고 있었다. 이 시기 박기종은 상당한 사재를 축적했던 것으로 보이며, 그 부의 가장 큰 원천은 그가 소유하고 있던 어장이었다. 이 어장은 그가 물려받은 것이 아니라 직접 상업 활동을 통해 이윤을 획득하여 얻은 것으로 추정된다.

개항장 부산항의 관료로서의 영향력, 일본인과의 넓은 교우 관계, 그리고 어업으로 축적한 자본을 바탕으로 박기종은 1886년 경찰관으로 제수된 직후 '전경사(電警社)'라는 기선회사(汽船會社)를 창립하며 기업인으로서의 첫발을 내디뎠다. 공동 설립자는 원산 감리서 서기였던 정현철(鄭顯哲)이었고, 민건호와 일본인 무역상 마츠오 겐노스케(松尾元之助)도 참여했으나, 설립 당시에는 사실상 박기종이 주축으로 설립한 회사로 여겨진다. 회사의 경영 구조는 근대적 주식회사 체제와는 거리가 멀었으며, 박기종과 마츠오 두 사람만이 출자자였던 것으로 보인다. 이 과정에서 조선에서는 낯선 개념인 회사를 설립하게 된 것이다. 당시 정부에서는 민간 해운업을 육성하려는 움직임이 있었고, 박기종은 10년간 낙동강에서의 항행권을 부여받았다. 이 회사는 기선 한 척에 판선(板船) 10여 척을 끌고 다니며 낙동강 연안 포구에 기항하고 수익의 1/10을 수취하는 형태의 수익 구조를 가지고 있었다. 그러나 초기에는 영업 이익이 기대에 미치지 못해 1891년에는 적자를 기록하기도 했다. 이 무렵부터 박기종은 사업에서 점차 손을 떼고 이름만 빌려주는 역할을 했던 것으로 보인다.

한때 기선회사에서 2척의 배를 운영한 것으로 보이지만 이를 박기종이 구입했다는 기사가 없는 것을 보아서는 그의 명의를 차용한 것으로 추정된다. 이러한 명의 대여는 일본인이 내륙 항행을 할 수 없다는 규정 때문이었을 것으로 추정된다.

그러나 1892년 선박 중 한척이 사고로 침몰하자, 박기종의 기선회사는 결국 운항권을 니혼아사히쿠미에 양도하고 수익의 10%를 받게 되었다. 이후 기선회사는 1893년 '욱천환(旭川丸)'을 다시 구입했으며, 마츠오의 연계를 통해 오사카상선(大阪商船) 주식회사, 아사히쿠미 조선기선회사와도 제휴하게 되었다. 이 시기부터 회사의 영업은 성공적이었던 것으로 보이며, 이후 기선회사에서 박기종의 영향력은 찾아보기 어려워 사실상 일본인의 회사가 된 것으로 해석된다. 그러나 기선회사 운영 경험은 박기종에게 자본주의적 기업 시스템을 구체적으로 체험하게 하고 운송 사업의 가능성에 주목하는 계기가 되었다.

1892년 이후 박기종은 한동안 개성학교(開成學校) 등을 중심으로 교육운동에 몰두하였다. 그는 동래 기영회 회원이었던 이내옥, 배문화, 변한경, 이명서 등과 협의하여 사립부산개성학교를 출범시켰다. 이들은 각기 300원씩 모아서 교사를 신축하기로 하고, 교무 및 교수에 대한 제반 업무를 일본인 아라나미 헤이치로(荒浪平治郞)에게 맡겼다. 1896년 1월, 영주동에 부지 약 1,000평, 대소 합하여 6동의 건물을 완성했으나, 비용이 예상외로 많이 들어 3,000여 원이 소요되었기 때문에 5명은 다시 그 비용을 공동으로 추가 출자했다. 1896년 2월 14일자로 개성학교 설립 건을 대한

제국 정부 학부에 신청하여 동년 3월 1일 수업을 개시하게 되었고, 이렇게 부산에 소학교와 중학교 과정을 겸한 신식 교육기관인 개성학교가 설립되었다. 1907년 정부로부터 관립으로 이관을 종용받았으나 이를 거절하고 사립학교로 전환하여 사립부산개성일어학교로 이름을 바꾸었다. 그러나 정부로부터 보조가 중단되어 재정난으로 학교를 학부에 헌납하게 되었다. 정부는 1909년 이 학교를 공립부산보통학교와 공립부산실업학교로 나누어 개교하게 했다. '개성(開成)'이라는 교명은 산업 자원 개발을 통한 산업의 근대화와 인재 양성을 통한 지식의 근대화로 집약된 의미를 담고 있다. 당시 학교 교원은 절반 이상이 일본인이었다. 일본의 도쿄제국대학 전신인 개성소(開成所)를 보고 박기종이 이를 본받아 부산에 교육기관을 설립하려 했던 것이었다. 박기종은 1905년 개성학교의 지교 및 보조교로 구관지교, 부산진지교, 동래부개양학교, 마산개진학교, 밀양개양학교, 기장일어학교를 설립하여 조선 내 교육활동을 확대[40]해 나갔다.

이와 같이 학교 운영이 정상 궤도에 오르자, 박기종은 다음 사업으로 철도 사업을 준비했다. 이를 위해 1897년경 박기종은 윤기영(尹基永)과 공동으로 발기하여 부산항과 하단포(下端浦)를 연결하는 약 6km의 경편(輕便) 철도 부설 계획을 농상공부에 신청했고, 이듬해 6월 3일 부하철도회사(釜下鐵道會社)가 농상공부의 비준을 받았다.

부하철도는 약 10km의 짧은 거리를 지나도록 계획되었고, 이를 위해 박기종은 10만 5,061원을 조달했다. 이 금액은 경부철도(약 2,500만원)의 총자본금에 비하면 부족하지만, 10km 정도의 부설이 완전히 불가능한 정도의 액수는 아니었다. 박기종은 1898년부터는 아예 한성(서울)에 거주하면서 제일은행의 일본 은행가들을 만나고, 외교 관료 시절 안면이 있었던 고위 관료들을 찾아다니며 자금 조달에 애썼다. 이에 종친인 이재순(李載純), 안경수(安駉壽), 민씨 척족 일원인 민영철(閔泳喆) 등이 특히 부하철도사업에 관심을 가졌으며 실제 부하철도회사의 간부직을 이들이 독점했다. 실무직인 경무원(經務員)을 맡은 박기종은 폐진된 도진(渡津)의 부속 건물을 탁지부(度支部)에 문의하여 처분하고 그 돈을 정거장 건설 비용으로 사용하는 등의 사업을 시도했다. 당시 부산을 중심으로 한 일본 상인들은 기약 없는 경부선의 부설 허가를 받는 대신, 한국인이 운영하는 부하철도회사에 자본을 공동 출자하는 방법을 모색했던 것으로 보인다. 이는 일본 공사가 하단 지역을 종착역으로 하는 철도의 경제성은 없다고 단정한 것과는 대조적인 모습이다.[41)]

그러나 같은 해 9월, 시부사와 에이이치(澁澤榮一)를 필두로 한 일본 자본이 경부철도 부설권을 따낸 것이 부하철도 몰락의 결정타로 작용했다. 박기종은 외부(外部) 관료로 일하며 심지어 일본인들의 경부선 부설권 획득을 돕기까지 했는데, 이는 그가 부하철도와 경부철도를 연결하여 하단을 종착역으로 만들 수 있으리라 생각했기 때문이었다. 하지만 경부철도는 하단보다 상류에 있는 삼랑진(三浪津)과 구포(龜浦)를 최종 경유하게 되었고, 물자 집산지로서의 하단은 그 지리적 이점을 잃게 되어 더 이상의 자본 조달이 불가능해졌다. 결국 하단으로의 철도 부설 계획은 수포로 돌아갔고, 1899년경에 회사는 사실상 부도 상태에 빠진 것으로 보인다. 박기종은 결과적으로 3만 5천 원가량의 막대한 빚을 지게 되었다.[42)]

박기종은 이러한 고난 가운데에서도 재기를 위해 외부에서 일하고 있는 자신의 지위를 이용하여 철도 부설권을 획득하는 데 나섰다. 그는 새롭게 〈국내철도용달사(國內鐵道用達社)〉를 창립하는 동시에 뒤이어 서울의 유지 10여 명과 함께 기간이 만료된 프랑스의 경의선(京義線) 부설권을 획득하고 '대한철도사(大韓鐵道社)'를 창립하기도 했다. 그러나 이러한 시도는 마지막 불꽃이었다. 애초에 박기종은 단지 철도 부설권을 담보 삼아 영업권을 일본인에게 주는 대신 〈국내철도용달회사〉를 통해 그 아래에서 하청 사업만을 벌일 계획이었던 것으로 보이지만, 북부 지방의 철도 부설권은 아직 어떤 열강도 적극적으로 구매 의사를 표명하지 않아 이 시도는 무위로 돌아갔다. 다시 1901년에 박기종은 대한제국 정부의 비호 아래 삼마(삼랑진-마산)철도회사의 경영에 참여하고자 하는 계획을 세웠으

나 일본 정부의 반대와 그것을 수용한 대한제국 정부와의 타협에 의해 무너지고 말았다.[43)]

결국 박기종은 1903년 일본 공사관 측과 약속을 맺고 대한철도회사의 권리를 일본에 양도하는 조건으로 사례금 5,000원을 받기로 했다. 이는 기존에 약속되었던 3만 5천 원 정도에 비하면 헐값에 불과했다. 이 일을 계기로 박기종은 철도 부설의 실무에서 완전히 손을 떼게 된다. 일본 공사 하야시 곤스케(林權助)는 같은 해 그를 제주 목사로 천거하는 방안도 생각해 보았지만, 궁내부 신하 민병석(閔丙奭)이 이에 반대했다. 1905년에는 민형식(閔炯植)이 특명 전권 공사에 임명될 때 함께 변리공사(辦理公使)로 임명되었으나, 그 이후로는 정계에서 완전히 소식이 끊기게 되었다. 아마도 을사조약 체결로 인해 공사 천거 자체가 취소된 것으로 보인다. 1907년, 박기종은 기력을 다 잃은 듯 세상을 떠났다.[44)]

이상의 과정을 통해 박기종의 경영을 살펴보았다. 박기종은 19세기적 경영 방식과 20세기 초반 침략적 자본주의 경영의 경계선 속을 살았던 인물이었다. 전자(前者)는 인적 네트워크와 정의(情義)에 바탕을 둔 방식이었으며, 후자(後者)는 냉혹한 자본의 논리와 제국주의적 침략 야욕이 결합한 세계였다. 이 가운데에서 특히 기선(汽船)이나 철도와 같이 사회적 기반 시설 구축을 위한 사업에 한 개인이 뛰어든다는 것은 그 끝을 미리 짐작하게 할 뿐이었다. 하지만 개항을 통해 밀려오는 자본주의의 물결에 맞춰 새로운 경영방식을 도모하고, 철도의 독자적 운영을 추구했던 박기종의 노력은 그 자체로서 의의를 지니는 것이었다. 그리고 이러한 가운데에서 독자적 상권을 유지하려고 노력했던 모습은 1908년 구포저축주식회사를 설립한 윤상은(尹相殷)과 그와 함께 1914년 백산상회를 세웠던 안희제 그리고 1918년 동래은행을 세웠던 봉래일기계(蓬萊一紀稧) 등에 의해 이어졌다.

2. 무단통치기 부산 지역의 민족운동

1) 부산 상인들의 경제적 민족운동

(1) 구포저축주식회사와 봉래일기계의 설립

1878년 6월 부산에서 문을 연 일본 제일은행 부산지점의 등장은 부산 지역의 상인들에게 상당한 충격을 주었다. 사실상 일본 정부의 국책은행인 제일은행을 배후로 한 일본상인들의 자금력은 상상을 초월했고, 그렇지 않아도 미면교환체제의 말단(末端)에서 밀리고 있던 부산 지역 상인들의 세력은 그 세력을 상실해가고 있었다. 지역의 객주(客主)·여각(旅閣)들이 뜻을 모아 근대적 금융기관의 설립을 기도하였으나 자본력이 미약하여 끝내 실현을 보지 못하였다.

하지만 일본 자본의 침투는 더욱 거세어졌다. 1905년 통감부에 의해 시작된 '화폐정리사업'은 그렇지 않아도 가쁜 숨을 몰아쉬고 있던 조선 상인 자본의 목줄을 틀어쥐게 만들었다. 그나마 1906년 통감부 발의로 경상농공은행이 설립된 뒤로는 민족계 상인들도 이에 참여하여 어느 정도의 자금을 융통받을 수 있었다. 이 경상농공은행도 1918년 조선식산은행에 병합되었고 민족계 실업인에 대한 금융의 길은 막혀버리고 말았다.

이런 상황 속에서 부산의 조선 상인들은 스스로의 생존을 도모하기 위한 방책을 강구했다. 그들은 서로 간의 연대를 통해 상업 자본을 조달하기 위해 계(契)를 만들거나 대부조직을 결성하기 시작했다. 이런 흐름 속에서 형성된 것이 구포 지역에서 만들어진 '구포저축주식회사'와 동래 지역 등에서 결성된 '봉래일기계(蓬萊一紀稧)'였다.

구포저축주식회사는 대부업을 목적으로 하면서 동시에 엽전과 지폐의 예금 취급도 했다. 구포저축주식회사는 1912년 은행령이 발표된 이후 구포은행으로 변신했다. 한편 동래은행은 일종의 저축계인 봉래일기계를 근대(根帶)로 하여 대정7년(1918) 8월 자본금 50만원의 주식회사를 조직한 것[45]이다. 즉 부산 지역에서의 민족 금융은 상인자본이 중심이 된 저축계의 설립과 확장에서 비롯되었다고 볼 수 있다.

이중 윤상은이 중심이 되었던 구포저축주식회사의 초기 주주들의 명부와 주식 보유수를 살펴보면[46] 대부분이 구포 출신이고, 봉래일기계의 구성들과 비교해 보았을 때 구포저축주식회사는 당시 구포를 비롯한 경남 김해, 양산 지역민들을 중심으로 결성되었음을 확인할 수 있다.

특히 1909년 1월 15일 당시의 주주 현황을 살펴보면 주식 총수 500주에 주주가 총 67명임을 알 수 있다. 최대 주주는 30주를 보유한 송태관이고, 물상객주로서 쌀의 대일수출로 재산을 모은 장우석(張禹錫)이 28주를 그리고 설립을 주도했던 윤상은이 15주를 지니고 있었다. 그러나 윤상은이 관여된 윤씨 일가의 보유 주식으로 형 윤명은이 20주, 동생 윤영은이 15주, 조카 윤현태가 30주를 차지하여 모두 65주에 이르렀다. 여기에 윤상은이 직간접적으로 관련된 화명학교에서 10주, 구명학교에서 5주, 동명학교에서 3주를 지니고 있어[47], 윤상은이 관계된 주식이 총 98주가 되어 구포저축주식회사의 총 주식 중 거의 20%에 이르고 있음이 확인된다. 더불어 1911년에는 안희제가 참여하여 10주의 주식을 보유함으로써 당시 구포저축주식회사가 단순한 금융기관을 뛰어넘어 1910년대 부산 지역의 경제적 민족운동에 일정한 영향을 미쳤음을 알 수 있게 한다. 그리고 그 중심에는 윤상은이 자리를 잡아서 방향을 노정하는데 영향을 미쳤다.

그러나 1911년 〈조선회사령〉의 공포로 구포저축주식회사가 예금업무를 취급할 수 없게 되자, 240명의 주주와 자본금 50만원인 구포은행으로 개편하였다. 개편과 동시에 자본구성의 기본골격도 다소의 변동이 있었는데, 이는 윤상은과 장우석 외에 부산에 거주하는 이규직(李圭直)을 비롯한 거상들과 극히 소수이기는 하나 일본 상공인들에게도 출자를 허용하였기 때문이다. 이는 관계 법령과 외부 조건의 변화에서 살아남기 위한 선택에 따른 것이었다. 이로써 구포은행은 민족계 지방은행으로서의 자부심에 약간의 손상은 입었으나, 최고경영진인 두취(頭取: 은행장)에 이규직, 전무에 장우석, 감사역에 윤상은 등으로 구성함으로써 민족계 은행의 구실을 다하였다.[48]

한편 동래와 초량 지역의 상인들은 봉래일기계와 초량일기계를 조직하여 생존을 도모하였다. 이중 동래부에서는 1906년 10월에 동래일기계가 결성되었으나 그 내용을 정확히 알 수 없다. 단 결산 수입 부분에 상업회의소 은사금과 그 이자, 초량학교 은사금이 확인되고 모임이 상공회의소에서 이루어지고 있음을 보아 그 연관성을 추정할 수 있다. 1911년 5월 25일에는 부산부 봉래일기계가 취지서를 작성하고, 30인을 발기인으로 결성되었다. 취지서의 내용은 재화의 중요성을 인식하면서 개인의 경제적 이익은 물론 지역 경제의 활성을 위하여 '주식일기계(株式一紀契)'를 만든다고 밝혔다. 특히 동래은행이 봉래일기계를 모태로 창립되었고, 봉래일기계 발기인 중 동래은행 창립 주주로 10명이 참여하고 있었다. 더불어 1918년 8월 8일자 《매일신보》 기사에서 동래은행 창립총회를 동래군 일기포(一紀舖)에서 진행했다는 소식이 올라온 것을 통해 봉래일기계와 동래군 일기포가 동일한 것으로 보이고, 또 일기포와 동래은행의 관계가 밀접했음을 의미한다.[49]

그런데 봉래일기계와 동래은행의 계승성에는 또 하나의 주목할 점이 있다. 양 단체에서 활동했던 인물들이 동일하며, 그들이 동래기영회에 소속된 인물들이었다는 것이다. 즉 동래 지역 은행 설립과 경영에 활약했던 주체가 박리식(朴履植), 추종엽(秋鍾燁), 윤병연(尹炳延), 윤병준(尹炳準), 박우형(朴遇衡), 김형찬(金炯贊) 등 기영회원이었는데, 이들은 1918년 17인의 발기인으로 주식회사 동래은행 설립을 주도하여 1933년까지 영업했다.[50] 이들의 행적을 통해 1910년대 부산에서 이루어진 민족 자본을 형성하기 위한 금융 활동, 즉 구포저축주식회사의 설립에서 구포은행으로의 변화 그리고 봉래일기계의 창립에서 동래은행으로의 전화(轉化)에서 모두 동래기영회에서 이어지는 민족운동의 맥이 계승되었다는 점이다. 이러한 경제적 민족운동의 흐름은 끊이지 않고, 일본 제국주의의 침습(侵襲)에 저항하였다.

(2) 백산상회와 안희제

안희제는 경남 의령 출생의 인물이지만, 백산상회(白山商會)를 만들고 독립운동의 자금을 모집하여 지원했던 활동은 주로 부산에서 이루어졌다. 안희제의 백산상회는 1914년에 개인회사로 출발했다가 1917년에는 자본금 14만원 규모의 합자회사(合資會社)로 성장했다. 이후 1919년 5월 28일에는 현재 시가 340억 원 이상의 가치로 추정되는 자본금 100만원의 주식회사로 성장했다.

이러한 모습은 안희제의 백산상회가 단순히 국내 독립자금을 대한민국임시정부에게 전달하는 역할을 수행했던 것 이외에도 근대적인 기업으로서의 능력을 지녔을 것으로 추정된다. 하지만 이번 글에서는 백산상회의 활동 전반을 살펴보는 것이 아니라 합자회사 시기까지의 모습을 살펴보고, 이를 통해 경제적 민족운동의 또 다른 모습을 알아보고자 한다.

1910년 한일병탄이 일어나자, 당시 양정의숙을 졸업하고 대동청년당(大東青年黨)을 주도하고 있던 안희제(安熙濟)는 그 이듬해 초에 노령(露領)으로 떠나갔다. 망국의 슬픔을 달래기 위한 것이 아니었다. 당시 만주와 연해주 등에서 벌어지고 있었던 독립군 기지 건설에 참여하고 새로운 민족운동의 길을 모색하기 위해서였다.

그렇게 3년의 시간을 보낸 안희제는 고향인 의령으로 돌아왔다. 그리고 국내·외 독립운동 자금 조달과 일본의 자본에 맞설 수 있는 민족 자본 육성을 위해 1914년 9월 고향의 전답 2,000두락을 팔아 자금을 마련하고, 부산으로 가서 이유석(李有石), 추한식(秋翰植) 등과 함께 백산상회를 설립[51]했다.

이때 함께 했던 이유석은 해륙물산 위탁매매 영업을 하는 신창호(信昌

號)를 경영하는 객주로 부산해륙물산객주조합과 남선창고주식회사의 중역이었고, 추한식은 추한삭(秋翰奭)으로 추정되는 인물로 동래와 구포에서 활동하는 유지(有志)였다.[52] 안희제가 이들과 함께 했던 것은 의령 출신이었던 그가 부산 토박이로 이루어진 상인 네트워크에 편입하기 위한 것도 있었겠지만, 무엇보다 뜻을 함께 하는 동지적 관계였기 때문으로 보인다.

당시 부산 지역에서는 1차 세계대전 호황으로 무역업이 활성화되었고, 경남 인근의 지주 자본이 집중되고 있었다. 특히 동래, 양산, 김해, 울산, 의령, 사천, 하동, 창원 지역의 지주들이 대거 부산에 진출하여 무역업에 투자하고 있었다. 양정의숙 경제과를 졸업하여 경제 이론에 밝았던 안희제는 부산 지역 경기 호황에 주목하고 개인 경영의 백산상회를 설립했다. 설립 초기 백산상회는 곡물, 면포, 해산물 등을 위탁 판매하는 소규모 개인 상회[53]였으나, 1917년 즈음에 이르러서는 지역 내에서 대표적인 조선인 곡물상점으로 인지되고 있었다. 이는 부산 곡물시장에 대한 조선인의 입장을 대변하여 '백산상회 주임 안희제'의 단독 인터뷰가 1917년 7월 28일자 《부산일보》에 기사화되는 것[54]으로 보아 짐작할 수 있다.

안희제는 대자본의 일본인 무역상에게 대항하기 위해 이 당시 경상남도 양산의 대지주 윤현태(尹顯泰)와 경주의 부호 최준(崔浚), 최완(崔浣) 형제 등의 투자를 유도하였다. 그리고 이를 바탕으로 자본금 14만 원의 합자회사 백산상회로 개편하였다. 합자회사백산상회는 공칭자본금이 14만 원이었으나, 실제로는 제1회 불입금 3만 5천 원으로 계속 경영했다. 합자회사백산상회의 출자액을 보면 안희제와 윤현태가 각기 28,350원(1회 불입금 각 7,087원 50전), 최준 2만 원(5,000원), 허걸 11,500원(2,875원) 윤병호 5천 원(1,250원) 등이었다. 무슨 이유인지는 정확하지 않으나 세계 1차 대전 호황이 절정이었던 시기인 합자회사 시절에 부채가 크게 증가했다. 결국 백산상회가 주식회사 체제로 확대(중간점)전환하게 된 배경에는 합자회사 당시의 부채, 즉 차입금을 시급하게 상환해야 하는 상황이 크게 작용했던 것 같다. 즉 주식 발행을 통한 자본 확충으로 자금 상환 및 확보를 모색한 것으로 추정된다.[55)]

백산상회가 이러한 사태까지 내몰리게 된 것은 회사의 근본적인 설립 목적에서 비롯된 것으로 보인다. 백산상회는 자본주의 경영의 가장 기본적인 목적인 '이익의 창출과 증산'에 있지 않았다. 그것은 국외에서 전개되는 독립운동을 지원하기 위한 국내 연락망과 독립운동 자금 조달을 위한 '독립운동기지'로 삼기 위함이었다. 그렇기에 3·1 운동을 전후하여 안희제는 남형우 등과 국내·외 독립운동을 위한 연락을 담당하였으며, 1919년 3·1운동이 일어나자 고향인 의령에서 독립선언서를 등사해서 각지에 배포, 군민들의 봉기를 촉구할 수 있었던 것이다.

바로 이러한 측면이 1920년대 경성방직의 김성수(金性洙) 등 토착 부르주아지 세력들에 의해 벌어졌던 '물산장려운동' 등과 가장 큰 차이를 보였던 원인이었다. 현재의 우리는 안희제와 백산상회를 통해 '경제적 민족운동'이란 개념에 대해 다시 한 번 생각해 볼 필요가 있을 것이다.

2) 부산 지역의 교육·결사 운동

(1) 부산 지역의 교육 운동 - 윤상은과 구명학교을 중심으로 -

윤상은은 경제 분야에서 조카 윤현태와 윤현진과 함께 활동한 동반자였다. 3·1운동이후 기미육영회를 통하여 인재 양성에 남다른 관심과 활약상을 보였으며, 안희제 등과 한국인의 일본 도항을 제한하는 자유 도항 제한 조치의 철회를 조선 총독에게 요구하기도 했다.

윤상은은 박기종(朴淇宗)과 이내옥(李乃玉) 등이 설립한 개성학교에서 수학하였다. 부산 근대화의 선구자로 평가받는 박기종은 장인[56)]이었으며 대동청년단(大東青年團)을 함께 했던 안희제와는 동지 관계였다. 이러한 측면에서 윤상은이 교육 운동에 대해 관심을 지녔던 것은 당연한 일이라고 볼 수도 있었다.

1906년 11월, 윤상은은 박형전, 장우석 등 26명의 발기인과 함께 기부금을 모아 부산 구포에 사립 구명학교(龜明學校)를 설립했다. '구명(龜明)'이라는 이름은 "거북은 신령스러운 동물이자 사령(四靈)의 하나"라는 의미를 담고 있으며, 이는 시세 변화에 부응하여 국권을 회복하고 올바른 국가관과 민족의식을 일깨우려는 궁극적인 목적을 보여준다. 동래부윤 서리 최덕(崔悳)은 구명학교에 대한 후원에 적극적으로 나섰다.[57)]

구명학교는 처음 1년제 소학교로 시작했으나, 교육 내실화를 거쳐 4년제로 발전했다. 이러한 발전의 중심에는 윤상은과 안희제 같은 지역 유지들과 동래부 관리들의 헌신적인 노력이 있었다. 이들은 일제 침략에 맞서는 가장 효과적인 방법이 근대 교육의 시행이라고 굳게 믿었다.

1907년 초대교장으로 취임했던 장우석의 뒤를 이어 1909년에는 백산 안희제가 2대 교장으로 취임했다. 그는 2년간 직접 학교를 운영하며 근대교육 보급에 열성을 다했다. 안희제는 이미 고향 의령에 의신학교와 창남학교를 설립할 정도로 교육에 대한 신념이 투철한 인물이었다. 구명학교에서 맺어진 윤상은과 안희제의 인연은 훗날 조카 윤현진이 민족운동가로서의 삶을 결심하고 실천하는 데 결정적인 요인으로 작용했다. 또한 이들의 관계는 이후 백산상회를 통해 대한민국 임시정부의 독립 자금을 지원하는 통로로 이어졌다.

구명학교는 강제 병합 이후 식민지 노예교육의 근간인 〈조선교육령〉(1911년)과 〈개정 사립학교령〉(1915년) 등에 의하여 탄압을 받다가 결국 1918년 구포공립보통학교로 변경되었다. 이때 구포면 화명리의 화명(華明)학교와 사립여학교인 정명(貞明)의숙 등과 통합되기에 이르렀다.[58)] 비록 일제의 교육 정책에 의해 관립학교로 편입되었지만, 구명학교는 설립 초기 부산 지역의 민족의식을 고취하고 인재를 양성하는 중요 수원(水源)으로서의 역할을 수행했다.

(2) 부산 지역의 비밀 결사 운동

1910년대 부산 지역의 비밀 결사 운동은 크게 두 가지 흐름에서 진행되었다. 즉 운동의 주체를 중심으로 학생들의 조직과 민족부르주아지들이 있었다.

이 중 학생 주체의 비밀 결사는 모두 부산공립상업학교에서 나타났다. 1910년 한일병탄이 알려지자 부산 지역민들은 격분했다. 특히 박기종이 세웠던 개성학교가 개편된 부산공립상업학교에서 학생인 변상태(卞相泰), 최기택(崔基澤), 성학영(成學英) 등 여섯 명이 근처의 불락산(佛樂山)에서 모였다. 그들은 조국 광복을 위해 자신의 목숨을 바칠 것을 맹세하면서 비밀 결사를 만들었는데 그것이 '대붕회(大鵬會)'였다. 그 뒤를 이은 조직은 5년 후에 만들어진 '구세단(救世團)'이었다.[59] 즉 1915년 부산공립상업학교에서 재학 중이던 오택, 박홍규, 김인태와 박재혁(朴在赫) 등 16명의 친우들이 만든 조직이었다. 그리고 매월 한 차례 등사판의 단보를 내고 경남 일원의 뜻있는 청년들에게 보내어 동지 규합을 도모하며 자체 수양회·연수회를 갖는 등의 활동을 벌였다. 반년 만에 그 사실이 경찰에 발각되어 의형제를 맺었던 오택, 박홍규, 김인태와 박재혁 등이 함께 붙잡혀 구금되고 모진 고문을 받고, 부모들의 구명운동으로 일주일 후 풀려났다.[60] 이러한 움직임은 의열단의 단원이자 구세단의 일원이었던 박재혁이 '부산 경찰서 폭탄 투척'을 일으킴으로써, 박기종으로부터 발현된 민족정신이 계승되었음을 증명했다.

또 하나의 흐름인 민족부르주아지의 비밀 결사는 대동청년단(大東青年團)으로 나타났다. 1909년 10월 경상남도 동래에서 남형우(南亨祐), 박중화(朴重華), 서상일(徐相日), 신백우(申伯雨), 신팔균(申八均), 안희제(安熙濟) 등이 조직한 항일 비밀결사이다.

단장은 남형우, 부단장은 안희제였는데 제2대 단장은 안희제가 계승하였다. 참가자는 근대적인 교육을 받은 청년이거나 선각자적 의식을 가진

개신 유학자들이었다. 청년 단원은 17세부터 30세 미만의 경상도 일대의 청년 80여 명으로 구성되었다. 「단규(團規)」는 "단원은 반드시 피로 맹서할 것, 단명(團名)이나 단(團)에 관한 사항은 문자로 표시하지 말 것, 경찰 기타 기관에 체포될 경우 그 사건은 본인에게만 한하고 다른 단원에게 연루하지 말 것" 등 독립운동을 표방한 비밀결사임을 밝혔다. 명칭은 자료에 따라서 '대동청년당(大東青年黨)'으로도 혼용해서 나온다. 단원은 꾸준히 확충되었다. '신민회 사건'에서 체포를 면했던 김삼(金三), 김태희(金泰熙), 김홍량(金鴻亮), 서초(徐超), 임현(林玄), 차병철(車秉轍) 등이 가입하였다. 안희제와 서상일이 만주나 러시아령에서 만났던 윤세복(尹世復), 이시열(李時悅), 최병찬(崔炳贊) 등이 참여하였다.[61]

대동청년단은 일제 강점 이후 만주·연해주의 독립군 기지 건설 운동, 상해의 대한민국 임시정부, 의열단과 국내의 비밀 결사 운동을 연결하는 고리의 역할을 했다는 점과 영남 지역을 중심으로 한 여러 갈래의 비밀 결사 운동에 젖줄을 대었다는 점에서 각별한 의미를 갖는다.[62] 대동청년단은 부산 동래에서 결성되었으나 그 구성원은 영남 일대의 민족부르주아지들이 중심이 되었다. 또한 대동청년단의 본격적인 활동은 1920년대 임시정부와 의열단, 조선국권회복단 등과의 연대를 중심으로 이루어졌다.

하지만 부산 지역에서 대동청년단의 흐름은 안희제의 백산상회와 윤상은의 구명학교 등을 통해서 드러났었다. 그리고 이런 흐름은 1919년 부산 지역의 3·1운동을 통해 폭발하게 되었다. 다음 장에서 이어지는 3·1운동의 탐색은 1870년대부터 계승된 부산 지역의 민족 운동과의 연계를 확인하는 장이 될 것이다.

미주

1) 현명철, 「기유약조체제의 붕괴 과정에 대하여」, 『한일관계사연구』54, 한일관계사학회, 2016, 164~165쪽.
2) 현명철, 앞의 논문, 2016, 176~178쪽.
3) 현명철, 앞의 논문, 2016, 182쪽.
4) 『동래부계록』, 고종 9. 5. 27./ 5. 30.
5) 『동래부계록』, 고종 9. 5. 27.
6) 현명철, 앞의 논문, 2016, 184쪽.
7) 김강일, 「철공철시 연구」, 『한일관계사연구』 53, 한일관계사학회, 2016, 214쪽.
8) 김강일, 앞의 논문, 214쪽.
9) 한철호, 「조일수호조규 체결 후 일본 군함 호쇼(鳳翔)의 조선 해안 최초 측량과 그 의의」, 『한국사학보』 83, 한국사학사학회, 2021, 165쪽.
10) 『승정원일기』, 고종 12. 11. 9.
11) 한철호, 앞의 논문, 2021, 167쪽.
12) 한철호, 앞의 논문, 2021, 171쪽.
13) 한철호, 앞의 논문, 2021, 176쪽~179쪽.
14) 한철호, 앞의 논문, 2021, 179쪽.
15) 『일성록』, 고종 13. 1. 21.
16) 부산지방보훈청, 『부산독립운동사』, 부산지방보훈청, 1996, 17쪽.
17) 박한민, 「1878년 두모진 수세를 둘러싼 조일 양국의 인식과 대응」, 『한일관계사연구』 39, 한일관계사학회, 2011, 375쪽~378쪽.
18) 강대민, 『근대 부산의 민족운동』, 경인문화사, 2008, 57쪽~58쪽.
19) 박한민, 앞의 논문, 2011, 392쪽.
20) 한국향토문화전자대전 쌀 판매 거절 사건(https://terms.naver.com/entry.naver?docId=2814697&cid=55772&categoryId=55820)
21) 강대민, 앞의 책, 2008, 59쪽.
22) 한국향토문화전자대전 선창가 투쟁 사건(https://terms.naver.com/entry.naver?docId=2814702&cid=55772&categoryId=55820
23) 강대민, 앞의 책, 2008, 59쪽.
24) 손숙경, 「19세기 중반 동래 지역 기영회 결성과 그 역사적 의미」, 『역사와 경계』 83, 부산경남사학회, 2012, 75쪽.

25) 변광석, 「동래기영회의 활동과 변화를 통해본 지역성」, 『역사와 경계』 84, 부산경남사학회, 2012, 81쪽.

26) 표용수 외, 『부산시사』 제1권, 부산광역시사편찬위원회, 1991, 914쪽~916쪽.

27) 표용수 외, 앞의 책, 917쪽~918쪽.

28) 최두진, 「개화기 부산 근대학교 형성의 지역별 성격 연구」, 『항도부산』 44, 부산광역시사편찬위원회, 2022, 433쪽.

29) 최두진, 앞의 논문, 2022, 439쪽~440쪽.

30) 이용철, 「부산지역 국채보상운동의 전개 양상과 참여층 분석」, 『항도부산』 48, 부산광역시사편찬위원회, 2024, 289쪽.

31) 이용철, 앞의 논문, 2024, 294쪽.

32) 이용철, 앞의 논문, 2024, 298쪽.

33) 이용철, 앞의 논문, 2024, 299쪽.

34) 이용철, 앞의 논문, 2024, 298쪽~299쪽.

35) 이용철, 앞의 논문, 2024, 304쪽.

36) 이용철, 앞의 논문, 2024, 305쪽~306쪽.

37) 부산지방보훈청, 앞의 책, 1996, 35쪽.

38) 이용철, 앞의 논문, 2024, 312쪽.

39) 하재영, 「한 기업가의 일생을 통해 본 韓末 기업의 성패 요인 -朴琪淙의 일생을 중심으로-」, 『인문과학연구』 23, 덕성여자대학교 인문과학연구소, 2016, 100쪽~102쪽.

40) 최두진, 앞의 논문, 2022, 433쪽~436쪽.

41) 하재영, 앞의 논문, 2016, 109쪽~111쪽.

42) 하재영, 앞의 논문, 2016, 111쪽.

43) 하재영, 앞의 논문, 2016, 112쪽.

44) 하재영, 앞의 논문, 2016, 113쪽.

45) 김동철·차철욱, 「근대 부산지역 금융관련 자료와 그 성격」, 『항도부산』 18, 부산광역시사편찬위원회, 2002, 332쪽 ~333쪽.

46) 김동철·차철욱, 앞의 논문, 2002, 337쪽.

47) 김동철·차철욱, 앞의 논문, 2002, 334쪽.

48) 한국민족문화대백과 구포은행(https://terms.naver.com/entry.naver?docId=525047&cid=46623&categoryId=46623)

49) 김동철·차철욱, 앞의 논문, 2002, 340쪽~341쪽.

50) 변광석, 앞의 논문, 2016, 86쪽.

51) 이상호·정대율, 「백산 안희제 선생의 구국활동과 기업가정신에 관한 연구」, 『경영사연구』 39, 한국경영사학회, 2024, 9쪽.

52) 오미일, 「일제시기 백산상회(白山商會)의 창립과 변천」, 『영남학』 26, 영남문화연구원, 2014, 331쪽~332쪽.
53) 이상호·정대율, 앞의 논문, 9쪽.
54) 오미일, 앞의 논문, 333쪽.
55) 오미일, 앞의 논문, 339쪽.
56) 김형목, 「우산 윤현진 일가(一家)의 민족 운동」, 『민족사상』 13, 한국민족사상학회, 2019, 99쪽.
57) 김형목, 앞의 논문, 100쪽~101쪽.
58) 김형목, 앞의 논문, 101쪽~103쪽.
59) 부산지방보훈청, 앞의 책, 1996, 43쪽.
60) 독립운동가 인명사전 박재혁(https://search.i815.or.kr/dictionary/detail.do?searchWord=&reSearchWord=&searchType=all&index=1&id=6461)
61) 한국민족문화대백과 대동청년단(https://encykorea.aks.ac.kr/Article/E0014286)
62) 이귀원, 「백산 안희제의 삶과 '백산정신'」, 『문화전통논집』 14, 경성대학교 부설 한국학연구소, 2007, 167쪽.

제2장

항일의 길을 걷다

1. 1919년 3·1운동

1) 나라 안팎 곳곳에서 전개된 3·1운동

3·1운동은 1919년 3월 1일 서울의 파고다공원과 태화관, 그리고 전국 9개 지역에서 '독립선언서'를 선포하면서 시작하여, 1년여에 걸쳐 국내외에서 전개된 거족적인 항일독립운동을 총체적으로 일컫는다.[1)]

3·1운동은 3월 10일을 전후해서 경상도, 전라도, 강원도, 충청도로 퍼져나갔으며, 독립만세 시위는 주로 장날을 이용하여 전국적으로 확산됐다. 3월 6일에는 만주의 서간도에서, 13일에는 북간도에서 다시 시베리아 연해주, 나아가 미주지역까지 확산됐다. 3·1운동은 4월말까지 지속됐고, 도시 등 교통이 발달한 곳으로부터 점차 농촌이나 산간벽촌으로 전파되었다. 시간이 갈수록 운동에 참가하는 계층과 숫자가 확대되자, 일제의 탄압도 더욱 강경해졌다. 따라서 독립만세 시위의 양상도 평화적 만세시위에서 폭력적 투쟁으로 변화했다. 억압이 있으면 저항이 있는 것은 당연한 귀결이었다.

3월 상순에는 경기도, 평안도, 함경도, 황해도의 도시를 중심으로 기독교, 천도교의 조직력이 강한 지역에서 시위가 주로 전개됐다. 이는 초기 민족대표 33인의 종교적 인적 관계에 의해 독립선언서 등이 배포되면서 사전 준비 작업이 진행된 결과였다. 그러나 전체적으로 볼 때 이들과 연계되어 운동이 전개된 지역은 그다지 많지 않았으며, 그것도 초기 시위에 한정됐다.

3월 이후 지속된 전국의 독립만세 시위는 통일적인 지도부에 의해 조직, 지휘되기보다는 지방마다 고립 분산적으로 전개된 측면이 있다. 3·1

운동이 지속되고 전국적으로 확산되는 데 결정적 역할을 한 것은 교사, 학생, 하급 종교지도자, 비밀결사단원 등 이른바 지방사회의 지식층이었다.[2] 이들은 서울을 비롯한 도시지역에 유포된 선언서 등 각종 유인물과 시위경험을 각 지역에 전파시키는 데 중요한 역할을 했다. 물론 고종 인산(因山)에 참예했던 많은 인사들이 독립선언서를 품에 품고 속속 귀향해서 미친 영향도 간과해서는 안 된다.

지방의 3·1운동 조직화에는 특히 청년, 학생들의 역할이 컸다. 이들은 주위의 지인들을 설득하여 독립만세 시위를 조직하기도 하고, 그 과정에서 각종 비밀결사, 결사대를 조직하여 시위를 준비하고 이끌어가기도 했다. 청년, 학생들이 주도한 비밀결사 활동은 주로 격문 등 각종 유인물을 제작, 배포하여 선전선동 작업을 펼침으로써 투쟁열기를 고취시킨 것이었다. 간단한 구호를 적은 전단이나 낙서, 포스터, 시위계획과 투쟁방침을 알리는 격문, 사발통문, 그리고 관리의 사퇴를 촉구하거나 일본인의 퇴거를 협박하는 '경고문과 협박문', 각지의 운동 상황을 알려주면서 투쟁의지를 고무하는 '신문'에 이르기까지 다양한 매체가 출현했다.

3월 중순 이후에는 독립만세 시위가 나라의 중남부지방 일대로 확산됐고, 도시뿐만 아니라 농촌에서도 독립만세 시위가 일상화됐다. 또 지방사회의 식자층만이 아니라 노동자, 농민, 중소상공업자 등 대규모 군중이 광범하게 동참했고, 그 시위 횟수도 증가 했다. 운동의 형태도 독립선언식이나 만세시위에서 더 나아가 점차 폭력적으로 변화되어갔다.

특히 3월 하순에서 4월 상순까지의 시기는 동시 다발적이고 격렬한 투쟁이 지속되어 운동은 최고조에 달했다. 이 기간에 3, 4월 두 달 동안 전개된 시위 가운데 302건은 일제 헌병 경찰의 폭력진압에 따른 충돌이 발생한 건이었다.

이와 같이 3·1운동이 전국에서 지속적으로 전개된 것은 광범한 민중들이 적극 참여하여 비타협적인 투쟁을 이끌어갔기 때문이다. 투쟁이 가열됨에 따라 농민, 노동자 등 기층 민중들이 점차 주도적인 역할을 하게 됐다. 특히 3월 하순 서울, 경기, 경남지방의 운동양상은 노동자, 농민이 운동을 주도하게 된 과정을 집약적으로 보여 준다.[3)]

1919년 3월 1일부터 4월말까지 두 달에 걸쳐 전국적으로 전개된 독립만세 시위에 연인원으로 200만여 명 이상이 참가했다. 일제 경찰은 5만여 명을 검거 투옥하고, 7천여 명 이상을 사상했으며, 교회 47개, 민가 715채 등을 불태웠다.[4)] 그럼에도 이 운동은 1910년 8월 일제가 한국을 강점한 후 무단식민통치로 실의와 좌절 속에 빠져 있던 한민족에게 민족 독립에 대한 새로운 가능성과 소망을 불어넣어 주었다.

3·1운동의 역사적 의의는 다음과 같다.

첫째, 한성, 블라디보스토크 등지와 함께 상해에서는 대한민국임시정부가 그 해 4월 11일 창건되어, 민족독립을 추진할 수 있는 거족적인 구심점이 형성됐다. 둘째, '백성이 나라의 주인'이 되는 '민주공화정'을 국가의 이상으로 제시했다. 3·1운동의 지도자들은 일본 재판장의 심문에서 분명하게 '백성이 주인이 되는 나라를 세우겠다.'는 소신을 밝혔다. 바로 이 이념이 상해임시정부의 헌법에 '민주공화정'으로 정착되었던 것이다. 셋째, 3·1운동을 계기로 이 땅에서 양반출신 지도자뿐만 아니라 평민출신 지도자도 민족운동을 이끌어 가게 됐다는 점이다. 넷째, 국내의 민족운동에도 큰 힘을 불어넣어 주었는데, 한국인의 고등교육을 위해 민립대학기성회가 조직됐는가 하면 물산장려운동과 근검, 절제운동 등의 실력양성운동을 일으켜 백성을 깨우치고 독립을 준비하는 계기를 만들었다. 마지막으로 3·1운동은 민족운동이면서 인류의 양심의 회복, 인류의 공동선(共同善)을 추구한 운동이었다. 즉 '민주'의 개념이 확연하게 드러난 민족운동이면서 폐쇄적인 민족주의를 넘어서서 보편적 가치, 즉 동양평화와 세계평화를 모색하려는 운동이었다.[5)]

2) 재경 부산 경남 학생의 활동

(1) 3월 1일 파고다 공원의 독립선언식과 만세시위

3·1운동의 준비는 민족대표로 불리는 천도교, 기독교, 불교 등 종교계의 인사들을 중심으로 진행됐다.[6] 서울의 학생들은 민족대표들과는 별개로 1919년 1월 말부터 독자적인 독립만세 시위를 계획하고 있었다. 학생들에 의한 3·1운동의 준비는 소위 '학생단'을 통해 이루어졌다.

3월 1일 정오가 지나자, 학생들을 비롯한 수만의 군중이 파고다공원에 집결했다. 손병희 외 32명의 지도자는 급하게 회합할 장소를 파고다공원 뒤 북서쪽 인사동의 명월관 지점(구 태화관)으로 변경했다. 오후 2시 30분경 파고다 공원 내 육각당에서 성명 불상 자가 '독립선언서'를 낭독하고 조선의 독립국임을 선언한다고 하자, 군중은 열광하며 독립만세를 목 놓아 외쳤다.

한편 1919년 2월 하순경 한용운이 범어사 주지 등을 만나 독립만세 시위에 참여할 것을 권유했다. 이에 범어사의 승려들 다수가 3월 1일 파고다 공원에서 열린 만세 시위에 참여했다. 또한 불교 중앙학림의 김상헌(양산 동면, 범어사)은 승려 및 불교신도와 함께 3월 1일 만세 시위를 벌여나갔다. 이들은 탑골공원에서의 독립선언서 낭독식이 끝난 후 종로와 대한문을 거쳐 외국 영사관이 들어서 있는 정동거리를 지나면서 독립 만세를 외쳤다.[7]

3월 1일 서울 파고다 공원의 독립선언식은 학생들이 준비하고 주도적으로 참여했다. 특히 경성의학전문학교(현 서울대학교 의과대학, 이하 경성의전)에서는 32명이 재판에 회부될 정도로 가장 적극적으로 참여했다.[8] 그 중심에 부산 사상출신이자 경성의전 졸업식을 앞둔 4학년생 김형기가 있었다.[9] 그는 학생들이 3·1운동을 은밀하게 준비하던 초기부터 경성의전 대표로 주도적으로 참여했고, 3·1운동 당일 주모자들과 함께 독립선언

서를 배포하고 시위를 이끌었다.[10)]

3·1운동 발발 이후 1919년 8월 30일 예심종결 후 '김형기 등 210명'이 재판에 회부됐다. 재판에 회부된 학생들을 보면 경성의학전문 32명, 경성고보 29명이다. 보성고보, 중앙학교, 경성공업전문학교 각각 13명이다. 세브란스의전, 경성전수학교, 조선약학, 배재고보 각각 10명이다. 보성법률상업 3명, 중앙학교, 경신학교, 경성약학교 각각 1명이다. 종교별로 보면 기독교인 120인, 천도교인 60인, 유교인, 무종교 각 10인, 승려 4인, 학생 외 목사 5인, 전도사 4인, 교사 4인, 원(元) 순사보 1인이다.[11)]

독립선언문 낭독은 3·1운동의 시발점이라 낭독자를 밝히는 것은 그 무엇보다도 중요하다. 일부에서는 낭독자로 정재용, 또는 한위건을 지목하는 주장이 있다.[12)] 이 가운데 정재용은 2월부터 비밀리에 진행된 파고다 시위를 준비하는 과정에서 언급된 바 없으며, 체포된 인사들의 신문조서 등에서도 등장하지 않는다. 한위건은 당시 체포되지 않았으며, 일제의 행형기록에 수십 차례 등장하지만 독립선언서 낭독자로 특정된 진술은 찾아볼 수 없다. 선언서낭독자에 대한 의견은 여전히 분분하다. 구속되어 일제의 취조과정에서 나온 여러 진술을 종합해보면 3·1운동 당시 전문학교 학생들은 사각모와 교복이 아니라 평상복이나 백색 두루마기에 중절모나 모자를 쓰고 참가하기로 약속한 것으로 보인다.[13)]

3·1운동 당시 체포되어 일제에 신문당한 200명 이상의 인사 가운데 독립선언서 낭독과 관련해서 진술한 사람은 15명이다. 이들은 낭독자의 나이, 행색, 용모 등에 대해 각기 다른 진술을 했다. 그 내용도 지금까지 선언서 낭독자로 알려진 두 사람과 일치하는 점을 찾아보기 어렵다. 3월 1일 파고다공원 독립선언서 낭독자 행색에 관련내용은 〈표II-1〉에 정리해 두었다.[14)]

〈표 Ⅱ-1〉 3월 1일 파고다공원 독립선언서 낭독자 행색 관련 진술

진술자	독립선언서 낭독자		
	연령	복장	특징
양재순	50여세	한복	산발. 수염을 길렀다. 1,2차 낭독
유극로	30세가량	두루마기	
윤주영	35세가량	한복	국화꽃 무늬 옷
이강			군중의 한 사람이 선언서를 낭독했다.
이규송	30세가량		
하태흥			시위를 지휘
오택언	30세가량	백색한복	아래위 수염에 머리를 깍은 마른 흰 얼굴이었다.
김봉열	40세가량	중절모	키가 작고 곰보 얼굴
김형식	30~40세		만세를 부르며 유도
도상봉	30~35세	한복	
박노영	35세가량	한복	
박승영	30세	조선옷	
박수찬	40세가량	한복	공원 밖으로 유도
박쾌인		중절모	
신봉조		두루마기	菊石(화석류 암몬조개) 얼굴

아무튼 일제 경찰의 각종 신문조서나 법원의 판결문에서조차 독립선언문의 낭독자를 '단독으로 특정'하지 못하고 있다. 일제 경찰이 전민항쟁의 시발점이 되는 '독립선언서 낭독자'를 '특정'하지 못했다는 점은 지극히 이례적인 것이다.

1919년 11월 3·1운동 주동자 중 재판에 회부되어 판결을 받은 자는 240명으로 늘어난다. 전무후무한 대판결로 240명을 한 번에 선고했는데, 피고의 대부분은 학생이었다.[15] 특히 '김형기 등 210명'으로 명명된 판결문에다 그 안에서 유독 '김형기 등 24명'의 학생만을 묶어, 선언서 낭독자와 시위의 주모자로 적시한다. 즉 판결문에 "김형기 윤자영 등이 독립선언서를 낭독하고"라고 명시되어 있다. 이것은 일제가 '선언문 낭독자'를 적시한 유일한 기록이다. 김형기가 선언문 재판기록이나 낭독자 군(群)의 가장 첫머리에 기록되어 있고, 학생으로서는 최고형을 받았기 때문에 파

고다공원의 선언문 낭독자일 가능성이 있다.[16)]

잘 알려져 있듯이 파고다공원 독립선언식은 경성의전을 중심으로 한 학생들 의하여 주도됐다. 파고다공원에 운집한 군중은 주모자의 지휘에 따라, 동서 두 갈래로 나뉘었다. 당일 김형기는 윤자영과 함께 종로에서 대한문까지 만세시위에 동참했다.[17)] 김형기의 활약상은 가장 격렬했던 3월 5일 남대문역(지금의 서울역) 시위에 맨 선두에서 지휘한 강기덕과 김원벽의 구체적인 진술이 한몫했다.[18)]

경성약학교 학생으로 종로구 연지동 최수련 집에서 같이 하숙하면서 3·1운동에 참가한 박희창은 김형기가 선언서를 낭독한 후 함께 선언서를 배포하고 만세를 선창했다고 전했다.[19)] 광복 후 독립운동에 참여한 부산지역 유력 인사 중에서는 '재경8도유학생회'가 있었고 회장인 김형기가 독립선언서를 낭독했다고 전해지고 있다.[20)] 김형기가 병원을 개업한 이후부터 의사가 될 때까지 10여 년 간 함께 생활했던 동생 김형주는 3·1절 기념식이면 가족들에게 "형님이 독립선언서를 낭독했는데"라며 눈시울을 적셨다고 한다. 독일 광부로 간 조카 김명직은 양산 친구 집을 방문했을 때면 "자네 백부님이 3·1운동 때 파고다 공원에서 독립선언서를 낭독했네"라고 말했다는 전언이 있었다.[21)] '독립선언서 낭독자'만을 주제로 더욱 치밀한 연구가 필요해 보인다.

(2) 3·1운동 부산 경남 각지로 전파

3·1운동이 우리 고장으로 확산되게 된 것은 서울의 3·1운동을 목도하고, 고종의 인산에 참례하고 귀향한 인사들과 서울 '학생단' 소속의 학생들이 3월 2일과 3일 경 은밀하게 독립선언서를 배포하는 것으로 시작됐다.

3·1운동 당시 서울의 학생친목 조직으로는 서북학생친목회, 교남학생친목회 등 각 지역 친목회와 '재경8도유학생회' 등이 있었다. 재경유학생회 회장은 김형기로 나와 있다.[22)] 3·1운동 초기 재판기록에 의한 참여정

도를 보면 서북지방 학생이 절반 이상에 달했다.

영남을 대표하는 '교남학우친목회'는 회장 배동석(세브란스의전, 김해)을 비롯하여 김형기(경성의전, 사상) 윤자영(경성전수학교, 청송) 등의 활동이 두드러진다. 이들 중 김형기와 윤자영은 파고다 선언식을 주도하여, 일제의 재판에서 학생최고 형을 받았다.

이들 가운데 본적지가 부산 경남인 학생은 경성의전이 김형기(4년 부산 사상), 허영조(4년 부산 초량),[23] 황용주(1년 부산 사상 덕포)등으로 3명이다. 세브란스의전은 서영완(1년 부산 좌천), 김성국(학생, 부산 영주정), 배동석(김해), 이굉상(학생, 창원)등으로 4명이다. 중앙학교는 한종건(2년 함안면),[24] 최세철(가덕도 최세권의 아우)등 2명,[25] 경신학교는 조용석(3년 함안북면), 경성약학교는 김정오(1년 칠북) 각각 1명을 찾아 볼 수 있다.[26] 이외에도 김용환,[27] 임학찬(마산),[28] 이상소(마산), [29] 등이 있다. 참고로 배동석과 김정오는 처남매부지간이다.[30]

또 3월 1일 서울의 파고다 공원 만세시위에 참가, 또는 목격한 후 향리에 선언서를 전달하는 등으로 3·1운동을 확산시킨 사례는 다음과 같다. 즉 중앙학림소속의 김법린은 범어사, 연희전문학교 김 모와 동래고보출신이자 경성공업고등학교 학생인 곽상훈은 동래, 경성의전학생인 양봉근은 구포, 서울 중앙고보학생 김수룡은 기장, 교남학우친목회 회장이자 세브란스의전 학생 배동석은 김해 등지, 경성약학학교 학생 김연복(金淵輻)은 강서 명지, 세브란스의전 이굉상은 마산으로 독립선언서를 숨겨가서 지역 만세시위를 선도했다.[31] 이들의 독립선언서 중 일부는 2월 28일 밤 김형기 등 6명의 학생들이 선언서를 각 학교 대표자에게 배부한 것이 이들에게 전달된 것으로 추정된다.

이렇듯 파고다 공원 시위의 중심에 부산 사상출신이자 경성의전 졸업식을 앞둔 4학년생 김형기가 있었다. 그는 학생들이 은밀히 준비하던 1월 말부터 참여하여 경성의전 대표가 되었다. 3·1운동 당일 파고다 공원에서 독립선언서를 배포하고 시위를 이끌었으며, 3월 8일 연지동 하숙집에서 체포됐다. 11월 6일 경성지법에서 보안법위반, 출판법위반으로 징역 1년을 선고받았다. 징역 1년형을 선고받았지만, 실제로는 1년 6개월의 수형생활을 하고, 1920년 8월 30일에 석방됐다.32)

그동안 서울의 3·1운동에서 활약한 부산 경남지역 등의 학생들이 거의 주목을 받지 못했다. 김형기도 예외가 아니어서 부산에서 조차 알려지기 시작한지가 얼마 되지 않았다. 이렇게 된 것은 3·1운동뿐만 아니라 항일독립운동을 활동지역을 중심으로 정리 평가 소개해 왔거나, 상대적으로 출향인사들의 활약에 대해서 다소 소홀했기 때문이다. 이와 같은 점을 보완하여 항일독립운동을 온전하게 복원하려면 3·1운동, 나아가 항일독립운동 인물에 대한 전문연구가 반드시 필요하다.

〈표 Ⅱ-2〉 재경 부산 경남 학생 서울 3·1운동 주요 관련자

성명	당시 나이	만세지역	본적지	경력 직업	양형	포상	비고
김형기	23	서울파고다	사상삼락	경성의전생	징역1년	애족장	의사
허영조	22	서울파고다	부산초량	경성의전생	징역6월 집유3년	대통령표창	
최세철	20대	서울	가덕도	서울중앙학교	-	-	최세권 아우, 부산청년동맹, 대양여관, 신간회
서영완	21	서울파고다	부산좌천	세브란스	징역6월	애족장	청년회 중국 미국
김성국	20대	서울파고다	부산영주	세브란스	-	-	의사
김법린	20	국내항일	동래청룡 원적 영천	명정, 중앙학림 (법린, 법윤)	수차 구속	독립장	만당 조선어학회 범어사 선언서 전달
곽상훈	23	동래읍장터	동래 칠산	동래고보졸 경성고등공업	-	-	동고 선언서전달
양봉근	24	구포만세	동래구포	경성의전생		-	구포선언서 전달 의사 신간회 중국
김수룡	18	서울, 기장	동래기장 교리	서울 중앙학교생	징역 1년6월	애족장	독립선언서 기장장날
김연복	20대	서울	강서 명지	경성약학생 이진석동창	-	-	명지 선언서전달

성명	당시 나이	만세지역	본적지	경력 직업	양형	포상	비고
김상헌	26	서울	양산동면	중앙학림학생	징역3년	애국장	1919년 대한독립애국단 강원도단
김영규	21	서울	양산범기	범어사승려	징역2년	애족장	
김정오	20대	서울파고다	함안칠북	경성약학생	-	-	선언서전달
조용석	23	서울파고다	함안	경신학교	징역6월 집유3년	대통령표창	선언서전달
배동석	30	서울파고다	김해동상	세브란스	징역1년	애족장	교남학우회장 김해 등 선언서전달
이굉상	26	서울파고다	창원	세브란스	복심 무죄	건국포장	선언서전달
한종건	20대	서울파고다	함안	중앙학교생	-	-	교토제대학부, 일본고등문관시험 합격
황용주	21	서울파고다	사상덕포	경성의전생	징역6월 집유3년	-	미포상
윤자영	25	서울파고다	경북청송	경성전수학교	징역1년	독립장	소련에서 처형
진평헌		통영	통영	세브란스 의전생	-	-	의사, 선언서 제작

3) 부산 경남 곳곳에서 전개된 3·1운동

부산 경남의 3·1운동은 3월 2일과 3일 부산과 마산에서 독립선언서를 배포하는 것으로 시작된다. 이렇게 시작된 3·1운동은 이후 4월 29일까지 2개월 가까이 지속됐다. 그 기간만으로도 전국에서 가장 길고 또 전국에서 제일 늦게까지 전개됐다.

즉 부산 경남지역의 3·1운동은 3월 초순경 시작되어, 3월 중순~4월 초순 절정에 달했다가, 4월 중순 이후 일제의 병력 증강 배치로 탄압의 강도가 더해지면서 가라앉기 시작했으며, 4월 말에 이르러 사실상 종결됐다.

3·1운동 당시 부산 경남 각지에서 전개된 참가인원 1천명이상으로 추

정되는 대규모 독립만세시위는 3월 13일 밀양과 창녕, 3월 14일과 15일은 의령, 3월 18일 진주, 3월 20일 함안군북, 3월 20일 합천 창리, 3월 21일 합천초계, 3월 21일 구마산, 진주 천전리, 3월 22일 거창, 3월 23일 합천 삼가, 3월 26일 구마산, 3월 27일 양산, 3월 28일 창원고현, 창원오서, 함양, 3월 29일 구포, 3월 31일 구마산 만세시위이다.

4월에 전개된 대규모 시위는 4월 1일 양산, 4월 2일 함양, 통영, 4월 3일 창원마천, 삼진, 4월 4일 밀양 태룡동, 4월 5일 김해진영, 4월 10일 동래기장, 4월 12일 김해무계, 4월 18일 진주의 만세시위이다.[33)]

부산 경남에서는 3월 중순부터 4월 하순까지 총 179회의 크고 작은 시위가 거의 매일 전개됐으며, 시위 참가 인원은 연인원 약 10만 명에 달했다. 경남의 3·1운동은 충북 다음으로 전국에서 가장 뒤늦은 시기에 점화됐지만, 전국 어느 곳 못지않게 치열하고 완강하게 전개됐다.

179회 시위 중 44회는 일제의 발포에 맞서 독립만세 시위를 전개했고, 20회는 관공서와 일본인 집, 일본인 관공리와 친일파들을 공격했다. 이 과정에서 사망자 81명, 부상자 233명, 검거된 자가 754명에 이르렀다. 또한 시위 군중에 의해서 경찰서 15개소, 헌병분견소 7개소, 군 면사무소 7개소, 우편소 6개소, 기타 8개소 등이 파괴되어 일제의 통치기반에 커다란 타격을 가했다.

부산 경남지역의 3·1운동의 기본 자료인 일제의 관헌자료들 사이에도 시위장소, 횟수, 일자, 사망자 수 등에서 불일치가 존재한다. 게다가 일제 관헌자료와 실제 지역에서 정리된 3·1운동의 내용 역시 다소간의 차이가 있다. 게다가 실제 지역에서 정리된 저작도 발간 시기나 저자에 따라 상당한 내용의 차이가 발견되기도 한다.

대개 지역에서 생산되는 각종저작, 특히 기념저작물은 연구논문과 달리 그간의 연구 성과를 추존(推尊)하고 종합하는 경향이 있다. 특히 사상자 수나 규모, 나아가 일시 및 회수 면에서는 차이가 있다. 이렇게 된 데에는 무엇보다도 먼저 자료의 부족 때문이다. 다음으로 서술주체의 관점의 차이와 과도한 애향심, 애교심이 빚어낸 결과일수 있다. 물론 개연성과 정황증거가 인정된다면 존중해야 한다.

부산 경남 지역에서 전개된 3·1운동의 특징은 다음과 같다.

첫째, 경기 이북지방의 3·1운동은 주로 천도교와 기독교 인사에 의해 일찍 시작됐지만, 유림이 강성한 영남 지방에서는 비교적 늦게 전개됐다. 그럼에도 부산 경남의 3·1운동은 만세시위가 다른 지역보다 격렬하게 전개됐으며, 같은 장소에서 수회 내지 수십 회씩 연속적으로 거사한 곳이 많았다. 특히 동래·함안·하동·합천·창원·진주·김해 등지에서는 10회 이상의 만세시위가 연속적으로 전개됐다.

둘째, 부산 경남 3·1운동은 함안과 합천, 진주와 같은 서부 내륙지역과 창원 삼진지역에서는 재지 세력에 의해 지역 연대적인 대규모 폭력시위가 격렬하게 일어난 반면, 부산 동래, 마산, 밀양, 김해 등 동남부 해안 또는 대규모 농업지역 또는 창녕군[34] 영산과 같은 상업 중심 지역에서는 학생, 교사가 중심이 된, 평화시위를 특징으로 한다. 여기에는 일제의 침투의 크기와 재지 세력의 역량 결집 문제가 관련되어 있는 것으로 보인다.

셋째, 3·1운동 당시 체포자·처벌자의 직업별 현황을[35] 보면 이 운동에는 농민·학생·기독교인·노동자 등이 중심적으로 참가했다. 그러나 부산 경남에서는 일반적인 특징과는 달리 불교세력이나 유림세력의 참여가 두드러졌다는 점에서 주목할 만하다. 즉 동래의 범어사, 합천의 해인사, 밀양의 표충사 등 불교세력이 많이 참가했고, 부산 경남 지역에서는 합천과 밀양, 함안 등 유림들이 주도적인 역할을 했다. 또한 부산 경남에서는 군면의 한국인 관리가 적지 않게 참가했는데 대표적인 곳이 통영과 동래 기장이다. 더욱이 진주와 창원, 통영에서는 기생과 걸인 등도 시위에 참가했다.

마지막으로 3·1운동의 투쟁내용과 방식을 보면 태극기와 기치(旗幟) 등을 앞세운 만세시위운동을 기본으로 하고, 주재소·면사무소·등기소·우체국·공립보통학교 등을 몽둥이나 괭이, 투석 등으로 공격했다. 특히 격렬한 폭력시위는 일제 군인 경찰의 발포로 인한 희생이 발생했거나 검거자들을 구출하기 위한 것이 대부분이었다. 게다가 군수나 면장을 위협하여 만세를 강요하기도 하고, 일본인을 대상으로 독립만세 시위를 펼치기도 했다.36)

4) 부산 곳곳에서 전개된 3·1운동

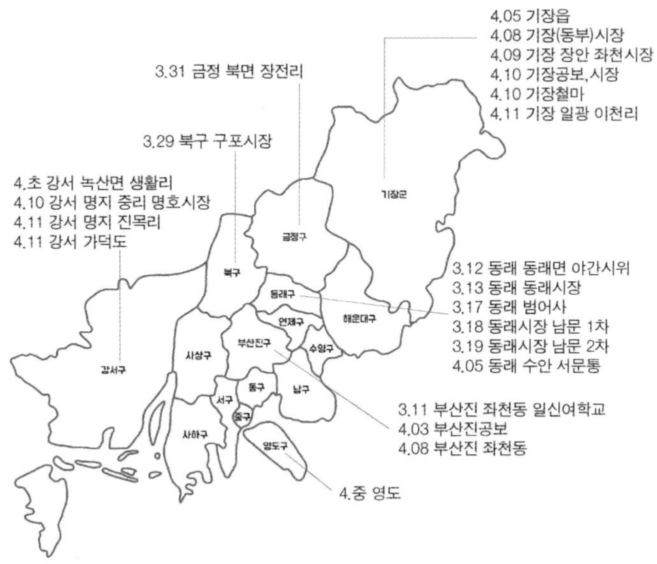

〈그림 Ⅱ-1〉 부산 3·1 운동 발생장소와 날짜

2025년 9월 현재 우리나라 전체 독립유공자는 18,569건으로 이 중 3·1운동 관련한 것이 6,537건이다. 본적지 기준으로 경남은 전체 1,497건 가운데 부산 85건, 동래는 75건으로 도합 160건으로 10.7%를 차지한다.

경남의 3·1운동 관련 건은 742건이다. 이 가운데 부산 30건, 동래 48건으로 도합 78건으로 10.5%에 달한다. 부산지역 독립유공자 총 160건 가운데 3·1운동이 차지하는 비율은 48.8%에 달한다. 이와 같이 3·1운동 관련

건이 절반에 달하는 것은 대일항쟁기 항일독립운동에서 3·1운동이 차지하는 지위를 반증하고 있다.

이와 같은 통계는 부산의 지정학적 위치나 시세(市勢) 등을 감안하면 여타지역에 비해 상당히 낮음을 알 수 있다.[37] 다만 이 수치가 실제 전개된 항일독립운동의 치열성, 다과 등을 드러낸 것으로 해석하기 어렵다. 오히려 연구와 발굴자체가 부족한 데서 원인을 찾아야 한다.

부산에서 전개된 3·1운동은 3월 3일 독립선언서가 기독교계열을 통해 전해지는 것과 함께 '경성학생단'의 이름으로 부산공립상업학교, 동래고등보통학교 학생대표들에게 독립선언서가 전달되면서 준비가 시작됐다.[38] 부산지역에서 전개된 만세시위는 대부분 학생들이 주도했으며, 만세시위운동 중심이었다. 다만 구포시장 만세시위는 농민 상인 노동자가 주도한 점이 특이하다.

3월 3일 좌천동에서 한 기독교도가 독립선언서를 배포하다가 연행됐다. 3월 9일경 부산부에서 만세시위가 계획됐으나, 사전에 발각되어 실행되지 못했다.[39] 즉 일신여학교, 동래 고보, 범어사 학생들의 의거, 기장지역의 의거, 구포와 강서지역의 의거가 이어졌다. 이처럼 일제의 대륙침략 전초기지인 부산에서 애국청년학생들과 항민들에 의해 전개된 3·1운동은 4월 하순까지 지속적으로 전개되었다.[40]

부산에서 전개된 3·1운동에 대해 일본군 조선헌병대 사령부에서 작성하여 1919년 6월 경무부장 회의석상에서 보고한 문건인 『1919년 조선소요사건상황』과 1936년 경상남도경찰부에서 정리한 『고등경찰관계적록(高等警察關係摘錄) 1919~1935』에 소개된 내용은 다음과 같다.[41]

3월 11일 오후 10시경 영국인 선교사가 경영하는 부산부 좌천동 일신여학교 학생 김복선, 주경애, 송명진, 김응수, 김봉애 외 13명이 구 한국국기를 만들어 좌천동 거리에서 한국독립만세를 부르짖고 또한 많은 사람을 선동, 교사함으로 보안법 위반으로 검거했다. 그 뒤 4월 3일, 8일 양일간 소요가 있었다.

3월 13일 동래시장에서 사립동명학교 학생 추규영, 박득룡, 김인호, 김기삼, 엄진영, 이상혜, 정호종 등이 당일 군중에게 독립운동에 관한 등사판으로 찍은 선언서 수백장을 뿌리며 구 한국국기를 흔들며 조선독립만세를 고창하고 소요를 일으켜 주모자 22명을 검거했다.

이것이 이 군에서 소요의 시작으로 그 뒤 3월 18일과 19일에는 읍내에서, 3월 29일에는 구포에서 소요가 있었다. 18, 19일 양일은 시위운동이었으나, 3월 29일의 구포에서 소요는 폭민 약 1,500명이 이곳 경찰 주재소에 밀려와 투석 또는 몽둥이를 휘둘러 제지를 하여도 저항을 계속할 뿐만 아니라 전에 검거된 피고를 탈환하려고 유리창을 파손하고 실내의 기물을 파괴까지 하여 발포하여 해산시켰다.

즉 3월 18일 동래시장에서 범어사의 사립명정학교 학생인 이 절 승려 김영규, 김상기 등이 군중을 선동하여 구 한국 국기를 흔들며 한국독립만세를 고창하며 소요를 일으켜서 주모자 12명을 검거, 진압했다.

또한 3월 29일 오후 1시경 동래군 구포시장에서 구포리 윤장은, 변봉엽 등은 구 한국국기를 만들어 시장의 군중을 선동, 교사하여 조선독립만세를 고창, 소요를 일으켜서 보안법 위반으로 검거했다.

4월 3일 오후 2시 30분경 부산진 공립보통학교 훈도 홍재문의 선동, 교사에 의해 이 학교 4년생 배원수 등이 부산부 좌천동 도로상에서 조선독립만세를 부르짖으며 일대 소요를 일으키고, 조선독립신문인 불온간행물의 발행을 계획하는 등으로 검거했다.

4월 8일 오후 8시경 부산부 좌천동 김애련, 전호봉, 이갑이 등이 좌천동 새 도로에서 조선독립만세를 부르짖으면서 선동, 행진하는 것을 일제 경찰이 제지하려고 하자, 이갑이 등은 폭력으로서 대항하여 체포하니 범인을 탈환하려고 하여 보안법 위반과 공무집행 방해죄로 검거했다.

4월 9~10일 양일 부산부 좌천동 김태곤, 이 마을 박성해, 최익수 외 16명이 공모하여 동래 사립고등보통학교와 부산공립상업학교, 사립일신여학교의 남녀학생 기타 마을사람 들을 선동, 교사하여 조선독립운동에 관한 불온책동을 하여 양일에 걸쳐 조선독립만세를 고창하게 하여 좌천동 일대에 일대 소요를 일으키려 하므로 보안법 위반으로 검거했다.

이 외에도 부산부 연산동 이남식은 목도(영도) 사립옥성학교 학생 신기홍, 장용술, 허택은 등을 선동, 교사하여 옥성학교 뒤쪽 솔밭에서 조선독립만세를 고창하고, 시가행진 등을 기획중인 것을 보안법 위반으로 검거했다.

그리고 4월 5일 동래면 수안동과 기장면 동부에서, 4월 8~10일 3일 간은 기장면 동부와 장안면 좌천에서 시위가 시작된 이후 10회의 만세시위가 일어났다.[42)]

4월 5일 동래군 기장시장에서 대라리 김도엽, 동부리 권철암이 수백명의 군중을 선동하여 한국독립만세를 고창하며 소요를 일으켜 주모자를 검거하고 진압했다.

4월 9일 동래군 장안면 좌천리 시장에서 정관면 용수리 신두성과 매학리 김윤희 외 3명이 시장에 모인 수백명의 군중을 선동하여 한국독립만세를 고창하며 소요를 일으켜 주모자를 검거했다.

4월 10일 동래군 기장 공립보통학교에서 이 학교 학생 김수룡 외 5명이 이 학교 학생을 선동, 한국독립만세를 고창하며 소요를 일으켜 주모자를 검거 진압했다.[43)]

한편 국사편찬위원회에서 3·1운동 100주년 기념하여 제작한 3·1운동 DB에는 부산지역에서 전개된 3·1운동은 10건으로 시위 4건 시위계획 2건 동맹휴학 2건, 기차투석, 부산감옥재소자장례 각각 1건이다. 동래지역은 14건으로 시위계획 1건 시위 13건, 강서(가덕1 명지2 녹산1)지역은 모두 4건이 확인된다. 결국 부산에서는 3·1운동관련 건이 총 28건으로 소개되어 있다. 이것 역시 일제가 남긴 자료 등에 근거해서 정리한 것이다. 참고로 3·1운동DB에 소개되는 인포그래픽엔 부산지역 3건, 동래지역 13건으로 나와 있다.

이와 같이 정리하는 방식은 3·1운동의 상황을 낱낱이 복원하는데 상당한 난관을 조성한다. 관건은 남겨진 자료와 현장 기억과의 간극을 집합기억과 역사적 상상력으로 채워야 한다. 즉 '식민종주국인 일제가 생산한 기록과 향리에 회자되고 있는 현장기억 사이의 간극'을 최대한 메우기 위해 노력해야 한다는 것이다. 일제의 기록을 기본적으로 참고하면서, 그간의 연구 성과 등을 참고하여 부산에서 전개된 3·1운동에 대해 정리한 것을 〈표Ⅱ-3〉 부산 3·1운동 일람, 발생지역, 일자 순에 정리해 두었다.[44]

〈그림 Ⅱ-2〉 부산 3·1운동 기념탑
※출처: 직접 촬영

〈표Ⅱ-3〉에 의하면 부산에서 전개된 3·1운동 관련 건은 총 35건이다. 부산지역이 15건, 동래지역은 16건 도합 31건이 확인됐다. 이외에도 현재 부산 강서구 편입된 창원의 가덕도 1건, 김해의 명지 2건, 녹산 1건 도합 4건이 확인된다.

부산지역 3·1운동 15건 가운데 6건은 만세시위 등에 성공하고, 9건은 사전 발각되는 등 미수에 그쳤다. 동래지역 16건 중 14건은 실제 만세시위가 전개되고, 3건은 사전 발각되어 미수에 그쳤다. 강서지역 3·1운동은 실제 4건의 거사가 있었다. 결국 현재까지 확인된 바에 의하면 부산에서 총 24건의 만세 등의 시위가 전개되었으며, 12건은 준비단계에서 사전 발각되어 미수에 그친 건으로 확인 된다.

〈표 Ⅱ-3〉 부산 3·1운동 일람, 발생지역, 날짜 순(3월초~4월 말)

지역	월일	장소	인원/횟수	주도세력	운동상황	재판/체포	발포 출동군인
부산 지역 15건	3.03	부산부내 좌천동	-	기독교계	선언서배포 (사전발각)		
	3.09	부산부내	-	-	시위계획 사전발각		
	3.11	부산영주동	-	부산상업	임시휴교		
	3.11	부산진좌천동	50(100)	일신여학교생	시위 해산	15명/21명	출동
	4.01	부산진		일신여학교	동맹휴학 110/58등교		
	4.01	부산부영주동		부산상업학교	동맹휴교 111/50등교		
	4.03	부산부영주동		부산상업학교	동맹휴교 132/18등교		
	4.03	부산진좌천동	100/2 수백명	부산진공보학생 기독교도	시위	2명/10명	출동
	4.08	부산부내좌천동	50 수백명	일신여학생 등	시위	3명/5명	출동
	4.09	부산좌천동	(500)	부상 동래 일신 항민	사전발각		
	4.10	부산좌천동	-	부상 일신 동래 항민	사전발각		
	4.12	부산영선동	-	노동자	시위계획		
	4.중순	부산 목도	00	옥성학교생등	시위	6명	출동
	4.20	부산초량	50	노동자	항일동맹파업		
	4.27	부산진역남쪽 수정동	30	청년	기차투석		
동래 지역 16건	3.12	동래군 동래면	30/60	기독교학생군중	오후 야간 만세시위		
	3.13	동래시장날	60~200	동래고보학생	깃발선언서구호 폭력시위	22명/32명	출동
	3.17	동래범어사경내	30/40	명정,학림졸업생 등	허영호등사전 준비		
	3.18	동래시장 1차시위	50/100	지방학림면정학교 동래고보 등	경찰서방문 후 해산	36명	발포출동

지역	월일	장소	인원/횟수	주도세력	운동상황	재판/체포	발포 출동군인
	3.19	동래시장 남문2차	80/2	지방학림명정학교 등	선언서 시위	24/100명	
	3.29	동래구포시장	1.5~2,000	상인농민노동	선언서 시위 폭력 주재소습격	42명	발포출동
	3.31	동래북면장전리	150	군중	만세시위		
	4.03	동래공보	10	동래공보학생	시위계획	/10명	
	4.23	동래공보	10	동래공보학생	식수기념일, 사전발각	/10명	
	4.05	동래수안서문통	15-6/200	朴成鳳 등	만세시위		출동
	4.05	기장읍시장장날	100~300 수백명	김도엽등 유지	시위깃발문서 구호	13명	출동
	4.08	기장(동부)시장	70/2	노동자 부인	야간 만세고창		발포출동
	4.09	기장좌천시장	500~600 수백명	노동 부인 군중	투석	5명	발포
	4.10	기장공보교, 시장	50~100?	기장공보학생 농민 군중	시위		발포
	4.10	기장면철마	20~	군중	시위	4명	출동
	4.11	일광이천리	50	박영준등 유지	시위	1명	출동
강서 지역 4건	4.10	명지중리명호 시장	50~100	일반 동명학생	깃발, 구호		출동
	4.11	명지면진목리	30~50	교사 관공리	만세시위	7명	출동
	4.초	녹산면 생활리	00	면민	시위 구호		출동
	4.11	천가 동선 가덕진	300~400	청년 학생	만세시위	7명/10명	출동

2. 부산지역의 3·1운동

1) 부산진 일신여학교 의거

〈그림 Ⅱ-3〉 부산일신여학교 3·1운동 만세시위 장소
※출처: 독립기념관 국내독립운동 사적지

부산진일신여학교(현 동래여고)는 부산 최초의 근대적 여성교육기관이다. 1895년 10월 호주 장로교 선교회 여자전도부 전도사 멘지스(Menzies)와 페리(Perry)는 좌천동 초가에 소학교 과정인 일신여학교를 설립했다. 이후 1905년 지금 위치인 동구 정공단로 17번길에 교사를 신축하면서 본격적인 학교 시설을 갖추게 됐다. 당시 지어진 동구 정공단로 2층 벽돌 교사는 아직 남아있는데, 부산에서 가장 오래된 서양식 벽돌건물이다.[45)]1919년 서울에서 3·1운동이 전개되자 부산진일신여학교 학생들은 3월 11일과 4월 8일 부산에서 독립만세 시위를 펼쳤다. 또 박차정 의사 등 많은 졸업생이 부산 경남의 민족운동, 여성운동의 중심역할을 했다.[46)]

서울의 3·1운동 소식이 전해지고 3월 2일과 3일 경 독립선언서가 기독교계열을 통하여 부산과 마산에도 배포됐다. 곧이어 서울 '학생단(學生團)'

소속 학생이 부산을 방문해 부산공립상업학교(현 개성고등학교)와 동래고등보통학교(현 동래고등학교) 학생들을 만나 만세시위를 권유하고 돌아갔다. 이와 같은 소식을 일신여학교 교사 주경애(朱敬愛)가 부산상업학교에 전달하였다. 이때 일신여학교 측에서는 이명시(李明施)라는 학생이 연락을 담당했다. 또 일신여학교 고등과 학생들에게도 만세시위 발생 사실을 알렸다. 이후 일신여학교 학생들도 만세시위를 준비하기 시작했다.[47]

즉 교사 주경애는 학생들을 시켜 부산상업학교 학생들과 연락을 취하고, 한편으로는 일신여학교의 동료 교사들을 규합하면서, "전국 각지에서 독립운동이 개시됐으니 우리 학교에서도 거행하자."고 종용하여 이들과 협의 약속한 후 이 사실을 극비리에 고등과 학생들에게 알렸다.

3월 10일 수업을 마치고 돌아온 고등과 학생 11명은 기숙사 벽장 속에 숨어서 밤새워 태극기 50개를 만들었다. 취조 당시 이렇게 진술했으나 실제는 100여장을 만들었다 한다. 그 가운데 태극기 천은 김반수 학생이 시집 갈 때 사용하려고 준비해둔 옥양목 한필을 가져와 사용했다.[48] 학교 기숙사 감독 이사벨라 멘지스(Isabella Menzies)는 깃대 등 태극기 제작 재료를 제공했다.

3월 11일 새벽 일신여학교 기숙사 주변을 비롯한 각처에는 격문이 뿌려졌다. 아침 일찍 고등과 4년생 김응수(金應守)는 이 삐라를 주워 기숙사 주경애선생에게 달려가 보여주었다. 3월 11일 수업을 마치고 기숙사로 돌아와 저녁식사를 마친 고등과 학생 11명 김응수(통영)·송명진(宋明進 울산)·김순이(金順伊)·김난출(金蘭出)·박정수(朴貞守)·김반수(金班守)·심순의(沈順義)·김봉애(金奉愛)·김복선(金福善 김해)·김신복(金新福)·이명시(李明施)는 교사 주경애, 박시연과 더불어 오후 9시 준비한 태극기를 손에 들고 독립만세를 부르며 기숙사 문을 뛰쳐나와 좌천동거리를 누비면서 만세시위를 전개했다. 이 날 시위에는 50~100명의 군중이 참가했다.[49] 일신여학교 교장인 마가렛 데이비스는 여교사 데이지 호킹(Daisy Hocking)과 함께 학생들의 만세시위에 동참했다.[50]

학생들과 합류한 군중들은 감격에 넘쳐 힘차게 독립만세를 외쳤다. 어느덧 시위한지 두 시간 정도 경과된 후 이 소식을 접한 일제 경찰은 대거 출동하여 여학생 전원과 두 여교사를 검거하여 부산진주재소로 끌고 갔다. 이들을 격리 수용 한 후 주동자 및 시위경위를 파악하기 위해 개별 문초를 했다. 이때 일제 경찰들은 대부분 16, 17세의 나이어린 여학생들의 뺨을 때리고 구두 발로 차는 등 그 만행과 횡포는 말로 다 형용할 수 없었다. 그들은 주동자가 누구냐고 윽박질렀고 그 질문에 모든 학생들은 "우리가 다 주동자"라고 외쳤다. 이 과정에서 김응수는 '세살 먹은 아이도 제 밥을 빼앗으려면 달라고 운다. 우리들이 우리나라를 돌려달라는 데 무엇이 나쁘냐?'고 항의하자 일제 경찰은 뺨을 치며 '이런 년은 사형에 처해야 한다.'고 위협했다.[51]

당시 검속 중이던 교장 데이비스는 옥중에서 이 소식을 듣고 기도에 힘쓰라고 당부했다. 50여 명의 여학생들은 옥중 학생들의 소식을 전해 듣고 일제의 만행에 격분하지 않을 수 없었다.[52] 이때 마가렛 데이비스와 이사벨라 멘지스, 데이지 호킹도 체포됐다. 이들은 3월 13일까지 부산진주재소 유치장에 구류됐다가 석방됐다. 국제적인 갈등을 우려해서인지 일제 당국은 마가렛 데이비스 등을 기소하지 못하고 불기소 처분했다.[53]

또 일신여학교 의거 당시 다음과 같은 일도 있었다. 의거에 같이 모의하고 참가했다가 함께 검거된 교사 임말이(林末伊)와 그의 동생 학생 임망이(林望伊)는 그의 형부(兄夫)가 일제 경찰이었다. 이들은 형부에게 모의 사실 전모를 자백한 덕분에 무사히 석방되어 학교에 나가고 있었다. 이 사실을 전해 듣고 극도로 흥분한 11명의 학생들은 6개월의 옥고를 치르고 출옥한 후 전교생의 힘을 빌려 이들의 추방을 학교 당국에 강력하게 요구했다. 전교생은 이들 두 사람을 학교에서 내보내지 않는 이상 학교에 나가지 않겠다는 것을 결의하여 약 10일간 동맹휴학을 단행했다. 궁지에 몰린 학교 당국은 부득이 이 두 사람을 설득하여 자퇴시키고 이 사건을 수습했다. 이와 같은 사실을 통하여 우리는 당시 학생들의 의분과 투지가

어떠했던가를 짐작할 수 있다.[54]

일신여학교는 3월 11일의 만세시위로 일제 당국의 지시에 따라 휴교에 들어갔다. 4월 1일 다시 개학했으나 총 학생 1백 10명 가운데 등교 학생은 58명에 불과했다. 즉 일신여학교는 4월 1일에 개학했으나 옥중 은사들과 학생들의 소식을 전해 듣고 울분을 참을 수가 없었다. 4월 8일에는 일신여학교 학생 등이 중심이 되어 보다 더 큰 항일 만세시위가 부산진 거리에서 전개됐다. 당일 오후 8시경 부산진공립보통학교, 일신여학교 학생 약 50명과 인근 수백 명의 군중들이 호응했다.

또한 주경애, 박시연 선생이 출옥한 후 졸업식을 결정하여 이듬해 3월 제8회 졸업식을 먼저 거행했다. 7회 졸업식은 두 분의 선생님이 출옥한 후 김반수 심순의 학생의 졸업식을 거행했다. 이러한 사실을 통하여 우리는 그 당시 여학생들의 투지가 어떠했는가를 감히 짐작할 수 있다.[55]

3월 11일 독립만세 시위로 체포된 학생 11명과 교사 2명은 부산형무소에 수감되어 1919년 4월 26일 여학생들은 징역 6월, 교사 주경애, 박시연은 징역 1년 6월을 선고 받았다. 박연이(朴蓮伊)라는 16세의 여성도 일신여학교 학생은 아니었지만 독립만세 시위 소식을 듣고 시위에 적극 동참했다. 학교 앞에서 미곡소매업을 하던 박두천(朴斗天)도 시위에 가담한 혐의로 일제 경찰에 체포되어 재판에 넘겨졌다. 박연이는 징역 5월을 선고받았으며, 박두천은 1919년 4월 30일 부산지방법원에서 소위 보안법 위반으로 징역 8월을 선고받아 옥고를 치렀다. 출옥 후 그는 모진 고문의 여독으로 인하여 1923년 6월 19일에 27세의 젊은 나이로 순국했다.[56]

참고로 일신여학교 교사 주경애에 대해 미주 한인사회 대표적인 기관지인 『신한민보』에서 다음과 같이 소개하고 있다. 그는 경성 연동 소재 정신여자학교를 졸업하고, 오스트리아 장로교 부속 일신여학교 교사로 재직 중 3월 11일 일신여학교 시위운동을 거행하였다. 하오 10시 일본인과 충돌하게 되자 일신여학교 교사 4명과 학생 20명이 일제 경찰에 체포되었고, 4월 26일재판에서 징역 1년 6월이 선고됐다. 학생들은 대부분 1년 이하 징역 6월에 선고됐다. 당시 주경애교사의 부친 주성림은 몬테나주 하딩에 거주하고 있었다. 교사 주경애는 감옥에서 많은 고초와 치욕과 악형을 당하다가 1920년 4월 20일 방면됐다.[57)]

마가렛 샌더먼 데이비스(1887.생)는 1910년 호주 선교사로 부산에 파견되어, 일신여학교 교무주임을 지내다 1914년부터 교장을 맡았다. 또한, 1919년 3월 11일 학생들의 만세 시위에 참여해 학생 인솔 및 보호에 앞장서다 일제에 의해 체포된 후 불기소 처분을 받았다. 1940년대에는 일제가 기독교 학교에도 신사참배를 강요하자 '신사참배를 강요받는 학교를 경영하지 않겠다'는 호주 장로회의 방침에 동의하면서 일신여학교가 폐교되자 호주로 귀환했다.

이사벨라 멘지스(1856.생)는 1891년 호주 선교사로 부산에 파견돼 부산경남 지역 최초의 근대 여성 교육기관인 일신여학교를 설립하여 초대 교장이 됐다. 1919년 3월 10일 일신여학교 학생들이 태극기를 제작할 당시, 기숙사 사감을 맡고 있었던 이사벨라 멘지스는 태극기 제작에 필요한 깃대를 제공했다. 이후 동료 교사들의 석방을 위해 노력했고, 증거인멸을 위해 태극기를 소각한 일로 일제에 체포되어 기소유예 처분을 받았다.

데이지 호킹(1888.생)은 1916년 3월부터 호주 선교사로 경상남도 마산에서 한국어 교사로 근무하고 한국 어린이들을 보살폈다. 1918년부터 일신여학교에서 근무했다. 1919년 3월 11일 학생들과 함께 만세 시위에 참여하여 학생들에게 시위를 권유하면서 함께 행진했고, 이 때문에 일제에 체포되어 불기소 처분을 받았다. 이들은 2024년 '3월의 독립운동가'로 선정'되기도 했다.

1919년 3월 11일의 의거는 일신여학교의 교사와 학생들이 주도하고 외국인 선교사가 적극 동참하여 이루어졌다. 또 부산지역 최초의 성공한 만세운동으로 여타지역으로 확대되는 계기가 됐다. 이를 계기로 부산 지역민들의 자부심과 긍지가 드높아지고, 나아가 자주독립의 항일의식을 더 한층 숙성되어 갔다. 특히 시위의 계획과 지휘를 비롯한 전반을 여교사와

여학생들이 주도했다는 점에서 한국 여성 항일독립운동에 커다란 발자취를 남겼다.[58]

'일신여학교 3·1운동 주역 사진'은 1919년 4월 8일 옥고를 치른 뒤의 단체 촬영한 것이다. 김반수 지사의 증언에 의하면 윗줄 왼쪽부터 김응수 김봉애 김애련 김복선 김순이 문복순 주경애 박시연 아래쪽 왼쪽부터 박연이 송명진 박정수 김반수 심순의 김란출 이명시 이다. 위 사진에서 원으로 표시된 김애련(부산진공보) 김순이(통영만세) 문복순(통영만세)은 일신출신이 아니라 형무소 수감 중 알게 된 인물이라 한다.[59]

〈표 II-4〉 일신여학교 의거 주도적인 참가자

성명	당시 나이	만세 지역	본적지	경력 직업	양형	포상	비고
주경애	20대	일신여학교	서울	정신여학교 일신여학교사	4.20방면	-	
박정수	18	일신여학교	부산좌천	일신여학교생	징역5월	대통령표창	
이명시	17	일신여학교	합천삼가	일신여학교생	징역5월	대통령표창	
박시연	20대	일신여학교	부산00	일신여학교사	징역1년6월	애족장	
김난줄	15	일신여학교	부산좌천	일신여학교생	징역5월	대통령표창	
송명진	17	일신여학교	울산하상서	일신여학교생	징역5월	대통령표창	
김복선	18	일신여학교	김해	일신여학교생	징역5월	대통령표창	
김응수	18	일신여학교	통영	일신여학교생	징역5월	대통령표창	
마가릿 샌더먼 데이비스	32	일신여학교	호주 빅토리아	일신여학교장	구금	애족장	
데이지 호킹	-	일신여학교	호주 빅토리아	일신여학교근무	구금	건국포장	
이사벨라 멘지스	63	일신여학교	호주 빅토리아	일신여학교사감	구금	건국포장	
심순의	16	일신여학교	부산좌천	일신여학교생	징역5월	대통령표창	
박연이	19	일신여학교	부산범일	여성	징역5월	대통령표창	
김반수	15	일신여학교 좌천동	동래칠산	일신여학교생	징역5월	대통령표창	
김봉애	18	일신여학교	마산 만정	일신여학교생	징역5월	-	

성명	당시 나이	만세 지역	본적지	경력 직업	양형	포상	비고
김신복	10대	일신여학교	부산	일신여학교생	징역6월	-	
박두천	22	일신여학교	부산좌천	미곡소매업	징역8월	애족장	후유사망
김순이	16	통영만세	부산좌천	유치원교사 문복숙졸업동기	징역6월	애국장	가출옥 후 사망
문복숙	18	통영만세	동래금원 (금사리)	진명유치원교사, 일신 5회 졸업생	징역6월	대통령표창	부산여자 청년회 양성봉 처
김애련	13	좌천동만세	부산좌천	부산진공보생	징역6월	대통령표창	

2) 부산진공립보통학교, 좌천동, 영도 의거

1907년 부산진에 사립육영학교가 설립됐다.[60] 이 학교는 원래 부산진 유지들이 정공단 내에 설치했고 운영하던 서당 육영재(育英齋)를 사립학교 규칙에 따라 1908년 사립육영학교로 개편한 것이다.[61] 1907년 국채보상운동이 전개됐을 때 동래, 부산에서는 특히 여성들이 부산항 좌천리 감선의연부인회, 단연 동맹부인회, 영도 국채보상부인회를 조직해서 호응했다. 부산에서 이 운동의 모금에 참여한 건수는 『대한매일신보』에 따르면 모두 41건이다. 이 가운데 좌천, 범일지역이 13건으로 가장 많이 참가했는데, 특히 부산진사립육영학교에서는 교장 김상하 외 75명이 참여했다.[62] 모금에 참여한 70여명의 학생 중 박재혁, 최천택, 김영주, 백용수의 이름도 찾아볼 수 있다. 이들은 의열단원 박재혁의 부산경찰서 투탄 의거의 연루자였다.[63]

부산진사립육영학교는 1911년 5월 부산진공립보통학교로 개편됐다.[64] 의열단 활동에서 시작하여 부산에서 지속적으로 활동한 박재혁, 최천택, 김인태, 김병태, 전영호, 전성호, 김영주, 백용수 등이 이 학교를 다녔다.[65] 이처럼 부산진공보 학생들은 역사적 전통과 투철한 민족의식을 지니고 있었음을 잘 알 수 있다.

1919년 4월 3일 학생 항민들이 주축이 된 대대적인 독립 만세시위가 다시 부산진 거리에서 전개됐다. 부산진공립보통학교 학생 배수원(裵守元) 등은 동교 교사 홍재문(洪在文)과[66] 더불어 모의를 거듭한 후 기독교도들을 중심으로 항민의 호응을 얻어 거사했다. 오후 2시 30분경 이들은 '독립만세'라고 대서특필한 플래카드를 좌천동 거리에 세우고 수백 명의 군중들과 더불어 대한 독립만세를 목 놓아 연호하면서 시위를 전개했다. 그러나 얼마 되지 않아 출동한 일제 군인 경찰이 탄압하면서 주동 인물 10여 명을 검거했다. 또 이때 시위주동자들은 독립만세 시위와 아울러 『조선독립신문』이라는 신문을 발행할 계획을 세우기도 했다.

4월 8일 오후 8시경 부산진공립보통학교 김애련(金愛漣) 전호봉(全浩鳳) 이갑이(李甲伊) 등과 일신여학생 약 50명은 인근 수백 명의 군중들의 호응을 받아 좌천동 신도로에서 독립만세 시위를 전개했다. 이때 출동한 일제 경찰이 행진을 제지하고 주동 인물들을 검거하자, 이갑이(李甲伊)는 이들을 필사적으로 구출하려고 시도하다 자신도 검거되고 말았다. 이날 운동에는 5명의 주동 인물이 검거됐다.

독립만세 시위는 4월 9일과 10일에도 계획됐다. 즉 부산진 좌천동에 살고 있던 부산공립상업재학생 김태곤(金兌坤)[67] 박성해(朴聖海) 최익수(催益守) 외 16명은 동래고등보통학교 부산상업학교 일신여학교의 남녀 학생과 항민들을 규합하여 4월 9일 10일 양일간에 걸쳐 좌천동에서 대대적인 만세시위를 전개하려고 모의하다가 일제 경찰에 탐지되어 피검되고 말았다.

그 후 4월 중순 영도에서는 부산상업학교를 나온 이남식(李南植)이 영도의 사립옥성학교(玉成學校) 교사 정인찬(鄭寅贊)의[68] 지도를 받아 옥성학교 학생 신기홍(辛基洪) 장용술(張龍術) 허택윤(許澤潤) 등과 더불어 옥성 학교 뒤편 송림 사이에서 대한독립만세를 외치고 시내로 행진하려다가 일제 경찰에 검거되고 말았다.[69] 자세한 것은 〈표Ⅱ-5〉 부산진공립보통학교, 좌천동, 영도의거 주도적인 참가자에 정리해 두었다.

한편 부산의 대일항쟁은 독립만세 시위와는 그 운동의 형태는 약간 다르나 4월 하순까지도 계속 됐다. 즉 4월 27일 오후 4시경에는 부산진역 남쪽 영가대 부근 철도 가에서 한국인 청년 약 30명이 부산을 향하여 달려오는 열차에 투석하여 유리창을 파괴했다. 같은 날 오후 7시 반경 서면 당감동 제1철교 건널목에서도 이곳을 향해 들어오는 특별 열차에 큰 돌을 투석하여 2등 차창의 2중 유리가 박살난 사실이 있었다.[70]

이외 노동자들의 항쟁으로는 4월 20일 부산의 전차 운전수 50여 명이 항일동맹파업을 단행하고, 5월 16일에는 만철(滿鐵) 관리국 철도공장 초량분공장의 한국인 직공 2백여 명이 역시 항일 독립 파업을 단행하여 그 위세를 떨쳤다.[71]

〈표 Ⅱ-5〉 부산진공립보통학교, 좌천동, 영도의거 주도적인 참가자

성명	당시 나이	만세 지역	본적지	경력 직업	양형	포상	비고
홍재문	22	좌천동	밀양	부산진공보교 훈도	징역10	애국장	4월3일 군자금모집
배수원	10대	좌천동		부산진공보생		-	4월3일
이갑이	22	좌천동	부산좌천	부산진공보생	징역10월	애족장	4월8일
김애련	13	좌천동	부산좌천	부산진공보생	징역6월	대통령표창	4월8일
전호봉	10대	좌천동		부산진공보생		-	4월8일
김태곤		좌천		부산공립상업학생			
최익수	18	좌천	부산좌천	부산공립상업학생	징역3월 집유2년	대통령표창	
박성해	21	좌천	부산좌천	부산공립상업학생	징역8집행 유예2년	대통령표창	
신기홍		영도		옥성학교생		-	
허택윤		영도		옥성학교생		-	
정인찬	32	영도	동래복천	옥성학교교사	징역2년	애족장	중국방면
이남식	20대	영도		부상졸업		-	
장용술	10대	영도		옥성학교생		-	
신기홍	10대	영도		옥성학교생		-	

3. 동래지역의 3·1운동

1) 동래고등보통학교 의거

동래고등보통학교는 1907년 사립동명학교로 출발하여, 1916년 사립동래고등보통학교로 바뀌었다가 1925년에 공립동래고등보통학교로 전환됐다. 이곳의 학생들은 1919년 3월 13일 동래장터에서 3·1운동을 주도했으며, 이후에도 항일운동을 지속적으로 전개했다. 1925년 7월에는 민족 차별과 열악한 교육환경 개선을 요구하며 동맹휴학을 단행했다. 1933년 11월에도 일본인 교사의 배척과 민족교육의 실시를 요구했다. 1940년대 공립동래중학교 학생들은 부산항일학생의거(일명 '노다이 사건'), 조선청년독립당·순국당과 같은 비밀결사 조직 등 부산지역 학생운동을 이끈 전통을 가진 학교였다.[72)]

1919년 3월 2, 3일경 독립선언서가 기독교계열을 통하여 부산시내에도 배부됐다.[73)] 이 일이 있은 후 다시 서울에서 학생대표가 부산에 내려왔다.

〈그림 Ⅱ-4〉 동래3·1운동 만세시위 동래장터
※출처: 독립기념관 국내독립운동 사적지

이들 학생대표는 각 학교의 대표를 찾아가 '경성학생단'의 이름으로 독립선언서를 전달하고 거사를 종용했다. 이 같은 연락을 받은 부산상업학교 학생대표는 거사 준비를 서둘렀으나 이 기미를 눈치 챈 당국의 감시와 방해로 중단됐다.[74]

한편 3월 7일에는 서울에서 내려온 연희전문학교 김모가 동래고등보통학교(이하 동래고보) 학생대표 김귀룡(金貴龍) 고영건(高永建) 엄진영(嚴進永) 등을 찾아가 독립선언서를 전달하고 거사할 것을 권유하고 또 협의했다.[75] 다른 한편 동래고보의 학생들은 3월 9일 부산공립상업학교 학생으로부터 독립만세 시위에 대해 권고와 선언서 제목을 붙인 문서를 교부 받았다.[76]

동래고보에서는 먼저 졸업반 4학년생인 엄진영 김귀룡 고영건 김인호(金仁浩) 이상덕(李相德) 박득룡(朴得龍) 윤삼동(尹三東) 이병심(李炳芯) 손정줄(孫廷茁) 배대효(裵大孝) 박임갑(朴壬甲) 김철규(金哲圭) 등이 만세 시위를 도모했다. 이어서 3학년생 추규영(秋圭映) 김원룡(金元龍) 김기삼(金琪三) 손영수(孫永壽) 정호종(鄭浩宗) 박종관(朴鍾寬) 서진령(徐鎭泠) 등과 2학년생 이수열(李守烈) 임명조(林命祚)도 참가했다.

이와 같이 동래고보 학생들의 모의가 무르익어 갈 무렵, 3월 10일 경 그 당시 동래고보를 졸업하고 경성고등공업학교에 다니던 곽상훈(郭尙勳)이 필사된 독립선언서를 가지고 동래로 내려왔다.[77] 그는 인쇄된 독립선언서 원본을 그대로 가져 올수 없었기 때문에 문창호지에 베껴 그것을 찢어서 노끈을 꼬아 몰래 숨겨 가지고 왔다. 곽상훈은 당시 동래 고보 수학 교사인 이환(李環)을 찾아 독립선언서를 보이면서 만세시위를 상의했다.[78]

이환은 즉각 호응했다. 당시 동래고보에는 지리 교사 김병규(金秉圭)가 몰래 조선사(朝鮮史)를 학생들에게 가르치고 있었다.[79] 그 결과 학생들의 민족의식은 상당한 수준으로 고취되어 있었다. 이들 교사들이 적극 지지 함으로써 동래고보 학생의거의 든든한 배후가 됐다.

주동 학생들은 동래 학수대(鶴首臺)와 복천동에 있던 엄진영(嚴進永)

과 오종식(吳宗植) 사랑채 및 수안동 소재 정호종(鄭浩宗) 백정기(白正基) 고영건(高永建) 등의 하숙방을 전전하면서 모의했다. 이들은 우선 독립선언서를 인쇄하고 태극기와 '독립만세기'를 제작하기로 하고 거사를 3월 13일(음력 2월 12일) 동래읍 장날 오후 2시에 단행하기로 정했다.[80)]

학생대표들은 3월 11일부터 3월 13일 새벽에 걸쳐 고영건이 하숙하고 있던 수안동 이한주(李漢周) 집 하숙방에서 의거 준비를 서둘렀다. 학생들은 학교 등사판을 이곳으로 옮긴 후 서진령 엄진영 김인호(金仁浩) 등이 교대로 독립선언서 5백 매를 인쇄했다. 또 일부 학생들은 '대한국독립만세'라고 쓴 특별한 2개의 큰 기치와 수백 매의 태극기 및 고종의 독살을 폭로하는 '오왕약살(吾王藥殺)'이라고 크게 쓴 수백 매의 전단도 준비했다.[81)]

이와 같이 준비를 갖춘 동래고보 주동 학생들은 동래 장날인 13일 약속된 오후 2시가 가까워 오자 독립선언서와 태극기를 가슴에 품고, 일부는 부인네들이 감추어 동래 군청 앞으로 모여들기 시작했다. 약속된 동래 장날 오후 2시가 되자 엄진영은 군청 앞 망미루(속칭 폐문루, 옛날 군청 정문)에 올라 태극기를 흔들면서 '대한독립만세'를 선창했다. 주위에 모였던 40여 명의 학생들과 수천명의 장꾼, 승려 등도 일제히 여기에 호응하여 독립만세를 목 놓아 불렀다. 동시에 '대한국독립만세'라고 쓴 2개의 기치가 세워지고, 독립선언서와 '오왕약살'이라고 크게 쓴 수백 매의 삐라가 뿌려졌다.[82)]

이 광경을 목도한 일제 군인 경찰들은 너무나 당황했다. 그 가운데 한국인 경찰 1인, 한국인 헌병보조원 1인은 모자와 제복을 벗어 버리고 군중에 호응하여 만세대열에 동참했다. 마침내 기마경찰 20~30명과 일본군 50명이 들이 닥쳤다. 이들은 발포하면서 시위대를 해산시킴과 동시에 주도 학생들을 검거하기 시작했다.

당시 엄진영[83)] 고영건[84)] 서진령 김귀룡 김인호[85)] 정호종 손영수(孫永壽)[86)] 이상덕(李相德) 김원룡[87)] 엄병영(엄정우) 이수열 김성조[88)] 추규영 박득룡[89)] 김기삼[90)] 윤삼동[91)] 박성해 박임갑[92)] 신종은 신주성[93)] 임명조 등 22명이 검거되어 재판을 받아 징역 1년 6월에서 징역 4월을 선고 받았다.[94] 자세한 것은 〈표Ⅱ-6〉 동래고보 동래장터 만세시위 주요참여자에 정리해 두었다.

특히 이들이 재판을 받을 때 변호사 이조원(李祖遠)은 법정에서 "개 한 마리가 짖으면 동리 개가 짖는 법이고, 닭 한마리가 울기 시작하면 동리 닭들이 전부 따라 우는 법인데, 어린 학생들이 만세 한번 따라 불렀다고 무슨 죄가 될 것이냐?"고 학생들을 변호했다.

또 학생들이 갇혀 있는 동안 동래 사람들 전체가 누구집 식구라고 구별하지 않고 사식(私食)을 차입해 주었다. 이들 주동 학생들은 모두 고된 형기를 마치고 출옥했는데, 이때 김인호(金仁浩)는 부상을 안고 출옥했다.

특히 이들 가운데 '김성조(金聖祚)는 동래 고보 학생이다. 기미년 봄 성조는 독립만세를 부르고 시위운동을 하다가 마침내 체포됐다. 옥에 있을 때 병을 얻어 1년 신음하다가 병이 날로 더하여 익년 2월에 가출옥했다. 병을 치료했으나 심한 음형(淫刑)을 당하여 뿌리 깊이 병이 고질화되어 마침내 죽고 말았다. 원근 인사들이 슬픔을 감출 수 없어 부의금을 모아 장례를 치렀거니와 장례 때 조객이 일천여 인이나 되고, 조기가 수백에 이르고, 동교 학생들은 특히 그 정을 잊을 수 없어 붉은 글을 쓴 만장을 만들어 장대에 높이 달고 상렬(喪列)을 따랐다.'라고 『기려수필』에 기록해 놓았다.

이처럼 당시 어린 학생들에 대한 일제 경찰들의 고문이 얼마나 악랄했고, 고문 후유증으로 숨진 애국학생 김성조에 대한 민중들의 동족애에 불타는 동정이 어떠했던가를 잘 알 수 있다. 또 당시 애국 민중들의 불타는 항일투지를 엿볼 수 있다.[95]

한편 동래고보 학생의거의 배후 참모역을 한 곽상훈(郭尙勳)은 서울로부터 체포령이 떨어졌다는 소식을 듣고 상해로 망명을 계획하게 됐다. 그는 떠나는 전날 이별주(離別酒)를 나누는 동안 어떤 이의 밀고로 검거되어 대구 영등포 인천 등지로 압송됐다가, 이후 서울 종로경찰서에 유치되

어 예심 8개월 만에 석방됐다.[96)]

동래의 다음 장날인 3월 18일 오후 9시에는 범어사의 지방학림과 명정학교생들과 동래고보 등 군중 약 1백 명이 독립만세를 부르면서 동래경찰서로 몰려가 시위를 하고 헤어졌다.

또 동래공립보통학교 손지수(孫志守) 외 1명은 졸업생 및 2학년 이상의 학생들과 같이 4월 23일 식수기념일(植樹記念日)에 거사를 준비했다. 각자 태극기를 만들면서 준비했으나 사전에 일제 당국에 탐지되어 10명이 검거되는 사건도 발생했다.

한편 동래 고보 학생거사 주동 인물은 형기를 마치고 출옥한 후 '붉은 저고리 친목회'를 조직하여 3번이나 회합을 가졌으나, 4번째 회합에서 일제 경찰에 발각되어 강제 해산을 당했다.[97)]

1919년 8월 14일 동래 독립만세 시위에 관련되어 보안법위반으로 징역 4월을 선고 받아 복역하던 윤삼동, 황룡하, 이수렬, 엄동영, 김철규, 조주성, 임명상, 박임갑, 손영수 등 9명은 부산감옥에서 가출옥 석방됐다.[98)]

〈표 Ⅱ-6〉 동래고보 동래장터 만세시위 주요참여자

성명	당시 나이	만세지역	본적지	경력 직업	양형	포상	비고
윤삼동	18	동래읍장터	동래수안	동래고보생	징역4월	대통령 표창	동래청년동맹, 신간회
곽상훈	23	동래읍장터	동래 칠산	동래고보졸 경성공업전문	국민훈 장무궁 화장	-	동고 선언서전달
추규영	18	동래읍장터	동래복천	동래고보생	징역1년	애족장	
김기삼	18	동래읍장터	동래복천	동래고보생	징역8월	대통령 표창	오사카신학대, 목사, 피검
고영건	22	동래읍장터	동래수안 김해 대저평강	동래고보생 대표	징역1년	애족장	메이지대, 군자금
엄병영	17	동래읍장터	동래복천	동래고보생	징역4월	대통령 표창	

성명	당시 나이	만세지역	본적지	경력 직업	양형	포상	비고
엄진영	20	동래읍장터	동래칠산	동래고보생	징역1년	애족장	독촉경남 지부장
김성조	17	동래읍장터	동래구포	동래고보생	징역1년	애족장	가출옥순국
김귀룡	21	동래읍장터	동래수안동	동래고보생	징역1년 6월	애족장	
정호종	18	동래읍장터	동래사상 감전	동래보고 학생대표	징역1년	애족장	
박임갑	17	동래읍장터	양산중부	동래고보생	징역4월	대통령 표창	한독당양산 지부장
임명조	14	동래읍장터	동래사상	동래고보생	징역4월	대통령 표창	
이근우	19	동래읍장터	동래북면	지방학림학생	징역6월	-	
신주성	17	동래읍장터	마산상남	동래고보생		대통령 표창	초량청년회
김인호	19	동래읍장터	동래칠산	동래고보생 대표		애족장	제4대국회의원, 3·1동지회 이사
이수열	16	동래읍장터	동래칠산	동래고보생	징역4월	대통령 표창	
이상덕	19	동래읍장터	부산남면 남수동 (수영동)	동래고보생	징역1년	애족장	
김원봉	10대	동래읍	동래	동래고보생	징역8월	-	
김진형	10대	동래읍	동래	동래고보생	징역1년	-	
백정기	10대	동래읍	동래	동래고보생	징역8월	-	
엄동영	10대	동래읍	동래	동래고보		-	
최익수	10대	동래읍	부산 좌천	동래고보		-	부산상업과 동명이인
박은주	10대	동래읍	동래	동래고보		-	
김철규	10대	동래읍	동래구포	동래고보		-	
이인우	20	동래읍	양산 웅상	동래고보	징역1년	대통령 표창	상동(진주)
김진영	10대	동래읍	밀양	동래고보	징역8월		
조주성	10대	동래읍		동래고보	징역4월		
박명조	10대	동래읍		동래고보	징역8월		
신종은	19	동래읍장터	동래구포	동래고보생	징역8월	대통령	

성명	당시 나이	만세지역	본적지	경력 직업	양형	포상	비고
						표창	
김학준	32	동래읍장터	동래교동	출옥후 순국	징역6월 집유3년	애국장	
황용하	20	동래읍장터	부산사상 괘법	상인	징역4월	대통령 표창	
서진령	20	동래읍장날	동래복천김 해상동우계	동래고보생	징역8월	대통령 표창	

2) 범어사 의거

〈그림 Ⅱ-5〉 독립기념관 사적지, 동래 범어사
※출처: 독립기념관 국내독립운동 사적지

범어사와 동래고보의 독립만세 의거는 구포시장의거, 기장의거와 더불어 대표적인 독립만세 의거였다. 범어사를 중심으로 한 동래지역 일원의 독립만세 시위는 전후 2회에 걸쳐 전개됐다. 당시 범어사에도 초등학교 과정의 명정학교(明正學校)와 중등학교 과정(3년)의 사찰학교인 지방학림(地方學林)이 있었다. 범어사에서는 이들 학생이 주도하고 불교계 지도층이 배후가 되어 독립만세 시위가 전개됐다.

서울에서 2월 하순 경 한용운은 범어사 주지 오성월(吳星月)을 비롯하여 이담해(李湛海) 오이산(吳梨山)을 만나 중대사를 의논하고 서울로 올라갔다. 한용운은 41세로 불교중앙학림(현 동국대학교 전신)의 교수이며 강원도 백담사의 승려였다.[99] 그는 2월 10일 최린으로부터 3·1운동 계획을 듣고, 서울에 거주하던 해인사의 승려 백용성(白龍成, 56세)과 상의하여 불교계대표로 3·1운동에 참가하게 됐다.[100]

한용운의 범어사 방문 후 주지 오성월과 이담해 오이산 등은 곧 김법린(金法麟) 김영규(金永奎) 차상명(車相明) 지방학림대표로 김상기(金相琦) 명정학교 대표 김한기(金漢琦) 등 7명의 대표자들을 한자리에 모았다. 이 자리에서 7명은 서울의 3·1거사에 범어사 대표로서 참가하기로 결정하고 곧 상경했다.

불교계의 3·1운동은 승려가 중심이 되어 만세시위를 주도했거나, 당시 불교계에서 운영하던 중앙학림과 지방학림에서 수학하던 학생들이 중심이 되어 사찰 또는 장터 등 많은 사람들이 운집한 곳에서 전개됐다.[101]

3월 1일 서울에서 만세시위운동을 예정대로 끝낸 중앙학림 학생들은 선언서를 지닌 채 당일 밤으로 제각기 목적지인 지방 사찰로 내려갔다. 그리하여 범어사, 해인사 통도사, 상화사(相華寺) 등 지방 사찰에서의 만세 시위는 이들 학생대표에 의해서 준비됐다.[102]

즉 정병헌은 구례 화엄사, 김대용은 대구 동화사, 오택언은 양산 통도사, 김법린·김상헌은 동래 범어사, 김봉신은 합천 해인사를 담당했다. 충남, 강원, 함경, 평안, 경기의 각 방면에는 중앙에 남아있는 3인이 불교중앙학림의 학생 중 적당히 선택하여 파견하기로 했다.[103]

그리하여 범어사를 시작으로 3월 13일 통도사, 3월 30일 동화사, 3월 31일과 4월 16일 해인사, 4월 4일 표충사 독립만세 시위 등으로 이어졌다. 이와 같은 점은 3·1운동의 지방확산 과정에 불교계가 일익을 담당하고 있었다는 사실을 잘 알려주고 있다.

당시 범어사 출신으로 이곳 지방학림을 졸업하고 김법린과 같이 중앙학림(현 동국대학교 전신)에 재학하던 김상헌(金祥憲)은 학생들의 모임인 '유심회'에 가담했다. 이 조직은 한용운의 지도를 받으며 호국 불교사상을 고취시켰다. 유심회에서는 교리연구와 민족사상을 지향하면서 '유심'이란 잡지를 발간했는데 그는 편집실무를 맡고 있었다.[104]

범어사를 중심으로 동래 지방을 담당하기로 한 중앙학림 학생대표 김법린과 김상헌은 1919년 3월 5일 물금역에 내려 양산군 금산리(錦山里) 뒷재를 넘어, 범어사 뒷산 청련암(靑蓮庵)으로 잠입했다. 김법린은 서울의 상황을 범어사 청년 승려들에게 자세히 알리는 한편, 범어사를 중심으로 동래장터에서 만세시위를 준비하기 위해 지도자 유석관(劉碩觀)과 상의했다.[105]

서울의 독립선언에 대한 중앙에서의 연락원이 도착했다는 소식을 받자 범어사 내원(內院)의 이담해, 청풍의 오성월, 단응의 김나산(金拏山) 등 대덕들은 물론이요, 오이산·배영진·송구해·류석관·이연봉 등 중견 승려들도 배후에서 3·1운동을 적극 성원했다.

서울 3·1운동에 참가했던 나머지 범어사 대표들이 귀향했을 때는 이미 동래고보 독립만세 시위가 일어난 후였다. 이들은 범어사 학생들을 중심으로 운동을 단행하기로 결정하고, 서울의 3·1운동을 이야기하면서 이들을 규합했다. 이리하여 거사를 3월 18일(음력 2월 17일) 동래읍 장날 장터에서 전개하기로 결정했다.

범어사 승려 김영규·차상명·김봉환, 명정학교 학생 김상기·김한기 등 5명은 3월 17일 저녁 범어사내에서 개최된 명정학교와 지방학림 2개교 졸업생 송별회에 참석했다. 김영규는 이날 독립운동시위를 전개하는 일이 무엇보다도 필요하다고 생각하고, 운동방법으로 지방학림과 명정학교생을 모아, "동래부를 습격하고 독립만세를 목 놓아 외치고 다수의 찬동을 얻음은 강화회의에서 독립을 승인받는 일이라고 생각한다."고 역설했다. 이곳에 모인 30~40명의 학생들에게 교대로 거사의 목적과 방법을 이야기하여 즉석에서 이들로부터 절대적인 지지를 받았다.

일제의 재판기록에는 당시의 사정을 "김영규는 동래로 나와서 집합하여 독립시위운동을 결행하도록 권고하여 이를 선동하고, 이근우·김해관·양수근·오시권·신종익·윤상은은 동 지방학림의 학생, 김영식·박재삼은 동 명정학교의 학생, 김재호·김영환은 동사 승려로서 모두 위 선동에 응했다."고 적시하고 있다.[106)]

이때 이미 허영호(許永鎬) 등은 빨간 즙 및 먹물로 쓴 독립선언서 1천매, 태극기도 큰 것 1개와 적은 것 200장을 준비하고 있었다. 허영호는 그때 집이 동래읍 장터에 있었기 때문에 준비된 독립선언서를 가지고 미리가 대기하고 있었다.

3월 17일 김영규의 선창으로 독립만세를 목 놓아 외친 후 40여명은 야음을 틈타 동래읍 장터로 향했다. 전날 밤 범어사를 출발해서 비밀리에 이동하기 위해 도로를 피해 선리(仙里) 뒷산을 넘고, 다시 동래 향교 뒷산을 지나, 동래읍 복천동에 있는 불교포교당에 도착한 것은 다음날 18일 새벽 1시가 조금 넘었을 때였다. 김한기가 새벽에 시장의 동정을 살필 겸 시장에 가서 곶감 다섯 접을 사와 모두와 나눠 먹고 있었다.

이 와중에 갑자기 일제 군인 경찰 20명이 들이닥쳤다. 이들은 김영규, 차상명, 김상기, 김한기 등을 호명한 후 경찰서로 연행하고 나머지는 강제로 해산시켜 버렸다. 비밀이 탄로 난 것은 당시 명정학교 학생 오계운(吳啓運)이 나까무라(中村)라는 일본인선생에게 밀고했기 때문이라 한다. 비밀이 누설되어 주도인물이 체포되고, 강제 해산을 당한 이들은 재차 운동할 계획을 세웠다.

3월 18일 밤 이근우(李根雨), 김해관(金海管), 김재호(金在浩), 박재삼(朴在森), 신종기(申鍾驥), 윤상은, 박영환(朴永煥) 외 40명의 명정학교와 지방 학림 학생들은 동래읍 서문 부근에서부터 운동을 전개하여 독립만세를 목 놓아 외치면서, 동래 시장을 거쳐 남문에 이르기까지 운동을 전개하고 해산했다. 이들은 그날 밤 늦게 또다시 은밀히 모임을 갖고, 다음날인 19일에는 보다 더 큰 시위를 펼치기로 결정했다.

3월 19일 아침 윤상은, 허영호, 이영우(李永雨), 황학동(黃鶴東) 등은 먼저 허영호가 수기로 작성한 "일사는 자유를 얻는 것만 같지 못하다(一死莫如得自由)"라는 독립사상을 고취하는 격문을 수백 매 작성하여 동래 시장 통에서 군중들에게 미리 배부하고 이날 저녁에 있을 시위에 대비해 갔다. 오후 5시경 이근우, 양수근(梁壽根), 김영식(金永植), 오시권(吳時勸), 황만우(黃滿宇)를 비롯한 수십 명의 양교 학생들은 동래시장 통 남문 부근으로부터 시위를 전개하여 대한 독립만세를 연달아 외치면서 동래경찰서 앞으로 나아갔다.

오후 6경에는 김해관, 김재호, 최응권(崔應勸)을 비롯한 수십 명의 다른 학생들은 위의 시위에 이어 별도로 동래읍 시장에 집합하여 '대한 독립만세'를 연달아 외치면서 시위를 전개했다. 이에 출동한 일제 경찰은 시위를 폭력으로 진압하고 주동 인물을 계속해서 검거했다.[107]

범어사 독립만세 시위에 관련, 검거되어 재판을 받은 사람은 차상명(운호)[108]·김한기(말종)[109]·김상기[110]·정성언(학명)[111]·김해관[112]·양수근·이근우[113]·박재삼·허영호[114]·최응권(미포상)·김태준(미포상)·박창두(미포상)·이달실(미포상)·박정국·윤상은(법명 기봉)[115]·김상헌(양산 동면)[116]·손태연(기장 마동)·김충념(울산 하상)·황학동(울산 방어)·신종기·오병준(미포상)·오점술(미포상)·김영규(양산 법기)[117]·이영우(양산 웅상)·박영주(미포상)·지용준(양산 상북)·양춘도(양산 내송)·손군호(양산 평산)·황만우(양산 동면)·김영식·오긍상(미포상)·김재호(경주 양북)·오시권(미포상)·박영환 등 34명에 달했다.

이 가운데 김영식(울상웅촌), 박재삼 2인은 집행유예로 석방되고 나머지는 6개월 내지 2년의 징역선고를 받아 부산 또는 대구형무소에 수감됐다. 한편 배후 참모 역할을 한 김법린은 일제 경찰의 경계망을 피하여 상해로 탈출했다.[118] 보다 자세한 것은 〈표Ⅱ-7〉 범어사, 동래장터 만세시위 주요참여자에 정리해 두었다.

이들은 복역을 마치고 1922년 3월 1일에 '3·1 동지회'를 조직하여 3·1

정신의 보급에 힘썼다. 이처럼 동래 일원에 걸친 3·1운동은 범어사를 중심으로 전개된 의거로부터 시작됐으며, 당시 동래고보생 의거 등 동래지역 일원에서 전개된 만세시위와 내용적으로는 많은 부분 일치한다.

3·1운동 후 범어사 명정학교와 지방학림은 해체되고 그 후 중등 3년 과정의 불교전문학원이 설치되어 8·15 해방 전까지 존속되었다.[119] 이곳 학생의거를 기념하기 위해 1970년 3월 1일 범어사 입구인 동래구 선리동(仙里洞) 금정중학교 구내에 이곳 유지들에 의해 '3·1'기념비가 건립됐다.[120]

〈표 Ⅱ-7〉 범어사, 동래장터 만세시위 주요참여자

성명	당시 나이	만세지역	본적지	경력 직업	양형	포상	비고
김법린	20	국내항일	동래청룡 원적 경북영천	명정, 중앙학림 (법윤, 법린)	수차 구속	독립장	만당 조선어학회
김영식	15	범어사	울산웅촌	명정학교생	징역6월 집유2년	대통령표창	
양수근	21	범어사	동래북면	지방학림생	징역6월	대통령표창	
김상기	25	범어사	양산사송	지방학림	징역1년	애족장	후일 범어사주지
김봉환	25	범어사	양산	범어사승려		-	탈주
김재호	20	범어사	경주양북	범어사 승려	징역6월	대통령표창	
박정국	22	범어사	부산대연	지방학림 학생	징역6월	대통령표창	
황학동	18	범어사	울산방어진	승려?	징역6월	대통령표창	
오시권	19	범어사	함안 동래북면	지방학림	징역6월	-	
신종기	22	범어사	울산청량	지방학림	징역6월	대통령표창	
허영호	19	범어사	동래	지방학림 법명 경호	징역1년	애족장	
차상명	24	범어사	동래교리 (양산)	범어사주지 법명 운호	징역2년	애족장	청년회 노농회 치탈
지용준	25	동래읍장터	양산상북소토	지방학림	징역6월	대통령표창	

성명	당시 나이	만세지역	본적지	경력 직업	양형	포상	비고
		등					
안경환	27	동래읍장터 등	동래북면청룡	범어사승려 (안월송)	피신	대통령표창	탈주
윤상은	24	동래읍장터 등	동래북면청룡	지방학림 학생 법명 기봉	징역6월	대통령표창	명정야학
손태연	18	동래읍장터 등	동래기장마동	범어사	징역6월	대통령표창	
손군호	17	동래읍장터 등	양산평산	명정학교생	징역6월	대통령표창	
정성언	27	동래읍장터 등	울산언양	범어사승려 법명 학명	징역6월	대통령표창	명정야학 교사
박재삼	17	동래읍장터 등	동래북면두구	명정학교생	징역6월 집유2년	대통령표창	
박영환	23	동래읍장터 등	동래북면 남산리	범어사 승려우월당	징역6월	대통령표창	경북영천
이달실		동래읍장터 등	함남 배화	범어사	징역6월	-	
박창두	20	동래읍장터 등	함남 배화	범어사	징역6월	-	
유석관		동래읍장터 등		범어사		-	
김충념	23	동래읍장터	울산하상	범어사	장역6월	대통령표창	경남 울주
오병준	23	동래읍장터	울주	범어사		-	
황언석		동래읍장터		범어사		-	
김해관	28	동래읍장터	원적의성 동래북면	지방학림 학생	징역6월	-	
김태준	20	동래읍장터	함남 배화	범어사	징역6월	-	
최응권	21	동래읍장터	동래	범어사	징역6월	-	
오긍상	22	동래읍장터	창녕	범어사	징역6월	-	
김지준		동래읍장터		범어사		-	
박영주		동래읍장터	양산	범어사	징역6월	-	
김상환	22	동래읍장터	양산	범어사	징역6월	-	
오점술		동래읍장터		범어사		-	
양춘도	17	동래읍장터	양산 내송	범어사	징역6월	대통령표창	

성명	당시 나이	만세지역	본적지	경력 직업	양형	포상	비고
이영우	20	동래읍장터 등	양산웅상 덕계	범어사	징역6월	대통령표창	
황만우	28	동래읍장터 등	양산동면 내송리	지방학림		대통령표창	

3) 구포장터 의거

구포는 낙동강 하류의 포구로 북쪽은 양산, 남쪽은 부산, 서쪽은 김해, 동쪽은 동래를 거쳐 울산으로 통하는 요충지대이다. 경남 각지로 통하는 수륙운송의 중개지로 예로부터 정미업과 상업이 발달했다. 3·1운동 당시에는 750호에 2,800여명이 거주했으며, 매월 3일과 8일에는 5일장이 섰다. 장날에는 인근 김해 양산 등지에서 많은 사람이 모여들었다. 하루 거래액은 1천 5백 원에 달했는데 이 부근 다른 시장에서는 찾아볼 수 없는 큰 거래액이었다.[121]

이 같은 상업 중심지 구포에도 서울 3·1운동의 소식과 아울러 인근 부산지역과 동래읍의 거사 소식이 전해졌다. 3월 중순 어느 날 당시 경성의학전문학교에 다니던 양봉근(楊奉根)이 고향인 구포로 내려왔다. 양봉근은 동래고등보통학교를 졸업한 후 1912년 사립화명학교에서 교사로 재직했다. 그는 신학문과 의학에 관심을 두고 1918년 서울의 경성의학전문학교에 진학했다. 재학 중 3·1 운동이 발발하자 경성의전학생들과 독립 만세 시위에 적극 참가했다.

양봉근은 이전부터 친하게 지내온 구포면 서기 임봉래(林鳳來)와 사립화명학교 교사였던 윤경(尹涇), 유기호(柳基護) 등을 만나 서울과 평양을 비롯한 전국의 만세 시위 소식과 독립선언서를 전달했다. 연이어 구포 지역에서도 독립만세 의거를 전개해 줄 것을 독려한 뒤 서울로 돌아갔다.[122]

임봉래 등은 양봉근의 권유를 적극적으로 받아들여 지인들에게 전달

〈그림 Ⅱ-6〉 구포장터 3·1운동 만세 시위지
※출처: 직접 촬영

하면서 의거를 도모할 사람들을 규합했다. 그리하여 3월 27, 28일 임봉래·유기호·윤경·김옥겸(金玉兼)·김윤길(金潤吉)·허정(許楨)·김용이(金用伊)·최종호(崔宗鎬)·유진영(兪鎭榮)·윤대근(尹大根)등이 구포리 박영초(朴永初), 이수련(李守連) 집에 모여 숙의를 거듭했다. 그 결과 3월 29일(음력 2월 28일) 구포 장날을 이용하여 구포시장에서 만세시위를 전개할 것을 결정했다.

이들은 교대로 밤을 세워가면서 독립선언서와 태극기를 각각 수백 장 만들었다. 거사 전날 밤에는 넓은 폭의 광목으로 커다란 태극기 하나와 '대한독립만세'라고 대서특필한 현수막도 만들었다.[123]

3월 29일 이들은 준비된 독립선언서와 태극기를 미리 박덕홍(朴德弘) 손진태(孫晋泰) 김장학(金章鶴) 이몽석(李夢石) 양대용(梁大溶) 김영길(金

〈그림 Ⅱ-7〉 구포장터 3·1운동
※출처: 부산광역시 북구 공식 블로그
(촬영: 부산 북구 블로그 기자 강신호)

永吉) 정치호(鄭致浩) 권용학(權龍鶴) 안화중(安華重) 허희중(許希中) 등 청년들에게 나누어 주고, 그날 정오 구포시장에서 장꾼 1천여~1천500명과 더불어 '대한독립만세'를 연달아 높이 외쳤다.

박덕홍은 큰 태극기를 흔들며, 안화중은 시장의 철시를 호소하면서 장꾼을 지휘했다. 김윤길 외 수명은 구포면 사무소로 달려가 면장 윤영태(尹永台)에게 "너는 조선사람인데 왜 오늘의 시위운동에 가담하지 않느냐!"라고 외치며 죽편(竹鞭)으로 책상을 치면서 시위운동에 가담할 것을 촉구하기도 했다.[124] 이 과정에서 김옥겸 외 11명이 현장에서 일제 경찰에 검거되어 구포주재소에 구금됐다.

이를 목도한 군중들의 분노는 더욱 거세져서 임봉래, 윤정은, 변봉엽, 허정 등은 구금된 참여자들을 석방하라고 외치면서, 청년 윤장수(尹章守)·김달수(金澾洙)·백인봉(白仁鳳)·윤경봉(尹敬奉)·박용수(朴龍水)·박영초(朴永初)·강석이(姜碩伊)·노원필(盧源弼)·도우황(都宇黃)·허치옥(許致玉)·박

奎)·박석오(朴碩五)·진유관(陳有寬)·김용이(金用伊)·윤대근(尹大根) 등과 더불어 1천 2백여 명의 군중을 지휘하여 구포주재소로 나아갔다.

대한독립만세 소리는 더욱 높아졌고, '애국동지 석방하라'고 외치며 주재소로 돌진할 때는 오후 3시가 조금 넘은 때였다. 격분한 군중들은 주먹과 곤봉으로 주재소 유리창을 파괴하고 또 투석으로 항거했으며, 어떤 청년들은 주재소 안으로 뛰어 들어가 구금된 자들을 구출하려고 했다. 마침내 일제 군인 경찰들이 군중에게 발포하며 진압하자, 군중들은 할 수 없이 물러서지 않을 수 없었다. 이 시위 과정에서 일제 군인, 경찰 3명(경찰 1인, 헌병 2인)과 한국인 경찰 1명은 중상, 군중들 중에는 9명의 부상자가 발생했다. 특히 이 가운데 박도백은 전신에 수많은 총탄을 맞았다 한다.

이날 구포장터 독립만세 의거는 구포주민은 물론 장을 보러왔던 김해 양산 동래, 등의 외지 사람들도 처음에는 단순히 장꾼으로 만세를 부른 것이었으나, 일제 경찰이 주동자를 체포하고 폭력적인 방식으로 시위를 진압하는 것을 목도하고, 민족적 의분으로 끝까지 행동을 같이 했다. 구포장터 의거에서 검거되어 갖은 고문과 문초를 받은 주동인물들은 대부분이 20~30대의 청년들이었고, 농민, 상인, 노동자들이었다.[125]

구포시장 운동에서 검거되어 재판에 회부된 인물은 42명에 달했다.[126]

이들의 명단은 다음과 같다. 김옥겸[127] 유기호 박덕홍 유치호 허희중[128] 손진태[129] 이몽석 양태용[130] 권용학 김장학 윤경[131] 김영길 안화중 김달수[132] 윤정은[133] 백인봉 윤경봉[134] 강석이 허치옥[135] 변봉엽 박용수 노원필 윤장수[136] 박영초 도우황 임봉래[137] 박도백[138] 김덕원 조해규 김윤길 조한봉 유진영 신성집 박석오 김용이[139] 노원길 윤대근 강두조 진유관 최종호 정태길 허정으로 보다 자세한 것은 〈표Ⅱ-8〉 구포장터 만세시위 주요참여자에 정리해 두었다.

이들은 모두 부산지방법원에서 예심에 회부되어 유진영, 최종호, 노원길은 면소(免訴)되고, 최한봉, 정태호는 방면됐으나, 나머지는 4월에서 1년 6월에 걸친 징역형을 받았다.

1919년 부산형무소에서 간행한 부산 구포 장터 3·1 만세 운동 참가자 수형인 명부, 일명 『구포 만세 운동 수형인 명부표』에 의하면 백인봉, 양태용(梁太鎔), 안화중, 노원필, 권용학, 도우황, 이몽석, 윤장수(尹章守), 윤대근, 윤경(尹涇), 손진태(孫晋泰), 박용수, 김영길, 김장학, 유진영, 최종호, 강석이, 김덕원, 김달수(金達洙), 진유관, 허희중, 박덕홍, 윤경봉(尹敬奉), 임봉래(林鳳來), 정치홍, 최한봉 등 26명의 양형과 인적 사항 등이 수록되어 있다.

이들 대부분이 20, 30대의 청년들이었고, 또 직업은 농민, 상인, 노동자들이었다. 부산의 여타지역에서 전개된 만세 시위의 주도세력이 주로 학생이었으며, 만세 시위운동으로 그친데 비해, 구포시장의 만세 시위는 격렬한 저항과 그 주도세력이 농민, 상인, 노동자, 청년이었다는 것은 주목할 만한 점이다.[140)]

〈표 Ⅱ-8〉 구포장터 만세시위 주요참여자

성명	당시 나이	만세지역	본적지	경력 직업	양형	포상	비고
윤정은	67	구포장터	동래구포		징1년3월	애국장	옥중 순국
박도백	27	구포장날	김해대저출두		징역1년 3월	애족장	
허치옥	25	구포시장	구포면구포리	농업	징역1년	애족장	
강석이	54	구포장날	동래구포		징역1년	애족장	
김옥겸	27	구포장날	김해대동덕산	농업	징역1년	애족장	고베검속, 만주 정의부
김달수	31	구포	동래구포	미곡상	징역1년	애족장	고문후유 사망
임봉래	29	구포만세	부산진화명	구포면서기	징역1년	애족장	한시, 화명학교근무
이수련		구포만세			-	-	
양봉근	24	구포만세	동래구포	경성의전학생		-	의사 신간회 중국
윤경	30	구포만세	동래구포화명	화명학교교사	-	-	청년회 회장, 야학교,

성명	당시 나이	만세지역	본적지	경력 직업	양형	포상	비고
							계몽운동
윤경봉	22	구포	동래구포		징역8월	건국포장	
박영초		구포만세			-	-	
양태용	26	구포만세	동래구포금곡	구포	징역4월 집유 2년	대통령 표창	
허희중	32	구포만세	동래좌이면 구포	곡물상	체포후 4개월	대통령 표창	
이몽석	21	구포시장	동래구포남산		징역4월 집유 2년	대통령 표창	
최한봉	37	구포시장	동래구포면 구포리	주민	유치, 면소	대통령 표창	
허정	25	구포시장	동래구포화명		징역4월	대통령 표창	
유기호		구포장날		화명학교교사	-	-	
김장학	24	구포장날	김해대저덕두		징역4월 집유2년	대통령 표창	
박용수	31	구포장날	김해대저소덕		징역6월	대통령 표창	
유치호		구포장날			-	-	
권용학	28	구포장날	동래구포 금곡원, 울산군언양면	노동	징역4월 집유2년	대통령 표창	
김윤길	30	구포장날	동래구포		징역10월	건국포장	
정태길		구포장날			-	-	
김덕원	60	구포장날	동래구포	식기상	징역8월	대통령 표창	
김용구	29	구포장날	동래구포		태90	대통령 표창	
강두조		구포장날	동래구포		징역4월 집유2년 방면	-	
윤대근		구포장날			-	-	
최종호		구포장날	구포		징역8월 면소	-	

성명	당시 나이	만세지역	본적지	경력 직업	양형	포상	비고
노원길		구포장날	동래		징역8월 면소	-	
변봉엽		구포장날	구포		징역4월 면소	-	
유진영		구포장날	구포		징역8월 면소	-	
김영길		구포장날			-	-	
조한봉		구포장날			-	-	
정태호		구포장날	동래		방면	-	
진유관	28	구포장터	동래구포금성	청년	징역10월 집유2년	대통령 표창	
조해규	41	구포장터	동래구포덕천		공판회부	대통령 표창	
노원필	44	구포장터	동래구포		징역4월 집유4년	대통령 표창	
윤장수	24	구포장터	동래구포화명	필묵상	징역4월 집유2년	대통령 표창	
백인봉	32	구포장터	동래사상심락	농업	징역6월	대통령 표창	
안화중	37	구포장터	동래구포금곡	구포면 소사	징역6월	대통령 표창	
신성집	56	구포장터	동래사상모라		체포 구금	대통령 표창	
도우황	28	구포장터	동래구포		징역4월 집유2년	대통령 표창	
박덕홍	23	구포장터	동래구포		징역8월	건국포장	
손진태	19	구포장터	구포(양산좌이) 합천초계		징역4월	-	역사민속학자
박석오	19	구포장터	동래구포금정		체포구금	대통령 표창	

4) 기장 3·1운동

명정의숙은 기장의 유지들이 1910년에 설립한 민족 학교이다. 1913년 기장 장관청으로 이전하여 기장 지역 여성교육을 담당했다. 이곳에서 기장 장터 3·1운동 준비가 이루어졌다. 김도엽 등은 면사무소 등사판을 가져와 독립선언서 400여 매를 인쇄했다. 또한 태극기와 '조선독립만세' 등의 대형 깃발도 제작했다. 기장 장관청은 조선후기 동남해안을 지키던 기장군 소속의 군관들이 사용하던 집무처로 2015년 3월 복원됐다.[141]

기장지역 3·1운동의 특징은 첫째, 1910년대 (기장)광복회라는 독립운동단체를 중심으로 국권회복운동을 전개하였던 항일민족의식과 사립 보명학교와 명정의숙과 같은 기관의 존재가 기장지역 3·1운동을 가능하게 했다는 것이다. 사립보명학교 출신인 김도엽과 권은해가 대표적이다. 둘째, 운동의 주도층이다. 기장의 3·1운동은 19~21세로 향촌사회의 지식층인 유산계층의 청년 학생들이 주도했다는 점이다. 주목되는 점은 망건을 제조 판매하는 수공업자인 박영준이 일광지역의 3·1운동을 주도했다는 점이다. 셋째, 운동의 지속성이다. 기장의 3·1운동은 4월 5일을 기점으로 8일, 9일, 10일, 11일의 거사로 이어졌다. 넷째, 기장지역의 3·1운동을 주도한 인사들은 1920년대 기장지역 사회운동의 중심인물들로 활약했다는 점이다.[142]

(1) 기장읍 의거

3월 1일 서울에서 전개된 독립만세 시위는 주로 장날 등을 활용하여 전국으로 확산됐다. 3월 2일과 3월 3일 경 부산, 마산에 독립선언서가 배부되고, 3월 11일에는 부산진에서, 13일에는 동래, 밀양, 양산 등지에서 독립을 쟁취하려는 독립만세 시위가 펼쳐졌다. 이곳 기장읍에도 이와 같은 소식은 꼬리를 물고 전래되고 있었다.[143]

그간 이곳의 3·1운동은 공훈전자사료관 등에 따라 대개 3월 13일 오후 김수문(金守文)이라는 마부(馬夫)가 동래에서 주워 온 33인의 독립선언서를 서재선(徐再先)이 전하면서 준비됐다고 알려져 있었다. 그런데 최근에는 기장 교리마을출신으로 서울 중앙고보를 다니던 김수룡(金壽龍)이 서울의 3·1운동을 목도하고, 독립선언서를 가져오면서 본격화 됐다.[144)]

기장공립보통학교 4회 출신인 김수룡은 향리의 절친한 동문 선후배들에게 독립선언서 등을 내보이면서 이곳의 만세 시위에 대해 의논했다. 김도엽(金度燁), 권철암(權鐵巖), 구수암(具壽巖), 최기복(催基福), 이택규(李澤奎), 박공표(朴孔杓)[145)] 등 7명은 이 독립선언서를 보자 숙독하면서 시위에 동의하고 의논 끝에 4월 5일 오전 11시 장날로 거사 일을 정하고 준비를 서둘렀다.[146)]

이들은 기장면 사무소 재무서기 최창용(催昌鎔)을 찾아가 독립선언서를 보이고 등사판과 원지의 차용에 대해 교섭하고 승낙을 받았다. 3월 28일 김도엽과 김수룡은 최창용을 통하여 비밀리에 면사무소 등사판과 원지 14매를 기장읍 구장관청공실(舊將官廳空室)로 운반했다. 이곳에서 김도엽, 권철암, 구수암, 김수룡, 최기복, 이택규, 박공표 등 7명은 독립선언서 4백매를 등사했다. 그 후 김도엽은 '양심발원, 인도적자유민족'이라고 피로 쓴 큰 기와 아울러 '조선독립만세' '조선독립단'이라고 대서특필한 큰 기도 만들었다.[147)]

4월 5일 기장읍 장날이 됐다. 이들 7명은 준비된 독립선언서와 혈서(血書)로 된 큰 기를 휴대하고 기장읍 시장에서 독립선언서를 장꾼들에게 나누어 주었다. 오전 11시가 되자 주동 인물들은 큰 기와 대서특필한 큰 기를 시장 복판에 세운 후, 오기원(吳基元) 장봉기(張琫起) 최학림(催鶴林) 등의 호응을 얻어 약 수백여 명의 장꾼과 같이 대한독립만세를 연달아 높이 외쳤다.

장터는 삽시간에 감격과 흥분의 도가니로 화했다. 주동 인물을 선두로 큰 기를 휘날리며 군중은 성내를 일주하면서 시위를 전개했다. 일제 경찰은 공포를 쏘면서 이들을 위협했다. 시위는 오후 5시까지 계속됐으나, 일제 군인 경찰의 추가부대가 출동하자 군중은 해산하지 않을 수 없었다. 그 후 일제 군인 경찰이 무자비한 탄압과 관련자 검거가 계속되자 여기에 격분한 읍민들은 다시 거사할 준비를 갖추었다.

4월 8일 오후 10시에는 기장(동부) 시장에서 노동자와 부인들이 중심이 된 수백 명의 군중이 다시 만세시위를 전개했다. 이들이 일제 경찰의 제지를 물리치고 완강하게 만세시위를 강행하자, 일제 헌병 경찰은 발포하기 시작했다. 군중은 할 수 없이 해산했으나 격분한 군중들의 불만은 높아만 갔다.[148]

4월 10일은 기장 장날이었다. 오전 9시에는 기장공립보통학교 교정에서 학생 김수룡(金壽龍) 외 5명의 주도로 동교 학생 약 50명의 만세시위가 전개됐다. 오후 9시에는 1천여 명의 군중이 다시 시장에 모여 만세시위를 전개했다. 일제 경찰의 제지를 물리치고 이 시위는 밤새도록 계속됐으나, 11일 새벽 1시 일제 경찰의 발포와 탄압으로 부득이 해산하지 않을 수 없었다.[149]

이와 같이 기장읍 3·1운동은 3차례 연속적으로 전개되어, 일제 강점 이래 약탈에 시달려 온 연해민의 항일 의식을 잘 보여준 의거였다. 기장읍 장날의 학생이 주도한 의거는 군중들을 더욱 항일대열로 나서게 했다. 이곳의 3·1운동 주동자들은 대부분 기장고보출신들이었다.[150] 기장읍 의거로 전후 검거된 당시 주동 인물은 다음과 같다. 괄호 안의 숫자는 기장공립보통학교의 기수와 직업이다.[151]

김도엽(2회 농업) 권철암(4회 무직) 구수암(4회 금융업) 김수룡(4회 서울중앙학교생) 최기복(4회 무직) 이택규(3회 무직) 최창용(2회 기장면서기) 오기원(2회) 장봉기(해산물상) 박공표(4회 경성고보) 최기복(무직) 권종태 최학림

이들은 주재소에서 일제 경찰에 고문당한데다 기아와 피로, 장독(杖

毒)으로 지칠대로 지쳤다. 게다가 이들은 포승줄에 묶여 도보로 기장읍에서 대변포(大邊浦)까지 끌려가, 야음을 틈타 배편으로 부산항에 도착한 후 부산형무소에 수감됐다. 이들 중 오기원, 장봉기는 보안법, 김도엽, 권철암, 구수암, 김수룡, 최기목, 이택규, 최창용은 출판법 및 보안법위반, 특히 면서기였던 최창용은 '횡령'이라는 죄목이 추가됐다. 이들은 재판결과 최고 2년 6개월에서 최하 8개월의 징역형을 받고 서울 서대문, 대구와 부산 감옥에 수감됐다.[152] 자세한 것은 〈표Ⅱ-9〉 기장지역 3·1운동 주요 관련자에 정리해 두었다.

이들 가운데 구수암은 옥중에 병을 얻어 다음 해 봄 집행정지로 출옥했으나, 동년 여름에 세상을 하직하고 말았다. 또 김도엽은 서울 서대문 감옥에서 형(刑)을 마치고 출옥한 후에도 항일투쟁을 계속하여, 2번이나 투옥됐다가 결국 옥중에서 얻은 병으로 세상을 떠났다.

이곳 기장읍의 독립만세 의거를 시발로 로 인근 일광, 장안, 정관, 좌천, 철마 일대는 4월 5일에서 11일까지 걸쳐 전개된 독립만세 시위로 농민들의 항쟁의식은 가장 앙양되어 가고 있었다.[153]

(2) 장안 좌천시장 의거

장안과 정관면은 1995년 3월 1일 부산에 편입됐으며, 3·1운동 주동자 전원이 정관거주자라 '정관의거'라 불리고 있다. 여기에서는 장안 좌천장터에서 전개된 3·1운동이라 좌천(佐川)시장 의거로 정리하겠다.[154] 3·1운동이 전국적으로 확대되어 기장읍에서도 4월 5일 3·1운동이 전개되고, 정관면에도 이 소식이 전해져 독립만세 의거의 분위기가 달아올랐다.

좌천 장터 3·1 운동은 정관면의 오해환(吳海煥)이 기장면 교리 거주하던 김수룡으로부터 독립선언서를 구해 와, 오진환(吳進煥)과 김종복에게 전하고 함께 동지를 규합하면서 계획됐다. 이들은 신두성(辛斗星), 김윤희(金允熙), 정지모(鄭智謨), 박일봉(朴一鳳) 등과 함께 김종복의 사랑방에서

〈그림 Ⅱ-8〉 좌천장터 만세시위지
※출처: 독립기념관 국내독립운동사적지

비밀리에 시위를 준비하고, 거사 일을 좌천 장날인 4월 9일로 결정했다. 좌천시장 의거의 모의처를 제공한 김종복은 지역의 유지라 일제 경찰들도 함부로 대하지 못했다 한다. 김종복은 독립만세 의거에 직접 가담하지 않았으나 배일사상이 투철한 사람으로 주동자들을 직 간접적으로 비호, 협조했다고 알려져 있다.[155] 이에 앞서 주동자들은 목욕재계하고 조룡산 산마루와 용산암에서 의거의 성공을 기원하는 천제를 지내고 혈서로 구국맹세를 하기도 했다.[156]

4월 9일 이른 아침부터 각처에서 많은 장꾼이 모였다. 신두성, 김윤희 등 5명이 장터 중앙에서 태극기를 높이 들고 '대한 독립 만세!'를 소리 높여 부르자 500~600명의 장꾼들도 일제히 호응했다. 이들은 일제 경찰의 제지를 물리치고 시장을 누비면서 독립만세 시위를 벌였다.[157]

좌천시장에서 울산에 통하는 거리까지 행진하면서 '대한독립만세'를 목 놓아 외쳤다. 당시 일제 순사 부장 마에노(前野福藏)는 김윤희, 신두성, 정지모, 오진환에 대한 보고서에 당시 상황을 다음과 같이 정리했다.

"1919년 4월 9일 동래군 장안면(長安面) 좌천시장에서 경계에 종사 중 동일 오후 1시 30분 경 신두성은 오른 손에 돌을 들고, 시장 중앙에서 조선독립만세를 목 놓아 외치고 군중을 선동했다, 연이어 김윤희, 정지모, 오진환 등 3명도 시장에서 손을 위로 들면서 독립만세를 목 놓아 외치고 군중을 선동했다. 동일 오후 1시 30분부터 오후 2시까지의 사이에 군중 약 5백 명이 모였다. 이들은 시장의 시타겐(下犬寬郞), 마에다(前田政太郞) 집 앞 십자로에 모여서 만세를 큰 소리로 외쳤기 때문에 정지모 등 3명이 체포됐다."[158)]

분위기가 더욱 고조되고 시위 군중이 점점 늘어나자 일제 군인 경찰은 야만적인 무력 탄압과 발포로 시위대를 해산시켰다. 이로 인해 많은 시위 군중이 다치고 체포됐다. 시위 군중들은 붙잡힌 주동자를 석방하기 위해 좌천 주재소로 가서 일제 헌병 경찰과 투석전을 벌였다. 이 과정을 통해 체포된 주도 인물들을 석방시켰다. 군중들은 이에 그치지 않고 좌천에서 정관으로 돌아오면서까지 만세를 불렀다.

이에 일제 경찰은 발포하면서 시위 군중을 해산시키고 50명의 주동 인물을 검거했다.[159)] 이들 가운데 김윤희, 정지모, 신두성은 징역 10월을 선고받았다. 그러나 김윤희, 정지모는 고문 여독으로 출옥 후 얼마 안 되어 요절했다. 신두성 또한 고문 후유증으로 고생하다 생을 마감했다.

당시 일제 경찰 가운데 변홍수란 자는 한국인이었으나 주동자 3인을 차례로 검거하며 혹독한 고문을 가했다고 전해진다. 오진환은 일제 경찰의 눈을 피하여 상하이로 건너가 독립 운동을 했다. 해방 후 귀국하여 변홍수를 반민족행위자로 고발했다.[160)] 박일봉은 국내에서 피신하여 전전하다가 일생을 마쳤다. 자세한 것은 <표Ⅱ-9> 기장지역 3·1운동 주요관련자에 정리해 두었다.

좌천 장터 3·1 운동은 정관면 청년들이 중심이 됐으나, 좌천 장터에 온 많은 사람들과 함께 시위를 전개했고 일제 군인 경찰과 싸워 체포된 인물들을 구출해 내는 등 기세가 대단했음을 알 수 있다. 좌천 장터 3·1

운동에서 보여준 지역민의 저항 의식은 1920년대 기장 지역의 청년 운동, 여성 운동, 농민 운동 등 사회 운동에 영향을 주었다.[161]

(3) 일광 의거

향리에서 망건(網巾) 제조업을 하던 박영준(朴英俊)은 4월 5일 기장읍 장에서 망건을 팔고 있었다. 얼마 되지 않아 기장읍의 김도엽, 권철암, 구수암, 김수룡, 최기복, 이택규, 박공표 등 7명의 청년들이 나타나 시장 중앙에 혈서로 된 큰 기와 '조선독립만세 조선독립단'이라고 대서특필한 큰 기를 세운 후 독립선언서를 배부하고 대한 독립만세를 외치기 시작했다. 장꾼들은 일제히 여기에 호응하여 만세를 부르고 시위가 전개됐다. 박영준은 급히 펼친 좌판을 거둬 치우고 이들에게 호응하여 만세를 불렀다. 그리고 읍청년들과 같이 장꾼들을 이끌고 성내를 일주하면서 만세시위를 한 후 본가로 돌아왔다. 비록 망건은 팔지 못했으나 마음은 감격에 넘쳤다.[162]

고향인 일광 이천리로 돌아온 그는 마을 사람들에게 기장 시장에서 전해들은 전국에서 전개된 독립만세 시위 소식과 기장읍 의거를 상세히 이야기하고 독립선언서도 보여주었다. 박영준은 마을 유지들에게 전국의 흐름과 분위기에 발맞추어 우리 동네에서도 만세시위를 하자고 역설했다. 동리의 유지들도 여기에 동의하여 4월 11일을 거사일로 정했다.

4월 11일 저녁밥을 먹고 마을청년 50여 명이 모였다. 박영준은 이들 50여 명과 같이 대한 독립만세를 소리높이 연호하면서 선두에 서서 이들을 지휘하며 주변 마을을 누볐다. 만세시위는 밤이 깊도록 계속됐다. 정보를 입수한 일광 주재소 순사 혼마(本間加茂治)는 주모자 박영준을 체포하여, 혹독하게 문초한 후 부산형무소에 수감했다.[163] 재판 결과 그는 1919년 6월 20일 부산지방법원으로부터 1년 징역을 선고받아 공소를 제기했으나. 6월 28일 대구복심법원에서 역시 1년 징역 선고를 받았다. 그는 대구형무소에서 1년 옥고를 치르고 출옥했다. 당시 목발에 의지한 채 귀향하여 후유증으로 1943년 세상을 떠났다.[164]

(4) 기장군 철마 의거[165]

3·1 운동이 전국적으로 확산되면서 4월 5일 기장면에서도 3·1 운동이 전개됐고, 이 과정을 목격한 철마면민들은 이후 4월 8일과 좌천 장날인 9일, 또 기장 장날인 10일에도 대대적인 시위가 있다는 소식을 전해 들었다. 이에 김수찬(金守燦 장전리), 오덕근(吳悳根 와여리),[166] 정인준(鄭寅準 웅천 중리), 김운일(金運鎰 웅천 중리) 등이 중심이 되어 철마면에서의 거사를 계획했다.

거사일은 기장 장날인 4월 10일로 하고 주민들과 와여리 중산에 모여 선언서를 낭독한 후 기장까지 만세 시위를 전개한다는 구체적 안까지 만들었다. 주도 인물 중 가장 나이가 어렸던 김운일은 독립 선언서를 구하기 위해 정관면과 기장면으로 갔으나 구하지 못했다. 궁리 끝에 김운일의 형수에게 부탁하여 친정인 교리에서 기장면 만세 시위를 주도하고 있던 김수룡으로부터 등사한 독립 선언서 1부를 구했다. 김수찬은 문봉순(장전리), 김민수(장전리) 등과함께 밤새 장전리 교회(후일 철마교회)[167]와 사랑방, 곰내(웅천리 산 286), 유금터 등에서 독립 선언서를 필사하는 등 시위를 준비해 갔다.[168]

한편 김운일은 정인영(鄭寅榮), 김재선(金在善), 김재규(金在奎) 등과 4월 8일 기장면 시위에도 참가했다. 이 시위에서 김운일은 일제 경찰에게 체포당하여 부산으로 압송되어 가던 중 대변리에서 탈출에 성공하여 다시 철마로 돌아올 수 있었다.

그런데 4월 10일의 거사일이 이미 일제 경찰에게 알려짐에 따라 감시가 심해져 거사 일정을 진행하기 힘들어지게 됐다. 그러나 주도 인물들은 와여리 중산에 모여, 위험을 무릅쓰고 예정대로 거사를 시작했다. 이에 마을 청년 20여 명도 시위에 동참했다.

시위가 진행되자 미리 숨어서 대기하고 있던 수십 명의 일제 경찰들이 시위 군중을 포위하고 주도 인물들을 체포했다. 그러나 주도 인물들은 철마면의 거유(巨儒)였던 오덕근의 노력으로 전원 석방됐다.[169)]

철마면의 3·1 운동은 기장면 3·1 운동에 영향을 받아 진행됐다. 그리고 기장면과 연계 하에 시위를 진행하고자 한 모습을 통해 다른 지역과의 연계를 통해 시위를 확장해 나가는 3·1 운동의 한 특징을 파악할 수 있다. 철마면 3·1 운동을 통해 나타난 항일 의지는 이후 1920년대 지역 항일 운동에 영향을 끼쳤다.[170)] 자세한 것은 〈표Ⅱ-9〉 기장지역 3·1운동 주요관련자에 정리해 두었다.

〈표 Ⅱ-9〉 기장지역 3·1운동 주요관련자

성명	당시 나이	만세 지역	본적지	경력 직업	양형	포상	비고
권종태		기장읍장				-	
김도엽	20	기장읍장	동래기장대라	농업	징역2년 6월	애국장	1930년 박용선과 중국 동삼성 체포 징2년6월
이택규	21	기장읍장	동래기장동부	무직	징역1년 6월	-	
권철암	18	기장읍장	동래기장동부	무직	징역1년 6월	애족장	
구수암	18	기장읍장	동래기장동부	금융업	징역1년 6월	애국장	병보석순국
최창용	21	기장읍장	동래기장동부	기장면서기	징역1년 6월	애족장	
김수룡	18	기장읍장	동래기장교리	서울 중앙학교생	징역1년 6월	애족장	
최기복	18	기장읍장	동래기장대라	무직	징역1년 6월	애족장	
장봉기	17	기장면장	동래기장대변	해산물상	징역8월	대통령	

성명	당시 나이	만세 지역	본적지	경력 직업	양형	포상	비고
						표창	
오기원	22	기장읍장	동래기장대라	농업 (점원, 기독교)	징역8월	건국 포장	기장광복회, 출옥후 동삼성 교장
박공표 박일형	16	기장읍장	기장동부	경성고보, 서울목격	징역6월 집유2년	-	집안 박영출 박인표 김철수
최학림		기장읍장	동래기장월전		징역6월 집유2년	-	
박용선	15	기장읍장	기장대라	기장고보 졸		-	
박영준	34	기장읍장 일광	일광이천리 동래기장연화	망건제조업	징역1년	애족장	
오진환	29	장안좌천 시장	정관 용수리	상해망명		-	
박일봉	21	장안좌천 시장	정관 매학리	국내피신		-	
정지모	26	장안좌천 시장	울산언양 원적 정관매학		징역10월	애족장	후유사망
신두성	29	장안좌천 시장	정관용수		징역10월	대통령 표창	
김윤희	31	장안좌천 시장	정관매학 울산중 남상남리	농업	징역10월	애족장	
오덕권		기장군철마	철마와여	거유, 상무위원		-	부산상무회 위원
정인준		기장군철마	철마웅천			-	피신
김운일		기장군철마	철마웅천			-	압송중대변리 탈출
김수찬		기장군철마	철마장전			-	피신
정인영		기장면	철마		미체포		4월 8일 기장면
김재선		기장면	철마		미체포		4월 8일 기장면
김재규		기장면	철마		미체포		4월 8일 기장면

4. 강서지역 3·1운동

1) 가덕도 의거(창원군 천가면 가덕진)

가덕도(加德島)는 국방의 요지로 가덕진과 천성 만호진(天城萬戶鎭)이 설치되어 있었다. 일제는 1904년 2월 러일전쟁이 발발하자 불법적으로 이 섬을 점령하여 가덕진의 무기를 전부 몰수했다. 7월에는 일본방비대가 토지와 가옥을 약탈하고 동민을 쫓아내려고 하자 동민들은 생계에 커다란 위협을 받았다. 그 후 1906년에는 일제가 이곳을 진해군항 요새지로 편입했다. 이후 도민(島民)들의 이권은 일제 손아귀로 들어가 3·1운동 직전의 도민들의 일제에 대한 불만은 어느 곳 못지않게 높아져 있었다.[171]

한편 창원군의 3·1운동은 8차례의 시위와 3차례의 시위 계획이 있었다. 3월 23일 창원군 최초로 창원면 읍내 시장에서 전개된 만세시위에는 수천여 명이 참여했다. 이후 창원군에서는 4·3 삼진의거 등 만세시위 열기가 4월 말까지 지속됐다.[172]

서울에서 3·1운동이 시작된 이후 3월 말 경 가덕도 유지 양흥석(楊興錫)은 서울로부터 독립선언서를 가지고 고향으로 내려와 이곳 청년 최세권(崔世權)과 김동원(金東洹)에게 전했다. 독립선언서를 습득한 두 사람은 매우 친하게 지내던 이상운(李相云), 조용진(趙鏞晋)과 만세 시위와 관한 일을 상의한 후 4월 11일 가덕진에서 거사하기로 정했다. 이들 청년은 역할을 분담하고 비밀리에 각 부락을 순회하면서 준비에 만전을 기했다.

4월 11일은 다가왔다. 도내(島內) 각지의 군중은 속속 가덕진으로 모였다. 하오 3시, 모인 군중은 약 3~4백 명에 달했다. 만세 시위의 청년 주동자들은 독립선언서를 낭독하고 이들의 선창으로 일제히 독립만세를 큰 소리로 외쳤다. 이어서 각 부락을 돌면서 독립만세 시위를 벌였다. 당시 마산헌병대 가덕진분견소에는 순사가 3명뿐이라 주민들의 시위 진압에 나서지 못했다. 이날 오후 늦게 시작된 시위는 일제 헌병 경찰의 제지가 없는 가운데 평화적으로 막을 내렸다. 하지만 다음날인 4월 12일 진해에서 완전 무장한 일제 헌병 10명이 긴급 출동하여 섬 안을 샅샅이 수색하여 만세 시위 주동자 10명을 체포하여 진해헌병대로 압송했다.

가덕도 만세 시위의 주동자들은 검거된 후 부산지방법원 마산지원에서 재판에 회부됐다. 이 가운데 최세권, 최찬수(崔燦洙), 김동원은 각각 징역 1년, 김실이(金實伊), 김남수(金南守), 조용진, 서용수(徐用守), 하인출(河仁出)이 각각 징역 6월의 실형을 선고받고 마산교도소에서 복역했다.[173] 자세한 것은 〈표Ⅱ-10〉 강서 가덕도 3·1운동 주요관련자에 정리해 두었다.

일본 군대의 요새지로 편입되어 생활에 위협을 받고 있던 주민들이 일제 침략에 저항하여 만세 시위를 전개한 사실은 주민의 항일 의식을 보여주는 것인 만큼 그 의의는 크다.

〈표 Ⅱ-10〉 강서 가덕도 3·1운동 주요관련자 8명

성명	당시 나이	만세지역	본적지	경력 직업	양형	포상	비고
양흥석		가덕도	천가가덕	가덕도 유지	-	-	경성법학전문, 선린상업학교
조용진	25	가덕도	천가동선	청년	징역6월	대통령표창	
이상운		가덕도		청년	-	-	
김동원	10대	가덕도		청년	징역1년	-	
최세권	18	가덕도	천가 동선	청년	징역1년	애족장	
최찬수		서울만세	천가 가덕도		징역1년	-	
하인출	27	가덕도	천가성북	청년	징역6월	대통령표창	
김실이		가덕도			징역6월	-	
김남수		가덕도			징역6월	-	
서용수		가덕도			징역6월	-	

2) 강서 명지(김해 명지면 중리 명호시장, 진목리) 의거

〈그림 II-9〉 명호장터 3·1운동 만세시위지
※출처: 독립기념관 국내독립운동 사적지

김해읍은 낙동강 일대의 비옥한 평야를 가지고 있어 농산물의 집산지이다. 3·1운동 당시 장날은 음력 매월 2일, 7일에 열리고 있었고, 한 장날의 거래액은 1천 원 이상이 보통이었다. 이 곳은 일제가 학교의 난립을 방지하겠다는 사립학교령에 따라 1908년 녹명학교(녹산), 1911년 동명학교(명지), 1919년 중화학교(진영) 등이 세워졌고, 거류일본인을 위해 8곳에 소학교가 설립됐다.[174)]

이곳의 3·1운동은 배동석(裵東奭)의 활약이 두드러진다. 그는 3·1운동 당시 세브란스의학전문학교 학생으로 '교남학우회' 회장이었다. 또한 김해, 마산, 함안 등지의 만세시위에 커다란 역할을 했다. 그는 이갑성의 지령을 받아 3·1운동 직전인 2월 26일 마산으로 내려가 활약했다. 3·1운동 때에는 학생대표의 일원으로 서울의 학생 독립만세시위에 참가했다. 이후 독립선언서를 가지고 고향인 김해로 내려가 독립만세 시위를 위해 동지를 규합해 갔다. 특히 친분이 두터운 임학찬, 배덕수(裵德秀), 송세희

(宋世憘) 등과 더불어 비밀리에 거사를 준비했다.[175)]

김해군의 3·1운동은 1919년 3월 30일 읍내 시위를 시작으로 인근 장유면과 하계면, 생림면, 명지면 등으로 확대되었다. 명지에서는 중리명호시장과 진목리에서 4월 10일과 11일 이틀에 걸쳐 시위가 전개됐다.[176)]

명지면 소재 사립동명학교 교사 이진석(李鎭奭)은 당시 동창인 경성약학학교 학생 김연복(金淵輻)의 연락으로 독립선언서를 입수했다. 이진석은 동창생 양왕석(梁旺錫)을 비롯하여 김영두(金榮斗), 이규회(李圭恢), 지봉구(池鳳九) 등을 규합하여 의거 모의를 거듭했다. 그 결과 거사를 4월 10일 중리 명호시장 장날에 거의하기를 결정하고 동지를 규합해 갔다.[177)] 전날 밤 4월 9일, 이진석은 양왕석과 함께 밤을 새워 태극기를 만들고 독립선언서를 복사했다.

4월 10일 이진석은 동창들과 동명학교 학생들과 함께 은밀하게 이동하여 중리 명호시장에 집결했다. 이들은 장꾼이 많이 모여든 오후 2시 독립선언서와 태극기를 학생과 장꾼에게 나누어 주었다. 이진석이 태극기를 장대에 높이 달아 들고 독립만세를 선창하자, 약 50~1백 명의 장꾼 등이 일제히 호응하여 큰소리로 독립 만세를 함께 외친 후 독립만세 시위를 전개했다. 그러나 일본 헌병들이 출동하여 총검으로 위협하면서 시위를 해산시켰다.

주동 인물들은 재빨리 숨은 후 재기를 도모했다.[178)] 그리하여 4월 11일 오후 10시 양왕석, 이규회, 박두성(朴斗成), 정소목(鄭小穆)은 약 30~50명의 학생 동민을 규합하여 진목리에서 다시 독립만세 시위를 전개했다. 그러나 다시 일제 헌병이 출동하여 총검으로 탄압하면서 해산시켰다. 이어서 일제 헌병 경찰은 독립만세 시위의 주동 인물을 검거하기 시작했다.

그 결과 1, 2차 의거 주동 인물 7명은 전원이 검거되어 1919년 5월 6일 부산지법에서 이진석은 징역 2년, 김영두, 양왕석, 이규회, 박두성은 각 징역6월 집행유예 2년, 정소목, 지봉구는 각 징역 6월이 선고됐다. 이들은 부산 또는 대구형무소에 투옥됐다. 특히 이들 주동 인물 중 이진석은 모든 일은 자기 단독책임이니 모든 사람을 석방하고 자기에게만 형을 달라고 소리높이 외쳐 투사의 기개를 과시하기도 했다.[179] 자세한 것은 <표 Ⅱ-12>강서 명지 3·1운동 주요관련자에 정리해 두었다.

<표 Ⅱ-11> 강서 명지 3·1운동 주요관련자

성명	당시 나이	만세지역	본적지	경력 직업	양형	포상	비고
이진석	23	명지만세	김해명지	사립동명학 교사	징역2년	애족장	
지봉구	20	명지중리 명호시장	명지신전	이진석동창	징역6월 집유2년	대통령표창	
김영두	-	명지중리 명호시장	-	이진석동창	징역6월 집유2년	-	
이규회	16	명지중리 명호시장 진목리	명지조동	이진석동창	징역6월 집유2년	대통령표창	
양왕석	19	명지중리 명호시장 진목리	명지조동	이진석동창 잡화상	징역6월 집유2년	대통령표창	
정소목	-	명지진목리	-	-	징역6월 집유2년	-	
박두성	20	명지진목리	명지신전	잡화상	징역6월 집유2년	대통령표창	
	44	중국	김해다산 미암	- 녹산		애족장	대한독립단 조선사정연구회

3) 강서 녹산(김해 녹산) 의거

1919년 4월 초 경상남도 김해군 녹산면 생활리(현 강서구 생곡동)에서 군중들이 모여 만세 시위를 전개했다. 일제 경찰은 출동하여 발검(拔劍)으로 진압했다.[180] 이곳 출신인 남강 조정환(曺正煥, 曺珍)은 1905년 을사조약이 체결되자 동포들에게 민족의식을 고취했으며 일제에 한국이 강점된 후에는 개혁 자강과 실력양성으로 독립운동을 전개해야 한다고 강조했다. 1919년 3·1운동 후에는 만주로 건너가 무장투쟁 단체인 대한독립단에 가담했고, 그 후 조병준·변창근 등과 함께 민국독립단에 가담해 자의부장(諮議部長)으로 활약했다. 또한 1925년 9월 15일에는 서울에서 백남훈 홍성하 박승철 등과 함께 조선사정연구회를 조직해 민족주의 운동을 전개했다.[181)]

김해지역에서는 4월 3일 또는 4일 생림면 봉림리에서 약 2백~3백 명의 군중들이 만세시위를 전개했다.[182)] 4월 초순 녹산면 생활리(현 부산광역시 강서구 생곡동), 4월 10일 명지면(현 부산광역시 강서구 명지동) 중리, 4월 11일 명지면 진목리, 4월 16일 김해면 이동리에서 각각 만세 시위가 이어졌다.

이 가운데 특히 주목되는 시위는 4월 10일 중리 명호시장 만세 시위와 11일의 명지면 만세 시위와 4월 16일의 김해면 이동리 만세 시위이다. 명지면 만세 시위는 동명학교 동창과 학생이 중심이 되어 전개했고, 김해면 이동리 만세 시위는 김해 지역 마지막 시위로 30~50명의 여성에 의한 시위였다. 일제 군인 경찰은 여성들의 만세 시위를 일제 헌병 경찰을 동원하여 발포하며 무차별 진압했다.[183)]

5. 박재혁의 부산경찰서 투탄 의거[184)]

1) 의열투쟁과 의열단

1919년 3월 1일부터 4월 말까지 두 달에 걸쳐 전국적으로 전개된 3·1운동은 일제의 폭력적인 진압으로 5만여 명이 검거 투옥되고, 7천여 명 이상이 희생됐다. 이렇듯 엄청난 희생을 치른 후 항일독립운동에 대한 방향전환이 모색되고, 그 가운데 하나가 직접 타격을 포함한 의열 투쟁이다. 이 투쟁은 중국, 동북, 노령 등 해외에 근거지를 둔 독립운동 단체들에 의해 실행됐다. 의열투쟁이라는 용어는 1970년대 이후 학계에서 사용된 것이다. '의열'이라는 말은 옛 문헌의 '천추의열(千秋義烈)'이라는 데에서 따왔다.

의열투쟁은 개인적인 또는 조직적인 차원에서 암살과 파괴를 주로 하는 활동을 가리킨다. 이와 같은 투쟁을 처음 제시한 것은 1919년 길림에서 발표된 「대한독립선언서」로, 이 선언서에서는 '육탄혈전'을 제시했다.

대한민국임시정부에서는 1920년 1월 '국무원 포고 제1호'를 통해 대적(對敵) 방법의 하나로, "필요하다고 인정될 시에는 작탄(炸彈) 등으로써 적괴(敵魁) 및 창귀(倀鬼)를 격살하며, 혹은 그 영조물을 파괴케 함"을 제시했다.

또한 『독립신문』에서는 '7가살(可殺)론'을 제기하여, 적괴(총독, 정무총감 등), 매국적(이완용, 송병준, 민원식 등), 창귀(고등경찰, 밀정 등), 친일부호, 적의 관리된 자, 불량배(독립운동을 해치거나 독립운동을 빙자하여 금품을 강탈하는 자), 모반자(독립운동가 중 배반자) 등을 처단 대상에 포함했다.

의열단(義烈團)도 조선 총독 이하 고관, 군부 수뇌, 대만 총독, 매국적, 친일파 거두, 적탐(敵探), 반민족적 토호열신(土豪劣紳) 등은 '암살 대상'으로, 조선총독부, 동양척식주식회사, 매일신보사, 각 경찰서, 기타 중요기관 등은 '파괴 대상'으로 명시했다. 의열투쟁은 투쟁 대상을 적과 그에 동조하는 세력으로 명확히 제한했다.

3·1운동 직후의 의열투쟁으로는 27결사대 사건, 구국모험단 사건, 강우규의 서울역 의거, 철혈광복단의 간도 의거 등을 들 수 있다. 보다 조직적이고 계획적인 의열투쟁은 의열단에 의해 이루어졌다. 의열단은 1919년 11월 10일 만주 길림 화성(華盛)여관에서, 황상규의 지도와 김원봉의 주도로 단원 13명이 참여한 가운데 창립됐다고 알려져 있다.

의열단이란 이름은 '정의(正義)의 사(事)를 맹렬히 실행한다'는 뜻에서 유래됐다. 3·1독립만세운동 이후 논의되고 있던 여러 독립운동노선 가운데, 외교론과 실력양성론 등을 부정하고, 과감하고 적극적인 암살과 파괴를 통해, 독립을 쟁취하려고 했던 조직이 의열단이었다. 창립 단원의 절반 이상이 경남 밀양 태생으로, 대부분 밀양 동화학교 출신이었다.

의열단의 초기 투쟁은 제1차 국내기관 총공격 기도사건(일명 '밀양 진영 폭탄사건' 1920. 3.~5.), 박재혁(朴載赫)의 부산경찰서 투탄(1920. 9. 14.), 최수봉의 밀양경찰서 투탄(1920. 12. 27.) 등이 있다.

1921년 이후 의열단의 투쟁은 더욱 본격화됐다. 김익상의 조선총독부 진입 투탄(1921. 9. 12.), 김익상 등의 황포탄 육군 대장 저격(1922. 3. 28.), 김상옥의 종로경찰서 투탄(1923. 1. 12.), 제2차 국내 거사 기도(일명 황옥 사건, 1923. 3. 15.), 제3차 대규모 광역거사 추진(1923년 하반기), 김지섭의 일본제국의회 습격기도와 황궁입구 이중교 투탄(1924. 1. 5.), 나석주의 동양척식주식회사와 식산은행 투탄 (1926. 12. 28.) 등이 전개됐다.

의열단이 최초로 성공한 투쟁은 '박재혁의 부산경찰서 투탄' 의거이다. 의열단원 가운데 부산지역 출신이거나 이 지역의 활동과 관련된 인물은 박재혁(朴載赫), 최천택(崔天澤), 오재영(吳載泳, 吳澤), 김병태(金鉼泰), 김영주(金永柱), 김인태(金仁泰), 김기득(金奇得), 왕치덕(王致德), 박창수(朴昌守), 백용수(白龍水), 김작치(金作致), 강필문(姜弼文), 문시환(文時煥), 박문희(朴文嬉), 박차정(朴次貞), 최장학(崔章學,) 배중세(裵重世), 이동화, 장건상(張建相) 등이다.

2) 출생과 학창시절

그간 박재혁의 부친 이름과 본적지에 대한 논란이 있었다. 박재혁(朴載赫)은 1895년 5월 17일 범일동 183번지에서 박광선이 아니라, 박희선(朴

喜善)과 이치수(李致守) 사이에서 1남 1녀 중 장남으로 태어났다. 박재혁의 본적은 범일동 183번지인데, 1919년 6월 27일 범일동 550번지로 이거(移居)하여 본적을 정정했다.

〈그림 II-10〉 박재혁, 모친 이치수, 최천택
※출처: 국립중앙도서관 대한민국 신문 아카이브

박재혁이 어릴 적부터 민족의식과 항일의식이 형성되게 된 것은 개명(開明)된 부친으로부터 을미사변이나 단발령, 을사늑약 등의 부당성을, 서당의 선생님에게는 일본의 한국 병탄의 등에 대해 듣고 자랐기 때문이다.

나아가 부산의 지역적 특성, 역사적 소용돌이가 복합적으로 작용했다. 좌천동 소재 '임진왜란' 때 부산진 전투에서 순절한 선열들을 기리는 제단인 정공단의 존재와 최익현의 운구행렬 시위를 목격했다. 또 날로 늘어나는 일본인과 조선인의 삶의 터전이 점점 변두리로 밀려나는 모습을 목도하면서, 자연스럽게 민족의식과 항일의식이 형성됐다. 이와 같은 의식은 학연을 통해 더욱 성장 됐다.

정공단 내에 설치되었던 서당 육영재가 부산진사립육영학교, 부산진공립보통학교(1911. 5.)로 바뀌었다. 박재혁은 1911년 3월 부산진사립육영학교를 졸업했다. 당시 이 학교를 같이 다닌 학생은 박재혁, 최천택, 김인태, 김병태, 전영호, 전성호, 김영주, 백용수 등이다. 1907년 국채보상 모금에 참여한 70여 명의 학생 중 박재혁 외에 최천택, 김영주, 백용수의 이름도 보인다. 이들은 박재혁의 부산경찰서 투탄 의거의 연루자였다.

1909년 1월 11일에는 여동생 박명진이 출생하고, 같은 해 12월 10일에는 아버지 박희선이 사망했다. 어머니는 삯바느질로 재혁과 누이를 키우고 교육했다. 1911년 3월 부산진사립육영학교를 마치고, 부친의 사망으로 가세가 기울어서인지, 그다음 해 1912년 4월에 부산공립상업학교에 입학했다. 1915년 3월 22일 제4회로 졸업했다. 모친의 자식 교육에 대한 의지와 열정을 엿볼 수 있는 대목이다.

박재혁은 부상에 들어가면서 어릴 때부터 형성되기 시작한 민족의식과 항일의식이 더욱 구체적으로 발전됐다. 동시에 장남으로서 가족부양에 대한 고민도 같이 커졌다. 이 와중에도 부상 2학년 때인 1913년 일제가 발매는 물론 읽는 것조차 금지하고 있던 『동국역사』를 학우들과 비밀리에 등사해 나누어 주다가 일제 경찰에 체포됐다.

1914년 봄, 3학년이 된 박재혁은 오재영, 최천택, 박홍규, 김병태, 김인태, 왕치덕(부상 3회 졸업), 김영주, 장지형, 조영상 등 도합 16명과 함께 구세단을 조직했다. 밀양에서 조직된 비밀결사 일합사와 부산의 비밀결사인 구세단은 김인태를 매개로 결합 되어있었으며, 구성원 상호 간에 교류가 있었다. 구세단은 활동을 시작한 지 반년여 만에 경찰에 탐지됐다. 그리하여 오재영, 박재혁, 박홍규, 김인태 4명이 검거되어 1주일 동안 심한 고문을 당했다. 부모들의 구명운동과 구세단을 해체한다는 조건으로 석방됐다. 이 두 사건 이후로 박재혁과 친구들도 요주의 인물로 낙인찍혀 일제의 감시 대상이 됐다.

3) 사회진출과 부산경찰서 투탄 의거

(1) 사회 진출

박재혁, 오재영, 최천택은 1915년 3월 22일 부상(釜商)을 졸업했다. 이 무렵 그는 돈도 많이 벌어 노모와 어린 동생도 부양하고, 독립운동에도 크게 기여 할 방법을 모색하고 있었다. 또 오재영과 함께 미국으로 갈 계획을 세웠으나 자금 사정 등으로 무산됐다.

박재혁은 1916년 4월 부산 조선와사전기회사(朝鮮瓦斯電氣會社) 전차 차장으로 취직했으나 곧 해고됐다. 그 후 그는 친척인 박국선(朴國善)이 경영하는 경북 왜관역 앞의 곡물 무역상에서 일했다. 박재혁은 1917년 6월 곡물상에서 700원을 조달해서 김인태와 상해로 건너갔다. 상해에 도착한 김인태는 이미 알고 있던 김원봉과 만나서 독립운동을 모색했다. 박재혁은 상해에서 다시 싱가포르 등을 왕래하며 무역업 등에 종사하면서, 당초 계획인 미국으로 도미(渡美) 준비를 했던 것으로 보인다.

박재혁은 1918년 6월 부산으로 돌아와 여러 달을 지내다가, 또 상해를 거쳐 싱가포르로 건너갔다. 이 시기 인삼무역상들은 통상 상해를 거쳐 싱가포르를 왕래했다. 박재혁도 오재영과 나눈 편지내용으로 보아 주로 인삼 무역에 종사했을 가능성이 크다. 또 당시 인삼 무역상점은 단순한 영업점이 아니라 독립운동의 거점이었다.

1919년 2월 상해에 있던 김인태가 부산의 오재영을 방문하고, 최천택은 일본 모지(門司)로 불러 만났다. 여기서 3·1운동 계획을 전하고 일정한 역할을 맡아 줄 것을 주문했다. 그런데 상해에서 온 김인태가 1919년 2월 오재영과 최천택을 만나면서, 절친인 박재혁의 행적에 대한 언급이 전혀 없는 것이 특이하다. 최천택은 후일 박명진이 일신여학교 다닐 때 보증인으로 나선다. 또 8.15해방 직후 박재혁의 모친 이치수까지 모시고 있었다. 박명진은 "오빠와 소정 최천택은 형제보다 가까운 사이로, 같이 외동아들에다 생각하는 것마저 같았다"라고 했다.

(2) 부산경찰서 투탄 의거

1920년 3월 싱가포르에서 상해로 돌아와 김원봉으로부터 독립운동에 가담하라는 제안을 받았으나, 그때는 가사 사정을 이유로 거절했다. 1920년 4월 다시 상해로 가서 7월 초까지 머물면서 김원봉과 만나 의열단에 가입했다. 의열단에 가입한 박재혁은 신입단원으로 필요한 소정의 교육을 받았을 것으로 보인다.

박재혁은 1920년 7월 19일 박창수 외 1인을 동반해서 부산진구락부로 가서 최천택에게 2명을 상해임시정부원이라고 소개했다. 이들 4명은 동래 온천장 소재 황정(荒井)여관에서 술을 마셨다. 이 술자리에서 상해임시정부의 조직 상황과 폭탄 의거의 단장은 김원봉이며, 그들은 그의 부하인 것처럼 얘기했다.

김원봉은 박재혁을 상해로 호출했다. '언제 어떤 곳에 있어도 소집에 반드시 응할 것'이라는 의열단의 엄격한 맹약이 있었다. 박재혁은 최천택, 오재영 등과 함께 가사 관계를 정리한 뒤, 김원봉이 김병태 명의로 김영주 앞으로 위장 송금한 여비 1백원을 받아서 상해로 건너갔다. 박재혁은 호출받은 후 8월 7일 부관연락선으로 시모노세키에 도착한 후 곧 모지로 건너가 행적을 감추었다. 이 때 규슈대학 병원에 들렀다.

같은 해 8월 31일 김원봉으로부터 '부산경찰서장을 죽여 독립운동의 기세를 높이자는 제안'을 받고 박재혁은 이를 응낙했다. 또 "그냥 죽이면 안 된다. 누구에 의해 어떠한 이유로 죽임을 당하는지 확실하게 밝히고 나서 거사하라"고 지시했다.

이렇게 된 데에는 당시 의열단이 3·1운동 이후 기존의 독립운동노선의 방향전환을 촉구하고 조직됐는데, 제1차 국내기관 총공격 계획이 1920년 6월에 발각되어 실패하고 관련자 전원이 체포됐다. 이에 의열단에서는 최대한 단시간 내에 성과를 거두어 이를 반전시켜야 할 필요성 요구됐기 때문이다.

또 부산은 일본에서 조선으로 가는 관문이며 전형적인 식민도시로 개발됐으며, '제2의 오사카'로 불렸기 때문에 상징성이 컸다. 의열투쟁의 경우 대상 지역에 대한 이해와 타격 대상에 대한 정보가 많으면 많을수록 성공할 확률이 높았기 때문에, 부산경찰서가 타격 대상으로 선정됐다.

투탄을 결심하고 귀국하는 과정에서 박재혁의 기지가 돋보인다. 통상 상해에서 나가사키에 하선한 후 철도로 갈아타고 시모노세키로 가서, 그곳에서 다시 부관연락선으로 귀국하는 것이 보통이다. 그런데 투탄을 수락한 박재혁은 폭탄 1개와 돈 300원을 수령 하고, 일제의 감시가 심한 부관연락선을 피해, 시모노세키에서 대마도 이즈하라를 거쳐 9월 6일 아침 부산으로 돌아왔다. 폭탄은 1902년산 러시아제로, 사이즈는 직경 2촌(寸), 높이 4촌, 가장 작은 생수병 크기의 원통형 주철로 된 충격식 폭탄이었다.

1920년 9월 6일 아침 박재혁은 오재영의 집을 방문하고 손수건에 싼 폭탄을 맡겼다. 오재영으로부터 병원비 및 여비로 1000원을 받았다. 박재혁은 9월 13일까지 최천택과 김영주와 함께 동래온천, 해운대, 범어사 원효암 등지에서 쉬면서 투탄을 모의했다.

박재혁은 부산경찰서장 하시모토슈헤이(橋本秀平)가 고서적을 좋아한다는 정보를 입수하고, 무역업을 하던 경험을 살려 중국 고서 상인으로 위장했다. 중국인으로 위장했다는 주장이 다수 있으나 이는 사실과 다르다. 중국 고서 사이에 폭탄을 숨겼다. 당시 부산경찰서는 2층의 서구식 목조 건물로 건축된 청사는 외벽(外壁)을 널빤지를 따닥따닥 포개어 이어붙인 비늘판 붙이기로 꾸며 놓았다. 서구식 창문에다가 지붕은 일본식 팔작(八作) 지붕이었다.[185]

1920년 9월 14일 오후 2시 30분 경 금평정(琴平町, 현 동광동) 소재 부산경찰서에 공무가 있는 것처럼 가장하고 들어갔다. 하시모토 서장의 오른쪽 가까이 접근하자, 서장이 집무를 멈추고 그쪽으로 몸을 돌리려는 찰나, 자신이 의열단임을 밝히고 투탄했다. 박재혁은 서장의 책상과 접수계원 책상 중간쯤의 책상 위에 투탄했으며, 하시모토 서장과의 거리는 3척(尺)이었다. 이 투탄으로 굉음과 함께 흰 연기가 서장실에 가득 찼으며, 1층의 유리창이 전파됐다. 또 책상이 부서지고, 안락의자의 오른쪽 다리가 분쇄되고, 의자 밑을 관통한 파편은 결재 함 덮개를 파손했다. 다른 파편의 일부는 서장실 천정과 2층 사법사무실 마루바닥을 관통했다.

폭발 소리와 먼지에 놀란 경찰들이 달려와 하시모토 서장의 신변을 경호했다. 박재혁은 피를 흘리며 쓰러져 있었으며, 하시모토 경찰서장은 오른쪽 무릎 부위가 출혈로 인해 붉게 물들어 있었다. 일제 경찰은 즉시 비번 경찰들을 비상소집하고 경계를 강화하면서, 부산지법 검사국과 니시무라(西村) 병원장과 부립 병원에 연락했다.

급보를 받은 부산지방법원 검사국에서는 오오무라검사장과 쿠보다 검사와 서기 수명이 자동차로 현장에 출두했다. 하시모토 부산경찰서장으로부터 보고를 청취한 뒤, 박재혁은 부립병원으로 후송시켰다.

그간 하시모토 서장이 사건 현장에서 폭사, 서장 외 순사 2명이 폭살되고 경찰서 파괴, 또는 현장에서 3명이 즉사했다는 등의 주장들이 있었다. 이 점은 사실과 다르다. 즉 사건 당시 『부산일보』 1920년 9월 24일 자 호외와 각종 자료에는 하시모토 서장은 경상, 박재혁은 중상을 입었다고 나와 있다. 게다가 박재혁은 1920년 11월 6일 부산지법 선고 공판에서 무기징역에 처해지는데, '그 사유가 타동적이고 폭탄이 투척 됐으나, 서장이 경미한 부상을 입었다.'는 것이었다. 또 박재혁에게 적용된 죄목은 부산지법의 1심부터 1921년 3월 31일 진행된 경성 고등법원의 3심까지 일관되게 '살인미수죄'였다. 만약 하시모토 서장이 부상 후유 사망했다면 재판 진행 과정에서 '살인미수죄'가 아니라 '살인죄'로 변경 적용되었을 것이다.

일본인들은 3·1운동 이후 치안이 회복됐다고 생각했다. 서울이나 평양이 아니라 '제2의 오사카'로 불린 부산에서, 그것도 백주 대낮에 조선인이 경찰서장 면전에서 투탄했다는 사실에 깜짝 놀랐다, 이에 『오사카마이니치』나 『오사카아사히』 등은 일선 양 민족의 동화는 근본적으로 실패했다는 요지의 비판론을 대서특필했다.

일제 경찰은 사건 발생 직후 50명~60명의 청년들을 검거했다. 당시 부산경찰서에는 일본인 전담 사법경찰관 와다사법주임과, 조선인 전담 경찰관 한석명(韓錫明), 그 부하 유진후(兪鎭厚)가 있었다. 이들 조선인 경찰관들은 박재혁 투탄 용의자들뿐만 아니라 '밀양 진영사건' 관련자들도 신문했다. 또 이후에도 일제의 충견으로 활약했다.

고문 취조에도 공범 사실을 완강히 부인하고, 박재혁 또한 끝내 단독범을 주장함으로써, 사건연루자로 지목된 최천택, 김영주, 오재영, 백용수 김작치, 강필문 등은 1920년 10월 16일 기소 유예 처분으로 석방됐다. 박재혁의 부산경찰서 투탄 의거 관련자들의 관련 혐의, 본적, 직업, 학력 및 경력은 <표Ⅱ-12>에 정리해 두었다. 이후 주요활동을 보면, 이들 대부분이 투탄 의거 이후에도 항일독립운동을 지속적으로 전개했다.

백용수는 부산주일상회 점원이었는데, 부산주일상회의 대표 최한식은 기미육영회의 평의원이었다. 강필문은 부산무역상공태상회 점원이었는데, 울산 출신으로 사건 당시에는 공태상회 회주 최태욱의 방에 기식했다. 최태욱은 기미육영회의 간사였다.[186] 김기득은 투탄 의거 이전에 이미 '밀양 진영사건'과 관련해 체포되어 후일 징역 7년에 처해 진다.

<표 Ⅱ-12> 박재혁의 부산경찰서 투탄 의거 관련자

투탄관련 혐의	성명 (나이)	본적	직업	학력 및 경력	이후 주요활동
수괴 (체포)	朴載赫(26) 1895	범일183	무직	육영재 사립육영학교 釜商 국채보상모금 동국역사배포 광복단 구세단 의열단	1921. 5. 11 옥사
교사자 (미체포)	金元鳳(23) 金成一 1898	밀양 부내	미상	동화학교 일합사 대한광복단 의열단장	의열단장
공동혐의 연계자 (체포)	崔天澤(25) 1896	좌천469	慶信상회 점원하역	육영재 사립육영학교국채보상 모금 釜商 동국역사배포 광복단 구세단	부산청년회 신간부산지회 부회장 시대일보사장
공동혐의 연계자 (체포)	金永柱(25) 1896	좌천573	잡화상	육영재 사립육영학교 釜商 국채보상모금 동국역사배포광복단 구세단	신간부산지회 설립준비위원
공동혐의 연계자 (체포)	吳載泳(24) 오哉영오택 1897	좌천581-2	인삼상	사립명진학교, 釜商 동국역사배포 광복단 구세단	1921. 8. 3. 대구복심제령 7호 위반 징1년 부산청년회 신간부산지회 서무부장

투탄관련 혐의	성명 (나이)	본적	직업	학력 및 경력	이후 주요활동
공동혐의 (미체포)	金鉼泰(22) 김빈 조국동 1899	경성 재상해	무직	岡山 金光중학 3년 수업 육영재, 사립육영학교, 광복단 구세단	박재혁부산행 자금제공, 황포군관학교, 의열단무한지부, 김원봉의비서
공동혐의 (미체포)	金奇得(22)金台熙 1899	서울	미상	확인	의열단
공동혐의 (미체포)	朴昌守(24) 1897	밀양	미상	釜商	
연계자 (체포)	白龍水(24) 1897	좌천 125	釜山主一 상회점원	사립육영학교 (부산진공립보통학교) 釜商6회 국채보상모금	독립신문복사 배포
연계자 (체포)	金作致(24) 1897	좌천 592	미상	미상	
연계자 (체포)	姜弼文(24) 1897	울산 성안동, 부산 崔泰旭房	釜山共泰 상회점원	미상	

(3) 재판과정과 자진(自盡)

박재혁은 부산지방법원에서 1920년 11월 2일 '폭발물취체벌칙위반(爆發物取締罰則違反)과 살인미수죄'로 사형을 구형받고, 11월 6일 무기징역을 선고받았다. 박재혁이 항소심을 위해 대구로 이감된 후 의열단원 최수봉이 1920년 12월 27일 밀양경찰서에 투탄했다. 검거된 최수봉에 대한 재판은 폭발물취체벌칙, 건조물손괴, 구내침입죄로 상고심까지 속행으로 진행되어, 5개월도 채 되지 않은 시점에서 종결됐다.

이 와중에 박재혁은 대구복심에서 1921년 2월 14일 원심이 파기되고 사형을 선고받았다. 2심 재판 결과를 요약한 일제 경찰은 '부산경찰서 폭파사건'으로 명명했다. 또 '조선독립 사상을 선전하기 위하여 부산경찰서에 폭탄을 투척하여 경찰서를 파괴하고, 서장에게 부상을 입힌 건'으로 정리했다.

특히 '조선독립사상을 선전하기 위해서'라는 대목은 3월 31일 상고심인 경성 고등법원에서 '민심을 동요시킬 목적으로'란 죄목으로 받아들여지면서 사형확정 판결에 크게 영향력을 미쳤다. 그리하여 상고가 기각되고 사형이 확정됐다.

그간에는 부산지법에서 '사형', 대구복심에서 '무기징역', 경성 고등법원에서 '사형'을 선고받았다는 주장이 가장 많이 알려졌다. 이렇게 된 데에는 검사의 구형과 판사의 선고(당시는 언도)를 구별하지 못하거나, 재판 관련 자료를 보다 꼼꼼하게 검토하지 못했기 때문이다.

박재혁이 대구 감옥에 투옥되자 최천택이 자주 면회를 갔다. 박재혁은 폭발 당시의 상처는 아물었지만, 이로 인해 보행은 자유롭지 못한 상태였다. 박재혁은 최천택에게 "내 뜻을 다 이루었으니 지금 죽어도 아무런 한이 없다"고 태연자약하게 말했다고 한다. 최천택이 1921년 5월 5일 면회 갔을 때는 무릎의 상처가 아물었다. 박재혁은 "왜놈 손에 사형당하기 싫어 단식 중"이라고 하면서 사식으로 가져간 달걀 꾸러미를 되돌려 주었다

박재혁은 사형집행 전 12일간의 단식으로 자진(自盡)했다. 즉 1921년 5월 11일(음력 4월 4일) 오전 11시 20분에 대구감옥에서 옥사했다. 그럼에도 『매일신보』와 『동아일보』에는 그전부터 신음하던 폐병으로 옥사했다고 보도됐다.

박재혁의 노모로부터 비보를 들은 최천택은 같이 대구형무소로 가서 시신을 인수해 5월 14일 하오 기차 편으로 운구해 왔다. 박재혁의 시신은 대구역을 떠나 고향인 부산 고관역(古舘驛)에 도착했다.[187] 정거장에는 그 친척과 친구가 다수 나왔다. 일제 경찰은 군중을 해산시키고 장례에는 가족으로 남자 2명, 여자 3명만 참가시키고 입관 때에도 인부 2명만 사용하도록 제한해 타인의 참가를 차단했다.[188]

"역전 매립지 한켠에 자그마한 광목 천막을 치고 밤을 새웠으나, 일본

관헌들의 눈이 무서워서인지 조객은 별로 없고, 노모만 울고 있었다. 그 다음날 공동묘지로 출상할 때에는, 호상 꾼도 없는 상여 뒤를 노모만이 지팡이를 짚고 곡하며 따라갔다. 이 모습을 본 동리사람들은 눈물을 흘리며 슬퍼했다."라고 한다.

『동아일보』에서는 '과부의 독자, 박재혁의 노모는 정신을 상실한 듯'이란 제목으로 보도했다. 부산진에 있는 박재혁의 본가를 방문하자 이치수는 "행여나 자식이 방면되기만 바라고 있다가 천만뜻밖에 이 지경이 되고 본즉 참으로 하늘이 무너진 듯합니다" 하며 우는 정경은 차마 볼 수가 없더라고 보도했다.

8.15 해방 후 1946년 2월 28일 김원봉이 부산에 와서 제를 올렸으며, 1948년 10월에는 유지들의 손으로 좌천동의 정공단 한편에 비석을 세웠다. 정부는 순국선열에 보은하기 위해, 유가족에게 생활비를 부조하기로 결정하고, 이를 위해 '순국선열유가족심사위원회'를 조직하였다. 1951년 12월 초 박재혁을 포함한 143명의 '순국선열 명단'을 발표하고 12월 3일부터 15일까지 거주지 관할청에 등록을 완료해 줄 것을 당부했다.

4) 박재혁의 부산경찰서 투탄의 의의

먼저 의열단의 의열단원이 최초로 성공한 투쟁이었다는 점이다.

두 번째는 독립운동가로서의 신념과 사생관을 명확하게 보여준 점이다. '내 뜻을 다 이루었으니 지금 죽어도 아무런 한이 없다'라는 전언에서도 확인할 수 있다. 박재혁은 목숨을 걸고 하시모토 부산경찰서장의 면전에서 투탄하고, 체포되어 수차례의 재판 결과 사형을 선고받자 단식을 결행했다. 감옥에서 단식 자진함으로써 항일독립운동에 대한 결연한 의지를 보여주었다.

세 번째로 동지들에 대한 의리와 무한한 애정을 확인할 수 있다는 점이다. 박재혁은 투탄에 앞서 동지들과 단독 범행으로 약조했다. 약조하긴 쉬우나 일제의 악형을 포함한 취조 과정에서 약조를 지켜내기는 쉽지 않다. 그럼에도 박재혁은 끝까지 견디면서 단독 범행임을 주장했다. 그리하여 공범자로 체포 조사받던 최천택, 김영주, 오재영, 백용수, 김작치, 강필문 등은 1920년 10월 16일, 1심 재판 전에 '기소유예'로 석방됐다.

마지막으로 박재혁의 투탄 의거는 항일독립운동의 새로운 지평을 열었다는 점이다. 3·1운동 이후 항일독립운동 방향에 대한 모색이 진행됐다. 그 가운데 하나로 조직적이고 지속적인 의열투쟁을 결행하기 위해 의열단이 조직되었다. 이렇게 조직된 의열단에 의해 계획된 '제1차 국내기관총공격' 시도가 사전에 발각되어 무산되었는데, 조사는 계속되고 있었다. 이 와중에 의열단원 박재혁이 제2의 오사카로 불리는 부산, 부산경찰서 서장의 면전에서 폭탄을 투척한 것이었다. 이 투탄 의거는 3·1운동 이후 위축되어가는 항일독립운동에 불씨를 지폈으며, 이후 지속적으로 전개되는 의열투쟁의 신호탄이 됐다.

미주

1) 3·1운동의 명칭은 기미독립운동, 3·1만세운동, 3·1독립운동, 3·1독립만세운동, 3~4월 민족해방운동, 3·1혁명 등이 있다. 이 글에서는 가장 널리 알려진 '3·1운동'으로 사용한다.
2) 정연태 이지원 이윤상, 「3·1운동의 전개양상과 참가계층」『3·1민족해방운동연구』, 청년사, 1989, 234~37쪽.
3) 이지원, 「경기도지방의 3·1운동」, 『3·1민족해방운동연구』, 청년사, 1989 ; 정연태, 이지원, 이윤상, 「3·1운동의 전개양상과 참가계층」, 앞의 책, 248~51쪽.
4) 박은식, 『한국독립운동지혈사』, 유신사, 1920(서문당 2019복간).
5) 이만열, 「3·1운동의 역사적 의의」『한국근대 역사학의 이해』, 문학과 지성사, 1981, 334~340쪽 ; 「3·1운동과 항일독립운동」『지역과 역사16』, 부경역사연구소, 2005.
6) 조동걸, 「1910년대 독립운동의 변천과 특성」,『한민족독립운동사』 3, 국사편찬위원회, 1988, 61~65쪽.
7) 김상헌 독립운동인명사전(https://search.i815.or.kr/dictionary/main.do.).
8) 최규진, 하세가와사오리, 「한위건의 초기 생애와 3·1독립운동 참여 과정 톺아보기」『일본문화연구』 제75집, 2020, 50쪽.
9) 김형기에 대해 자세한 것은 박철규, 「경성의전 학생 김형기와 3·1운동」, 2022. 11. 부산항일학생의거 기념학술대회 발표 자료집 참고.
10) 강기덕 신문조서 공훈전자사료관(https://e-gonghun.mpva.go.kr).
11) 『메디칼타임즈』 2018. 3. 1. 김상태, 「3·1운동 100년, 경성의전 역사 되짚는 서울대병원」, 『서울대병원 의학역사문화원』 ; 『일제침략하 한국 36년사 4권』 『매일신보』 1919. 11. 6.
12) 한위건은 3월 5일 학생시위를 위해 3월 1일 파고다 공원에는 나타나지 않았을 것이라는 추론도 있다. 박찬승, 「3·1운동기 서울의 독립선언과 만세시위의 재구성-3월 1일과 5일을 중심으로」『한국독립운동사연구』 65, 2019, 65쪽~112쪽.
13) 허영조, 최평즙, 하태홍 신문조서 공훈전자사료관(e-gonghun.mpva.go.kr).
14) 복장과 형색에 대해 자세한 것은 김덕규, 「동산 김형기 선생의 생애와 민족애」『동산 김형기 선생의 삶과 정신』, 사상문화원 학술대회, 2022. 8. 62쪽 참조. 김덕규(金德圭 당90)는 김형기의 아우인 김형종의 자제이다.
15) 『매일신보』 1919. 11. 8. 이들 명단에 대해서는 앞의 신문 참고.
16) 김덕규, 앞의 자료, 61쪽. 예심종결결정문(김형기 외 24명, 공훈전자사료관 https://e-gonghun.mpva.go.kr).
17) 김형기 신문조서(https://e-gonghun.mpva.go.kr).

18) 김원벽, 강기덕 신문조서(https://e-gonghun.mpva.go.kr).

19) 강기덕의 신문조서에는 김형기 한위건 등과 선언서를 배포했다고 나와 있다. ; 박희창은 고향이 상주이나, 그 후 부산 수영으로 내려가 김형기와 평생의 동지가 되어 활동한다. 김덕규, 앞의 자료 76쪽.

20) 부산 사상구 모라동에 세워진 김형기의 추모비(1998년 광복회장 권쾌복 찬)

21) 경남도지사를 역임한 이기주 집안 2017. 5. 22. 서신 ; 김덕규, 앞의 자료 76쪽.

22) 김형기 공적조서, 공훈전자사료관(https://e-gonghun.mpva.go.kr)

23) 허영조(1897) 초량 경성의전4, 3·1운동. 부산청년회 1923년 의열단원 강홍렬의 요청으로 운동자금모집 체포, 1996 대통령표창, 공훈전자사료관(https://e-gonghun.mpva.go.kr) ; 자세한 것은 김상태, 앞의 논문, 『동국사학』 67, 2019, 362쪽.

24) 한종건 중앙학교 2년생, 함안, 중앙중학교 3·1운동, 가네자끼 제4고교, 교토제대 법학부, 일본 고등문관시험 합격, 평안북도 재무부장, 미군정기 경무부 차장, 변호사 개업, 제5대 민의원의원(함안, 민주당) 역임.

25) 최세철은 후일 가덕청년구락부, 부산청년동맹 대양여관 경영, 신간회 등에서 활동

26) 경성지방법원에서는 3·1독립운동에 참가하여 3·1부터 5일까지 경성 기타 지방에서 독립만세 시위를 일으킨 학생 242명(?)에 대한 선고공판이 있었다.『매일신보』 1919. 11. 8. (『일제침략하 한국36년사 4권』, 『매일신보』 1919년 11월 6일』).

27) 김용환(1884~1933) 서대문감옥 일제감시대상 인물카드 김영선(金永善) 자세한 것은 공훈전자사료관(https://e-gonghun.mpva.go.kr) 참조.

28) 임학찬(1890~1952) 마산 창신학교교사. 이갑성과 연락 3·1 서울에서 내려온 이평상의 독립선언서를 이형재에게, 3월 3일 구마산 무학산의 만세시위운동 때 김용환으로 하여금 살포케 해, 친구인 세브란스의전 배동석과 함께 준비 1919. 4. 2 김해 3·1운동관련 체포 징역 7월, 집행유예 3년 선고. 1920. 12월에 서울 조선청년연합회 창립총회 김해청년회 대표 공훈전자사료관(https://e-gonghun.mpva.go.kr).

29) 이상소(1860~1942) 마산, 이갑성과 연락 3월 3일 이태왕 국왕 요배식에 참집한 군중에게 독립사상을 고취시키는 연설 등 활동을 벌이다가 체포 8개월의 옥고를 치르고 징역 7월 집행유예 3년. 공훈전자사료관(https://e-gonghun.mpva.go.kr).

30) 디지털함안문화대전(https://haman.grandculture.net), 연개장터시위 이령교회 장로 김세민 장녀 김복남의 남편 배동석, 아들 김정오.

31) 김상태, 앞의 논문, 『동국사학』 67, 2019, 362쪽.

32) 김형기 신문조서(3·1독립시위 관련자 신문조서(예심조서), 삼일운동 V 한민족독립운동사 자료집 15수록) ; 황상익, 「동산 김형기 선생이 남긴 정신과 계승과제」, 『동산 김형기 선생의 삶과 정신』, 사상문화원 학술대회, 2022. 8. 103쪽.

33) 김진호·박이준·박철규, 『국내 3·1운동 II-남부』, 『한국독립운동사편찬위원회』, 독립기념

관 한국독립운동사연구소, 2009 참조.

34) 이 지역의 3·1운동에 대해 자세한 것은 이정은, 『3·1독립운동의 지방시위에 관한 연구』, 『국학자료원』, 2009 참조.

35) 김영모, 「3·1운동의 사회계층분석」 『아세아연구』 12-1, 1969.

36) 김진호 박이준 박철규, 『한국 독립운동의 역사 제20권, 국내 3·1운동 Ⅱ-남부』, 『한국독립운동사편찬위원회』, 독립기념관 한국독립운동사연구소, 2009 참조.

37) 전체적인 비율과 경향을 파악하기위해 부산지역과 동래지역을 대상으로 했다.

38) 박두천 공적조서(공훈전자사료관(https://e-gonghun.mpva.go.kr))

39) 독립운동사 제3권: 삼일운동사(하) 179쪽(공훈전자사료관(https://e-gonghun.mpva.go.kr))

40) 지역에서 전개된 3·1운동 가운데 별도의 주석을 첨부하지 않은 것은 독립운동사편찬위원회, 『독립운동사 3』(삼일운동 하, 1971, 고려서림, 1983 복간)과 3·1동지회, 『부산경남삼일운동사』, 1979, 김진호 박이준 박철규, 『한국 독립운동의 역사 제20권, 국내 3·1운동 Ⅱ-남부』, 『한국독립운동사편찬위원회』, 독립기념관 한국독립운동사연구소, 2009 해당지역 부분을 참고한 것임.

41) 경상남도경찰부, 『高等警察關係摘錄 1919-1935』, 1936, 5~26쪽.

42) 조선헌병대사령부, 『1919년 朝鮮騷擾事件狀況-大正 8년 6월 헌병대장 경무부장 회의 석상 보고』, 1919.

43) 조선헌병대사령부, 위의 자료. 참고로 일제의 3·1운동에 대한 인식을 엿볼 수 있기 때문에 일제의 기록을 직접 인용할 때 용어나 개념 등 가급적 원문 그대로 살려 놓았다.

44) 지역에서 전개된 3·1운동 가운데 별도의 주석을 첨부하지 않은 것은 독립운동사편찬위원회, 『독립운동사 3』(삼일운동 하, 1971, 고려서림, 1983 복간)과 3·1동지회, 『부산경남삼일운동사』, 1979 해당지역 부분을 참고한 것임.

45) 부산진일신여학교는 이외에도 상하이 임시정부에서 활동한 양한나(김우영의 처, 양성봉의 누이), 민주당 당수 박순천 등 다수의 여성 지도자를 배출했다.

46) 『부산시보』 2017. 1. 18.

47) 독립운동사 제3권 : 삼일운동사(하) 179쪽 ; 지역에서 전개된 3·1운동 가운데 별도의 주석을 첨부하지 않은 것은 독립운동사편찬위원회, 『독립운동사 3』(삼일운동 하, 1971, 고려서림, 1983 복간)과 3·1동지회, 『부산경남삼일운동사』, 1979 해당지역 부분을 참고한 것임.

48) 김반수 지사의 증언(부산지방보훈청, 『부산독립운동사』, 1996, 54쪽 재인용.

49) 김의환, 「3·1운동 반세기」 『국제신보』 1969년 2월 13일 ; 김정명, 『조선독립운동』 I, 原書房, 1967, 321, 341, 354, 367~368쪽 ; 경상남도경찰부, 『高等警察關係摘錄 1915-1935』, 1936, 5~6쪽 ; 조선헌병대사령부, 『조선소요사건상황』, 1919, 79~80쪽.

50) 공훈전자사료관(https://e-gonghun.mpva.go.kr)

51) 독립운동사 제3권: 삼일운동사(하) 181쪽 ; 부산지방보훈청, 위의 책, 44~56쪽.

52) 김정명, 『조선독립운동』 I, 原書房, 1967, 612~613쪽.

53) 공훈전자사료관(https://e-gonghun.mpva.go.kr)

54) 독립운동사 제3권: 삼일운동사(하) 181~182쪽.

55) 부산보훈청, 위의 책, 57쪽.

56) 공훈전자사료관(https://e-gonghun.mpva.go.kr)

57) 『신한민보』, 1919년 9월 4일, 1920년 6월 8일.

58) 장애인복지뉴스, 2024. 2. 29.

59) 부산지방보훈청, 위의 책, 62쪽 ; 그런데 한국독립운동인명사전에 의하면 일신여학교 고등과 5회 문복숙, 김순이는 문복숙과 졸업동기로 적시되어 있다. 이들은 3년 선배인 양성숙과 함께 통영 3·1운동을 주도했다.

60) 박원표, 「일제에 항거한 야인 최천택」, 142쪽.

61) 박재혁과 친구들에 대해서는 박철규, 「의열단원 박재혁(朴載赫)의 생애와 부산경찰서 투탄(投彈)」, 『항도부산』 37호, 부산광역시, 2019 참조.

62) 부산광역시사편찬위원회, 『부산시사』 제1권, 1989, 900쪽~901쪽 재인용.

63) 『대한매일신보』 1907. 5. 22. ; 『부산일보』 2017. 11. 23.

64) 김도형, 「박재혁-부산경찰서 파괴」, 이달의 독립운동가, 국가보훈처, 2012년 2월.

65) 부산일본사, 「외롭게 살다간 항일투사 소정 최천택」, 『어둠을 밝힌 사람들』, 1983, 177쪽. 『부산일보』, 2017. 11. 23.

66) 홍재문 3·1운동 후에도 조국독립을 위한 열망을 버리지 않고, 독립투쟁을 계속했으며, 1921년에는 상해 임시정부의 군자금을 모금하기 위하여 활약하다가 체포되어, 부산지방법원에서 소위 보안법 위반 혐의로 징역 10년형을 받고 옥고를 치렀다.

67) 김태곤 미포상자.

68) 정인찬은 그 후 상해임시정부의 지령에 대라 임시정부 경남 간부 및 간사장, 안희제 윤현태 등과 부산을 무대로 김해 밀양 양산 일대에 걸쳐 군자금 모집에 종사하다 검거. 1929년 2월 18일 '출판법 위반'으로 부산지방법원에서 징역 2년을 선고받아 투옥. 출감 후 1932년 7월 사망.

69) 부산역사문화대전(https://busan.grandculture.net) 해당항목.

70) 경상남도경찰부, 『高等警察關係摘錄 1919-1935』, 1936, 6~7쪽 ; 김정명, 『조선독립운동』 I. 原書房, 1967, 506 591, 664~668쪽. 변지섭, 『경남독립운동소사』(상), 삼협인쇄사, 1966, 99~100쪽. 경상북도경찰부, 『고등경찰요사』, 1934, 184쪽 ; 김정명, 『조선독립운동』 I, 原書房, 1967, 161~162쪽.

71) 조선헌병대사령부, 위의 자료, 114쪽.

72) 독립기념관 국내독립운동사적지(http://sajeok.i815.or.kr/) 해당항목.

73) 부산 동래지역의 3·1운동에 대해 보다 자세한 것은 『동래여고 100년사』와 『동래고등학

교 100년사』, 강대민, 『부산지역 학생운동사』, 국학자료원, 2003 등을 참조.

74) 부산보훈청, 위의 책, 63쪽.

75) 김귀룡 외 2인의 판결문(1919. 6. 27. 대구복심법원) ; 김정명, 『조선독립운동』 I, 原書房, 1967, 321, 341쪽.

76) 위의 판결문(공훈전자사료관(https://e-gonghun.mpva.go.kr), 독립운동사자료집5: 삼일운동재판기록 1202~1203쪽).

77) 곽상훈 일제 강점기 부산 출신의 독립운동가이자 대한민국의 정치인, 국회의원역임 1969 국민훈장 무궁화장 수여, 자세한 것은 부산역사문화대전(https://busan.grandculture.net) 참조.

78) 독립운동사 제3권: 삼일운동사(하) 183쪽.

79) 김병규 일제 강점기와 현대 부산 출신의 기업가이자 행정가. 동래면 동래읍회 경남도의원, 미군정기 초대 경남도지사(부산역사문화대전 https://busan.grandculture.net).

80) 부산지방보훈청, 위의 책, 64쪽.

81) 독립운동사 제3권:삼일운동사(하) 183쪽.

82) 『매일신보』 1919. 4. 24.

83) 엄진영 풀려난 후 지역 사회에서 다양한 활동 전개. 8.15 광복 후에는 대한독립촉성국민회 경남지부 부위원장 역임, 1947년 6월 26일 테러범에 의해 자택에서 암살. 자세한 것은 독립운동인명사전 해당항목 참조.

84) 고영건 출옥한 후 메이지대학을 졸업했다. 이후 중국 둥베이(東北)로 가서 1926년 창춘(長春) 삼립정(三笠町)에서 특산상(特産商) 경영, 정의부에 군자금을 제공(독립운동인명사전).

85) 김인호 해방 후 1958년 제4대 국회의원 당선, 3·1동지회 이사장 역임(독립운동인명사전).

86) 손영수 미포상, 제4, 5대 부산시장 동명이인 여부.

87) 김원룡 미포상

88) 김성조 1919년 5월 6일 부산지방법원에서 보안법 위반으로 징역 1년 형 선고. 부산감옥 복역 중 심한 고문후유증으로 1920년 2월에 가출옥하여 6월 16일 운명(독립운동인명사전).

89) 박득룡 미포상 동명이인 있음

90) 김기삼 출옥한 오사카(大阪)에서 신학교 졸업, 오사카성결교회에서 목사로 근무하면서 재일 교포에게 자주독립 사상 고취. 이 일로 일본 경찰에 체포되어 징역 1년 6개월 형을 선고받아 복역(독립운동인명사전(https://search.i815.or.kr/dictionary/main.do.)).

91) 윤삼동 풀려난 동래청년동맹 서무재정부 위원. 이후 민족유일당운동에 투신하여 신간회 동래지회 회원, 지역 내 한국인들의 권익 도모와 계몽 사업.

92) 박임갑 (사진) 1921년 양서경과 결혼하여 양산시 남부동에서 정미소를 경영. 광복 후 한국독립당 양산지부장(독립운동인명사전(https://search.i815.or.kr/dictionary/main.do.)).

93) 신주성 출소 이후에도 부산지역에서 활동. 1925년 12월 20일 항일운동과 문맹 퇴치를 위한 야학 운동을 전개하던 초량청년회 노동야학부 임원.

94) 독립운동사 제3권: 삼일운동사(하) 183~184쪽.

95) 독립운동사 제3권: 삼일운동사(하) 185쪽 ; 부산보훈청, 위의 책, 66쪽.

96) 독립운동사 제3권: 삼일운동사(하) 185쪽.

97) 김귀룡외 2인의 판결문(1919년 6월 27일 대구복심법원) ; 조선헌병대사령부, 『朝鮮騷擾事件狀況 - 大正 8년 6월 헌병대장 경무부장 회의 석상 보고』, 1919, 105쪽 ; 이용락, 『3·1운동실록』, 3·1동지회, 1969, 602~606쪽 ; 김정명, 『조선독립운동』 I, 原書房, 1967, 328, 367, 396쪽.

98) 『매일신보』, 1919. 8. 19.

99) 참고로 불교계 3·1운동 연구에서 독립선언서의 공약삼장의 기초자에 대한 논란이 있다. 기존에는 한용운이 최남선의 독립선언서에 '공약삼장'을 추가한 것으로 이해됐다. 이후 최남선 전담설을 지지하는 연구들이 진행됐다. 조용만, 「독립선언서의 성립경위」, 『3·1운동 50주년 기념논집』(동아일보사, 1969); 신용하, 「3·1독립운동 발발의 경위」, 『한국근대사론』(1977); 홍일식, 「3·1독립선언서 연구」, 『한국독립운동사연구』 3(한국독립운동사연구소, 1989); 박걸순, 「3·1독립선언서 공약삼장 기초자를 둘러싼 논의」, 『한국독립운동사연구』 8(한국독립운동사연구소, 1994).

100) 독립운동사 제3권: 삼일운동사(하) 187쪽

101) 본 발표의 연구사 정리는 김순석의, 「불교계 3·1운동 회고와 전망」을 전적으로 참고하여 작성됐다.

102) 사찰과 독립만세 시위 부분은 주로 국가보훈처, 『독립운동사 제8권 ; 문화투쟁사』 1974를 참고했다.

103) 김법린, 「三一運動과 佛敎」, 앞의 글, 16~17쪽. 한상길, 「통도사와 표충사의 3·1운동」 『한국 호국불교의 재조명 7』2017, 53~54쪽.

104) 부산지방보훈청, 위의 책, 70쪽 1919년 3·1운동에서 한용운이 불교계를 대표하여 중추적인 역할을 할 때 유심회의 청년 승려들은 만세 운동의 대중화에 앞장섰다(공훈전자사료관(https://e-gonghun.mpva.go.kr) 해당인물).

105) 국가보훈처, 『독립운동사 제8권 ; 문화투쟁사』 1974, 875쪽.

106) 김영규 외 12인 판결문(1919. 5. 20. 국가기록원) ; 김영규 등 판결문(위의자료 1205쪽).

107) 김영규 등 판결문(https://e-gonghun.mpva.go.kr).

108) 차상명(운호) 1990 애족장 서훈, 치탈, 1920년 조선불교청년회 범어지회, 1923년 장안청년회·동래청년회·동래노농회 활동, 범어사 동래포교당 주지. 1928년 범어사 동래포교당의 싯달야학의 교장. 1930년 6월 김해 은하사(銀河寺) 주지, 1936년 조선총독부 인가 범어사 주지 1939년까지 재임. 1937년 조선총독부 개최31대 본산 주지회의 송광사 주지

임석진과 함께 총본산건설위원회 상임위원. 중일 전쟁시 범어사에서는 7월, 8월 두 차례에 걸쳐 '국위 선양 무운 장구 기원 법요식'을 개최, 헌금과 위문금을 걷어 납부. 전국 31본산 가운데 두 번째로 많은 액수. 1945년 4월 7일 부산시 동래 사망(부산역사문화대전(https://busan.grandculture.net)).

109) 김한기(말종) 출옥 후 범어사 불교전문학원, 월평사립학교 교사. 그 후 범어사 승려, 후배 승려들에게 민족의식과 독립사상 고취(독립운동인명사전(https://search.i815.or.kr/dictionary/main.do.)).

110) 김상기 출옥한 후 후진 양성에 매진, 1940년 범어사 주지가 됐다(독립운동인명사전(https://search.i815.or.kr/dictionary/main.do.)).

111) 정성언 풀려난 후 범어사의 재정 등을 담당하는 승려, 1935년부터 명정야학교에서 학생들을 훈육했다(독립운동인명사전(https://search.i815.or.kr/dictionary/main.do.)).

112) 김해관 징역6월 미포상, 원적 경북 의성, 미포, 출옥 후에는 범어사 종무원으로 일하기도 했으며, 범어사 포교원에서 포교사 활동을 하기도 했다(부산역사문화대전(https://busan.grandculture.net)).

113) 이근우 징역6월 미포상, 출옥 후 범어사 동래포교당 주지, 김해 은하사(銀河寺) 주지(부산역사문화대전(https://busan.grandculture.net)).

114) 허영호 1990 애족장 2010 치탈, 출옥 후 일본에 유학한 뒤에 범어사 학원 강사, 혜화전문학교(현 동국대학교) 교수와 이사장. 동국대학교 초대 학장. 1950년 제2대 국회 의원에 당선, 6·25 전쟁 때 납북.

115) 윤상은, 풀려난 후 승려로 활동, 야학을 개설하여 청소년 교육. 1935년 청룡리에서 명정야학교 개설 교장. 유소년 교육과 계몽 활동에 종사(독립운동인명사전(https://search.i815.or.kr/dictionary/main.do.)).

116) 김상헌은 중앙학림 시절 신상완·김법린·정병헌 등과 함께 유심회(唯心會) 조직 불교 교리와 민족사상 연구. 한용운의 지도를 받으며 호국 불교사상 고취. 1919년 3·1운동에서 한용운 불교계를 대표하여 활약. 유심회의 청년 승려들은 만세 운동의 대중화에 앞장섰다(독립운동인명사전(https://search.i815.or.kr/dictionary/main.do.)).

117) 김영규는 3월 초부터 먹던 약을 다시 타려고 12시 즘 동래읍 의생을 방문하러가는 도중 순사에게 연행되어 경찰서에 유치, 선동 주모 교사자라고 몰고 가자 사실이 아니다 라는 등 그는 심문과정에서 일체 혐의를 부인했지만 여러 관계자들의 증언으로 주모자 중 최고형인 2년형에 처해진다(독립운동인명사전(https://search.i815.or.kr/dictionary/main.do.)).

118) 독립운동사 제3권: 삼일운동사(하) 189쪽.

119) 김영규 등 13명의 판결문(1919년 5월 20일 대구복심법원) ; 김정명, 『조선독립운동』 I, 原書房, 1967, 396쪽 ; 이용락, 『3·1운동실록』, 3·1동지회, 1969, 607~611쪽 ; 경상남도경

찰부, 『高等警察關係摘錄 1919-1935』 1936, 15쪽.

120) 독립운동사 제3권: 삼일운동사(하) 189~190쪽 : 비문의 내용은 앞의 자료 참조

121) 부산보훈청, 위의 책, 85쪽.

122) 후일 양봉근은 1921년 경성의학전문학교 학원 투쟁 퇴학, 곡절 끝에 의사 면허 취득 후 울산에서 개원. 1927년 신간회 울산지회장 1930년 신간회 중앙검사위원장. 1931년 서울 수표동으로 병원이전, 함경북도 회령군으로 이전, 이후 중국 장춘(長春)으로 망명. 해방 후 중국에서 1990년에 사망(부산역사문화대전(https://busan.grandculture.net)).

123) 독립운동사 제3권: 삼일운동사 191~192쪽.

124) 『매일신보』 1919. 8. 9.

125) 부산지방보훈청, 위의 책, 88쪽.

126) 독립운동사 제3권: 삼일운동사, 191~192쪽.

127) 김옥겸은 1923년 5월 고베에서 불령선인(不逞鮮人)으로 검속 귀국. 만주 정의부에 가담하여 6년간 독립 전선에서 활약. 1957년 사망.

128) 허희중은 풀려난 후 1920년 3월경에는 마루나카(丸中商店)의 이름으로 상업등기를 하는 등 상업활동(독립운동인명사전(https://search.i815.or.kr/dictionary/main.do.)).

129) 손진태(1900~?) 근현대에 활동한 부산 출신의 역사 민속학자. 2002년 12월 문화관광부가 뽑은 '이달의 문화 인물'에 선정(부산역사문화대전(https://busan.grandculture.net)).

130) 양대용 양태용 1937년 11월 15일 사망했다.

131) 윤경, 독립만세 시위 후 1924년 대천청년회 초대 회장, 야학교 설립. 농촌 문고, 저축 운동 등 지역 계몽 운동 전개. 윤경은 1977년에 사망했다(부산역사문화대전(https://busan.grandculture.net)).

132) 김달수 1920년 4월 28일 석방됐으나 고문과 옥고의 여독으로 약 3년 동안 고생하다가 1924년 12월 3일 사망했다(부산역사문화대전(https://busan.grandculture.net)).

133) 윤정은 구속 수감된 이후에도 연로한 몸으로 고문에 굽히지 않고 맞서 싸웠다. 1920년 1월 19일 69세의 나이로 옥고를 견디지 못하고 부산형무소에서 숨을 거둠(부산역사문화대전(https://busan.grandculture.net)).

134) 출옥 후에도 고문 후유증으로 고생하다가 1941년 11월 9일에 사망했다(부산역사문화대전(https://busan.grandculture.net)).

135) 출옥 후 1924년 9월 6일에 사망했다.

136) 1958년 3월 20일에 사망했다.

137) 한학자였던 임봉래가 해방 이후 낙동강 하류에서 창립된 낙남시계(洛南詩契)에서 지었던 한시(漢詩)가 전해옴. 윤경이 사립화명학교에 근무할 때 작성한 『사립화명학교 교무일지』가 남아 있다. 또한 윤경은 8·15 광복 이후 낙동강 하류 지역의 한학자들이 모여 결성한 낙남시계(洛南詩契)에 참여하여 많은 한시(漢詩) 작품을 남겼다. 1968년 2월 15

일 사망(부산역사문화대전(https://busan.grandculture.net)).

138) 박도백 이 사건 관련자 가운데 윤정은(尹正殷)과 더불어 최고형이었다. 박도백은 1939년 5월 24일에 사망.

139) 김용이(金龍伊) 김해 장유 무계 삼일운동 참가 과정에서 사망.

140) 김옥겸 외 41인에 대한 예심판결문(1919년 7월 16일 부산지방법원) ; 경상남도경찰부, 『高等警察關係摘錄 1919-1935』, 1936, 15쪽 ; 김정명, 『조선독립운동』 I, 原書房, 1967, 435 437쪽.

141) 독립기념관 국내독립운동사적지(http://sajeok.i815.or.kr/) 해당항목.

142) 기장독립운동기념사업회, 『기장독립운동사-증보판』, 2024, 145~146쪽.

143) 독립운동사 제3권: 삼일운동사(하) 199쪽.

144) 부산지방보훈청, 위의 책, 93쪽 등. 자세한 것은 기장독립운동기념사업회, 『기장독립운동사-증보판』, 2024, 97쪽 참조 ; 김수문과 서재선의 추후 행적은 찾아볼 수 없었다.

145) 박공표 이명 박일형. 사립기장보통학교 4회, 졸업 후 경성제일고등보통학교 진학. 3·1운동 주도 집행유예, 박세규(朴世珪)와 김덕윤(金德允)의 넷째아들. 기장 갑부로 부산에서 고려상회를 운영 조선국권회복단에 관여한 박인표(朴仁杓)가 큰형, 항일 운동가 박영출(朴英出)이 조카. 장인은 서울 3·1 운동의 학생 대표였으며, 8.15해방 후 민주주의 민족전선 경상남도위원회 의장, 의장민족혁명당 경남지부장이었던 김형기(이명 김동산)이다(부산역사문화대전(https://busan.grandculture.net). ; 보다 자세한 것은 류종완 「일제강점기 박일형의 현실인식과 사회운동」, 부산대학교 석사, 2021참조.

146) 이 곳에서 전개된 3·1운동에 대해 보다 자세한 것은 3·1동지회, 『부산경남삼일운동사』, 1979 해당지역 부분 참조.

147) 독립운동사 제3권: 삼일운동사(하) 198~199쪽.

148) 독립운동사 제3권: 삼일운동사(하) 200쪽.

149) 김도엽 외 8인의 판결문(1919년 6월 11일 대구복심법원) ; 경상남도경찰부, 『高等警察關係摘錄 1919-1935』, 1936, 15쪽 ; 김정명, 『조선독립운동』 I, 原書房, 1967, 518, 591, 594, 597쪽.

150) 기장독립운동기념사업회, 『기장독립운동사-증보판』, 2024, 110~111쪽.

151) 괄호 안의 숫자는 기장고보의 기수와 직업이다. 독립운동사 제3권: 삼일운동사(하) 200~201쪽.

152) 김도엽 외 8인의 판결문(1919년 6월 11일 대구복심법원(https://e-gonghun.mpva.go.kr)).

153) 김정명, 『조선독립운동』, 原書房, 1967, 594쪽 ; 경상남도경찰부, 『高等警察關係摘錄 1919-1935』, 1936, 15~16쪽.

154) 부산지방보훈청, 위의 책, 97쪽 ; 좌천시장의거는 정관면 3·1운동, 장안면 3·1운동으로도 불린다(부산역사문화대전(https://busan.grandculture.net) ; 기장독립운동기념사업회,

『기장독립운동사-증보판』, 2024, 123~141쪽.

155) 부산지방보훈청, 위의 책, 99쪽.

156) 부산지방보훈청, 위의 책, 98쪽.

157) 독립운동사 제3권: 삼일운동사(하) 202쪽 ; 의거가 4월 8일이라는 주장도 있으나 김윤희 판결문에는 4월 9일로 특정되어 있다. 공훈전자사료관(https://e-gonghun.mpva.go.kr) 독립운동사자료집 5: 삼일운동재판기록 1202쪽.

158) 위의 김윤희 판결문(대구복심법원, 1919. 5. 21)

159) 독립운동사 제3권: 삼일운동사(하) 202쪽.

160) 부산보훈처, 위의 책, 98~99쪽.

161) 부산역사문화대전(https://busan.grandculture.net) 해당항목.

162) 독립운동사 제3권: 삼일운동사(하), 201쪽.

163) 박영준 판결문(1919년 6월 28일 대구복심법원(https://e-gonghun.mpva.go.kr)).

164) 독립운동사 제3권: 삼일운동사(하) 202쪽 ; 부산지방보훈청, 위의 책, 105쪽.

165) 기장독립운동기념사업회, 『기장독립운동사-증보판』, 2024, 142~145쪽.

166) 오덕근 부산상무회 회원, 1907년 3월 동래부 국채보상일심회 회원(부산역사문화대전(https://busan.grandculture.net))

167) 1908년 1월 5일 김수찬이 전도를 받아 철마면 장전리의 초가 건물에서 호주 선교사 왕길지(王吉志), 정덕생 조사를 중심으로 첫 예배를 보면서 교회가 설립됐다(부산역사문화대전(https://busan.grandculture.net)).

168) 위의 『기장독립운동사-증보판』1 44쪽.

169) 당시 철마면의 마을별로 참가한 사람의 명단은 위의 『기장독립운동사-증보판』 144쪽 참고

170) 부산역사문화대전(https://busan.grandculture.net) 해당항목.

171) 『창원보첩』 규장각도서 5, 『창원훈령』 규장각 도서 4. 독립운동사 제3권: 독립운동사 제3권: 삼일운동사(하), 252쪽.

172) 공훈전자사료관(https://e-gonghun.mpva.go.kr) 최세권 항목.

173) 김정명, 『조선독립운동』 601쪽. 624~626쪽. 변지섭, 『경남독립운동소사』(상) 14~15쪽. 이용락(李龍洛), 『3·1운동 실록』 641~642쪽. 『조선소요사건상황』 조선 일군 헌병대사령부편 109쪽 ; 부산역사문화대전(https://busan.grandculture.net) 해당항목.

174) 김해시청(https://www.gimhae.go.kr) 해당항목.

175) 독립운동사 제3권: 삼일운동사(하) 215쪽.

176) 공훈전자사료관(https://e-gonghun.mpva.go.kr) 해당항목.

177) 명호장터는 1960년대 이전하여 당시모습을 찾아볼 수 없다. 이곳에는 장유면에서 돛배로 나무를 싣고 와서 팔기도 했다 한다(Btvnews, 2019. 2. 28).

178) 독립운동사 제3권: 삼일운동사(하) 221쪽.

179) 김영두(金榮斗) 외 5인의 판결문, 1919년 6월 19일 대구복심법원. 김정명, 『조선독립운동 I』. 587쪽, 602쪽. 이용락, 『3·1운동실록』 623~624쪽. 조선일군헌병사령부, 『조선소요상황』 111쪽.

180) 국사편찬위원회 삼일운동데이터베이스(https://hgis.history.go.kr/samil/home/main/main.do), 『매일신보』, 1919. 4. 6.

181) 공훈전자사료관(https://e-gonghun.mpva.go.kr) 해당항목. 1990년 건국훈장 애족장.

182) 『조선독립운동』 I. 734쪽, 515~516쪽.

183) 디지털김해문화대전(https://gimhae.grandculture.net) 해당항목.

184) 이글은 박철규, 「의열단원 박재혁의 생애와 부산경찰서 투탄」(『항도부산』제37호, 2019)을 요약 정리한 것임.

185) 부산경찰서는 1897년 금평정(琴平町, 현 동광동)으로 이전했는데, 이 건물이 화재로 소실되자 1905년 바로 그 자리인 용두산 동남쪽 기슭에 새 청사를 지었다. 1906년 부산이사청 경찰서, 1907년 부산경찰서로 개칭됐다. 1924년 현 부산광역시 중구 영주동으로 이전했다. 「일본영사관 소속 부산경찰서」(디지털부산역사문화대전(https://busan.grandculture.net).

186) 1920년 5월 4일 부산경철서장 하시모토가 기미육영회에 대해 조선총독부 경무국으로 보고한 문서, 「己未育英會ニ關スル件」 『不逞團關係雜件 朝鮮人ノ部 在內地 十』 秘受05360號/高警第12653號, 당시 부산경찰서장은 하시모토였다.

187) 김삼근 편저, 앞의 책, 1982. 부산일보사, 앞의 책, 1983, 176쪽에는 부산진역까지 운구됐다 한다.

제3장

항일의 길을 달리다

1. 청년운동
2. 신간회운동
3. 여성운동
4. 노동운동
5. 학생운동

1. 청년운동

3·1운동을 계기로 일제의 통치가 무단통치에서 문화통치로 전환되자, 그동안 억눌려 있던 노동·농민·여성·청년 등 각 부문 운동은 조직적으로 정비되면서 대중운동을 활발히 전개하였다. 이 과정에서 민족주의, 사회주의, 무정부주의 등 다양한 사상이 혼재된 가운데 새로운 독립운동을 모색했는데, 이를 흔히 '문화운동'이라 불렀다.[1]

문화운동은 세계 질서가 변화하는 흐름 속에서 지속적인 사회·문화적 개혁과 개조를 통해 식민지 조선 역시 새로운 방향으로 나아갈 수 있다고 인식하였다. 이러한 문제의식은 식민지 현실을 극복하기 위해서는 개인적 인격 수양에 그칠 것이 아니라 사회·경제·교육 전반에 걸쳐 변화를 실현해야 한다는 개조론적 관점을 형성하였고, 그 결과 이러한 성격의 '문화운동'은 3·1운동 이후 빠르게 확산되었다.[2] 1920년대 초 각 지역에서 '문화운동'을 주도한 세력은 청년단·청년구락부·청년회 등 다양한 명칭으로 조직된 청년단체들이었다. 이들 청년단체는 3·1운동 이후 전국적으로 우후죽순처럼 결성되었으며, 그 결과 1920년 12월 1일 서울에서는 전국의 120여 개 청년단체가 참가하여 조선청년회연합회(朝鮮青年會聯合會)를 창립했다. 이때 경남 지역에서는 30개의 청년단체가 참가하였다.[3]

1920년대 초 청년회를 주도한 세력은 대체로 지주나 자본가 계층에 속한 지역유지들이었다. 특히 민족자본가 계층은 3·1운동 이후 문화통치의 실시와 회사령 철폐라는 새로운 정세 속에서 자신감을 얻으며 급속히 성장하였다. 이들이 제기한 '세계개조', '지방개조', '신문화창조' 등의 실력양성론은 곧 '문화운동'이라는 형태로 구체화되었다. 이러한 내용을 기초로 1920년대 초 부산과 동래 지역에서 전개된 청년운동의 활동과 조직적 성장 과정을 살펴보면 다음과 같다.

1) 부산청년회의 활동

3·1운동 직후 부산 지역 민족자본가들의 문화운동을 주도한 단체는 1919년 11월과 12월에 각각 결성된 기미육영회(己未育英會)와 부산예월회(釜山例月會)였다. 두 단체는 부산과 인근 지역의 민족자본가 40여 명이 참여하여 조직한 것으로, 대표적 인물은 백산무역주식회사의 백산 안희제(安熙濟)와 윤병호(尹炳浩), 구포은행 지배인과 경남은행장을 역임한 문상우(文尙宇), 동래은행 지배인 김병규(金秉圭) 등이 있었다. 이들은 지역 청년 가운데 우수한 학생들을 선발해 외국 유학을 보내는 방식으로 인재 양성에 주력했다. 기미육영회의 지원으로 유학한 인물 중 동래 출신은 이병호(李炳虎)·이재만(李在晩)·문시환(文時煥) 등이었고, 전진환(錢鎭煥)과 김정만은 경북 출신, 안호상(독일)·이극로(독일)·신성모(영국) 등은 의령 출신이었다. 기미육영회와 부산예월회는 유학생 파견뿐 아니라 조선인을 위한 학교 설립, 교육과 산업 개선을 위한 청원 운동 등을 전개했다. 또 조선인 자본가를 위한 특수금융기관 설치 등을 주장하였다. 이들의 활동은 부산 지역민의 권익 신장과 민족자본의 육성에 중요한 역할을 하였다.[4)]

이처럼 기미육영회와 부산예월회를 중심으로 한 문화운동이 외연적으로 확장되는 과정에서 조직된 것이 부산청년회였다. 3·1운동 전후 부산에는 부산진, 고관(古館), 초량, 영주동, 목도(牧島, 현 영도), 부민동, 곡정(谷町, 현 아미동) 등에 청년회 또는 구락부로 불린 7개의 청년단체가 존재했다. 초기에는 친목 단체적 성격을 띠었던 이들 조직은 3·1운동 이후 고양된 민족의식 속에서 점차 문화운동의 중심축으로 성격을 전환하였다. 이 과정에서 고립·분산적 활동의 한계를 극복하기 위해 단체들의 연합 필요성이 제기되었고, 그 결과 1920년 11월 말 7개 청년단체가 통합하여 부산청년회가 결성되었다.

부산청년회는 1920년 12월 서울에서 창립된 조선청년회연합회에 가맹

단체로 가입하여 중앙의 운동방침과 보조를 맞추면서 부산 지역 사회운동의 중핵으로 성장하였다. 1921년 7월, 회관을 기공한 부산청년회는 부서별 활동을 본격화하였다. 학예부는 회보 발행과 야학 운영을 담당하였고, 사회부는 노동단체 조직, 회원 확보, 학생 의복 개량 등을 계획하였다. 회관 완공 후에는 노동·영어·실업 보습 등 3개 야학을 운영하는 한편, 부산진 앞바다에 조선인 해수욕장을 개장하고, 부산진 매축지에서는 추계시민대운동회를 개최하여 지역민의 생활개선과 복리 증진에도 힘썼다. 이어서 부산청년회는 1922년 4월, 부산노동회, 초량여자청년회, 부산교원간친회, 평수(萍水)친목회, 삼일교회기독청년회 등과 함께 「사회발전에는 상호부조인가 생존경쟁인가」를 주제로 대토론회를 개최하였는데, 500여 명의 청중이 참석하여 성황리에 진행되었다.[5] 토론회의 주제에서 언급된 '상호부조'는 단순한 상부상조를 의미하지 않았다. 이는 20세기 초 사회운동에 많은 영향을 끼친 러시아 아나키스트 크로포트킨이 주장한 상호부조를 의미했다. 다시 말해 1922년 4월 대토론회는 '개체 간 경쟁이 진화를 주도한다'는 논리를 넘어, 사회적 연대와 협력의 중요성을 강조한 크로포트킨의 사상이 전파되고 있었음을 보여준다.

특히 부산청년회는 1923년 2~3월 전국적으로 전개된 물산장려운동에 맞춰, 부산의 30여 단체와 함께 토산장려회를 조직하고 음력 정월 1일부터 소비절약과 토산품 장려를 대대적으로 선전했다.[6] 영주동유치원 아이들은 손에 '토산장려' 깃발을 들고 "우리는 우리 것을 먹고, 입고, 삽시다!"라는 구호를 외치며 시내를 순회하여 시민들에게 큰 호응을 얻었다. 봉래권번(蓬萊券番) 또한 정초부터 총회를 열고, '우리 물건으로 옷을 지어 입되, 위반할 시 권번 기생이 아니라고 결의'하는 등 적극적으로 참여했다. 아울러 권번 기생들은 음력 1월 13일~14일에는 연극을 개최하고 토산장려 선전지 1만 장을 배포했다. 1922년 7월 조직된 서부청년회 또한 물산장려운동에 적극적으로 참여하였으며, 같은 해 3월 초에는 부산진역 앞에서 시민 대상 대규모 줄다리기 대회를 개최하였다.[7]

부산청년회는 지역사회의 민생 문제에도 적극적으로 대응하였다. 1923년 3월 시내 초장정에서 대형 화재가 발생하자 화재민 구제를 위해 '화재구제음악회'를 개최했다.[8] 이처럼 1920년대 초 부산청년회는 대중 계몽과 권익 신장에 앞장섰으나, 1923년 하반기 이후 침체 국면에 접어들었다. 그러나 1924년 지도부의 교체를 통해 청년운동의 전투력을 회복하게 된다.

2) 동래청년회의 활동

동래 지역 최초의 청년단체는 동래청년구락부였는데, 1910년대 중반 또는 1920년 무렵에 결성된 것으로 보인다.[9] 1920년~1921년 동래청년구락부의 활동을 살펴보면, 김해 시민대회에 참가하여 인근 지역 주민과의 교류를 확대하는 한편, 온천장을 중심으로 동래권번(東萊券番)과 예기(藝妓)로 인한 풍기 문란을 단속하여 지역 사회 풍기 개선에 힘썼다. 또한, 동래 지역 주민들의 숙원인 대운동장 확보를 위해, 온천장 일대의 토지를 소유하고 있던 일본인 단체인 온천장번영회와 부산가스주식회사 등과 교섭을 지속하며 운동장 부지 확보를 위한 협상을 전개했다. 아울러 남자 야학을 운영하고 지덕체(智德體) 삼육 강화에 앞장섰으며, 동래고등보통학교 영어 교사를 초빙하여 영어강습회를 열었다. 또 주민들의 교육, 산업, 위생 등 생활 전반에 대한 문화 보급을 목적으로, 동래군 내 농촌 지역인 일광면, 기장면, 장안면, 정관면, 철마면, 북면(현 금정구), 구포면, 사상면, 사하면, 남면(현 해운대구·수영구), 서면 등 각 면에 순회 강연단을 파견하여 계몽 활동을 펼쳤다.[10]

1921년 8월 동래청년구락부에서 활동한 인물은 백광흠(白光欽)·조희수(趙熙守)·윤필균(尹弼均)·이환(李環) 등이었다. 이들은 모두 동래고등학교의 전신인 동래동명학교 고등과 혹은 동래사립고등보통학교 출신 동문이었다. 윤필균은 부산기미육영회의 지원으로 유학을 다녀온 인물이었으며,

이환(李環)은 3·1운동 당시 동래사립고등보통학교 교사로 학생들의 시위를 배후에서 지원했다. 백광흠은 1909년 현재 15세의 나이로 이미 대동청년단에 참여했으며, 이후 1922년 1월 무산자동지회에 가담하고, 같은 해 10월 조선노동연맹회 중앙위원, 1925년에는 조선공산당 동래 야체이카 책임자로 활동하는 등 사회주의자로 활동하였다. 이러한 인물들의 이력으로 볼 때, 1921년 당시 동래청년구락부의 주축 세력은 대체로 20대 중반 전후의 청년층으로, 중등학교 이상의 교육을 이수한 동문 출신들이 중심을 형성하였다.

이후 동래청년구락부는 1922년 1월 3일 자체적으로 해산한 뒤, 2월 5일 동래고등보통학교(이하-동래고보)에서 50여 명의 발기인으로 동래청년회를 새롭게 조직했다. 동래청년회는 같은 해 8월 임원을 개선했는데, 총무부 간사 이석후(李錫候), 문예부 간사 이상렬(李相烈), 오락부 간사 문복환(文復煥), 운동부 간사 박수형(朴洙衡), 서무부원 조희수(趙熙守)·구형서(具瀅書), 회계원 김덕수(金德洙), 서기 한영교(韓永敎) 등이었다. 이들은 대부분 동래고보의 전신인 동명학교 또는 동래사립고등보통학교 출신이었으며, 연령은 17세에서 20대 초반이었다.

동래청년회는 1923년 2월, 전국적으로 전개된 물산장려운동에 호응하여 동래불교청년회·동래여자청년회와 연합으로 조선물산장려회를 조직했다. 이어서 음력 섣달 장날을 기점으로 선전문 1만 장을 배포하며 대대적인 선전 활동을 전개했으며[11] 동래권번 또한 동참하였다. 같은 해 3월에는 조선 의복과 토산품 사용을 독려하고 금연동맹을 결성하는 한편, 물산장려 노래를 지어 불렀다. 나아가 4월에는 동래 유지들과 협력하여 물산 장려 선전을 목적으로 춘기 대운동회를 동래온천 대운동장에서 개최하였다.[12]

이밖에 1923년 6월에는 동래 부인 150명을 모집하여 조선방직주식회사, 부산우편국, 전화교환국, 관부연락선 등 부산 지역의 근대 시설을 견학하게 하였다.[13] 이런 활동의 영향으로, 1923년 11월 동래기영회는 동래청년회가 회관을 갖추지 못한 상황을 안타깝게 여겨, 11월 18일 건물 한

채와 밭 141평의 소유권을 동래청년회에 이관하였다.[14] 그러나 동래기영회와 동래청년회 간의 밀월관계는 1925년 사회주의 운동노선이 동래 지역에 뿌리내리면서 균열을 보이기 시작했다. 구포에서도 1922년 2월 5일 구포청년회가 결성되었다. 당시 회원 수는 약 157명에서 176명에 달했으며, 이 가운데 71명이 발기인으로 참여하여 창립되었다. 회비는 매월 20전이었으며 회원의 연령층은 18세에서 30세였다. 구포청년회의 조직은 회장을 중심으로 서무부·재무부·지육부·체육부·교풍부 등으로 구성되어 비교적 체계적인 운영 구조를 갖추고 있었다. 구포청년회의 활동은 부산청년회나 동래청년회와 유사했을 것으로 여겨지는데, 1928년 4월에 이르러 기존에 회원들에게 부과하던 입회금을 폐지했다.[15]

한편, 기장에서도 청년단체의 활동이 활발히 전개되었다. 기장청년회는 기장구락부를 모태로 창립된 것으로 보이지만, 양 단체의 구체적인 설립 시기는 확인되지 않는다. 다만 기장청년회는 1923년 2월에서 11월 사이에 조직되었는데, 기장청년회가 창립되기 이전에는 1921년 4월에 창립된 기장기독청년회와 같은 해 9월에 결성된 기장여자청년회가 지역의 문화운동을 주도하였다. 두 단체는 대중 계몽과 교육사상 고취를 목적으로 순회강연단을 조직해 기장 각지를 순회하였으며, 여자 야학을 운영했다. 또한 두 단체는 1923년 3월 물산장려운동에 호응하여 기장생활개선회를 조직, 소비절약과 토산품 장려운동을 선전하였다.

이와 같은 청년운동의 확산 속에서 1922년 7월부터 12월 사이에는 장안, 철마, 이천, 대변리 등지에서도 청년회가 결성되었다. 특히 1923년 3월 서울에서 개최된 전조선청년당대회가 지역 청년들에게 자극을 주어, 청년운동을 더욱 적극적으로 전개하려는 목적에서 기장청년회가 조직된 것으로 보인다. 기장청년회는 창립과 동시에 '신사상'의 보급과 기장공립보통학교 증축 문제 해결에 적극 나섰다. 그러나 1925년 3월 기장청년회는 해체되고, 후신 격인 기장정진(機張正進)청년회가 결성되는데, 기장정진청년회는 계몽적 성격에서 벗어나, 점차 무산계급의 이익을 대변하는

청년운동 단체로 성격을 전환하였다.16)

3) 사회주의 이념의 확산과 청년연맹의 활동

일제하 사회주의 이념은 연해주, 중국, 일본 등지로부터 유입되어 민족주의 이념과 더불어 식민지 시기 반제국주의 운동노선으로 정착하기 시작하였는데, 그 전환점은 1923년 3월 개최된 전조선청년당대회였다. 사회주의 운동의 국내 확산을 이끈 주체는 청년층이었고, 이들의 주도적 활동은 사회주의 이념을 국내에 뿌리내리게 하는 동력이 되었다. 서울청년회를 비롯한 다수의 청년단체가 1923년 3월 서울에서 전조선청년당 대회를 열고 민족부르주아지 중심의 물산장려운동을 전면적으로 비판했다. 특히 대회에서는 "청년단체는 다수자인 무산계급과 노동계급 해방의 선구자가 되어 민중을 위한 활동을 전개할 것"을 선언했는데, 이후 사회주의 계열 청년단체들이 전국적으로 확산하는 데 결정적 계기가 되었다.

전조선청년당 대회를 전후하여 국내에서 활동한 주요 사회주의 계열은 서울청년회, 코민테른 국내부와 연결된 화요회, 그리고 일본에서 유입된 북풍회 등이었다. 이들 사회주의 세력은 조선공산당 결성과 청년운동을 비롯한 각계 운동에서 주도권을 확보하기 위해 치열한 경쟁을 펼쳤다. 이들 단체는 상호 간의 알력에도 불구하고, 지역 청년단체들을 통일된 중앙집권적 조직체로 결집하는 데 공감하여 1924년 4월 마침내 조선청년총동맹(이하 청총)을 결성하였다.17)

청총은 1924년 4월 임시 회의에서 청년을 "대중의 역사적 사실을 완성함에 필요한 새 세력"으로 규정하고, 청년 대중에게 "민중적 의식을 고무하고 계급적 의식을 주입"하는 것을 청년운동의 근본 방침으로 확정했다. 나아가 청총은 강령과 선언에서 "조선민족해방운동의 선구"로 자임하며, 청년과 무산계급을 중심으로 한 "대중 본위의 신사회 건설"을 목표로 하

였다. 이를 통해 청총은 사회주의적 지향을 분명히 하였다.[18)]

아울러 청총은 민족운동에 대해 "타협적 민족운동은 절대로 배척하며 혁명적 민족운동은 찬성한다"고 하여 비타협적 민족주의 세력과의 협동전선을 분명히 하였다. 이는 1년 전, 전조선청년당 대회에서 계급주의를 우선시하던 입장에 비해 부르주아 민족주의 운동에 대해 한층 탄력적인 태도를 보인 것이었다. 청총은 결성 1년 만인 1925년 6월경 전국 254개 단체, 약 5만 명을 포괄하는 대규모 조직으로 성장했다. 전국적 조직인 청총이 결성되자 각 지역에서도 기존 청년회의 혁신과 더불어 군(郡)·부(府) 단위의 청년연맹 결성이 추진되었다. 그 결과 경남에서도 1925년 이후 '혁신총회'나 '청년회 부흥운동' 등을 통해 청년단체를 재정비하며 군 단위 청년연맹이 잇달아 들어섰다. 이러한 지역 청년연맹 결성에는 각지의 사상단체가 중요한 역할을 담당하였다.

당시 전국적 영향력을 지닌 사상단체로는 1924년 결성된 북풍회와 화요회, 그리고 서울청년회 계열의 사회주의자동맹을 들 수 있다. 이들의 합종연횡은 1925년 4월, 제1차 조선공산당 결성으로 나타났다. 조선공산당 중앙위원회와 함께 출범한 고려공산청년회는 청년운동 방침으로 군 단위의 군연맹과 도 단위의 도연맹 결성을 역점사업으로 제시하였다. 이에 경남을 비롯한 각 지역에서는 사상단체 출신의 선진적 활동가들을 중심으로 청년연맹이 속속 결성되면서 사회주의 청년운동의 기반이 확대되었다.[19)] 1923년 전조선청년당대회 이후 부산과 동래 지역에 결성된 청년연맹의 조직과 활동에 대해서 살펴보면 아래와 같다.

(1) 부산청년연맹

부산청년회의 초기 활동은 민족자본가 상층이 주도한 문화운동에 크게 의존하고 있었다. 그러나 제1차 세계대전 종전 이후 도래한 경제공황으로 인해 지역 경제가 급격히 침체되면서 부산청년회의 활동 또한 점차 쇠퇴하였다. 이와 더불어 1922년 하반기부터 김철수·김종범·조동혁·최태열 등, 부산부두노동자파업을 포함한 초기 사회운동에 적극 참여했던 활동가들이 부산을 떠나면서 부산청년회는 사실상 동력을 상실하게 된다. 그러나 1924년에 접어들면서 초량객주조합을 기반으로 한 민족자본 하층세력(김성학·추내유·김웅진·오형식 등)이 지도부로 진출하면서 부산청년회는 다시 활력을 되찾았다.

이들이 주도한 대표적 활동은 도항(渡航)저지 철폐운동과 친일단체 보천교 박멸운동이었다. 도항저지 철폐운동은 토지조사사업과 산미증식계획으로 몰락한 농촌 노동자들이 일본으로 건너가려 할 때, 일제가 도항증 발급을 통해 조선인 노동자의 도항을 규제한 데 대한 저항이었다. 특히 부산수상경찰서로부터 권한을 위임받은 관변단체 부산노동공제회와 상애회(相愛會)는 도항권을 독점하여 하루 도항할 수 있는 노동자 수를 부산노동공제회 30명, 상애회 40명, 총 70명만 도항할 수 있도록 제한하면서 막대한 이윤을 착복했다. 그 결과 부산 부두 주변에는 도항을 기다리며 발이 묶인 노동자들이 걸인으로서 생활하는 참혹한 상황이 빚어졌다.

이에 부산청년회는 시민대회를 열어 도항저지의 부당성을 성토하고, 부산수상경찰서로부터 호적등본과 면장의 신원보증이 있는 자는 모두 도항시킬 것이라는 약속을 받아냈다. 또 집행위원들은 청년회관에 임시사무소를 설치해 도항 수속을 대행하고, 비용을 자체 부담함으로써 도항노동자들의 권익을 옹호했다. 부산청년회의 이러한 활동은 조선노농총동맹과 청총이 도항 문제에 본격적으로 관심을 가지게 하는 계기가 되었다.[20] 이후 부산청년회는 1924년 11월, 부산노우회, 부산진기독청년회 등 13개의 단체와 연합하여 부산청년회관에서 '조선기근가극회'를 열었는데, 이 자리에서 최천택(崔天澤)과 임룡길(任龍吉)은 기근 구제 동정금 모금의 필요성을 역설하여 단체와 개인으로부터 상당한 금액의 성금을 마련할 수 있었다.[21]

한편, 일제는 1923년 전조선청년당대회 이후 사회주의 계열 운동이 확산되자, 이에 대한 대응책으로 친일 유력 세력에게 단체 결성을 지시하였다. 그 결과 직업적 친일파 단체 11개가 1924년 3월 각파유지연맹을 조직했다. 이어 1925년 1월에는 보천교와 연계하여 시국대동단을 창립하고 전국 순회 강연대를 파견하였다. 그러나 부산에서 열린 보천교 강연회는 지역 청년들의 격렬한 저항으로 무산되었고, 현장은 아수라장으로 변했다. 이어 같은 해 3월 부산청년회관에서는 보천교박멸 부산시민대회가 개최되었는데, 이 과정에서 보천교도들과 성토대회에 참가한 청년, 시민 등이 충돌하여 30여 명의 중경상자가 발생했다. 이 사건으로 시민대회 측 11명이 구속되었고, 부산청년회 간부였던 김하현·임용길·김성두·최석봉 등 4명은 1년 이상의 징역형을 선고받아 이듬해 1926년 3월과 7월 각각 가석방되었다.[22)]

한편, 부산청년회는 1925년 9월, 국제청년일을 기념하기 위해 부산진청년회, 서부청년회, 목도청년회, 부산여자청년회, 부산중앙여자청년회 등과 연합하여 기념식·시위 행렬·선전 삐라 배포·기념강연 등 대규모 행사를 준비했다. 그러나 일제의 탄압으로 부산청년회관에서 열린 기념 강연회만이 허용되었으며, 이날 연사로는 심두섭(沈斗燮)·노상건(盧相乾)·김칠성(金七星) 등이 참여하였다.[23)] 이 당시 서부청년회는 영명(永明)학원을 운영했는데, 부산인쇄공친목회 회원들이 조직한 일칠단(一七團)과 함께 영명학원 후원 연극회를 개최했다.[24)]

1924~1925년 사이 부산청년회가 주도한 도항저지 철폐운동, 보천교 박멸투쟁, 국제청년일 기념행사 등은 민족자본 하층 지도부의 합류를 계기로 침체 국면에 있던 청년단체가 전투적 성격을 회복하고, 지역 사회운동을 더욱 공세적으로 전개할 수 있는 계기를 마련한 사건으로 볼 수 있다. 부산청년회의 전투력이 고양되는 가운데, 1925년 하반기 부산에서도 사회주의 운동이 본격화되었다. 그러나 지역 내 운동의 성장과 조직 확대는 평탄하지 않았다. 기존의 부산청년회에 기반한 김용진·고정대 그룹과 1925년 8월 경남 진영에서 부산으로 진출한 노상건 그룹은 청년단체의 조직적

확장과 부산청년연맹 결성을 두고 격렬하게 대립했다. 이러한 양대 세력 간 경쟁은 부산 지역 사회주의 운동의 전개에 중요한 변수로 작용했다.

1925년이 되면서 부산뿐만 아니라 경남 각 지역에서도 청년단체는 '혁신총회' 또는 '청년회 부흥' 대회를 통해 조직을 재정비하고, 군(郡)·부(府) 단위의 청년연맹을 잇달아 결성하였다. 이러한 흐름 속에서 부산 역시 1925년 11월부터 부산청년연맹 결성이 지역 사회운동의 최대 과제로 부상하였다. 그러나 부산청년회를 기반으로 한 김용진·고정대 그룹과 노상건 그룹 간의 대립으로 인해, 결국 부산에는 두 개의 청년연맹이 병립하는 결과를 낳았다. 노상건 그룹은 수정청년회와 부산진청년회를 기반으로 '부산청년연맹'을 결성하였으며, 반면 김용진·고정대·황기수를 중심으로 한 부산청년회는 초량청년회·영주구락부·서부청년회·남부청년회·부산형평청년회 등을 주축으로 '부산부(釜山府)청년연맹'을 조직했다. 두 연맹은 1925년 11월부터 1926년 1월에 걸쳐 각각 결성되었다.[25]

부산청년연맹과 부산부청년연맹의 대립은 단순히 지역 인사들 사이의 갈등이 아니라, 당시 국내 사회운동의 양대 축이라 할 수 있는 화요파와 서울파의 전국적 세력 확장 경쟁, 그리고 각 지역 군·부 단위 청년연맹 결성 이후 전개된 경남도청년연맹 창립을 둘러싼 대립이 부산에도 반영된 결과였다. 이처럼 화요파와 서울파 간의 경쟁은 군·부 단위 청년연맹뿐만 아니라 도 단위의 경남도청년연맹 주도권을 둘러싼 갈등으로 확장되었고, 이러한 대립 구도가 부산 지역 사회주의자들의 내홍에도 그대로 투사되었다.

화요파와 서울파의 대립은 단순한 파벌대립이 아니라 군(郡) 단위 또는 도(道) 단위의 청년연맹 결성 방식의 차이에서 비롯되었다. 서울파는 개별 단체까지 아우르는 방식으로 경남도청년연맹의 결성을 추진한 반면, 화요파는 군 단위 청년연맹을 기반으로 경남도청년연맹을 조직하고자 했다.[26] 그러나 양측의 지나친 경쟁은 결국 부산에서 청년연맹 창립 불허라는 일제의 탄압을 초래했다. 이에 부산 청년연맹은 명목상 조직의 간판을 유지하였으나, 실제 활동은 상당한 제약을 받아 제한적으로 운영될 수밖에 없었다. 이와 마찬가지로 경남도청년연맹 또한 정상적인 활동에 여러 제약이 뒤따랐다.[27)]

그런데 부산에서 청년연맹의 결성 과정을 살펴보면, 그 배경에는 사상단체의 존재가 자리하고 있었다. 이 시기 사상단체란 곧 신사상, 즉 사회주의 사상을 적극적으로 수용한 혁신적 청년들이 조직한 단체였다. 부산에서도 1925년 12월, 여타 지역과 마찬가지로 사상단체인 '제4계급'이 출현하였다. 경남 지역에서 사상단체들은 대체로 1924~1925년 사이에 결성되었는데, 이는 지역의 사회운동 역량을 가늠할 수 있는 중요한 지표였다. 실제로 사상단체는 각 지역 사회운동에서 핵심적 역할을 담당하였다. 부산의 경우 김용찬과 고정대를 중심으로 한 사상단체 '제4계급'에는 이유석·어윤광·김재준·추정명 등과 같은 민족자본가 계층 출신 인물들이 참여했으나, 정작 같은 사회주의 계열인 노상건그룹 인물들은 배제되어 있었다.[28)] 이는 부산의 사회주의 운동 내부에서 화요파와 서울파 간의 갈등이 그만큼 첨예했음을 말해준다. 그러나 이런 한계에도 '제4계급'의 출현은 청년연맹 결성을 매개로 부산 청년 대중의 성장 기반을 마련했을 뿐 아니라, 이후 노동단체의 조직화와 선진적인 사회활동가들의 결합을 촉진하는 계기가 되었다. 따라서 사상단체 '제4계급'은 단순한 청년 지식인 그룹을 넘어, 부산에서 사회주의 운동이 본격적인 궤도에 진입했음을 알리는 신호탄으로 평가할 수 있다.

(2) 동래청년연맹

동래청년회는 1925년 11월 1일, 서면청년회·구포청년회·남면노농청년회·감만청년회·동래여자청년회 등과 발기하여 동래청년연맹 결성을 추진했다. 이에 11월 22일 동래기영회관에서 동래군 내 16개 청년단체 대의원 24인이 참석하여 동래청년연맹 창립했다. 이 자리에서 서울의 화요회와 북풍회를 비롯한 6개 단체로부터 축문·축전이 낭독된 뒤 동래청년연맹이 창립되었다.[29] 동래청년연맹 창립대회에 참가한 청년단체와 각 단체를 대표하여 참석한 대의원은 다음과 같다.

〈표 Ⅲ-1〉 동래청년연맹 가맹 단체와 창립대회 참석 대의원

동래청년회 (朴文熺·金哲圭)	동래여자청년회 (金水先·金孕龍·朴小守)	수영여자청년회 (-)	수영노동청년회 (李相憙·金德守)
기장정진청년회 (吳泰根·朴日馨)	기장여자청년회 (吳庚元·朴周幸)	철마청년회 (吳錫煥·崔明守)	송정청년회 (金守用·金德鎭)
일광청년회(李致瑢)	이천청년회 (朴洪柱·崔翔學)	구포청년회 (金淵秀·金縉弘)	구포여자청년회 (李殷子·尹今守)
서면청년회 (金亨重·李壽雨·李芳雨)	용호청년회 (朴永和)	감만청년회 (金元述·田允榮)	하단청년회 (李一英·姜南碩)

※출처: 『동아일보』 1925. 11. 26.; 『조선일보』 1925. 11. 27.

동래청년연맹의 창립은 그동안 동래군 내에서 개별적으로 활동하던 청년단체들을 하나의 연맹조직으로 통합했다는 점에서 중요한 의의를 지닌다. 특히 동래청년연맹은 일반 청년회뿐 아니라 수영노동청년회와 같이 노동에 종사하는 청년단체까지 포섭하였다. 이는 동래청년연맹이 기존의 지역 유지 중심 청년단체에서 벗어나, 실제 동래 지역의 다양한 청년층을 아우르는 중요한 단체로 출발했음을 의미한다.

창립 이튿날, 동래청년연맹은 운동방침을 결의하였으며, 그것의 주요 내용은 다음과 같다. 첫째, 청년운동 방면에서는 청년단체 조직의 촉진, 기존 단체의 내실화, 순회강연회의 수시 개최를 결정하였다. 둘째, 여성운동 방면에서는 여성단체의 조직을 적극적으로 추진하고, 여성운동을 위한 강좌 개최와 부인 야학의 설치를 결의했다. 셋째, 소년운동 방면에서는 소년단체의 조직 촉성, 청년운동의 기초사상 배양, 무산소년 교양기관의 설치가 포함되었다. 넷째, 노동·농민운동 방면에서는 노동자 단체의 조직

촉성 및 노동야학의 설치를 강조하였다. 다섯째, 사회문제 대응에서는 사회의 병폐를 적발하여 혁신에 노력하고, 사회운동을 저해하는 분자와 단체를 사회적으로 배제하며, 빈민의 생활 조사·구제를 결의하였다. 여섯째, 형평운동에 대해서는 적극적 지원을 천명하였다. 일곱째, 종교 문제는 일단 보류하기로 하였다. 여덟째, 경남도연맹 발기 문제와 관련하여 다섯 명의 대표를 파견하기로 하였다.[30]

이처럼 동래청년연맹은 청년·여성·소년·노동·사회·형평 등 각 부문 운동 전반에 걸쳐 사업 목표를 확정하였다. 아울러 사회적 병폐를 규탄하고 각 부문 운동을 저해하거나 비방하는 반동 세력에 대해서도 단호한 태도를 보였으며, 경남도청년연맹 창립에도 적극적인 입장을 나타냈다. 그러나 집행위원회 결의안 가운데 종교 문제는 보류되었는데, 이는 당시 반종교운동이 불러올 사회적 반발과 부정적 효과를 의식한 결과로 해석된다.

창립 과정에서 활동한 인물들을 살펴보면, 동래청년회의 허영호(許永鎬)·박문희·김인호(金仁浩), 기장노동혁신회의 박일형, 기장여자청년회의 오경원, 동래 여성사상단체 적광회(赤洸會)의 김수선·박소수 등이 준비위원과 집행위원으로 참여하였다. 이들 중 다수는 3·1운동에 참가한 경험을 지닌 청년들이었다. 동래청년연맹 임시집행위원으로 참여한 백광흠(白光欽)은 당시 제1차 조선공산당 동래 지역 야체이카 책임자로 활동하고 있었는데,[31] 이는 동래청년연맹이 초기 단계부터 사회주의 운동과 직접적으로 연결되어 있었음을 방증한다.

동래청년연맹은 창립 직후부터 광역적 연대을 강화하는 활동을 적극적으로 전개했다. 1925년 11월 28일과 29일 부산에서 열린 경남도청년연맹 결성대회에 박문희와 윤병인(尹炳仁)을 대표로 파견하였으며, 두 사람은 집행위원으로 선출되어 도 단위 청년운동의 운영에 직접 참여하였다. 이는 동래청년연맹이 출범과 동시에 경남도청년연맹 결성에 적극적이었음을 보여준다.[32] 동래청년연맹 결성에 견인차 역할을 한 것은 동래 지역에서 활동하던 사상단체들이었다. 연맹이 결성되기 전 동래에는 두 개의 사상단체가 존재했는데, 남성 중심의 혁파회(革波會)와 여성 중심의 적광회(赤洸會)가 그것이다.

혁파회는 늦어도 1924년 10월 무렵부터 활동을 시작했으며, 정예 회원은 박문희·김인호 등 9명이었다. 이들은 동래고등학교의 전신인 동래동명학교와 동래사립고등보통학교를 졸업한 고학력자들로 연령은 이 당시 대부분 20대 중반에서 후반에 해당하였다. 그런데 혁파회 회원 가운데 상당수는 1925년 4월 조선공산당 결성과 관련하여 서울에서 열린 전조선민중운동자대회와 전조선기자대회에 참석했다.[33] 이러한 정황은 혁파회가 백광흠을 매개로 당시 조선공산당의 주요 방침이었던 청년연맹 결성에 적극적으로 호응했음을 말해준다. 또한 혁파회는 1928년 12월 동래청년동맹 내에 사회과학 서적 200여 권을 비치하고 희망자에게 대여해 주었는데, 이를 통해 1928년 연말까지 존속했음을 알 수 있다.

1925년 11월 동래청년연맹이 결성될 시점, 동래에는 여성 중심의 사상단체인 적광회(赤洸會)도 조직되어 있었다. 1926년 1월 적광회의 집행위원은 김수선(金水先), 이은자(李殷子), 박소수(朴小守) 등이었으며, 김수선과 박소수는 동래여자청년회·동래청년연맹·근우회 동래지회에서 함께 활동하였다. 1926년 12월 현재 적광회의 회원 수는 12명이었고, 대표는 동래청년연맹 교양부장을 겸임한 김수선이었다[34] 경남에서 동래 외에 여성 사상단체가 활동한 지역으로는 김해와 고성이 있다. 김해에는 북광회(北光會), 고성에는 각성회(覺醒會)의 여성 사상단체가 활동했으며[35], 두 지역 모두 동래와 마찬가지로 청년운동과 사회운동이 활발하게 전개되었다. 남성과 여성의 사상단체가 별도로 조직될 정도로, 동래는 청년운동과 사회운동에서 혁신적 역량이 강했다. 동래청년연맹의 혁신성은 창립 직후 집행위원으로 활동한 인물 중 4명이 혁파회(박문희·김철)와 적광회(김수선·박소수) 출신이었다는 사실에서도 확인할 수 있다.

한편, 동래보다 시기가 늦었지만 기장에서도 사상단체가 활동하였다. 1926년 4월 10일 기장에서 조직된 신성회(新聲會)는 강령으로 ① 대중 본위의 사회 건설을 기함, ② 전술 수행에 필요한 사회과학을 연구하여 사상의 순화와 보급을 도모함, ③ 대중의 선구가 되어 모든 불합리와 적극적으로 항쟁함을 맹세함 등을 규정하였다. 창립 당일 논의된 사항으로는 회원 특별 의무금, 하기강좌 개최, 회보 발행 등이 있었다. 당시 신성회의 집행위원으로는 연구부 박일형(朴日馨)·김영진(金永辰)·오기환(吳箕煥), 사회부 권종철(權鍾哲)·노원회(盧元繪), 서무부 장지호(張志昊)·정○·오명복(吳命福), 편집부 심재필(沈再弼) 등이 활동하였다.[36]

이들 중 박일형·권종철·장지호 등은 1928년 이후 기장정진청년회에서 함께 활동하였으며, 심재필은 1928년 10월부터 1929년 3월 사이 일광노농회·신간회 기장분회·동래청년동맹 일광지부 등에서 활동했다. 권종철은 동래청년동맹 기장지부와 신간회 기장분회(1928년 5월, 1929년 3월)에 참여하였고, 장지호는 1929년 3월 신간회 기장분회 설립준비위원으로 활동하였다.[37] 이처럼 신성회의 구성원들은 1920년대 중반 이후 기장 지역 청년운동과 사회운동에서 중요한 역할을 하였다. 전후 상황을 고려할 때, 신성회는 1925년 결성된 기장정진청년회 회원 가운데 핵심 인물들이 조직한 사상단체로 평가할 수 있다.

동래청년연맹은 이러한 사상단체들과 긴밀한 관계를 유지하면서, "대중해방운동의 모든 부분에 관한 선구적 사명"과 "계급적 청년단체 조직의 촉진"을 목표로 가맹단체의 확대와 통일적 지도기관으로서의 영향력 강화를 도모하였다. 실제로 동래청년연맹은 집행위원회에서 결의한 "순회강연회 수시 개최"를 실천하기 위해, 1926년 1월 16일부터 22일까지 1주일간 동래군 내 각 면(기장면·일광면·철마면·남면·구포면·사하면)에서 순회강연회를 개최하였다.[38] 같은 해 3월, 동래청년연맹은 집행위원과 검사위원을 개편하여 순회강연회의 지속적 개최를 도모하고, 각 면 단위에서 노동자와 여성을 위한 야학 설치를 촉진했다. 또한 5월에는 노농러시아 농민조합으로부터 조선기근구제회에 전달된 동정금 중 78원 75전을 수령하여, 8월 23일부터 동래청년연맹 산하 단체에 분배하였다.[39]

한편, 1926년 12월 동래청년연맹 가맹단체에는 약간의 변동이 있었으나, 여전히 16개 단체가 유지되었으며 동래군 전체를 포괄하는 청년운동의 지도기관으로서 기능하였다.[40] 이후 1927년 2월 신간회가 조직되면서 전국 각 지역의 청년연맹이 청년동맹으로 전환할 때 동래청년연맹 또한 동래청년동맹으로 재편되었다.

4) 전민족적 청년운동과 청년동맹의 활동

1926년 6·10만세운동을 계기로 제2차 조선공산당이 붕괴하고 다수의 활동가가 일제에 의해 검거되면서 사회운동은 심각한 위기에 직면하였다. 이러한 위기를 극복하고 각 부문 운동에 새로운 활력을 부여한 것이 이른바 방향전환론이었다. 방향전환론은 일본의 사상단체인 일월회(一月會) 활동가들이 1926년 여름부터 국내로 들어오면서 제기한 운동노선이었는데, 같은 해 11월 15일 일월회의 영향을 받은 정우회(正友會)가 「정우회선언」을 통해 방향전환론을 제기하면서 사회운동 전체에 큰 파장을 불러일으켰다.[41]

정우회선언은 1·2차 조선공산당 붕괴의 주요 원인이었던 파벌주의를 비판하고 동시에 사회주의자들과 민족주의자들의 협동전선을 강조하였다. 이후 정우회선언의 문제의식에 근거하여 1927년 2월, 신간회가 결성되자 항일운동은 새로운 전환기를 맞게 된다. 신간회 창립 이후 청총 또한 방향전환론에 근거하여 6월~8월 사이 조직을 정비하고 "무산계급 청년운동을 전민족적 청년운동으로 전선을 확대한다"는 '신운동방침'을 8월에 발표했다. 이로써 청년단체의 연령 상한을 30세에서 만 27세로 낮추고 특별회원제를 폐지했다.

한편 청총은 지역별로 군(郡)·부(府) 단위에서 계층·직업·성별에 따라 분화되어 있던 청년단체를 해체하고, 노동자·농민·여성·형평·학생·종교 등, 각 계급·계층·성별 차이를 초월한 단일 청년동맹의 결성을 주요 목표로 설정했다. 청총이 제시한 만 27세의 회원 연령제한은 각 지역에서 일률적으로 시행되지 못하고 지역의 사정에 따라 다소 차이를 나타냈다.[42)]

청총의 '신운동방침'은 이후 각 지역에서 청년동맹이 결성되는 계기가 되었으며, 또 청년운동에서 세대교체를 실현하는 중요한 단서가 되었다. 그 결과 1928년 중반에 걸쳐 전국적으로 청년동맹이 결성되었는데, 1929년 말 현재 전국의 218개 군 가운데 174개의 청년동맹(지부 456개, 청년동맹원 19,160명)이 조직되어 79%의 놀라운 조직률을 보였다.[43)] 이렇게 각지에 결성된 청년동맹은 해당 지역의 신간회 지회를 뒷받침하는 중추 조직으로 활동했다. 신간회 부산지회와 동래지회 등과 연계해서 전민족적 청년운동을 이끈 부산청년동맹과 동래청년동맹의 활동을 살펴보면 아래와 같다.

(1) 부산청년동맹

1925년 12월 부산청년연맹 창립을 둘러싼 청년운동 내부의 분열은 1926년~1927년 동안 부산 지역 청년운동의 침체를 가져왔다. 1927년 초, 부산의 청년운동은 부산청년회와 부산진청년회를 중심으로 전개되고 있었다. 1927년 5월 부산진청년회는 부산노우회와 함께 메이데이 행사를 준비했으며[44)] 이어서 같은 달, 경남도평의원 문상우가 일신여학교 교사 심두섭을 폭행한 사건에 대해 부산진역 앞에서 대규모 성토대회를 계획했는데, 일제의 탄압으로 개최하지는 못했다.[45)] 6월에는 영도에서 일본인이 조선인 아동을 구타한 사건에 대해 경고문을 발송하고 성토회를 열었으며, 7월에는 조선방직회사 코트에서 제2회 전조선(全朝鮮)정구대회를 개최했다.

이후 부산청년회는 1927년 7월 부산여자고등보통학교 가교사에서 혁신총회를 개최했다. 이날 총회에서는 신간회 지지, 정치·교육·조직운동 등의 방침을 토의했다. 그런데 혁신총회에서는 회원 연령 제한 문제를 두고 30세와 35세 양측 입장이 격렬하여 결국 35세로 가결되었다.[46] 회원의 연령이 35세로 정해진 것은 당시 부산청년회의 주도권이 소장층보다는 중장년층에 더 집중되어 있었음을 의미했다. 이밖에 같은 해 7월 말 임시 총회에서는 매월 예월회 개최, 재부산청년운동자간친회 소집, 일제의 도항 저지에 대한 전국적 반대동맹 결성 등을 결의했으며, 8월에는 에스페란토 강습회를 1주일간 매일 2시간씩 개설했다. 이어서 9월에는 부산수정청년회와 함께 국제청년일 기념 강연회를 개최했다.[47]

한편, 부산청년회는 몇 달간의 준비 끝에 1927년 11월 서부청년회·중앙청년회·목도청년회 등과 함께 부(府) 단일 청년동맹 결성을 위한 준비위원회를 조직했다. 준비위원의 중요 인물은 이강희(李康熙)·임용길(任龍吉)·김하현(金夏鉉)·강대홍(姜大洪)·이영언(李榮彦) 등이었다.[48] 이들 준비위원회의 활동으로 마침내 부산청년동맹(이하-부산청맹)은 1927년 12월 4일, 4개(부산·중앙·서부·목도)의 청년단체 회원 200여 명이 참석한 가운데 창립되었다. 규약 통과 이후 회원 연령 문제가 논의되었는데, 청총이 정한 만 27세 제한은 관철되지 못하고 회원 연령은 17세~30세로 결정되었다. 부산청맹의 창립 당시 회원 수는 45명이었으나, 1929년 1월 125명, 1930년 1월 340명 등으로 증가하였다.[49]

창립대회에서는 그동안 분열의 온상이 된 부산부청년연맹과 부산청년연맹을 해체하고 양측의 연맹에 속한 단체들은 새로 조직된 청년동맹에 가입할 것을 결의했다. 그러나 이런 조치에도 불구하고 1929년 11월까지 부산진청년회·초량청년회·수정청년회 등은 부산청맹에 가입하지 않고 독자의 청년회로 존속했다. 여기에는 개별 청년회의 독자성이 사라지는 데 대한 일종의 불만과 과거 부산청년연맹을 두고 서울파와 화요파가 대립한 분열의 앙금 등이 복합적으로 작용했기 때문이다. 서울에서도 1929년 9월, 17개 청년단체가 해체식을 거행했는데[50], 이처럼 청년동맹이 결성된다고 해서 기존의 청년단체들이 곧바로 해체되면서 청년동맹의 지부로 개편되는 건 아니었다. 부산청맹의 각 지부 역시 아래에서 보듯이 1929년

7월~11월에 이르러 조직된다.

부산청맹 창립 1주일 뒤 열린 집행위원회는 당시 전국적으로 일어난 재만(在滿)동포 옹호운동을 지원할 부산사회단체협의회 개최를 논의했다. 또 신간회 부산지회와 함께 매월 1·3주 일요강좌를 영주동노동야학 내에서 개최할 것 등을 결의했다.[51] 창립 당시 부산청맹의 조직은 서무부(황명석·강대홍), 교양부(이강희·문영준), 사회부(이순경·조희무), 재정부(우길룡·김근술), 소년부(김봉한·정영모), 체육부(윤안두·김권태), 위생부(박해윤·이천) 등 7개 부서로 출발했다.[52] 부서의 편제에서 눈에 띄는 것은 소년부와 체육부, 위생부의 설치였다. 애초 청총은 '신운동방침'을 발표하면서 청총의 조직을 6부(조직·조사·교양·체육·여자·소년부)로 구성했다. 따라서 부산청맹이 창립 당시 체육부와 소년부를 설치한 것은 청총의 조직 편제를 따른 것임을 알 수 있다. 청총이나 부산청맹 모두 소년부는 차세대 청년, 즉 향후 청년운동의 주축이 될 소년들에 대해 지도를 강화하기 위해 설치한 것이었다. 그러나 정작 청총이 설치한 여자부가 부산청맹에는 설치되지 않았다. 명확한 이유는 알 수 없으나 당장 여자부를 설치할 수 있는 상황이 되지 못했기 때문으로 보인다. 그 결과 여자부 대신에 다소 생소한 위생부를 설치한 것으로 보이는데, 이후 부산청맹은 1929년 4월, 혁신 청년들이 주축이 된 2기 집행부가 출범할 때 여자부를 신설했다.

창립 당시 집행위원들의 사상적 성향을 보면 강대홍·황명석·정영모·이순경·우길룡·김근술·김봉한 등은 사회주의 계열이었으며, 이강희·윤안두 등은 민족주의 계열에 속했다. 특히 사회주의 계열의 인물 중 강대홍은 서울파 계열의 인물로 제3차 조선공산당에 참가한 상태였다. 또 이순경은 부산인쇄직공조합에서, 김근술은 부산노우회에서 각각 활동했는데, 이러한 모습은 부산청맹 창립 때부터 노동 청년들이 적극 참여하고 있었음을 말해준다. 부산청맹의 1기 집행부는 1928년 1월 집행위원회를 열고 ① 조선 현실에 부적합한 번역주의 이론 배격, ② 청년동맹 회관에 회원들이 기부한 책을 모은 간이문고 설치, ③ 부산청맹회관을 부산여자고등여학교 교실로 1년간 사용하고 있는 문제, ④ 2월 중에 신춘대강연회와 남선(南鮮)축구대회 개최, ⑤ 일제의 고문으로 사망한 사회운동가 3인(백광흠·박원희·박길양)의 추도회 거행 등에 대해 집중적으로 논의했다.[53]

그런데 이들 사항 중 제일 먼저 논의된 ①은, 조선의 현실을 무시한 '관념적 이론 추수주의'를 배격하는 성명서 작성 문제였다. 이에 집행위원회는 3명(강대홍·우길룡·이강희)을 성명서 작성 위원으로 선정했다. 집행위원회가 배격 대상으로 삼은 '관념적 이론 추수주의'란, 당시 제3차 조선공산당 내 안광천을 중심으로 한 엠엘파(ML派)가 '신간회 내에서 노동자 헤게모니를 전취해야 한다'고 주장한 것을 의미했다.[54] 다시 말해 집행위원회가 '관념적 이론 추수주의'를 배척했다는 것은, 곧 엠엘파(ML派)의 주장을 배척한 것과 다름없었다. 이는 엠엘파(ML波)와 대립했던 서울파 출신 강대홍의 주장이 당시 부산청맹 내에서 관철되고 있었음을 보여준다. ③의 문제에 대해서는 부산부 당국이 적극 나설 수 있도록 일단 교실을 폐쇄하되, 상황이 여의지 않으면 임시총회를 개최하여 문제를 해결한다는 쪽으로 방침을 정했다. ④의 행사 중 3인의 추도식은 2월 1일 예정되어 있었는데, 일제는 추모 대상인 2명(백광흠·박길양)이 형사 피고로 죽었다는 억지 논리를 내세워 허락하지 않았다. 2월 19일 열려고 했던 신춘대강연회 또한 일제는 부산청맹 회원 중 다수가 신간회 부산지회원으로 지금 신간회 부산지회 집회가 금지되어 있기 때문에 허가할 수 없다고 대강연회 개최를 금지했다.[55]

그런데 1월 집행위원회에서는 "청총(青總) 해금운동을 일으키자", "문맹을 퇴치하자", "집회에 시간을 엄수하자", "청년은 노동자와 농민 속으로"라는 4개의 슬로건을 채택했다. 이들 슬로건 중 마지막 슬로건은 부산청맹이 노동자·농민의 권익에 앞장서겠다는 의지의 표현이기도 했다. 이처럼 부산청맹은 창립 초기부터 노동과 농민 문제에 높은 관심을 보였으며, 이러한 관심은 1928년 11월 부산인쇄직공조합의 김도인(金道仁)과 박성업(朴聖業), 부산신문배달조합의 김학용(金學用) 등이 집행위원으로 선출된 사실에서도 확인할 수 있다.[56] 같은 해 12월 부산출판종업원사건으로 부산청맹 간사 황명석과 이순경이 각각 치안유지법과 보안법 위반으로 구속되었는데, 이 또한 부산청맹 집행부에 다수의 노동 청년이 포진해 있었던 것과 무관하지 않았다.[57]

1928년 3월 부산청맹은 남선(南鮮)축구대회 개최, 가맹금 및 연부담금 징수, 노동자공동숙박소와 부산소비조합 결성을 위한 기성회 촉진, 4월 14일 맑스제일(祭日) 기념식 거행 등을 결의했다.[58] 남선축구대회는 이틀에 걸쳐 개최되었으며, 노동자공동숙박소 설치 촉진은 2개월 전에 집행위원회에서 채택한 '노동자와 농민 속으로'라는 슬로건에 부합한 정책적 실천이었다. 그런데 부산청맹이 사업 목표로 정한 노동자공동숙박소와 소비조합 설치는 같은 시기 부산노우회의 사업 목표와 일치했다.[59]

이러한 일치성은 부산청맹과 부산노우회, 양측 조직에 몸담고 있은 이강희·이순경·황명석 등과 같은 활동가들이 있었기 때문에 가능했다. 특히 4월 14일 맑스제일(祭日) 행사를 기획했다는 것은 부산청맹의 활동가들이 사회주의 계열의 인물들로 채워져 있었음을 잘 보여준다. 한편, 부산청맹은 2월에 개최하지 못한 신춘대강연회를 3월 18일 부산청맹 회관에서 열었는데, 강사와 강연 주제는 다음과 같다.

〈표 Ⅲ-2〉 1928년 3월 부산청년동맹 신춘대강연회

강사	중견·신진	경력	강연 주제
김칠성(金七星)	중견	제4동우회·부산인쇄직공조합·신간회	-
이강희(李康熙)	중견	부산노우회·신간회	전쟁과 평화
임룡길(任龍吉)	중견	부산청년회·신간회	부산에는 십년 감상
이순경(李舜景)	중견	서부청년회·부산노우회	-
윤안두(尹顔斗)	신진	부산청년동맹·신간회	-
김봉한(金鳳翰)	신진	부산청년동맹·신간회	운명의 부정
박호룡(朴湖龍)	신진	-	프로청년의 사명

※출처: 『동아일보』 1928. 3. 16.

7명의 연사 중 4명은 중견 활동가로 일찍부터 청년운동과 사회운동을 통해 잔뼈가 굵은 인사들이었다. 반면 3명(윤안두·김봉한·박호룡)은 부산청맹 결성 이후 두각을 나타낸 인물들이었다. 신진 인물 2명의 강연 주제를 보면, 패기에 찬 모습으로 청년의 의지와 불굴의 정신, 무산 청년운동의 필요성 등을 역설한 것으로 보인다. 부산청맹이 주관한 이와 같은 대강연회는 청년뿐 아니라 일반 시민들에게 큰 자극이 되었다.

부산청맹은 1928년 4월 초 집행위원회를 열고 다가올 제1회 정기대회 의안 작성위원 2명(이천·황명석), 준비위원 4명(우길룡·박해윤·김봉한·황명석)을 선정하여 정기대회 개최에 만전을 도모했다. 또 경남도청년연맹에 부산청맹 회원 및 일람표를 제출할 것과 대의원 파견 등에 관한 안건은 정기대회에서 결정하기로 했다. 이밖에 근우회 부산지회 설치를 기성할 것, 협동조합을 지지할 것, 가맹원(加盟員)과 연의무금은 집행위원에서 구역별로 징수할 것 등을 결의했다.[60] 이들 결의안 중 협동조합에 관한 것은 부산청맹이 3월에 결의한 소비조합운동 결성의 연장선에서 논의된 것이었다. 당시 협동조합은 신간회에서도 적극적으로 추진한 운동이기도 했다. 이밖에 근우회 부산지회 설치의 촉구는 여성단체가 근우회 부산지회를 설치하는 데 영향을 미쳤을 것으로 생각된다.

이후 부산청맹은 4월 21일 부산청맹 제1회 정기대회를 개최하여 집행부를 새로 구성하였는데, 선임된 집행위원들은 다음과 같다.

〈표 Ⅲ-3〉 1928년 4월 부산청년동맹 제1회 정기대회 집행위원

구분	인 물
집행위원	집행위원장 이천(李天)
	집행위원: 김기옥(金基玉)·곽재빈(郭在彬)·이주한(李周韓)·정영모(鄭永模)·이순경(李舜景)·우길룡·황명석·강재은(姜在殷)·김시엽(金時燁)·박해윤(朴海允)·이석주(李錫柱)·김권태(金權泰)·김봉한
	집행위원 후보: 강명호(姜明鎬)·서허태(徐墟泰)

※출처: 『동아일보』 1928. 4. 30. 원문의 이순경(李順景)을 이순경(李舜景)으로 고침.

이들 17명의 집행위원 중 8명(이천·정영모·이순경·우길룡·황명석·박해윤·김권대·김봉한)은 4개월 전 창립 때의 집행위원들이었고, 나머지 9명은 새로운 인물들이었다. 부산청맹이 창립되고 얼마 지나지 않아 신예의 청년들 다수가 집행부에 진출했음을 보여준다. 더구나 신예의 청년 9명 중에서 최소 6명(김기옥·정영모·상무근·강재은·김시엽·강명호)은 연령이 25세 이하였다. 창립 때부터 집행위원으로 활동한 김봉한(24세)까지 포함하면 25세 이하 나이의 집행위원은 더 많았을 것이다. 결국 1927년 12월~1928년 4월 사이에 부산청맹 집행부의 평균 연령이 낮아졌음을 알 수 있다. 이는 1928년 4월 이후 부산청맹의 활동이 중견 청년들보다는 새로운 세대의 청년들, 혁신적 청년들 중심으로 진행되었음을 의미했다.

한편, 부산청맹은 1928년 5월 메이데이 행사를 기획했는데, 당일 행사는 일제의 탄압으로 개최하지 못했다. 그러나 어린이날 행사는 성대히 거행할 수 있었다. 어린이날 행사는 5월 9일 당일 오전 10시 전부터 예상외로 공사립학교와 유치원생 수천 명이 모여 성황을 이루었다. 이날 행사는 주악과 연극 등의 공연을 한 뒤, 참석한 아동들이 3대(隊)의 음악대를 따라 시가행진하고 오후 6시 반에 종료되었다.[61] 같은 해 6월에는 그동안 가입하지 않았던 수정청년회가 부산청맹에 가입했으며[62], 한글강습회 또한 7월 23일부터 8월 4일까지 매일 8시부터 10시까지 50전의 강습료를 받고 개설할 계획을 세웠다. 수강생은 강의실 여건상 80명으로 한정했는데, 부산경찰서는 개강이 임박해서 한글강습회를 금지시켰다. 이유는 각종 단체들이 '강습회 명목으로 주의(主義)를 선전한다'고 경남 도지사가 모든 하기 강습회 개최를 불허했기 때문이었다. 경남 도지사의 이런 횡포는 언론의 사설에서 비난할 정도로 사회적 반발을 불러일으켰다.[63]

6월 23일 개최된 임시집행위원회는 부산소년동맹 조직과 부산진·수정·초량 등, 3개 청년회의 가맹 문제를 논의했다.[64] 부산소년동맹 조직을 논의한 것은 같은 해 4월, 동래소년동맹이 조직된 것과 관련이 있어 보인다.[65] 부산청맹은 소년부와 서무부가 책임지고 부산소년동맹 창립에 착수했는데, 일제는 '청년운동가가 간섭할 수 없다'는 핑계를 내세워 부산소년동맹 설립을 계속 방해했다. 결국 부산청맹은 소년들만으로 준비위원회를 구성하여 창립대회를 여러 번 시도한 끝에 1928년 11월 17일 부산소년동맹을 결성했다.[66] 그런데 6월 23일 임시 집행위원회의 논의를 보면, 3개의 청년단체가 부산청맹에 가맹하지 않았음을 알 수 있다. 이들 미가맹 청년회 중 부산진청년회는 이 무렵 부산진공립학교 일본인 교사의 만행을 규탄하기 위해 선전 삐라를 배부했는데, 출판법 위반으로 최천택 외 3명이 검거되었다.[67] 이러한 사정 때문인지 부산진청년회는 이때까지 부산청맹에 가입하지 않은 채 독자적으로 활동하고 있었다. 1928년 10월 29일 부산청맹은 제3회 정기집행위원회를 열고 임시 집행부로 의장 김시엽(金時燁), 서기 김봉한 2명을 선임하고, 청년동맹 회원 증진과 미가맹단체 문제 등을 논의했다.[68] 이어서 11월에는 집행위원 강재은의 사임을 수리하고 신임 집행위원으로 김도인(金道仁), 박성업(朴聖業), 김학용(金學用)을 선임했다.[69]

한편, 1928년 11월 28일 일제는 부산출판종업원조합 간부 상무근, 부산인쇄직공조합과 신간회 부산지회 간부인 김칠성 등을 검거 서울로 압송했다. 김칠성은 경남인쇄주식회사 직공이자 부산출판직공조합 위원이었는데, 두 사람의 압송은 서울에서 발생한 김한동(金漢童)사건과 관련이 있었다. 김한동은 국외에서 활동한 고려혁명당 소속으로 국내에 들어와 동지들을 규합하다 검거되었는데, 이 일로 김칠성은 김한동과 함께 검사국으로 송치되었다. 부산경찰서는 이 사건의 연장선에서 12월에 정사복 경관 40명을 동원하여 부산출판종업원 80여 명의 가택을 수색했다. 이 과정에서 부산청맹 간사 황명석 외 13명이 검거되었다.[70]

검거된 상무근·김칠성·황명석 등이 부산청맹의 간부였던 점을 고려하면, 1928년 연말 부산청맹의 활동에는 제약이 따랐을 것으로 보인다. 이후 부산청맹은 1929년 3월 수정청년회와 부산진청년회의 해체를 권유했다.[71] 전민족적 청년운동의 통일기관으로서 청년동맹이 조직되었음에도 독립된 개별 단체로 활동한 건, 해당 청년회 내부에 기득권을 유지하려는 보수적 장년층의 영향력 때문으로 여겨진다. 지역별 편차는 있었으나 서울에서도 중앙청년동맹에 가입하지 않은 단체들이 있어 1929년 8월 해체를 결의하기도 했다.[72)]

어쨌든 부산에서는 1929년 10월과 11월, 부산청맹 수정지부와 부산진지부가 각각 결성될 때, 수정청년회와 부산진청년회는 해체된 것으로 보인다. 한편, 부산청맹은 1929년 4월 7일 제2회 정기대회를 개최하고 회원의 나이를 경남도청년연맹의 규약에 맞추어 25세로 제한하고 2기 집행부를 다음과 같이 선임했다.

〈표 Ⅲ-4〉 1929년 4월 부산청년동맹 신임 집행위원 및 검사위원

구분	인 물
전형집행위원	집행위원장 김봉한
	집행위원: 김시엽(金時燁), 이화우(李和雨)·임국희(林國熙)·강대석(姜大奭)·변덕윤(卞德允)·김병윤(金炳允)·현용범(玄容範)·정영모(鄭永模)·강명호(姜明鎬)·김학용·김영학(金永鶴)·심재순(沈載淳)·천두리(千斗里)·김선옥(金善玉)·상무근(尙戊根)
	집행위원 후보: 오두석(吳斗錫)·강재은(姜在殷)
검사위원	검사위원장 김기옥(金基玉)
	검사위원 이덕만(李德萬)·황명철(黃明喆)
	검사위원 후보 이실근(李實根)

※출처: 『동아일보』 1929. 4. 12.; 『조선일보』 1929. 4. 12.

부산청맹 2기 집행부의 평균 연령은 규약 개정에 따라 모두 25세 이하였다. 실제로 집행위원장 김봉한과 집행위원 임국희·정영모 등은 25세, 김시엽은 24세로 각각 확인된다. 특히 이실근은 1929년 11월 결성된 부산소년동맹 집행위원이었던 점을 고려하면 연령이 십대 중후반이었던 것으로 보인다.[73)] 이처럼 2기 집행부는 창립 당시 1기 집행부보다 연령이 훨씬 낮은 청년들이 맡았는데, 창립 당시 1기 집행부에 속한 활동가는 한 명도 없었다. 이는 부산청맹이 2기 집행부를 통해 세대교체가 이루어졌음

을 뜻한다.

더구나 2기 집행부에는 천두리·김선옥과 같이 근우회 부산지회에서 활동한 젊은 여성들도 참여했다. 두 여성의 참여로 인해 부산청맹과 근우회 부산지회의 연대 또한 한층 원활하게 이루어질 수 있었다. 특히 2기 집행부에는 노동 청년들이 많았다. 집행위원 김시엽·상무근 등은 부산노우회, 이화우·김기옥·이실근 등은 부산출판노동조합, 변덕윤은 부산양회직공조합, 김학용·오대석은 부산신문배달부조합 등에서 각각 활동했다.[74] 사상적으로 보면 사회주의(김봉한·김시엽·임국희) 또는 친사회주의(정영모·이화우·변덕윤·상무근·강재은) 계열의 인물들이 많았다.[75] 이처럼 2기 집행부는 중장년층의 청년들이 물러나고 남녀 모두 25세 이하의 젊은 청년들이 지도부를 구성하였으며, 사상적으로 사회주의 또는 친사회주의자들이 많았다는 점 등이 가장 큰 특징이었다.

혁신적 청년들로 구성된 2기 집행부는 정기대회 당일 신춘대강연회 개최, 미가맹단체 문제와 각 지부 설치, 소년동맹 조직 촉성, 사회단체연합간친회 개최, 회원 증모와 간이문고 설치 등을 결의했다.[76] 이어서 4월 14일 제1회 집행위원회를 열고 각 부서의 책임자로 서재부장(庶財部長, 현룡범), 정문부장(政文部長, 강명호), 교양부장(임국희), 선조부장(宣組部長, 상무근), 여자부장(김선옥), 소년부장(정영모), 상무위원(현룡범·임국희·정영모·김병태·변덕윤) 등을 선임했다. 아울러 집행위원 회의에서는 정기대회 때 논의된 사항을 재차 확인하고 추가로 메이데이 행사를 경남도청년연맹, 부산노우회와 함께 부산역 앞 광장에서 기념하기로 했다.[77] 부산청맹이 계획한 신춘대강연회와 메이데이 행사는 일제의 불허로 개최되지 못했으나[78], 같은 해 5월 부산청맹은 가뭄으로 고통을 받는 경북 지역 이재민들을 돕기 위해 부산사회단체연합으로 경북기근구제회를 결성할 때 중심적 역할을 하였다.[79]

2기 집행부의 조직은 6부 체제로 재편되었다. 1기 집행부와 비교하면 체육부와 위생부가 폐지되고 그 대신 정문부와 여자부가 설치되었다. 또 기존의 서무부와 재정부를 서재부로 합쳤는데, 2기 집행부에서 정문부와 여자부를 신설한 것은 향후 정치적 문제와 여성운동에 대해 보다 적극적으로 대응하겠다는 집행부의 의지가 반영되었기 때문이다. 일제는 혁신 청년들이 중심이 된 2기 집행부가 출현하자 신경을 곤두세울 수밖에 없었다. 이에 부산경찰서는 2기 집행부가 출범하자 곧바로 집행위원장 김봉한과 집행위원 정영모의 집을 수색하여 각종 팜플렛을 압수하고 함흥, 김해 등지로부터 온 축문 내용의 불온을 문제 삼아 두 사람을 20일간 구류시켰다.[80)]

일제의 이런 조치는 2기 집행부에 대한 일종의 길들이기로 봐야 할 것이다. 이와 같은 일제의 탄압에도 불구하고 2기 집행부는 1929년 7월~11월 사이에 지역별 지부조직을 결성하여 부산 지역 청년운동을 이끄는 지도부로서 역할을 하였다. 부산청맹 5개 지부의 설치 시기와 집행위원들을 보면 다음과 같다.

〈표 III-5〉 부산청년동맹의 5개 지부

지부명	창립일시	집행위원	출처
서부 지부	1929.7.7	집행위원장 임국희, 후보 이화우 집행위원: 박영한·이실근·홍만수·문무생·강명위·최소능·김무진·이명선·박일곤·방창언·서복수	『중외』 1929.7.10.
목도 지부	1929.8.24	집행위원장 김○○ 집행위원: 김락종	『중외』 1929.8.27.
중부 지부	1929.10.21	집행위원장 김시엽 집행위원: 황창규·박경덕·류복길·김귀조·변덕윤·정처자·박억수·윤두안·정영모·강대석·추민선·장상현·오두석	『동아』 1929.10.26.
부산진 지부	1929.10.23	집행위원장 김구주 집행위원: 윤두해·강재은·최석봉·이호현·김재실·배근수·김복구	『동아』 1929.10.26.
수정 지부	1929.11.17	집행위원장 백영기 집행위원: 김성태·송영호 외 8명	『동아』 1929.11.22.

※출처: 『동아』와 『중외』는 『동아일보』와 『중외일보』를 의미함.

부산청맹의 각 지부는 지부별 준비위원회를 구성하여 창립을 추진했는데, 각 지부는 일제의 탄압으로 창립일이 몇 번씩 연기되는 진통 끝에 결성되었다. 심지어 목도지부의 경우는 창립대회 현장에서 준비위원으로 활동한 4명(김시엽·강명호·김추·김락종)이 검거되기도 했다.[81] 이처럼 일제가 부산청맹 지부 결성을 방해한 건 청년단체뿐만 아니라 사회단체까지 총지휘하는 기관으로 부산청맹이 성장하는 것을 저지하기 위해서였다. 이는 2기 집행부가 혁신 청년들로 구성된 만큼 그것에 상응한 일제의 탄압 또한 1929년부터 한층 강화되었음을 말해준다. 예를 들어 1929년 10월에는 부산경찰서와 동래경찰서가 연합으로 신간회 부산지회·근우회 부산지회·부산청맹 등의 사무실을 수색하여 각종 서류를 압수했으며, 부산청맹 간부 김시엽과 김봉한은 가택 수색을 당하기도 했다. 이 과정에서 신간회 동래지회와 동래청년동맹의 간부 11명이 부산검사국으로 송치될[82] 정도로 1929년 하반기가 되면서 부산과 동래, 두 지역 사회단체들의 활동에는 많은 제약이 뒤따랐다.

일제의 이와 같은 탄압에도 불구하고 부산청맹은 각 지부를 결성했다. 지부의 결성은 자생적이기보다는 부산청맹의 간부 김시엽·정영모·김봉한·변덕윤·강재은 등이 지부 결성 준비위원으로 적극 관여하여 조직되었다. 이는 동래청년동맹과 마찬가지로 부산청맹의 지부들 역시 하향식으로 결성되었음을 뜻하는데, 하향식의 지부 결성은 당시 일반적인 방식이었다. 지부가 결성된 지역에서는 자연스럽게 지부 산하의 반(班)조직 결성을 추진했다. 청년단체의 반조직에 관한 논의는 1926년부터 시작되었다. 1927년 8월 청총은 '신운동방침'을 정하면서 부(府)·군(郡) 단위 청년동맹의 기초 조직으로서 지부와 반조직의 중요성을 강조했다. 이에 농촌에서는 동(洞)과 리(里) 단위로, 도시에서는 공장·회사·광산·선박 등 작업장을 단위로 각각 반을 설치하고, 2개 이상의 반이 있을 때 지부를 설치할 것을 제시했다.[83]

청총의 이런 방침에 따라 각 지역의 청년동맹은 지부 산하 조직으로서

반 결성에 앞장섰다. 부산청맹 지부 중 가장 먼저 반조직을 논의한 곳은 서부지부였다. 서부지부는 1929년 7월 창립대회에서 반조직의 결성을 주요 안건으로 상정했으며, 이어 중부지부 역시 창립 한 달 뒤인 1929년 11월 집행위원을 열어 노동야학 설치와 함께 반조직 설치를 논의했다.[84] 부산청맹의 지부 중 반조직이 체계적으로 운영된 곳은 목도(현, 영도)지부였다. 목도지부는 창립대회 때부터 반조직 결성에 주력했다. 목도지부는 창립대회 때 활동 방침으로 미신타파, 간이도서문고 설치, 문맹 퇴치, 반(班)조직 등을 채택했다.[85] 목도지부의 이러한 방침들은 다른 지부의 활동 방침과 큰 차이가 없었다. 그러나 목도지부는 실제로 1929년 10월 27일 남구반(南區班)을 조직하여 반장 양로산, 반원 김봉왕 등을 선임했고[86] 중구반은 11월 15일 조직하여 반장 김락종, 위원 김봉한 등을 선임했다.[87] 이후 1930년 3월 목도지부는 회원 80여 명이 참석하여 정기대회를 열고 집행위원장 김동주(金東柱), 집행위원장 후보 김낙종, 집행위원 김성도(金聖道) 외 13명, 부산청맹에 파견할 대의원 박점순(朴点順) 외 12명 등을 선임했다.

그런데 이날 논의된 사항을 보면 목도지부는 이미 남구반, 서구반, 중구반 등 3개의 반조직을 운영하고 있었다. 즉 교양 문제에 관해서는 남구반, 맹원 증모는 서구반, 강연회 개최는 중구반, 그리고 여성운동 촉진에 관해서는 목도지부 등이 각각 책임지고 사업을 추진했다. 이날 정세 보고를 한 임국희는 낮에 있었던 근우회 부산지회에서도 정세 보고를 했는데, 내용 모두가 불온하다고 하여 이틀 뒤 검속되어 구류처분을 받았다.[88] 목도지부는 남구·서구·중구반 이외 1930년 2월 동구반 결성도 시도했는데,[89] 실제로 동구반이 결성되었는지 확인할 수는 없다. 목도지부 이외 지부에서는 반조직의 활동을 발견할 수 없는데, 목도지부에 최소 3개의 반조직이 운영된 건 당시 영도가 공장지대로 노동 청년들이 많이 활동한 것과 관련이 깊었다.

부산청맹 각 지부의 조직 체계와 활동을 보면 다음과 같다. 먼저 각

지부의 조직은 1929년 4월 부산청맹 2기 집행부 때 개편된 6부 체제와 동일한 조직 체제로 운영되었는데, 이는 서부지부의 6부 체제(서무재정부·선전조직부·교양부·여자부·소년부·체육부)를 통해서 알 수 있다.[90] 각 지부의 활동을 보면, 중부지부는 창립대회 때 무산아동교육, 간이도서문고 설치, 부산소년동맹 및 부산노동연맹 창립 촉진, 청년동맹 회원 증모 등[91], 또 1930년 3월 정기대회에서는 대중숙박소, 차가인동맹조직 후원, 신춘강연회와 원유회 개최 등을 토의했다.[92] 중부지부는 사실상 부산청맹의 핵심 인물들이 조직한 지부로 활동 방침에서 부산청맹과 별반 차이가 없었다. 따라서 중부지부는 창립 이후 부산청맹을 대행하는 조직체로서 활동하게 되는데, 1930년 9월 7일에는 국제청년데이 기념강연회를 준비했고.[93], 10월에는 중부지부 창립 1주년을 기념하여 대규모의 강연회를 다음과 같이 개최했다.

〈표 Ⅲ-6〉 1930년 10월 부산청년동맹 중부지부 창립 1주년 대강연회

강사	강연 제목
김봉한	현단계에서 본 노동조합운동에 관한 약간의 고찰
류복길	현금의 국제 정국 정세
현룡범	국제청년동맹과 우리의 나갈 길
이택국	국가 문제에 관한 두 세가지 고찰
오두석	무산청년의 역사적 사명
조동수	여성운동의 당면 임무
김귀조	-

※출처: 『동아일보』 1930. 10. 22.; 『조선일보』 1930. 10. 19.

대강연회의 강사들 모두는 젊고 혁신적인 청년들이었다. 김봉한·현룡범·오두석 등은 앞서 보았듯이 부산청맹 2기 집행부의 핵심적 인물이었다. 류복길은 부산청맹원으로 1930년 5월 부산소년동맹 정기대회에서 발언한 것이 문제가 되어 구류처분을 받았다.[94] 오두석 또한 같은 해 6월 부산합동노동조합 간부 김주엽과 함께 검거되었다.[95] 이택국은 김봉한과

함께 1930년 12월 신간회 부산지회 제5회 정기대회에서 '해소론'을 주장한 것으로 보인다.[96)]

특히 조동수는 1930년 4월 부산여자고등여학교 3학년 학생으로 학우들 수십 명과 함께 학교에 진정서를 제출한 것이 문제가 되어 자진 퇴학한 후, 같은 해 8월 근우회 부산지회 집행위원으로 선임된 인물이었다.[97)] 김귀조는 기장정진청년회 출신으로 1929년 3월~9월 동래청년동맹과 신간회 기장지회 집행위원으로 활동하다가 같은 해 10월 이후 활동 무대를 부산으로 옮겨 부산청맹 중부지부와 근우회 부산지회에서 활동했다.[98)] 결국 1930년 10월 중부지부 창립 1주년 강연은 부산청맹 중부지부와 근우회 부산지회에서 활동한 혁신적인 남녀 청년들이 중심이 되어 개최했으며, 강연의 내용 또한 '노동조합·국제 청년·무산청년' 등의 주제에서 볼 수 있듯이 전체적 분위기는 사회주의 계열의 무산 청년운동에 초점이 맞추어져 있었다. 이런 점을 보면 중부지부는 청년운동의 이념과 방향성을 설정하여 다른 지부들을 이끄는 중심 지부로서 기능을 수행하고 있었다.

한편, 부산진지부는 1929년 11월 가뭄 이재민구제, 지부 순회강좌 개최, 청총해금, 언론집회 자유획득동맹 조직 촉성, 도일(渡日) 노동자의 자유 획득, 부산노동연맹 창립 해금(解禁), 회보 발행 등 8개 사안을 활동 방침으로 채택했다. 이듬해 1930년 2월에는 5년 동안 유지된 부산정묘야학교가 경영난에 허덕이자, 야학교 유지 동정금 마련을 위해 5개 단체(부산체육회·근우회 부산지회·부산여자청년회·부산부인회·부산연악회)와 음악회를 개최했다.[99)] 특히 같은 해 8월 부산진지부 제3회 집행위원회에서 지부의 업무를 전담할 '유급 상무위원'의 문제를 논의했다.[100)] 부산진지부의 경우 유급 상무위원을 두어야 할 정도로 활동이 매우 많았음을 알 수 있다.

수정지부는 1930년 3월 차가인동맹 결성에 대해 논의했는데, 집값 상승에 따라 집의 임대료가 상승함으로써 주민들이 고통받는 현안 해결에 적극적으로 앞장섰다. 이밖에 1930년 7월 부산진지부와 수정지부는 각각

스포츠대회를 개최하려고 했다. 부산진지부는 부산체육회 및 부산소년동맹과 더불어 경남소년연식 야구대회를, 수정지부는 제4회 남선야구대회를 계획했다.[101] 물론 부산청맹 산하의 모든 지부가 정상적으로 활동한 건 아니었다. 서부지부는 지부 중 제일 먼저 조직되었으나, 1930년 6월 부산청맹 집행위원회에서 '서부지부 부흥'을 논의할 정도로 부침이 있었다. 그러나 서부지부는 1931년 7월, 부산 시내 수재민들을 돕기 위해 30여 명의 회원이 구제회를 결성하여 구호금과 구호품 마련을 위해 적극적으로 활동했다.[102]

이처럼 부산청맹 지부들은 문맹 타파, 미신 타파, 간이문고의 설치, 봄과 가을의 대강연회 개최, 무산아동교육, 노동야학 운영, 가뭄과 수해로 피해받는 지역민 구제, 도일노동자의 자유 도항권 확보, 나아가 정치적 현안인 언론집회의 자유와 일제가 금지한 청총 정기대회 개최, 부산노동동맹의 설치 등을 주장하며 주민의 권익 신장과 일제의 부당한 탄압에 저항했다. 각 지부의 이러한 활동은 지역민을 각성시키고 청년운동의 중요성을 확산하는데 크게 기여했다. 한편, 1929년 7월~11월 사이 5개의 지부가 결성된 이후 부산청맹은 1929년 11월 각 지부에서 선출된 대의원 10명씩, 전체 50명의 대의원이 모인 가운데 총회를 개최하고자 했다. 그러나 일제의 계속된 집회 금지로 오랜 기간 총회를 개최하지 못했다.[103]

이런 와중에 1930년 1월 조선방직회사 동맹파업이 발생하게 된다. 부산청맹과 각 사회단체는 파업을 지지하면서 경찰을 규탄한 격문을 시내에 배포하고 전국의 중요 사회단체에 격문을 발송했다. 이러한 행동에 대해 일제는 부산청맹 간부 김시엽·이천·정영모, 신간회 부산지회 간부 김주엽(金周燁)·이성줄·임종업, 부산합동노동조합·부산청맹 양로산(梁露山) 등을 검거하고 부산청맹의 등사판을 압수했다. 이뿐만 아니라 일제는 김시엽과 임종업 등 수 명을 검사국으로 송치하여 김시엽과 임종업은 재판을, 양로산은 20일 간의 구류처분을 각각 받았다.[104] 또 부산청맹의 임국희는 일본인 사회주의자 2명과 함께 수백 장의 격문을 제작하여 배포한 것이 뒤늦게 밝혀져 부산검사국에 송치되었으며[105] 김추 또한 조선방직주식회사 파업 때 조방 직공들과 각 고무공장 직공에게 인쇄물을 배포하여 보안법과 출판법 위반으로 검사국으로 송치되었다.[106]

이처럼 부산청맹은 조방파업을 직간접적으로 지원하면서 다수의 활동가가 검거되는 상황에서 그동안 오랜 기간 개최하지 못한 제3회 정기대회를 1930년 4월 개최했다.[107] 부산청맹의 제3회 정기대회는 5개 지부가 조직된 이후 처음 열리는 대회였다. 따라서 각 지부에서 선출된 대의원 50여 명과 청중 수백 명이 참가하여 집행위원장 김추, 집행위원장 후보 류복길, 집행위원 이순경·김성태·김낙종 외 9명, 검사위원 이철 외 4명, 청총 전국대회 출석 대의원 강재은·이순경 외 3명, 경남도연맹 출석대의원 강대석·오대석 외 9명을 각각 선임했다. 이때 토의된 사항은 교양문제, 부산노동자직업별 조사, 운동방침 수립, 미신 타파 운동, 수정지부와 부산진 지부 합병 문제, 의무교육 실시, 학술강연회 개최, 이재민 구제, 매일신보 강제구입 반대, 학생웅변대회 개최 등을 논의했다.

논의 사항 중 눈에 띄는 것은 노동자의 직업별 현황에 대한 조사와 수정지부와 부산진지부의 합병을 논의했다는 점이다. 노동자의 직업별 현황 조사는 앞서 지적했듯이 부산청맹과 각 지부 집행부에 노동단체 활동가들이 많았기 때문이다. 수정지부와 부산진지부의 합병 문제는 두 개의 지부가 지리적으로 인접해 있었기 때문에 운영의 효율성을 위해 논의된 것인데, 활동의 역량으로 보아 수정지부를 부산진지부에 통합하는 방안이 주된 내용이었던 것으로 생각된다.

이후 부산청맹은 1930년 6월 제4회 집행위원회를 류복길의 사회로 열고 학술강연회 개최, 전북일보 성토회 개최, 각 지부 순회강연 개최 등을 논의했다.[108] 이어서 7월에는 부산에서 간행된 일본어 신문 『조선시보(朝鮮時報)』에 게재된 "조선 부인 특유의 참인성(參忍性)" 표현은 조선 부인을 모욕한 것이라고 사회단체와 함께 청년동맹원 김주엽·현룡범·오두석·황명석·류복길 등 5명이 항의 방문했다.[109] 같은 해 8월에는 폭풍우로 인해 부산청맹이 피해를 입게 되는데, 부산청맹은 사회단체 연합으로 수리기성회를 조직하여 신간회 부산지회·부산청맹·부산합동조합 등에 각 150원의 부담금을 배정했으며, 근우회 부산지회에도 일정액의 분담금을 부과했다.[110] 부산청맹이 다른 사회단체에 분담금을 책정할 수 있었던 건 다른 사회단체에서도 부산청맹 회관을 평소 자주 이용했기 때문에 가능했다.

한편, 일제는 1930년 8월 부산청맹과 신간회 부산지회, 부산소년동맹 등의 서류를 압수하고 해당 단체 회원의 집을 수색했다. 그 과정에서 부산청맹원 김봉한·정영모·김성태 외에 6명을 검거하여, 이들 중 김봉한과 정영모는 치안유지법으로 검사국에 송치했다.[111] 이처럼 일제는 1930년이 되면서 청년단체뿐만 아니라 사회단체 전체에 대해 탄압을 강화했다. 그 결과 같은 시기 부산합동노동조합 또한 6주년 기념식조차 개최할 수 없었다.[112]

이와 같은 일제의 탄압에도 부산청맹은 1930년 10월 확대위원회를 열고 서무부·재정부·조직선전부·소년부·체육부·교양부 등 6부의 집행위원들을 선임했다.[113] 1929년 4월, 2기 집행부의 조직 체계와 비교하면, 서무재정부를 분리하여 서무부와 재정부로 독자의 부서로 설치했다는 점과 여자부를 폐기했다는 점이 눈에 띈다. 독립된 부서로 서무부와 재정부를 각각 설치했다는 것은 그만큼 서무와 재정 관련 업무가 증가했음을 말해주는데, 이러한 조직 분리는 부산청맹의 중심인물들이 점점 신간회 부산지회의 중요 간부로 활동하게 된 것과 깊은 관련이 있었다. 여자부의 폐기는 근우회 부산지회에 여성운동을 전담케 할 요량으로 폐지한 것으로 보인다.

부산청맹은 1930년 10월 제3회 정기대회를 개최한 직후 '물가 비판' 강연회를 계획했다. 그러나 일제는 '시국 불순'이란 이유로 금지했으며[114] 12월에는 부산청맹 집행위원 조유식을 검거하기도 했다.[115] 이처럼 1930년 후반이 되면 일제의 노골적인 탄압으로 인해 부산청맹은 합법적인 활동을 더 이상 유지하기 어려운 상황을 맞게 된다. 이러한 악조건 속에서 부산청맹은 1931년 1월 확대위원회를 개최하고 집행위원장 김낙종, 집행위원장 후보 김두영, 집행위원 차길문·박성업 외 11명을 선임했다. 이들 집행위원과 1929년 4월 선임된 제2기 집행부와 비교하면 겹치는 인물은 한 명도 없었다. 1931년 1월에 이르러 부산청맹의 집행부가 또 한 번 대대적으로 교체될 수 있었던 건, 회원의 25세 연령제한이 매우 엄격히 지켜지고 있었기 때문이다.

부산청맹 집행부의 이러한 교체에도 불구하고 정작 문제가 된 것은 일제의 혹독한 탄압으로 더 이상 합법적 청년운동을 할 수 없는 상황이 계속되었다는 점이다. 예를 들어 1931년 1월 부산청맹 집행부를 교체했을 무렵, 부산청맹 간부 오두석은 목도지부에 보낸 축문이 불온하다고 구금되었고[116], 같은 해 5월에는 비밀결사조직 혐의로 김시용(金時容)·박용규(朴瑢奎)·임국희(林國熙), 윤달선(尹達善)·제영순(諸英順), 전 부산청맹 집행위원장 김추 등이 검거되었다.[117]

1930년 후반부터 시작된 일제의 노골적인 탄압은 비단 부산청맹에만 한정된 건 아니었다. 전국적으로 사회단체 전체에 대한 일제의 탄압이 이루어지고 있었다. 이와 같은 일제의 탄압은 세계 대공황의 여파 속에서 일제의 국가 운영시스템이 근본적으로 파시즘 체제로 전환하는 데 따른 결과였다. 이에 1930년 후반부터 사회운동 세력 또한 객관적 정세 변화에 맞추어 항일운동의 모든 역량을 노동조합과 농민조합으로 집중하는 운동 노선의 변화를 도모했다. 즉 '사회운동의 볼세비키화'를 추진하게 되는데, 그 과정에서 나온 것이 청년동맹, 신간회, 근우회 등의 해소였다.

1931년 2월 경남도청년연맹은 부산청맹 회관에서 긴급 위원회를 개최하여 청총의 해소를 결의했다. 즉 '청총은 현재 소부르조아와 인텔리겐차의 집합체로 비무산계급의 집단으로 타락했기 때문에, 의식적 투사들이 노동자와 농민 속으로 들어가 새로운 투쟁을 시작하기 위해 청총을 해소해야 한다'는 것이었다.[118] 이러한 결정은 같은 해 4월 고성청년동맹 회관에서 개최된 경남도청년연맹 제4회 정기대회에서 재차 결의된다.[119] 이와 같은 결정에 따라 부산청맹의 활동도 소강 국면으로 접어들게 되며, 급기야 1931년 8월 부산청맹 회관이 밀린 임대료로 인해 경매 처분된다. 부산청맹 회관은 각 사회단체의 간판만 5, 6개 걸려 있었을 정도로 각 사회단체의 업무와 모임에 없어서는 안 되는 중요 장소였다. 부산청맹 회관이 경매 처분되자 부산청맹과 각 사회단체는 부산청맹 회관 부흥을 도모했으나 결국 회관을 부활시키지는 못했다.[120] 부산청맹 회관이 사라졌다는 것은 합법적인 항일운동이 더 이상 지속될 수 없음을 보여주는 하나의 상징적인 사건이기도 했다.

(2) 동래청년동맹

동래청년회는 1928년 1월 임시총회를 개최하여 청년운동이 안고 있던 파벌주의와 분열주의를 극복하기 위해 동래청년회를 해체하고 동래청년동맹(이하-동래청맹) 창립준비위원으로 허영호·김인호 외 5명을 선정했다.[121] 동래청맹 창립 준비위원은 동래 군내 각 청년단체의 동래청맹 가맹을 독려하여 1928년 2월 26일 동래청맹을 결성했다. 창립대회에서는 강령을 정하고 집행위원장 김인호, 집행위원장 후보 허영호, 서무재정부(손지수·윤삼동), 정치경제부(허영호·오종식), 교육부(박명수·양영조·추월량), 조직선전부(구연서·안제오·신경규), 체육부(엄진영·허필호) 등의 6부 조직과 집행위원들을 선임했다. 신임 집행부는 동래청맹의 활동 방침으로 군단일동맹 조직, 신간회 설치 촉성, 청총·노총·농총의 해금, 소년운동, 여성운동, 농촌문제, 경제상태조사 등을 토의했다.[122] 이어서 3월에는 동래소년회를 경성소년연합회에, 또 군내 농민을 규합해서 농총에 각각 가맹할 것과 노동야학의 적극적 지원 및 지주소작 관계 파악 등을 결의했다.[123]

동래청맹 창립 직후 논의된 내용을 보면 신간회 동래지회와 근우회 동래지회의 결성을 촉구했고, 소년운동과 농민운동의 강화, 노동야학의 지원 등을 통해 동래청맹이 각 부문 운동을 견인하는 중심 역할을 하겠다는 의지를 읽을 수 있다. 동래청맹 창립을 전후한 시기 집행위원들의 면면을 보면[124], 과거 사상단체 혁파회에서 활동한 박문희·유수준·김철규·김용규 등은 동래청맹 집행위원으로 활동하지 않았다. 이들의 경우 나이가 이미 30대에 접어들었기 때문에 동래청맹 임원으로 참여하지 않은 것으로 보인다. 창립 당시 집행위원장이었던 김인호 또한 혁파회 회원이었으나 당시 나이는 28세였다. 결국 김인호와 동갑인 허영호·엄진영 및 이들 3인보다 나이가 어린 오종식 같은 인물들이 동래청맹에서 활동했다. 동래청맹은 회원의 연령제한을 언제부터 실시했는지 알 수 없다. 그러나 1930년 7월 회원의 연령을 18~25세로 제한했다.[125] 따라서 동래청맹의 경우, 늦어도 1930년 7월 무렵 집행부의 세대교체가 이루어진 것으로 판단된다.

동래청맹에서 활동한 인물들 중 윤병인과 동갑생인 김인호·허영호·엄진영 등은 신간회 동래지회에서도 활동했다. 그러나 이들보다 후배 세대로 동래고보를 1924·1925년, 1927년경에 졸업한 한일철·추월랑·오종식·구정서·신경규·이영석·김명룡 등은 신간회 동래지회의 설립을 위한 실무준비위원으로 활동했을 뿐, 신간회 동래지회 임원으로 활동하지는 않았다. 동래청맹원으로 비교적 연령이 낮았던 한일철·김명룡·추월랑·이영석 등은 동래노동조합에서 더 적극적으로 활동했다.

이는 동래청맹 결성을 전후한 시기 청년운동의 성격을 잘 보여준다. 당시 동래청맹 회원들이 노동단체와 농민단체에서 적극적으로 활동한 것은 비단 동래청맹 동래지부만의 특징은 아니었다. 동래청맹 기장지부와 일광지부 또한 유사한 모습을 보여주었다.[126] 부산청맹 활동가들이 부산지역 노동단체에서 활동한 것처럼, 동래청맹 및 동래청맹 각 지부의 활동가들 또한 노동단체와 농민단체에서 적극적으로 활동했다.

동래청맹은 창립 이후 1928년 5월~8월 사이 사하지부·기장지부·좌천지부·여고(余古)지부·동래지부·구포지부를 결성했다. 부산청맹의 지부 설치와 비교한다면 동래청맹은 창립 후 6개월 이내 5개의 지부를 설치했다. 이처럼 지부를 빠르게 설치할 수 있었던 건 부산과 달리 동래청년연맹 때부터 각 지부 청년단체와 돈독한 관계를 유지하고 있었다는 점, 그리고 동래청맹이 일찍부터 지부 결성을 사업의 중요 목표로 설정하고 적극적으로 추진한 것이 중요 원인으로 작용했기 때문이다. 실제로 동래청맹은 사하지부와 기장지부를 설치한 직후 1928년 6월 지부 설치와 관련하여 동래군을 4개의 구(區)로 나누어 지부를 설치할 계획을 세웠다. 제1구는 여고(余古)·남면·서면·북면, 제2구는 일광·장안, 제3구는 정관·철마, 제4구는 사상·구포 등이었다.[127] 동래청맹의 이러한 방침 때문에 각 지부는 빠른 속도로 조직될 수 있었다. 동래청맹 각 지부의 설치와 활동을 보면 다음과 같다.

〈표 Ⅲ-7〉 동래청년동맹의 5개 지부

지부	창립일시	집행위원	출저
사하 지부	1928.5.6	집행위원장 이봉흡, 후보 임근수 집행위원: 김지태·박규석·장순혁·이재헌·문재철·임병태·김동명	『동아』 1928.5.9.
기장 지부	1928.5.27	집행위원장 김태영 집행위원: 정혁·오주석·권삼암·김주현·김규엽·김귀조	『동아』 1928.5.31.
좌천 지부	1928.6.22	집행위원: 박종필·송갑용·한갑석·김기봉·오세병·장갑룡·정진석	『동아』 1928.6.27.
일광 지부	1928.6.26	집행위원장 최시준 서무재정부(심재필·김영욱), 정치경제부(남강희·서수학), 교양부(윤규선), 선전부(정혁·김주홍), 체육부(이종덕), 여자부(심재필)	『동아』 1928.7.2.
여고 지부	1928.6.30	집행위원장 정수극 집행위원: 문대현·강홍수·김두병·김기득·김○상·박홍주	『동아』 1928.7.3.
동래 지부	1928.7.8	집행위원장 신경규 집행위원: 김용준·박문호·박금수·박영종·추앙재·허진호·조희식·한신상·이영석	『동아』 1928.7.13.
구포 지부	1928.8.26	집행위원장 김진홍 집행위원: 서진관·신현두·김한술 외 5명	『동아』 1928.8.30.

※출처: 『동아』는 『동아일보』를 의미.

동래청맹 지부 중 제일 먼저 설치된 지부는 사하지부였다. 사하지부는

1928년 5월 사하공립보통학교 강당에서 창립되었다. 당일 논의된 사항은 언론출판집회 결사의 자유 획득, 기회주의와 파벌주의 적극적 박멸, 문맹퇴치, 청총·노총·농총의 해금(解禁)운동, 조혼폐지, 농민교양과 농민조합, 동래청맹 대회 참석 대의원 및 건의안 작성, 사하면운동 통일, 괴정·다대포간 도로 문제 등을 토의했다.[128] 논의된 내용을 보면 지부의 현안 외에 농민조합 결성과 삼총의 해금, 언론출판집회의 자유 등 정치적 문제까지 매우 광범하게 토의했는데, 이는 지부 집행부의 정치적 역량이 어느 정도 뒷받침되었음을 말해준다. 특히 괴정·다대포간 도로 문제는 농번기임에도 불구하고 사하면 당국이 무리하게 주민들에게 부역을 시켰기 때문에 주민들의 반발이 심했다. 이 문제에 관해 사하지부 집행위원들은 해결 방안을 강구한 것이다.

사하지부 창립대회에서 토의된 사항들을 보면 청년운동이 나름 적극적으로 진행되었음을 알 수 있는데, 사하지부 결성 직후 1928년 6월, 동래소년동맹 사하지부 또한 설치된[129] 것은 당시 사하면의 사회적 분위기를 엿볼 수 있다. 사하지부는 1928년 12월 현재 집행위원장은 임병태였고 회원은 29명이었다.[130] 그런데 사하지부는 기존의 사하청년회를 해체한 뒤 조직된 것은 아니었다. 사하청년회는 사하지부가 결성되고 1년이 지난 1929년 2월 해체되었다.[131] 사하지부 결성이 정형적인 하향식 방식으로 결성되었음을 단적으로 알 수 있다.

이후 사하지부는 1929년 2월 음력 정월에 씨름대회를 개최했으며[132], 이어서 3월에는 제1회 정기대회를 개최하여 집행부 임원 중 장순혁과 김지태(金之泰)를 제외하고 전원 교체했다. 아울러 반조직, 회관 건립, 미신타파, 백의(白衣)착용 철폐, 문맹 퇴치, 조혼 폐지, 사하면 소년운동 지지, 노농단체 조직, 신간회 분회 설치 등을 토의했다.[133] 이들 논의 사항 중 반조직, 노농단체 조직, 신간회 분회 설치 등을 보면 사하지부가 매우 적극적으로 활동하였음을 보여준다. 실제로 사하지부는 1929년 2월 사하청년회를 해체할 때 농민조합 결성을 결의했을 뿐만 아니라 같은 해 4월 문맹 퇴치 강연회를 2회에 걸쳐 개최했다.[134] 이와 같은 사하지부의 적극적인 활동 때문인지 일제는 1929년 5월 사하지부 창립 1주년 대회를 허락하지 않았다.[135] 이후 사하지부의 활동은 잘 드러나지 않는다. 그러나 전후 상황으로 보아 1930년까지는 활동이 유지된 것으로 생각된다.

기장지부는 1928년 5월 기장정진청년회관에서 창립되었다. 창립대회 때 기장지부는 신간회 지지, 노동야학과 여자야학 경영, 근우회 기장분회 설치 촉성, 기존 청년단체 해체와 운동전선 통일, 교양 문제 등을 토의했다.[136] 근우회 기장분회 설치 촉성은 기장지부 설치 2개월 전에 기장정진청년회가 근우회 동래지회 기장분회를 설치하기 위해 여자부 회원을 분리하기로 한 결정의 연장선에 나온 것이었다. 이후 기장지부는 같은 해 8월 전위 분자 양성과 반조직 확립을 논의했다. 기장지부가 힘을 쏟은 전위 분자 양성은, 1919년 1월 독일에서 혁명가로 활동하다 학살된 카를 리프크네히트와 로자 룩셈부르크, 두 사람의 추도일을 기장지부가 1929년 1월 성대히 거행한 데서 단적으로 알 수 있다.[137]

다시 말해 기장지부는 이미 1929년 1월 무렵 사상적으로 사회주의 계열의 인물들이 주도하고 있었다. 집행위원들의 이러한 사상적 경향에도 불구하고 1928년 8월 기장지부에서 논의된 반조직은 생각만큼 쉽게 결성되지는 않았다. 1929년 2월 기장지부는 송정리와 죽성리에 반조직을 설치하기로 했으나, 실제 결성 여부는 확인되지 않는다. 그러나 같은 시기 시랑리의 시랑반은 조직되었으며, 1930년 2월 당사리에도 반을 설치했다. 이렇게 반조직이 결성되면서 기장지부는 1930년 8월 각 반조직의 총회를 개최했다. 그러나 1930년 중반을 거치면서 일제의 탄압이 강화되자 기장지부 회원들이 탈퇴하거나 제명되는 경우들이 발생했다. 기장지부는 이러한 악조건 속에서 1930년 10월 집행위원회를 열고 임원들을 교체했다. 이때 선임된 집행위원들은 기장노동회(김규엽), 기장농민조합(김소도·김청룡), 동래소년동맹 기장지부(김덕순·이소희) 등에서 활동한 인물들이 많았다.[138]

기장지부 집행부의 이런 인적 구성은 1931년에 들어서면서 일제의 탄압으로 인해 더 이상 지부의 활동이 어렵게 되었을 때, 운동 역량을 기장농민조합으로 혹은 활동 무대를 부산의 공장지대로 옮기는 중요 요인이 되었다. 실제로 1928년 5월 기장지부 집행위원장으로 활동한 김태영은 1931년 12월 부산에서 혁명적 노동조합 사건으로 3년 언도를 받았다.[139] 기장지부의 회원은 1928년 12월 46명이었다. 기장지부의 활동이 유지되는 동안 회원 수는 50여 명 내외였던 것으로 보인다.

동래청맹 좌천지부는 기장지부보다 1개월 늦은 1928년 6월 결성되었다. 좌천지부 창립 준비위원으로 활동한 송갑용(宋甲用)은 1928년 7월 동래청맹 지부설치 준비위원회의 위원으로 활동한 인물이었다. 같은 해 12월 회원은 39명이었고 집행위원장은 박종필(朴鍾弼)로 이때 이미 월내반이 결성되어 있었다.[140] 그러나 이후 좌천지부의 활동은 잘 드러나지 않는다. 1929년 10월 동래청맹에서 좌천지부 문제를 다룬 것으로 보아, 1929년 중반을 거치면서 활동이 부진했던 것으로 생각된다.[141]

일광지부는 좌천지부와 거의 같은 1928년 6월 결성되었다. 창립 집행위원 중에는 일광노농회(심재필), 일광농민조합(정혁·서수학)과 기장농민조합(정혁) 등에서 활동한 인물들이 포함되어 있었다.[142] 창립된 그해 12월 회원은 22명이었으며 집행위원장은 최시명(崔時鳴)인 것으로 보아, 창립되고 얼마 되지 않아서 위원장이 교체된 것으로 보인다. 일광지부는 이듬해 1929년 3월 제1회 정기대회를 열고 집행위원을 교체했는데, 이때 선임된 집행위원 중에는 창립 때부터 활동한 중요 인물(심재필·정혁·서수학)이 계속해서 집행위원을 활동했다. 제1회 정기대회에서는 농촌야학 조사, 반조직 촉성, 동래청맹에 납부할 분담금 및 제안서 등을 논의했고,[143] 이어서 4월에는 반조직과 동래소년동맹 일광지부 설치 촉성에 관해 결의했다.[144] 이후 일광지부는 1930년 9월 집행위원회를 열고 임원 개선과 반조직 설립을 논의했고[145] 이어서 10월에는 추석을 맞이하여 3일간 씨름대회를 개최했다.[146] 그러나 1930년 9월 집행위원회가 오랜 기간 침체 상황에서 개최된 것을 보면, 활동에 부침이 있었음을 알 수 있다. 여고지부는 1928년 6월 30일 결성되었으며 같은 해 12월 회원이 29명이었던 것만 확인된다.[147] 1929년 6월 동래청맹에서 '여고지부 조직체 변경'을 논의한 것으로[148] 보아, 이 무렵에 해체되었거나 동래지부로 합병된 것으로 보인다.

동래지부는 1928년 7월 설치되었다. 부산청맹에서 중부지부가 핵심 지부로 활동한 것처럼 동래지부 또한 동래청맹을 이끄는 중심 지부로 활동했다. 동래지부 집행위원들은 1929년 동래청맹과 동래지부 집행위원장을 겸임한 김명룡의 예에서 보듯이, 동래청맹과 동래지부 집행위원들은 중복되는 인물들이(박문호·김용준·김명룡·김명줄)이 많았다. 동래지부는 교양 문제와 회원 증모, 토론회와 음악회, 시민대운동회와 웅변대회, 농촌야학 현황 조사와 월례회 운영, 소년지도부 설치와 동래농민조합 창립, 유학생 초청 강연회와 노동조합 내부 청년부 설치 등을 논의하고 또 실행했다.[149] 동래지부의 이러한 활동들은 동래청맹이 추진한 주요 방침과 큰 차이가 없었다.

구포지부는 1928년 8월 구포청년회관에서 동래청맹 집행위원장 박일형 외 3명이 참석한 가운데 결성되었다. 그런데 구포지부는 토의 사항에 앞서 회원의 연령 문제를 두고 장시간 논의하여 연령은 1929년 3월 경남도청년연맹 총회 때까지 17세~30세로 정했다.[150] 지부 창립 때 회원의 나이 문제가 논란이 된 것은 구포청년회 회원 중 장년층이 많았음을 의미했다. 1928년 12월 구포지부의 회원은 25명이었으며 집행위원장은 창립 때와 마찬가지로 김진홍(金縉弘)이었다. 창립 이후 구포지부의 활동은 잘 드러나지 않으나, 매년 구포시민운동회를 개최한 것으로 보인다.

특히 1931년 4월 구포보통학교 운동장에서 개최된 구포시민대회는 구포유치원 유지비 염출을 위해 개최된 측면도 있었다.[151] 구포지부는 젊은 청년들보다 장년층의 영향력이 강했음은 지역 유지들로 구성된 구포곡물조합 정기총회가 구포지부에서 개최된 것을 통해서 엿볼 수 있다.[152] 따라서 구포지부는 반조직이라든지 농민조합 결성과 같은 문제보다는 구포

노동야학 운영에 중점을 두고 활동했다.153)

동래청맹 각 지부의 활동을 보면, 문맹 퇴치, 조혼 폐지, 신간회와 근우회 지지, 노동·농민단체 진흥과 농민조합 결성, 노농·여자야학 운영, 소년운동 지원, 국제청년데이 기념, 반조직 결성 등에 적극적이었다. 그러나 부산과 마찬가지로 각 지부의 활동에는 편차가 있었다. 보수적 지부와 혁신 지부로 구분하자면 구포지부는 전자에, 기장지부는 후자에 속했다. 기장지부의 활동 역량은 좌천지부와 일광지부에도 영향을 미쳤는데, 이는 동래군 내에서 반조직이 기장지부 2개(시랑리·당사리), 좌천지부 1개(월내리)가 설치된 데서도 알 수 있다.

동래청맹 산하 각 지부가 빨리 결성되고, 여러 활동을 할 수 있었던 데는 동래청맹의 지속적인 지부 설치 독려와 지원이 있었기 때문에 가능했다. 동래청맹은 1929년 6월 집행위원회를 열고 출판부장(박일형), 서무부장(김명룡), 조직선전부원(최두해), 교양부 위원(박차정), 정경부 위원(안금수) 등을 보선했다. 아울러 각 지부 운영과 관련하여 세부적인 방침을 채택했다. 즉 사하지부 암남구(岩南區) 감독원과 좌천지부 감독원의 정리 및 동래·기장·사하·구포·좌천지부 등에 대한 지부 분담금 징수 위원 선정, 지부의 월례회 개최 독려, 지부에 여자부 조직 지령 발송 등을 결의했다.154) 이처럼 동래청맹은 1929년 6월 무렵 지부에 감독원을 파견하고 월례회와 여자부 조직을 독려할 만큼 매우 적극적으로 지부 운영에 관여했다. 동맹청맹의 이러한 활동들이 뒷받침되었기 때문에 1929년 각 지부의 활동 또한 활발할 수 있었다.

특히 동래청맹이 지부의 조직 강화를 위해 신경 쓴 반(班)의 조직 문제는 1928년~1930년 노동운동에서 산별노동조합으로 이행하기 위한 과정에서 논의된 중요 사안이기도 했다. 이에 동래청맹원 다수가 몸담았던 동래노동조합 역시 1929년 3월 동래노동조합 임시대회에서 반조직 문제를 논의한 이후 같은 해 6월 온천리반, 7월에는 복천동반과 교동반을 각각 설치했다. 동래청맹원들이 적극적으로 참여한 동래노동조합의 전신은 동래노농회였다. 동래노농회는 1926년 12월 명륜향교에 야학을 운영했으며, 1928년 5월 메이데이 행사를 기획했다. 이후 1928년 8월 11일 노동, 농민 운동의 분리 노선에 따라 동래청맹원 주도로 동래노동조합으로 재편되었다. 동래노동조합 창립 당시 회원은 120명이었다. 이후 동래노동조합은 1929년 반조직 정비와 함께 노동조합 강좌 개최, 도일(渡日)노동자 저지 반대, 언론·출판·집회·결사의 자유획득, 노동자농민신문 지지, 동래군 노동연맹 조직과 농민조합 설립 등을 주요 사업으로 추진했는데, 1929년 8월 동래노동조합 집행위원으로 활동한 한일철·추월량·박영종 등은 동래청맹원들이었다.[155)]

동래농민조합 또한 동래청맹에서 추진했다. 동래청맹은 1929년 3월 농민 문제에 대해 논의한 이후 농민조합 결성을 꾸준히 준비한 결과 1929년 7월 동래청맹 동래지부(김명룡·이영석) 주도로 동래농민조합 창립대회를 개최하려고 했는데, 일제의 탄압으로 동래농민조합은 결성되지 못했다.[156)] 이후 동래청맹 차원에서 동래농민조합 결성은 더 이상 시도되지 않았다. 자세한 내막은 알 수 없으나 동래군내 농민들이 많이 거주한 기장에서 기장농민조합이 1928년 10월 5일 결성되었고, 일광농민조합 또한 1929년 4월 이전에 결성된 것과 무관해 보이지 않는다.[157)] 다시 말해 이미 기장농민조합과 일광농민조합이 활동하는 상황에서 동래군 전체를 아우르는 농민조합을 결성한다는 것이 실효성에서 문제가 있다고 판단해서 더 이상 동래농민조합 설립을 추진하지 않는 것으로 생각된다.

한편, 1929년 동래청맹의 활동을 보면, 신간회 동래지회 및 동래 각 사회단체와 연합으로 동래시민운동회, 문맹퇴치 강연회, 현상토론회, 청년데이 행사 기획, 동래청맹 행동강령 제정, 동래사회단체회관 건축 기성회 창립준비위원회 결성, 언론집회규탄 연설회 개최 등 다양한 활동을 했다.[158)] 그런데 동래청맹은 8월에 기관지 발행과 소년지도부 증설, 동래군내 야학연합기관 조직 촉성 등을 논의했다.[159)] 청맹에서 기관지를 발행하려고 한 것은 드문 사례이다. 청년운동의 방향성 통일과 각 지부 현황을 기관지에 소개함으로써 일종의 소식지로서 기능도 담보하려는 의도에서 기획되었다고 하겠다. 이와 같이 1929년 동래청맹은 한 해에 많은 사업을 하였으나, 1929년 10월 언론집회규탄 연설회를 계기로 시련을 맞게 된다. 일제는 언론집회규탄 연설회의 내용을 문제 삼아 동래청맹 집행위원장 한일철과 동래지부 집행위원장 김명룡에 대해 구류 처분했으며 강연자 6명을 검속했다.[160] 이뿐만 아니라 일제는 같은 해 10월, 통영청년동맹에서 보낸 문건을 문제 삼아 동래청맹원과 동래노동조합 관련자 10명, 통영청년동맹원 3명을 각각 치안유지법 위반으로 검사국에 송치했다.[161]

다수의 동래청맹 간부가 송치된 이 사건은 조직의 활동 전반에 심대한 타격을 주었다. 그 여파로 1930년에 들어서면서 동래청맹의 활동은 급격히 위축되었다. 같은 해 10월, 동래청맹은 신간회 동래지회와 함께 '동래시민추계운동회'를 개최하며 재기의 움직임을 보였으나, 곧이어 11월에 한일철·이영석·한무철·박영출 등 주요 회원들이 잇달아 검거되었다.[162] 이후에도 1931년 4월 문맹퇴치 강연회 등을 열며 명맥을 이어가려 했으나[163] 더 이상 과거와 같은 활발한 활동을 지속하기는 어려웠다. 결국 1931년 봄, 사회단체의 해소론이 전국적으로 확산되던 시기 동래청맹은 별다른 논의조차 제기하지 못한 채 사실상 활동의 종언을 맞게 된다. 1920년대 동래지역 청년운동에서 주목할 점은 주요 활동가 대부분이 동래고보 출신이었다는 사실이다. 이러한 동문 관계는 긴밀한 인적 네트워크를 형성하여 청년운동과 노동운동을 추진하는 데 중요한 동력으로 작용하였다.[164]

2. 신간회운동

신간회는 일제강점기 국내에서 결성된 항일운동 단체 가운데 가장 규모가 큰 민족운동 단체였다. 1927년 2월 15일 창립된 신간회는 1931년 5

월 16일 해체될 때까지 4년 3개월 동안 활동하며, 전국에 140여 개에 이르는 지회를 두고, 회원 수 4만 명에 달하는 국내 최대의 항일조직으로 성장하였다. 이처럼 신간회가 전국적 조직으로 활동할 수 있었던 것은, 비타협적 민족주의자들과 사회주의자들이 협동하여 투쟁 역량을 결집했기 때문이었다.

1926년 6·10만세운동 이후 일제는 민족운동 세력을 분열시키기 위해 자치론을 비롯해 다양한 획책을 도모했다. 이러한 상황에서 조선공산당을 중심으로 한 사회주의 세력은 민족협동전선의 결성을 주장하며, 비타협적 민족주의자들과의 연대를 시대적 과제로 제시하였다. 그 결과 신간회가 결성되었는데 신간회의 강령은 ① 우리 민족의 정치적·경제적 각성을 촉진할 것, ② 민족의 단결을 공고히 할 것, ③ 일체의 기회주의를 부인할 것 등 세 가지였다. 간결한 신간회 강령에는 자치운동을 배격하고, 항일운동 세력의 전면적 통일을 지향하는 의지를 분명히 하였다. 신간회는 창립 이후 1929년 원산총파업과 광주항일학생운동, 1930년 부산의 조선방직회사 파업 등을 전국적인 항일운동으로 확산하는 데 주도적으로 활동하였으며, 동시에 각 지역의 노동운동·여성운동·학생운동을 지원하는 중심 기관으로서 역할을 하였다. 아래에서는 신간회 부산지회와 동래지회의 구체적 활동을 통해 신간회 운동이 부산 지역에서 어떤 양상으로 전개되었는지 살펴보고자 한다.

1) 부산지회의 활동

신간회는 1927년 6월부터 지회 설치에 힘쓴 결과, 그해 연말까지 전국에 약 100여 개의 지회를 조직할 정도로 빠른 성장을 보였다. 신간회 부산지회는 이러한 흐름 속에서 1927년 7월 30일 결성되었는데, 경남에서는 사천지회(6월 19일), 마산지회(7월 20일)에 이어 세 번째로 창립되었다.[165]

부산지회가 창립될 무렵, 부산청년회를 비롯한 주요 단체들은 각종 난관에 부딪혀 활동이 극도로 위축된 상태였으며 일부 단체는 "폐문(閉門)"할 정도로 상황이 어려웠다.

당시 청년단체를 비롯한 사회단체들의 활동이 침체한 배경에는 1925년 부산청년연맹 결성을 둘러싸고 사회주의 세력 내부에서 벌어진 갈등이 주요 원인이었다. 사회주의 진영 내부의 분열은 부산청년동맹이 신간회 부산지회보다 늦은 1927년 12월에 결성된 사실에서도 확인된다. 신간회 부산지회 또한 비타협민족주의자들과 사회주의자들이 수개월에 걸친 협의를 통해 결성되었는데,[166] 부산지회창립대회는 비타협적 민족주의 계열 인사들이 주도권을 확보한 가운데 진행되었다.

창립대회에는 방청객 다수가 참석한 가운데 정회원 28명 중 22명이 참여하였고, 이들은 11명의 간부를 선출하였다. 선출된 간부 11명 가운데 10명이 민족주의 좌파 계열 인물로 구성되었다는 점에서, 신간회 부산지회의 성립은 민족주의 좌파의 주도 아래 이루어졌음을 확인할 수 있다. 부산지회의 창립 이후 시기별 임원을 보면 다음과 같다.

〈표 Ⅲ-8〉 신간회 부산지회 시기별 임원

시기별 임원진	회의 일시 / 출처
설립준비위원	-
金局泰(민)·盧相乾(사)·崔天澤(민)·金七星(사)·金弘權(민)·金永柱(민)·金漢圭(사)	『조선』 1927.7.23
창립대회 집행부	1927.7.30
회장: 金局泰(민) 서무부: 金漢圭(사)·崔天澤(민), 재정부: 李康熙(민)·金永柱(민) 정치문화부: 金弘權(민)·沈斗燮(민), 선전부: 吳鐸(민)·金夏鉉(민) 조사연구부: 尹相龍(민)·白龍水(민) 상무간사: 최천택·김한규·이강희	『동아』 1927.8.1. 『조선』 1927.8.2.
회장: 김국태(민) 부회장: 최천택(민)	1927.12.29 『동아』 1928.1.3.

시기별 임원진	회의 일시 출처
서무부: 徐有聲(민), 재정부: 金文一(민), 정치문화부: 강대홍(사) 조직부: 禹吉龍(사), 선전부: 田暎昊(사), 출판부: 金鳳翰(사), 조사연구부: 오탁(민) 본부대회파견 대의원: 김국태·강대홍·오탁·任龍吉(민)·서유성·최천택	『조선』 1928.1.3.
서무부: 오탁(민), 재무부: 金尙範(민), 출판부: 김봉한(사) 정치문화부: 임룡길(민), 조사연구부: 심두섭(민), 조직부: 우길룡(사) 선전부: 김수홍(민), 상무위원:오탁·심두섭	1928.4.5 『조선』 1928.4.10.
지회장: 최천택(민) 부회장: 임룡길(민) 간사: 오탁(민)·김윤간(민)·김칠성(사)·노상건(사)·김한규(사)·김하현(민)· 안상교(사)·김수홍(민)·崔世喆(민)·金時燁(사) 대표위원: 김국태·노상건·최천택·김한규·김상범·임룡길	1929.2.12. 『조선』 1929.2.16.
집행위원장: 李聖茁(사) 집행위원: 李錫柱(사)·金周燁(사)·임룡길(민)·尹顔斗(민)·鄭永謨(사)· 金性泰(민)·林國熙(사)·金洛鍾(사) 검사위원: 尹鳳來(사)·金時燦(민)·李和雨(사)	1929.12.8. 『동아』 1929.12.12.
집행위원장: 임룡길(민) 집행위원장후보: 김봉한(사) 집행위원: 姜在殷(사)·李宅國(사)·黃命碩(사)·李舜景(사)·金洛鍾(사) 검사위원: 朴泰洪(민)·최세철(민)	1930.12.8. 『동아』 1930.12.18.

※출처: 설립준비위원 김영식(金永植)은 김영주(金永柱)로 수정함. (민)은 비타협 민족주의, (사)는 사회주의를 의미함. (민)과 (사)의 분류는 강재순, 「신간회 부산지회와 지역사회운동」, 『지역과 역사』 제1호, 부산경남역사연구소, 1996, 39~41의 인명 분류를 참고, 약력이 확인되지 않는 윤상범·김윤간·김성태·김시찬·박태홍 등은 (민)으로 분류함.

위의 〈표Ⅲ-8〉에서 보듯이 신간회 부산지회의 창립 집행부는 비타협민족주의자들이 주축을 이루고 있었다. 그러나 1927년 12월에 이르면 사회주의자들이 부산청맹 결성을 계기로 세력을 재정비하며 신간회 부산지회에도 적극적으로 진출하기 시작했다. 이에 부산지회의 회원 수도 불과 몇 달 사이에 240명으로 증가하고,[167] 조직 체계 또한 조직부와 출판부가 새로이 설치되면서 지회의 기능 또한 확대되었다. 이러한 변화는 1927년 12월 부산청맹의 결성과 사회주의자들의 신간회 지도부 진출, 지회의 부서

신설 등이 서로 긴밀히 맞물려 있었음을 말해준다. 1927년 연말, 사회주의자들의 부산지회 진출에는 같은 해 11월 조선공산당의 안광천이 제기한 '신간회 내에서 노동계급의 헤게모니를 장악해야 한다'는 주장이 영향을 미치고 있었다.[168]

그러나 사회주의자들의 신간회 부산지회 진출은 오래가지 못했다. 1928년 2월부터 시작된 일제의 조선공산당 검거 속에 사회주의자 강대홍이 체포되면서, 그 여파로 부산지회에서 사회주의 세력은 지도부에서 물러날 수밖에 없었다. 이는 1928년 3월 말 부산지회에서 "현간부 사임 및 결원 4인"에 대해 비타협민족주의자 계열의 임룡길·심두섭·김상범·김수홍 등을 신임 간부로 선임된 데서도 알 수 있다. 이후 사회주의 세력은 1929년에 들어서면서 노상건·안상교·김칠성 등을 중심으로 다시금 부산지회 지도부로 진출하였다. 이러한 추이는 부산만의 현상은 아니었으며, 1929년 무렵 전국적으로 사회주의자들이 신간회 각 지회에 활발히 진출하던 일반적 흐름의 일환이었다. 이는 1929년 6월 서울에서 개최된 신간회 복대표대회(複代表大會)에 참석한 지역 대표들과, 이들이 선출한 중앙집행위원·중앙집행위원 후보·중앙검사위원 다수가 사회주의 또는 친사회주의 성향의 인물들이었다는 사실에서도 확인할 수 있다.[169]

한편, 부산지회는 1929년 9월 21일 개최된 임시대회에서 종래의 회장제를 집행위원장 체제로 변경했다.[170] 이는 신간회를 민주집중제 형태의 조직으로 운영하기 위해, 각 지회의 요구에 따라 복대표대회에서 확정된 방침을 부산지회 또한 채택한 결과였다. 위의 〈표Ⅲ-8〉에서 알 수 있듯이 1929년을 기점으로 본격화된 사회주의자들의 부산지회 진출은 같은 해 12월 개최된 제4회 정기대회를 통해 더욱 두드러지게 나타났다. 제4회 정기대회를 경계로 한 부산지회의 변화는 두 가지 점에서 주목된다. 첫째, 김국태·최천택·오탁 등 비타협적 민족주의자들이 지도부에서 물러났다는 점이다. 둘째, 1920년대 중반부터 이후 꾸준히 활동해 온 중견 사회주의자 노상건·안상교·김칠성 등이 2선으로 퇴조하고, 그 자리를 새로운 세대의 사회주의자들이 대신하게 되었다는 점이다.

부산지회에서 활동하게 되는 사회주의자들은 1928년 1월 혁신총회를 통해 전투력을 강화한 부산노우회(이강희·김시엽·황명석·이순경)를 비롯하여, 그것의 발전적 조직으로 1929년 5월 결성된 부산합동노동조합(황명석), 1928년 12월 설립된 부산출판노동조합(이화우·이순경·황명석), 그리고 1927년 부산고무직공조합(김성태) 등에서 활발히 활동하였다. 이들 대부분은 부산청맹에서도 중심적 역할을 담당하였으며, 지역 노동운동의 중요 세력으로 자리하였다.[171] 이러한 세력들이 1929년 하반기 이후 부산지회에 대거 진출함으로써 지회의 성격은 한층 사회주의적 색채를 띠게 되었다.

지도부의 이러한 변화 과정에서 부산지회의 활동을 보면, 1927년 12월에는 부산청맹과 함께 영주동 노동야학에서 일요강좌를 개최하였다. 이어 1928년 1월에는 회원들에게 연 1원의 회비 납부를 의무화하고, 지회의 활동 상황과 회원들의 동향을 전달하기 위한 회보 발행을 추진하였다. 또한 부산청맹과 함께 재만동포옹호동맹을 결성하여 후원금을 발송하기도 했다.[172] 1928년 4월에는 신간회 동래지회 결성을 지원하기 위해 서울 경성지회에서 파견된 특파위원 이관구를 초청, 강연회를 개최하였다. 이관구는 일본자본주의의 발전, 중국과 인도의 관계, 조선의 정치와 경제, 그리고 신간회의 역사와 조직 형태 등 주제로 연설했는데, 수백 명의 청중들로부터 큰 호응을 얻었다.[173] 그러나 부산지회는 1928년 7월 지회 창립 1주년 기념 행사를 부산진의 오이케(大池)별장에서 임원들 중심으로 조촐히 개최하였다.[174] 지회 창립 1주년 행사를 시민과 함께 치르지 못한 것은, 당시 부산지회의 활동이 여전히 대중투쟁보다는 명사 중심의 단체적 성격을 벗어나지 못했음을 보여준다.

한편, 부산지회는 부산사회단체협의회나 부산사회운동자간친회와 같은 연합 조직을 구성하여 전국적 또는 지역적 사회문제에 적극 대응하였다. 그 일례로 1928년 9월 함경도 지역에 대홍수가 발생하자, 부산지회는 관북수재동포구제회를 조직하여 구호 활동을 전개했다. 이때 구제회 위원장에는 부산지회장을 지낸 김국태가 선임되었다. 구제회에는 신간회 부산지회를 비롯하여 부산청맹, 부산노우회, 근우회 부산지회, 부산중앙여자청년회, 부산양화직공조합, 부산출판종업원조합 등 지역의 주요 단체들이 참여했다.[175] 이처럼 부산지회는 지역 내 각 사회단체를 규합하는 중심 기관으로 역할을 하였다. 이는 부산지회 지도부가 당시 지역사회에서 비교적 높은 사회적 위상과 신망을 지니고 있었기 때문이었다.

1929년 11월, 부산지회는 각 사회단체 회원 14명을 연사로 하는 5분간 연설회를 개최하였다. 이 연설회에서는 신간회의 향후 방향, 청년의 진로, 단체와 조직의 역할, 근대사회의 특징, 시대적 요청, 농촌의 현실 등 다양한 주제가 다루어졌다. 연사로는 부산청맹의 정영모·윤안두·양로산, 부산지회의 김봉한·이석주, 부산합동노조의 김주엽 등이 참여하였으며, 이 행사는 큰 반향을 불러일으켰다.[176] 이어 같은 해 12월 개최된 제4회 정기대회에서는 전국대회에 제출할 건의안으로 행동 방침을 채택하였다. ① 우리는 신간일(新幹日)을 전국적으로 제정하여 전민족의 총역량을 신간회 기치 하에 집중시킬 것, ② 전민족의 일상이익의 옹호 신장을 위해 우리들은 솔선하여 당면투쟁에 직접 노력할 것, ③ 도일(渡日)노동자 자유 획득을 위하여 전민족적 총동원으로 적극 항쟁할 것 등이 그것이었다. 또한 가뭄 구제, 차가인(借家人) 동맹 촉성, 신간회 전국대회 및 도연합회 설치 금지 대책, 언론집회의 자유 획득 및 동맹 조직 촉성, 도일노동자 자유 획득 등도 결의하여[177] 지역을 대표하는 사회단체로서 위상을 공고히 했다.

이 가운데 도일노동자 문제는 일제가 도항노동자를 통제하면서 많은 노동자가 부산에 체류하게 된 현실과 직결된 사안이었다. 체류 노동자들은 곧 부산의 도시 하층민을 구성하는 주요 집단으로 자리하였고, 이에 부산지회는 이 문제를 전국적 의제로 확산시키고자 하였다. 차가인 문제 또한 부산뿐만 아니라 당시 평양과 밀양 등에서도 제기되고 있었는데,[178] 당시 부산부에서도 부영(府營)주택의 임대료를 인하할 정도로 심각한 사회문제였다.[179] 이처럼 신간회 부산지회는 언론과 집회 등 정치적 자유의 확보뿐 아니라, 지역의 구체적 현안에도 적극적으로 대응하였다. 이러한 활동들이 있었기에 부산지회는 1930년 1월에 회원 수가 305명에 이르는 부산 지역 최대의 사회단체로 활동할 수 있었다.[180]

그러나 부산지회는 1930년 1월, 조선방직회사 파업을 지도하며 자금을 조달했다는 구실로 부산지회 간부 김주엽과 이성출이 검거되고[181] 8월에는 부산소년동맹 강좌 사건으로 부산지회 간부 정영모가, 9월에는 부산지회 서기장 김주엽이 이종림사건과 관련하여 구속되었다.[182] 이처럼 주요 간부들이 계속 검거되면서 부산지회의 활동 또한 지장을 받게 된다. 특히 부산지회의 조직적 기반을 이루었던 부산청맹의 활동가들이 1930년 연말에서 1931년 초 사이에 대거 검거되면서, 부산지회의 활동은 위축될 수밖에 없었다. 상황이 이렇게 되자 부산지회의 김봉한은 더 이상 부산지회의 합법적 투쟁이 어렵다고 보고, 전국에서 가장 먼저 신간회 해소론을 제기했다. 그는 1930년 12월 부산지회 제5회 정기대회에서 "현재의 신간회는 소부르조아적 정치운동의 집단으로서 하등의 적극적 투쟁이 없을 뿐만 아니라, 전민족적 총역량을 집중한 민족적 당일당이라는 미명 밑에서 도리어 노농 대중의 투쟁 의욕을 말살시키는 폐해를 끼치고 있다"고 비판했다.

김봉한의 발언으로 대회장은 긴장된 분위기에 휩싸였고, 의견 또한 분분하였다. 그러나 결국 참석자들은 이 문제를 충분히 연구한 뒤, 차기신간회 전국대회 대회에서 본격적으로 '해소운동'을 전개하기로 결의하였다.[183] 사실 김봉한이 제기한 해소론은 1931년 2월까지 부산지회 내부에서도 논란이 지속되었고, 이후 전국 각 지회로 확산되어 신간회 해소를 둘러싼 찬반 논쟁을 불러일으켰다.[184]

하지만 이미 전국적으로 소장층 사회주의자들이 각 지회의 주도권을 장악한 상황에서 신간회의 존속은 더 이상 불가능했다. 그 결과 부산지회는 1931년 3월 임시대회를 통해 해소를 결정하였고, 이어 같은 해 5월 신간회 본부 또한 해소를 결의함으로써 신간회 운동은 종결된다. 이후 부산청맹과 신간회 부산지회 회원에서 활동한 다수의 활동가는 부산의 공장 지대를 중심으로 혁명적 노동조합운동에 투신하게 된다. 이로써 부산 지역 사회운동은 새로운 국면으로 이행하였다.

2) 동래지회의 활동

동래청년회가 주축이 되어 1928년 2월 26일 동래청맹을 결성한 이후, 동래 지역의 활동가들은 신간회 동래지회 설립을 추진하였다. 그 결과 같은 해 4월 21일, 신간회 동래지회가 결성되었다. 창립 당시 동래지회는 ① 언론출판 및 결사의 자유권 획득, ② 조선 아동의 의무교육제 확립, ③ 공창제도와 인신매매 금지, ④ 재만동포 생존권 보장, ⑤ 공공기관 시설의 촉성, ⑥ 전래의 학습과 형식적 허례 타파 ⑦ 전민족 단일당 결성을 방해하는 반동사상과 파벌주의 배격, ⑧ 향교재산을 무산아동 교육금으로 제공, ⑨ 노동교육 및 농민교육의 장려, ⑩ 회원 증모와 회관 증설 등을 주요 과제로 내세웠다.[185]

이후 동래지회는 1928년 6월 부산청맹과 공동으로 지방문제 강연회를 개최하는 등 회원 확보에 힘썼으며, 그 결과 1929년 1월 동래지회 제1회 정기대회를 개최할 무렵에는 회원 수가 80명을 상회했다. 이는 비록 임원으로 참여하지 않았으나 동래청맹에서 활동하던 인사들이 대거 가입한 결과로 보인다. 실제로 동래면을 중심으로 한 동래지회의 회원 규모는, 비슷한 시기 신간회 부산지회의 회원 수가 240명 수준이었던 점을 고려하면 결코 적은 수가 아니었다. 따라서 지회 회원의 확보라는 측면에서 볼 때, 동래지회는 지역적 기반을 바탕으로 일정한 성과를 거두었다고 하겠다.

1928년 3월 동래지회 창립준비위원을 비롯하여, 1929년 1월 제1회 정기대회까지 임원 구성을 살펴보면,[186] 설립준비위원과 창립 당시 집행부에서는 사회주의 계열이나 동래청맹 관계자의 참여가 비교적 저조했다.

반면 종교계 인사(차상명·허영호)나 비타협적 민족주의 계열 인물들의 참여가 두드러졌다. 그러나 동래지회 설립 1년이 채 되지 않은 1929년 1월 무렵에는 사회주의 또는 친사회주의 계열의 김인호·김용규·박일형·박명수·박문희·엄진영 등과 더불어 동래청맹의 활동가들이 대거 집행부에 진출했다.

1929년에 들어서면서 사회주의 계열이 신간회 각 지회에서 두드러진 약진을 보인 것은 전국적인 현상이었으며, 앞서 살펴본 바와 같이 부산지회 또한 유사한 양상을 나타냈다. 이러한 추세 속에서 동래지회는 창립 이후 점차 대중적 기반을 확대해 갔다. 1929년 2월에는 원산파업에 대한 격려 전문을 발송하고, 신간회 기장지회 설치 문제를 논의하였으며, 같은 해 8월에는 경남도지회연합회의 조직과 회보 발행, 그리고 각 지회의 분회 및 반(班) 설치 문제 등을 논의했다. 신간 지회의 회보 및 기관지 발행은 1927년 말부터 1928년 초에 걸쳐 다른 지회에서도 논의된 의제였다. 신간회 지회의 분회(分會) 조직은, 전남 신간지회도연합의 경우를 볼 때 '1면(面) 1분회(分會)'를 의미하는 것이었다.[187] 그러나 사회운동의 역량이 왕성했던 동래군 기장면의 경우 기장 지역 활동가들이 1927년 11월부터 노력한 끝에 1929년 3월 독립된 기장지회를 창립하게 되는데, 1929년 2월 동래지회에서 논의된 분회 및 반조직 문제는 같은 해 3월 신간회 기장지회의 결성에 일정한 자극을 준 것으로 생각된다.[188]

그러나 이와 같은 동래지회의 활발한 활동은 1929년 10월 13일 발생한 '언론·집회 탄압 규탄 연설회' 사건으로 큰 타격을 입었다. 이 사건으로 동래지회의 핵심 인물이었던 박형병을 비롯하여, 동래노동조합과 동래청맹의 중심 활동가인 한일철·김명룡·추월량·이영석 등 9명이 일제 경찰에 검거되었다. 또한 이 사건은 통영 지역의 활동가 방준표·정진·김재수 등이 연루되어 체포되는 사태로 이어졌다. 이러한 탄압 국면 속에서도 1929년 12월 동래고보 학생들은 광주학생운동에 호응하여 경남 지역 최초로 동맹휴교를 단행하였다. 이어서 1930년 1월에는 전교생이 ① 경찰의 교내

침입 반대, ② 퇴학생의 무조건 복교 등을 요구하며 퇴교 맹휴를 지속하였다.

이 과정에서 검거되거나 퇴학당한 다수의 학생 가운데 김찬규·문재순·차일명·추학 등은 모두 4학년생으로, 동래소년동맹에서 활동하던 인물들이었다. 나아가 1930년 2월 근우회 동래지회의 강연이 금지되고, 10월에는 동래사회단체연합회관의 기공식마저 불허되었다. 급기야 같은 해 11월 19일에는 동래청맹의 한일철·이영석·한무철·박영출 등이 잇달아 검거되면서, 동래 지역의 항일운동은 1929년 하반기부터 1930년 전반기에 걸쳐 전반적인 위축 국면에 접어들었다.

이로써 신간회 동래지회 역시 1929년 말부터 사실상 휴면상태에 빠지게 되었으며, 1930년 3월에는 지역 사회단체들의 숙원사업인 동래사회단체연합회관 건축에 착공하여 회관 건립에 주력하는 것 외에는 별다른 활동을 전개하지 못했다. 동래지회와 동래청맹 등 각 사회단체들이 뜻을 모아 건립한 동래사회단체연합회관 일성관(一誠館)은 세계 대공황이라는 어려운 여건 속에서도 1931년 12월 신식양옥 2층 건물로 준공되었다. 이 공사는 자금 마련이 어려워, 각 단체 구성원들이 행상대를 조직해 각지로 파견되어 건축비를 마련해야 할 만큼 열악한 환경 속에서 추진되었다. 특히 1930년 10월경 동래지회 회장을 맡고 있었던 윤병항(尹炳桓)은 독실한 기독교 신자로 각별한 헌신을 기울였다. 그는 건물의 완공을 보지 못한 채 사망했는데, 지역 사회는 그의 숭고한 뜻을 기리기 위해 회관의 이름을 '오직 한 사람의 정성으로 이루어진 집'이라는 의미에서 일성관(一誠館)이라고 명명하였다.[189)]

이처럼 동래지회를 비롯한 사회단체들이 일성관 건립 외에 뚜렷한 활동을 전개하지 못하던 어려운 상황에서 동래 지역의 여론기관으로 등장한 것이 경오구락부(庚午俱樂部)였다. 경오구락부는 1930년 2월, 동래를 대표하는 지역유지 김병규(金秉圭)를 중심으로 '중년층과 청년층을 아울러 지방 발전을 도모한다'는 취지 아래 조직되었다. 결성 당일에는 회원의 연령을 두고 논란이 있었으나, 최종적으로 25세 이상으로 정하고, 11명의 간사를 선임하였다. 역사적 배경을 보면 경오구락부는, 1923년 4월 김병규를 중심으로 동리(洞里) 재산과 동래군이 징수한 세금으로 초등교육기관 증설을 주장했던 월일회(月日會)의 후신에 해당하였다. 월일회는 1926년 5월 동래면협의원 선거를 앞두고 동래기영회와 함께 월일회가 지지하는 공인 후보를 선정하기도 하는 등 지역의 여론과 교육 발전에 적극 개입했다.

이후 월일회는 1927년 2월 김병규가 추봉찬(秋鳳瓚)과 김우영(金雨英) 등과 함께 조직한 정묘구락부로 발전했다. 정묘구락부는 수십 명이 참가하여 상호 친목과 지방 발전을 목적으로 결성된 조직으로, 설립 취지를 살펴보면 경오구락부와 거의 유사했다. 따라서 정묘구락부는 경오구락부 설립을 전후하여 해체된 것으로 보인다. 그런데 주목할 점은 1931년 2월 경오구락부의 회원 구성이다. 경오구락부 회원 중에는 신간회 동래지회 소속 회원이 9명 포함되어 있었으며, 나머지 회원들은 도매잡화상(박강순·윤세병), 병원장(한홍교·백무), 동래은행 중역(김병규·김형찬), 동래상무회 회장(차광수), 대서방 운영(윤병직) 등, 중소자본가부터 금융 자산가에 이르기까지 다양한 계층의 지역유지들로 이루어져 있었다.

경오구락부는 1931년 4월~5월 사이에 여러 차례 모임을 가지고, 5월 21일 실시된 정원 12명의 동래읍협의회 선거를 대비하여 공인 후보 10명을 선정했다. 이 가운데 김병규를 포함한 7명이 당선되었으며, 현재까지 확인된 바에 따르면 공인 후보 10명 중 최소 5명(김병규·박강순·김형찬·김우삼·박우형)이 당선된 것으로 확인된다. 이는 경오구락부가 단순한 친목 단체가 아니라, 동래 지역의 정치적 의사결정과 선거 과정에서 실질적인 영향력을 행사했음을 보여준다.[190)]

1929년 광주항일학생운동과 이를 전국적으로 확산시키기 위해 신간회 본부가 추진한 민중대회사건 이후, 일제는 신간회 본부와 전국 지회에 대한 조직적 탄압을 강화하였다. 이러한 탄압 속에서 1930년이 되자 항일운동 전반의 활동은 이전과 비교할 수 없을 정도로 위축되었다. 이런 상황에서 일제는 1931년 5월, 지방자치제라는 명목 아래 부읍면협의회(府·邑·面協議會) 선거를 진행했다. 그러나 이 선거는 조선인의 권리 향상보다는, 조선의 자산가층이 친일을 넘어 동화 수준으로 전락하기 시작한 출발이 되었다. 다시 말해, 조선의 독립이 불가능해 보이는 상황에서, 일부 조선인들은 식민지 지배체제에 안주하며 자신의 이익 추구에 몰두하였고, 이러한 인물들이 1931년 부읍면협의회 선거에 대거 진출하였다.

특히 예속적 자본가나 동요하던 대자본가층은 도평의회 또는 부협의회에 참여하였는데, 대구 지역의 대구구락부 역시 이와 유사하게 구성원 다수가 부협의회에 참가했다.[191] 이는 경오구락부의 사례와 비교할 때, 지역 유지와 자산가층이 일제의 통치구조 속에서 정치적 영향력을 확보하고자 한 전형적 양상을 보여준다. 그러나 동래 경오구락부의 경우, 대구구락부와 달리 단순히 대자본가나 친일 성향의 예속 자본가들만의 모임은 아니었다는 점에서 주목할 필요가 있다. 경오구락부에는 신간회 동래지회에서 활동하던 사회주의자 및 비타협 민족주의자 9명이 참여하고 있었으며, 특히 이들 가운데 김우삼은 신간회 동래지회 조사연구부 간사 출신으로, 동래읍협의회 선거에 출마하여 당선되었다. 따라서 비타협 민족운동을 전개해야 할 신간회 동래지회 회원들이, 개량적·타협적 성격의 읍면협의회 선거에 직접 참여하거나, 경오구락부의 선거 참여 운동을 방관한 사실은 단순하게 해석할 수 없는 사안이다.

만약 신간회 동래지회 회원들이 1929년 말 이후 지회의 활동이 어려워진 상황에서, 항일운동의 공간을 확보한다는 전술적 판단 아래 경오구락부에 참여했다면, 1931년 동래읍협의회 선거를 둘러싸고 경오구락부 내에서 분명히 내부 갈등이 발생했을 가능성이 높다. 더욱이 1931년 5월이라는 시점은, 1930년 연말부터 본격적으로 제기되기 시작한 신간회 해소론을 두고 전국 각 지회에서 열띤 논쟁이 전개되던 시기였다는 점을 고려하면, 경오구락부와 동래지회 내부에서도 갈등이 발생하는 건 너무나 당

연하였다.[192]

그러나 동래지회에서 신간회 해소 여부를 공식적으로 토의한 흔적은 확인되지 않으며, 경오구락부 내부에서도 부읍면협의회 선거를 둘러싸고 신간회 동래지회 소속 회원과 비회원 사이의 불협화음 또한 드러나지 않았다. 이는 신간회 동래지회원들이 이미 1931년 5월 실시될 부읍면협의회 선거를 일정한 범위 내에서 활용하려는 방향으로 운동노선을 조정하였음을 시사한다. 이러한 동래지회의 움직임은 1929년 6월 신간회 복대표대회에서 부산구(釜山區) 대표로 참가하여 신간회 중앙상무집행위원으로 활동하던 동래지회의 박문희가, 1930년 봄 신간회 본부 김병로 집행부의 온건노선 속에서 제기한 '자치론'과 밀접한 관련이 있었다.

박문희는 1930년 7월경 자신의 '자치론' 노선을 두세 명의 지방 회원에게 서한을 보냈다. 이 서한 중에는 자신의 동래지회에도 전달된 것으로 보인다. 물론 박문희가 주장한 자치론은 과거의 타협적 민족주의자들이 제시한 자치론과 일정한 차이를 지닌 것으로 판단된다. 그것은 일제의 강압적 탄압으로 더 이상 합법적 항일운동이 불가능하다는 현실 인식에서 최소한의 합법적 공간을 확보하고, 그 틀 안에서 항일운동의 활로를 모색하려는 전략적 방안이었다고 생각된다. 따라서 신간회 동래지회 회원들이 경오구락부에 참여하고 부읍면협의회 선거에 적극 관여한 사실은 단순한 정치적 타협이 아니라, 박문희의 '자치론'이 제시한 합법적 운동노선을 지역적 차원에서 실천한 사례로 이해해야 할 것이다.[193]

신간회 동래지회의 경우, 다른 지회들과 마찬가지로 1929년 중반 이후 사회주의 활동가들이 적극적으로 지회에 진출하였다. 그러나 1929년 말 광주항일학생운동에 대한 지지 시위를 시작으로 이듬해 1930년까지 계속된 동래고보생들의 맹휴, 일제의 반복된 사회운동단체 탄압으로 인해 신간회 동래지회를 비롯한 각 사회단체의 활동은 급격히 위축되었다. 이러한 상황에서 경오구락부가 출현하였고, 여기에 다수의 동래지회원들이 관여하고 있었다. 그리고 경오구락부 회원들이 1931년 5월 부읍면 선거에서 대거 당선된 사실은 마치 평양의 사례를 연상시킨다. 즉 평양에서 대성학교 출신 인물들이 대성학우회(大成學友會)를 중심으로 부르주아지 민족주의 세력을 공고히 결집하고, 그 속에서 비타협 민족주의자들과 타협적 민족주의자들의 경계가 뚜렷하게 구분되지 않았던 상황과 유사하다.[194]

이는 동래지역에서도 사회주의 세력과 민족주의 세력이 경쟁과 협력의 양면성을 띤 복합적 관계망을 형성하고 있었음을 의미한다. 이러한 구조 속에서 신간회 해소 이후 동래지역의 사회운동은 새로운 세대교체의 국면을 맞게 된다. 곧 국외(박문희) 또는 서울(박일형) 등지로 활동 무대를 옮김으로써 생기는 기존 세대의 공백을 대신하여, 동래소년회와 동래소년동맹을 통해 성장한 학생층이 사회운동의 새로운 주체로 부상하게 된다.

3) 기장지회의 활동

신간회 기장지회는 1927년 11월부터 기장지역 활동가들이 설립을 추진했다. 1928년 2월 기장지회 준비위원으로 선출된 인물들(오대우·노단우·장지호·권종철·오태근)은 기장정진청년회 출신들이었는데, 이들의 기장지회 설립은 뜻대로 빠르게 실현되지 못했다. 그러다가 동래청맹 기장지부가 조직되면서 운동의 역량이 강화된 1929년 3월 기장지회를 설립했다. 기장지회 설립 당시 임원과 관련자들을 보면, 기장정진청년회(오태근·오대우·김귀조), 동래청맹 좌천지부(송갑용), 일광노농회(심재필), 1921년 부산부두총파업을 지원한 최태희, 동래청맹 기장지부(김태영) 등이 임원으로 활동했다.[195] 이들 중 김귀조는 여성으로 기장지회에 참여한 것이 눈에 띈다. 그녀는 1929년 3월~9월 부산청맹과 신간회 기장지회 집행위원으로 활동하다가 같은 해 10월 이후 활동 무대를 부산으로 옮겨 부산청맹 중부지부와 근우회 부산지회에서 활동했다.[196]

기장지회는 기장의 사회운동 역량을 고려하면 많은 활동을 했을 것으로 여겨진다. 다만 자료의 부족으로 구체적인 활동을 파악하기는 어려운데, 1929년 4월 기장지회 관련자들이 면민대회를 개최하여 기장지회 회원인 오태근을 일제 당국에 면장으로 추천한 일은 주목된다. 면민대회 사회를 본 이규옥은 기장노동혁신회에서 활동했는데, 기장지회는 같은 해 9월 제1회 임시대회를 열고 본부회관 건축, 회보 간행, 지회 경남도연합회 조직 등을 토의하였다. 이날 임시대회에서 선임된 임원들(권종철·김규엽·김귀조·이규옥) 대부분은 소장 청년층으로 이규옥은 노동혁신회, 김규엽은 기장노농회에서 활동했다.[197] 기장지회는 결성 시기가 늦었던 만큼 창립될 때, 이미 혁신적인 청년층이 운동의 주도권을 장악한 것으로 보인다. 이후 기장지회의 활동은 파악되지 않지만, 1930년을 거치면서 활동의 중심이 기장농민조합으로 옮겨간 것으로 생각된다.

3. 여성운동

3·1운동을 계기로 근대교육을 받은 여성층이 확대되면서, 여성의 인권 신장과 남녀 평등을 요구하는 사회적 움직임이 한층 강화되었다. 이러한 변화 속에서 전국적으로 여성청년회와 부녀회 등 다양한 여성단체가 속속 결성되었다. 초기의 여성운동은 서울과 지역을 막론하고 기독교계 여성들이 주도하였으며, 이들은 봉건적 인습과 미신의 타파를 여성해방의 핵심 과제로 내세웠다. 1923년 2월 현재 경남 지역에는 75개의 청년단체가 활동하였는데, 이 중 부산에는 4개, 동래에는 12개의 청년단체가 설립되어 있었다. 특히 부산 지역의 여자청년회는 부산·초량·중앙·동래여자청년회와 불교여청년회, 기장여자청년회 등이 여성운동의 중심적 역할을 담당하였다. 이하에서는 각 여자청년회의 주요 활동을 살펴보고자 한다.

1) 부산지역 여자청년회

부산여자청년회는 1921년 6월 13일 부산진구락부에서 회원 60여 명이 참석한 가운데 창립되었다. 조직은 문예부·사교부·위생부 등 3개 부서로 구성되었으며, 창립 당시 임원진은 회장 양한나(梁漢拿), 부회장 김기숙(金基淑), 총무 오대련(吳大連), 재무 이금옥(李今玉)·공무년(孔武年), 서기 박명애(朴明愛)·최수련(崔守連), 간사 왕명룡(王明龍), 문예부장 전매자(全梅慈), 사교부장 여운영(呂運英), 위생부장 유창신(柳昌信) 등이 맡았다.[198]

임원들의 출신과 이력은 공통적으로 일신여학교 및 부산진교회와의 연관성을 보여준다. 초대 회장 양한나는 부산진일신여학교 출신으로 모교의 교사로 재직하였고, 전매자와 여운영 역시 부산진교회 주일학교 교사로 활동했다. 이후 제2대 회장 김기숙은 일신여학교 3회 졸업생, 제3대 회장 여운영은 1922년 12월 김기숙이 포항으로 이주하면서 회장직을 승계하였으며, 제4대 회장 박덕술은 일신여학교 1회 졸업생이었다. 이러한 점에서 부산여자청년회는 일신여학교·부산진교회·초량교회 등 기독교 기관과 긴밀한 관계를 맺고 있었으며, 그 중심에는 부산진교회 여성 신자들이 있었다. 즉, 부산여자청년회는 지역 기독교계 여성들이 주도적으로 설립한 초기 여성운동 단체였다.[199]

창립 당시 60여 명이던 부산여자청년회 회원은 같은 해 10월에는 130여 명으로, 이듬해 6월에는 200여 명에 달할 만큼 늘어났다.[200] 부산여자청년회의 주요 활동은 문맹 타파를 위한 야학 운영과 각종 토론회·강연회를 통한 여성과 지역민의 계몽이었다. 창립 직후 부산여자청년회는 부산진구락부의 지원을 받아 '부인야학회' 운영 계획을 수립하였다. 야학 교사는 일신여학교 교사인 양한나·김기숙 등 2인이 맡았으며, 학생은 부인 60여 명이었다. 수업은 3개 학급 체제로 편성되어 주 4회, 하루 2시간씩 진행되었다. 이에 따라 1921년 8월 15일 부산진구락부 내에 여자야학이 개설되었다. 개교 당시 학생은 약 40여 명, 수업 기간은 6개월로 예정되었으며, 그해 11월에는 학생 수가 70여 명으로 증가하였다. 이처럼 부산여자청년회의 야학 활동은 여성의 기초교육 확대와 문해력 향상뿐 아니라, 기독교계 여성들이 중심이 된 근대적 여성계몽운동의 지역적 기반을 형성하는 계기가 되었다.[201]

부산여자청년회가 운영한 야학의 명칭은 '부인야학' 또는 '여자야학'으로 혼용되었다. 애초 계획은 기혼 여성을 주요 대상으로 한 것이었으나, 실제 운영은 미혼 여성을 포함한 여성 일반을 포괄하는 형태로 이루어졌던 것으로 보인다. 1921년 8월 부산여자청년회는 조선여자교육회의 전국순회강연단이 부산에 도착하자, 부산청년회와 공동으로 이들을 초청하여 부산진교회당에서 강연회를 개최하였다. 당시 강연에는 약 500여 명의 청중이 참석했으며[202] 강연 내용은 가정위생, 자유·평등주의, 남녀평등주의를 비롯하여 조선 여성의 고통과 그 해결 방안, 조혼·이혼 문제, 가정과 실력양성의 필요성 등 근대적 여성의식의 함양에 초점을 두고 있었다.

같은 해 11월에는 100여 명의 회원과 청중이 참여한 가운데 〈사회의 발전은 재산이냐, 노동이냐〉를 주제로 토론회를 개최하였다. 토론은 '재산'(김봉연·김옥련)과 '노동'(우소숙·박정숙) 측으로 나뉘어 진행되었으며, 이는 당시 사회단체들이 청중의 참여를 유도하기 위해 널리 채택하던 쌍방 토론식 형식을 따른 것이었다. 이러한 활동들은 부산여자청년회가 단순한 교양단체를 넘어, 여성의 계몽과 사회문제 인식 확산을 동시에 지향한 근대적 여성운동 단체로 발전하고 있었음을 보여준다.[203]

이 밖에도 부산여자청년회는 인근 지역 단체들과의 연합을 통해 여성운동의 외연을 확장해 나갔다. 인근 청년단체 및 여성단체들과 공동으로 연합토론회를 개최하는 한편, 각종 운동회를 열어 단체 간의 친목을 도모하고 여성계몽운동을 지역사회 전체로 확산시키는 데 주력하였다. 또한 연극공연과 음악회 등 문화예술 행사를 지속적으로 개최하여 지역민들이 근대적 문화생활을 접할 기회를 제공하는 한편, 부산고학생상조회가 경영난에 처했을 때에는 동정금을 전달하는 등 사회적 연대활동에도 적극 참여하였다. 이와 같은 활동은 부산여자청년회가 단순한 여성단체를 넘어, 지역사회의 공적 영역으로 진출한 근대적 사회운동체로 발전하고 있었음을 보여준다.[204)]

1923년 6월에는 제4회 정기대회를 열고 조직을 재정비하였다. 새로 선출된 임원은 회장 박덕술(朴德述), 부회장 강세옥(姜世玉), 총무 오대련(吳大連), 문예부 여운영(呂運英), 사교부 송명선(宋命善)·서봉선(徐鳳善), 재무부 우소숙(禹素淑)·김덕이(金德伊), 위생부 윤덕진(尹德辰)·김난줄(金蘭茁), 서기 문복숙(文福淑)·유옥련(兪玉蓮), 간사 홍계화(洪桂花)·김소조(金小祚)·조명순(趙明順)·신윤원(辛允元) 등으로 구성되었다. 이들 가운데 박덕술·문복숙·김난줄 등은 일신여학교 졸업생이었으며, 여운영·문복숙·김난줄 등은 부산진교회 교인이기도 했다.[205)] 이러한 인적 구성을 통해 볼 때, 부산여자청년회는 일신여학교와 부산진교회를 중심으로 한 기독교계 여성 네트워크 속에서 활동을 지속적으로 이어가고 있었음을 확인할 수 있다. 실제로 1925년 5월 정기대회를 부산진일신여학교에서 개최한 사실은[206)] 부산여자청년회가 창립 초기부터 형성된 학교·교회 네트워크를 1920년대 중반까지 유지하며 조직적 기반을 강화해 나갔음을 방증한다. 이 시기 부산여자청년회의 회원 수는 약 150명에[207)] 이르러, 지역 여성단체 가운데서도 가장 규모가 큰 조직으로서 자리매김하였다. 회원들 대부분은 부산진교회 신도들이 많이 거주한 범일동, 좌천동, 수정동 등에 거주한 주민들이 다수였던 것으로 보인다.

한편, 1922년 2월 25일 초량여자청년회가 부산공립보통학교 여자부에서 창립되었다. 창립임원으로는 회장 김한순(金漢順), 총무 이금옥, 재무 최남이(崔南伊), 이부홍(李富鴻), 서기 최명술, 간사 이세몽, 윤선이(尹仙伊), 이지우(李芝宇), 이봉순(李鳳順), 문덕진(文德珍), 고문 정기두(鄭箕斗), 오영식(吳瀅植), 김세환(金世煥), 양도연(梁道淵) 등이 선임되었다. 초량여자청년회의 임원들은 일신여학교나 기독교 세력과 큰 관련이 없었으며,

초량을 중심으로 하는 지역 자산가 계층 여성들을 중심으로 조직된 단체로 보인다. 초량여자청년회는 1921년 9월 개학한 부산초량부인 야학회를 기반으로 결성된 조직이었다. 해당 야학회는 김세환 등 지역유지들이 설립하였으며, 부산공립보통학교 여자부에서 수업을 진행했다. 수업연한은 2년이었고, 입학생은 60명에 달했다. 야학회의 교사는 김세환, 정재호(鄭在昊), 안인환(安仁煥) 등이 맡았다. 따라서 초량여자청년회는 기존의 야학이 모태가 되어 발전한 여성단체로 볼 수 있다. 이러한 사례는 김해여자청년회의 경우와도 유사한데[208], 야학이 지역 여성단체의 형성 기반이 되었다는 점에서 지역 사회의 계몽운동과 여성운동이 긴밀히 결합되어 있었음을 말해준다. 여자청년회의 출발이 야학이었던 만큼 초량여자청년회는 결성 이후 야학을 계속 운영하였다.

1922년 4월 개최된 대연설회에는 600여 명이 참석할 정도로 초량지역 여성층에 미친 영향이 컸다. 이날 연설회는 부산중앙여자청년회 김경순(金敬順)이 〈신생활〉, 김태순(金泰順)이 〈금일의 여자〉, 김선애(金善愛)가 〈자유생활〉 등을 주제로 연설하였다. 특히 대구에서 온 김선애는 ① 여성들은 의뢰치 말고 자발적으로, ② 계급을 타파하고 평등으로, ③ 나태하지 말고 노력으로 나아갈 것을 설파했다.[209] 김선애의 강연을 통해, 이 시점에 이미 여성 계몽을 넘어 계급 타파를 주장하는 목소리가 전파되고 있었음을 확인할 수 있다.

초량여자청년회는 이후 부산중앙여자청년회로 발전하였다. 1924년 7월, 초대 초량여자청년회 회장을 역임한 김한순이 부산중앙여자청년회의 회장을 맡아 회칙을 강화하였다. 같은 해 11월, 부산중앙여자청년회는 부산청년회를 비롯한 부산 지역 14개 단체가 조선기근구제회 가극회를 부산청년회관에서 개최할 때, 20원을 기부하며 지역 사회 구제 활동에도 참여하였다.[210] 부산중앙여자청년회는 1925년 5월, 제7회 정기총회를 부산청년회관에서 개최하고 임원을 개선하였다. 새로 선출된 임원은 회장 이금옥(李今玉), 부회장 최명술(崔命述), 총무 이부학(李富鶴), 서기 이석성

(李碩成)·박복명(朴福命), 재무 윤선이(尹仙伊)·이규동(李圭東), 간사 이지우(李芝宇) 외 7인이었다.[211]

이들 중 최명술, 윤선이, 이지우 등은 1922년 초량여자청년회의 임원으로 이미 활동한 인물들이었다. 따라서 부산중앙여자청년회의 성격은 초량여자청년회와 큰 차이가 없었던 것으로 평가된다. 부산중앙여자청년회는 1923년 8월 부산서부청년회 및 조선일보 부산지국과 공동으로 조선여자고학생상조회 순회강연단을 대신동 서부청년회관으로 초청하여 강연회를 개최하였다. 약 500여 명의 청중이 모인 가운데, 장일선(張一善)은 〈현대여자와 사회〉, 한선화는 〈여자 독립의 제일보〉를 주제로 강연을 진행하였다. 조선여자고학생상조회는 1923년 7~8월과 1924년 2~3월 각각 전국 순회강연회를 실시하며 여성 억압의 근본적 원인 해결을 위해 자본주의 체제의 타파와 무산계급 여성의 역할을 강조하였다. 따라서 1923년 8월 부산중앙여자청년회와 초량여자청년회가 공동 개최한 강연에서도 단순한 여성 계몽을 넘어 계급적 여성해방을 주장하는 내용이 포함되었을 것으로 짐작된다.

부산중앙여자청년회는 1925년 6월 동래부인견학단 68명을 맞이하여 부산 시내와 영도, 송도 등을 견학하는데 중요 역할을 수행하였다.[212] 같은 해 여름 낙동강 연안에 발생한 큰 홍수에 대해서는 동정금을 모아 의복을 제작하고, 위문대를 김해 대저로 파견하여 위로금과 위문품을 전달했다. 또한 일부 위로금은 경기도와 강원도 수재민에게도 전달되도록 하여 재난 구호 활동에도 적극적으로 참여하였다.[213] 부산중앙여자청년회는 1920년대 중반이 되면 여권신장을 위한 계몽운동을 전개하는 동시에, 사회주의 사상도 점차 수용하기 시작한 것으로 여겨진다. 1925년 6월 부산중앙여자청년회의 회원은 250명으로, 같은 시기 부산여자청년회 회원 150명과 비교할 때 그 영향력이 현저히 컸다. 실제로 1925년 6월 무렵이 되면 부산중앙여자청년회는 부산청년회와 마찬가지로 부산노우회, 평수(萍水)친목회 등과 함께 부산을 대표하는 여성단체로 주목받았다.[214]

1925년 9월 6일 부산에서는 국제청년일 기념식이 6개 단체의 연합으로 개최되었으며 부산여자청년회와 부산중앙여자청년회가 참가하였다. 이어 같은 해 12월, 두 단체는 부산 지역 청년단체들의 연합체로 창립된 부산청년연맹에 가입하였다. 부산청년연맹의 강령은 '조선민중의 해방, 합리적 사회생활의 획득, 민중이 승리를 얻음에 필요한 교양 도모'로, 청총의 강령과 입장을 공유하였다. 같은 시기 동래여자청년회, 기장여자청년회, 수영여자청년회, 구포여자청년회 등이 동래청년연맹에 가입한 것과 마찬가지로, 부산의 여성단체 역시 부산청년연맹에 참가하였다. 이러한 현상은 1924년 전국적 단위의 청총 조직과, 1925년 지역 단위 청년연맹의 출현이 제1차 조선공산당 결성과 무관하지 않음을 시사한다.

2) 동래지역 여자청년회

동래여자청년회는 1921년 5월, 동래 지역의 신진 여성 수십 명에 의해 설립되었다. 설립 목적은 풍기 정화와 사회적 지식 증진이었으며, 중심 인물로는 김수선(金水先), 이기년(李琪年), 김수범(金秀範), 박소수(朴小壽) 등이 활동하였다. 동래여자청년회는 대중 강연회를 개최하여 여성들의 계몽에 힘썼다. 1922년 8월에는 조희수의 〈사람의 사는 뜻〉, 박좌순의 〈우리 가정에 대한 여자 직분〉, 박우윤의 〈가정교육〉 등의 강연회를 진행하였다. 1925년 5월에는 부인의 문명 타파와 지식 증진, 사회 문제 및 여성 문제의 계몽을 목적으로 야학을 설립하였다. 야학교는 초등과와 보통과 두 과로 운영되었으며, 교장 겸 이사는 김수선, 교사는 김기년, 김수범, 박소수 등이 맡았다. 1926년 기준 야학 회원 수는 약 60명에 달하였다.[215]

한편, 1925년에는 동래군 내에 기존 여성단체 외에도 새로운 여성단체들이 출현하였다. 5월에는 수영여자청년회, 8월에는 구포여자청년회가 창립되었다. 수영여자청년회는 예배당에서 설립되었으며, 이전 5~6년간 예배당에서 운영되던 야학을 인수하여 경영하였다. 이 야학은 노동야학의 성격을 띠고 있었다. 구포여자청년회는 구포청년회관에서 결성되었으며, 임원으로는 위원장 이은자(李殷子), 서무 노숙자(盧淑子), 박경자(朴敬子), 재무부 김한순(金漢淳), 문봉환(文鳳煥), 교풍부 윤명숙(尹明淑), 체육부 김소수(金小守), 이인숙(李仁淑), 사교부 윤금숙(尹今淑), 문예부 이정자(李貞子) 등이 선출되었다. 이 가운데 이은자와 김소수는 후술할 동래지역 여성 사상단체인 적광회(赤洸會)의 회원이었고, 김한순은 오랫동안 초량여자청년회와 부산중앙여자청년회 회장을 역임한 인물이었다. 이를 통해 구포여자청년회는 창립 시점부터 사회주의 계열의 여성해방을 지향하는 단체로 출발하였음을 확인할 수 있다.

기장여자청년회는 1921년 6월 권은해(權銀海)를 중심으로 창립되었으며, 회장은 박차순(朴次順), 총무는 오경원(吳庚元)으로 주로 교회를 중심으로 활동하였다. 회장 박차순은 3·1운동으로 복역하였으며, 권은해, 박필순, 김묘생, 오경원도 모두 1919년 4월 기장지역 만세운동에 참가한 인물들이었다. 권은해는 부친 권상준이 설립한 명정의숙 출신이며, 박필순과 김묘생은 동기생이었다. 총무 오경원은 고려상회의 설립자 박인표의 제수였다.

이들은 기장여자청년회를 주도하며 야학을 운영하였다. 조직의 주요 인물들은 모두 항일운동에 참여한 경험이 있었으며, 재정 문제 해결을 위해 기독교 기반의 대한부인회(대한애국부인회)로부터 자금을 지원받고 예배당에서 유지들을 모아 야학 운영에 필요한 재원을 확보하였다. 회원 수는 1926년 12월 기준 95명에 달하였다. 기장여자청년회는 창립 직후인 1921년 6월 기장기독청년회와 공동으로 여자야학을 설립하여 80여 명의 여성을 대상으로 교육을 시작하였다. 이후 야학은 1923년 초 '정화여자야학'으로 명칭을 변경하고 여자청년회가 독자적으로 운영하였다. 이 시점에서 여자청년회의 운영 방식과 단체의 지향점을 둘러싼 논의 끝에 기장기독청년회와 갈라선 것으로 보인다.[216]

기장여자청년회의 활동에서 눈에 띄는 것은 여자 야학의 학제를 정규 학교와 마찬가지로 6년제로 운영했다는 점이다. 여자 야학을 6년제로 운영하기 위해서는 재정의 뒷받침뿐만 아니라 각 학년에 해당하는 교과 과정 등이 치밀하게 짜여 있었음을 말해준다. 그만큼 기장여자청년회는 기장 지역 여성들의 권리 신장에 중요한 단체로 활동하였음을 의미한다. 기장여자청년회는 1925년 11월 부산청맹에 참가했다. 이는 여자청년회가 민족주의계열의 계몽단체에서 벗어나 사회주의 성향의 단체로 성장하고 있었음을 보여준다.

1920년대 중반이 되면 신사상, 즉 사회주의 이념을 배경으로 하는 여성단체들이 출현하기 시작했다. 이런 상황에서 1924년 4월 '대중 본위의 신사회 건설, 조선민중해방운동의 선구자, 타협적 민족운동의 배척, 비타협적 민족운동과 협동전선 추진' 등을 목표로 하는 청총이 결성되었다. 이어서 1924년 5월 서울에서 우리나라 최초의 사회주의 여성단체인 조선여성동우회가 창립하였다. 이 단체는 여성을 자본과 남성으로부터 착취당하는 무산계급으로 규정하고 가정과 임금, 성의 노예, 동양적 미풍양속 등으로부터 시급히 해방되어야 한다고 주장했다. 이후 사회주의 계열의 여성운동은 1925년 1월 경성여자청년동맹, 2월에는 경성여자청년회 등이 잇달아 결성되면서 본격화되었고, 이들은 독립과 자유, 남녀 평등의 실현을 적극적으로 요구하였다. 그 결과 1925년이 되면 각 지역의 여성단체 또한 사회주의 이념에 기초한 조직으로 성장해 갔다.[217)]

실제로 동래청년연맹이 결성될 당시, 구포여자청년회의 이은자와 박소수, 동래여자청년회의 김수선, 기장여자청년회의 오경원 등은 동래청년연맹의 여성위원으로 활동하였다. 지역 청년연맹과 여성청년회, 사상단체들의 지원 아래 조직된 여성단체들은 기존 남성 중심의 현모양처적 여성상에서 벗어나, 무산여성으로서의 자각과 착취 구조에서 벗어나는 여성해방론의 보급에 앞장섰다.

특히 동래 지역 여성운동에서 주목할 점은 1926년 1월 2일 결성된 여성 중심 사상단체인 적광회의 출현이다. 적광회 집행위원으로는 동래여자청년회의 김수선과 박소수, 구포여자청년회의 이은자 등이 참여하였다. 이러한 여성 중심 사상단체의 존재는 다른 지역에서는 찾아보기 어려운 사례로, 동래 지역이 남성 중심 청년운동뿐만 아니라 여성운동에서도 매우 선진적이었음을 보여준다. 또한 1929년 근우회 동래지회에서 활동한 박차정(朴次貞)이 근우회 중앙위원으로 발탁될 수 있었던 것은 그의 개인적 역량뿐만 아니라, 동래 지역 여성운동의 조직적·사회적 역량이 뒷받침되었기 때문에 가능했다.[218]

부산과 동래, 기장, 구포, 수영 등에서 활동한 여성운동은 1920년대 초에는 다른 지역과 마찬가지로 주로 기독교 또는 민족주의 이념을 기반으로 한 여성 계몽운동이 중심이 되어 강연회와 토론회, 야학 등을 운영하였다. 그러나 1925년 전후로 항일운동 전반에 사회주의 이념이 확산되면서, 기존 여성단체들 또한 점차 무산계급과 무산여성의 해방을 목표로 하는 여성운동으로 전환하고 있었음을 확인할 수 있다. 이러한 사회주의적 여성운동의 확산 과정에서 일부 단체는 민족주의 계열과 연대하며 한층 높은 조직적 수준의 여성단체로 발전하였다. 그 결과 기존 여성단체의 역량은 근우회 지회 조직으로 이어지며, 여성운동의 조직적·정치적 영향력이 확대되는 계기를 마련하였다.

3) 근우회의 활동

1927년 2월 신간회가 창립되면서, 여성운동 진영에서도 민족주의와 사회주의 계열 간의 분열을 극복하고 여성운동을 통일적으로 지도할 수 있는 기구의 필요성이 대두되었다. 이에 따라 1927년 5월 27일 근우회가 결성되었으며, 그 강령은 ① 조선 여자의 공고한 단결 도모, ② 조선 여자의 지위 향상 도모를 주요 목표로 삼았다.

근우회는 강령과 함께 보다 구체적인 7개 항의 행동 강령도 채택하였다. 행동 강령에는 여성에 대한 사회적·법률적 차별 철폐, 봉건적 인습과 미신 타파, 조혼 폐지 및 결혼의 자유 보장, 인신매매와 공창제 폐지, 농촌 부인의 경제적 권익 옹호, 부인 노동의 임금 차별 철폐 및 산전·산후 임금 지급, 부인과 소년 노동자의 위험노동 및 야간노동 폐지 등이 포함되었다.[219]

근우회 창립대회에서 채택된 강령은 1929년 7월 개최 예정이었던 전국대회를 앞두고 보다 구체적인 문장으로 수정되었다. 이 과정에서 기존 7개 항의 행동 강령에 두 가지 항목이 추가되었는데, 이는 교육에서의 성적 차별 철폐 및 여자의 보통교육 확장, 그리고 언론·출판·결사의 자유 보장이었다. 창립 직후 근우회는 서울에서 전국대회를 개최할 계획을 세웠으나, 일제의 탄압으로 실제 개최에는 이르지 못하였다. 그럼에도 당시 본부 임원들이 구상한 '중심 슬로건'과 '노동부인 슬로건'의 내용을 통해 근우회가 명확히 반봉건·반식민·반자본의 여성해방을 지향했음을 확인할 수 있다.[220] 이는 근우회 창립 시점부터 사회주의 계열 여성운동의 영향력이 컸음을 보여준다.

1929년 4월 현재 근우회는 전국에 40여 개 지회를 두고 2,870명의 회원을 확보하며, 전국 최대 규모의 여성단체로 활동하고 있었다. 지회별 회원 수를 보면, 평양지회가 452명으로 가장 많았고, 경성지회가 224명으로 뒤를 이었다. 도별 분포를 보면 경남 8개 지회 623명, 경북 5개 지회 258명, 함남 7개 지회 235명, 함북 5개 지회 254명, 평남 2개 지회(평양·진남포) 502명, 전남 2개 지회 210명, 전북 2개 지회 106명, 평북 2개 지회 90명, 강원 2개 지회 58명, 황해 1개 지회 50명, 해외 3개 지회(용정·도쿄·교토) 260명으로 나타났다.[221]

경남은 지회 수뿐만 아니라 회원 수에서도 전체의 21.7%를 차지하며, 전국에서 가장 큰 비중을 나타냈다. 이는 당시 경남에서 청년운동과 노동운동, 농민운동이 활발히 전개된 것과 맥을 같이하며, 여성운동 또한 동지역에서 활발했음을 보여준다. 이후 근우회 지회는 1930년 12월 무렵 약 70여 개로 확대되었으며, 이에 따라 회원 수 역시 1929년 4월 통계보다 상당히 증가했을 것으로 판단된다. 1929년 4월 기준 부산 지역 근우회 지회의 현황은 다음 〈표Ⅲ-9〉와 같다.

〈표 Ⅲ-9〉 1929년 4월 부산·동래지역 근우회 지회

<table>
<tr><th colspan="3">명칭</th><th colspan="2">부산지회</th><th colspan="2">동래지회</th><th>기장지회</th></tr>
<tr><td colspan="3">소재지</td><td colspan="2">부산부 영주정</td><td colspan="2">동래군 복천동</td><td>동래군 기장면</td></tr>
<tr><td colspan="3">승인 일시</td><td colspan="2">1928.6.10</td><td colspan="2">1928.5.24</td><td>1928.7.14</td></tr>
<tr><td colspan="3">설립 일시</td><td colspan="2">1928.6.16</td><td colspan="2">1928.5.29</td><td>1929</td></tr>
<tr><td rowspan="10">회원</td><td colspan="2">총수</td><td colspan="2">127명</td><td colspan="2">116명</td><td>-</td></tr>
<tr><td colspan="2">지식정도</td><td colspan="2">중등 정도~무직</td><td colspan="2">고보 졸업 정도 이하</td><td>-</td></tr>
<tr><td colspan="2">연령별</td><td colspan="2">18세~30세</td><td colspan="2">18세~30세</td><td>-</td></tr>
<tr><td rowspan="7">직업</td><td>업종</td><td>인원</td><td>비율</td><td>인원</td><td>비율</td><td>-</td></tr>
<tr><td>가정</td><td>72명</td><td>56.7</td><td>85명</td><td>73.3</td><td>-</td></tr>
<tr><td>노동</td><td>9명</td><td>0.1</td><td></td><td>-</td><td>-</td></tr>
<tr><td>농민</td><td>-</td><td>-</td><td></td><td>-</td><td>-</td></tr>
<tr><td>학생</td><td>6명</td><td>0.1</td><td></td><td>-</td><td>-</td></tr>
<tr><td>직업</td><td>20명</td><td>15.7</td><td>31명</td><td>26.7</td><td>-</td></tr>
<tr><td>무직</td><td>24명</td><td>18.9</td><td>-</td><td>-</td><td>-</td></tr>
<tr><td colspan="3">부서 및 중요 간부</td><td colspan="2">서무부·재무부(尹在詢)
교양부(洪順南)
조사부(-)
조선부(千斗理)
정문부(-)
학생부(姜興淑)</td><td colspan="2">서무부(權福海)
재무부(李永福)
선전부(金周仲)
교양부(李琪年)
조사부(崔聖愛)
정연부(李嘉佐)</td><td>-</td></tr>
<tr><td colspan="3">사업</td><td colspan="2">부인야학 설립 준비 중</td><td colspan="2">-</td><td>-</td></tr>
</table>

※출처: 「槿友會會況一覽」『槿友』, 1929, 80쪽, 84쪽, 92쪽.

부산 지역 근우회 지회 회원의 연령은 대체로 18세에서 30세 사이로, 근우회 지회에서 가장 일반적으로 나타난 연령대였다. 그러나 함흥·신의주·원산지회(18~40세), 대구지회(19~44세), 강릉지회(18~50세), 함남 신고

산지회(20~55세), 평양지회(18~40세), 경성지회(18~50세) 등은 상대적으로 더 높은 연령층을 포함하였다.[222] 이는 한반도 북부 지역의 지회가 기독교 계열의 민족주의 여성들을 중심으로 형성되었으며, 구성원 중 상당수가 장년층 여성이었음을 보여준다.

근우회는 창립 이후 시간이 흐르면서 본부 내 여성운동 주도권을 사회주의 계열 여성들이 장악하게 되었다. 이에 따라 근우회 집행위원회는 1929년 7월 새로운 7개 항의 행동 강령을 제정하였다. 강령은 ① 여성에 대한 사회적·법률적 차별 철폐, ② 일체 봉건적 관습과 미신 타파, ③ 조혼 폐지 및 결혼의 자유 보장, ④ 인신매매 및 공창제 폐지, ⑤ 농촌 부인의 경제적 이익 옹호, ⑥ 부인 노동의 임금차별 철폐 및 산전·산후 임금 지급, ⑦ 부인 및 소년 노동자의 위험 노동과 야간 노동 폐지 등으로 구성되었다.

이와 같은 행동 강령은 식민지 조선에서 제기된 여성 문제를 총체적으로 집약한 것이었다. ①항은 여성의 법률적 평등을, ②~④항은 봉건적 여성 차별 관습의 타파를, ⑤~⑦항은 여성의 경제적 불이익 해소를 각각 주장하였다. 특히 ④항 이하의 조항들은 여성의 인권 문제와 직결되며, 반식민·반자본주의적 이념을 포괄하는 사회주의적 여성해방론을 뚜렷하게 반영하고 있었다. 항일 여성운동의 결집체였던 근우회는 1931년 신간회 해소론이 사회적으로 확산됨에 따라 해소논의에 직면하게 되었다. 근우회의 해소논의는 1931년 3월 신의주지회에서 처음 결의되었으며, 이후 본부에서는 해소 문제를 공식적으로 처리하지 못한 채 신간회와 함께 자연스럽게 해산되었다. 이하에서는 근우회 동래지회, 기장지회, 부산지회 등의 활동 양상을 중심으로 그 특성을 살펴보고자 한다.

(1) 부산지회

부산지회는 1928년 4월, 부산청맹과 부산진청년회의 요청에 따라 설립

논의가 시작되었다. 이에 같은 해 6월 1일, 부산의 여성운동가 30여 명이 부산청맹 회관에 모여 근우회 부산지회 설치를 위한 설립 준비 위원 15명을 선정하였다. 설립 준비 위원으로는 홍순남(洪順南), 강흥숙(姜興淑), 최유금(崔有今), 박순자(朴淳子), 곽정애(郭貞愛), 오기렬(吳琪烈), 최금술(崔今述), 김홍식(金弘植), 서정순(徐貞淳) 등이 포함되었다.[223] 보름 뒤인 6월 16일, 부산중앙유치원에서 회원 100여 명이 참석한 가운데 창립대회를 개최하며 부산지회의 활동이 본격적으로 시작되었다.

창립 회의는 임시의장 여운영(呂運英)과 서기 이필련(李必連)의 주도로 진행되었다. 부산지회 집행부는 회장을 중심으로 8개 부서 체제로 구성되었으며, 각 부서별 임원은 다음과 같다. 회장은 윤재순, 서무부는 홍순남과 서정순, 재정부는 천두리(千斗里)와 박정애(朴貞愛), 조직선전부는 최금술과 신영희(辛永喜), 교양부는 곽정애와 강흥숙, 조사부는 한승숙(韓勝淑)과 김선옥(金善玉), 정치연구부는 여운영과 유덕진(兪德珍), 학생부는 이필련과 박영자가 맡았다.[224] 창립 직후 부산지회 집행부는 8부 체제로 구성되었는데, 동래지회에는 없었던 학생부가 포함된 것은 회원 중 상당수가 학생이었기 때문이다. 그러나 이후 1929년 12월 집행부 체제는 6부 체제로 개편되었다.[225]

부산지회 발기회 및 창립 임원 구성에서 여운영은 부산진교회 교인이자 주일학교 교사였으며, 부산여자청년회 제3대 회장을 역임했다. 이필련, 최금술, 김홍식, 서정순 등은 1925년 일신여학교 12회 졸업 동기생으로, 모두 부산진교회 교인이었다. 초대 회장 윤재순은 초량교회 교인이었다.[226] 이러한 배경으로 볼 때, 근우회 부산지회는 '부산진교회와 일신여학교'로 연결되는 여성들을 중심으로 조직되었음을 알 수 있다. 또한 창립 임원 중 여운영을 제외하면, 기존 부산여자청년회·초량여자청년회·부산중앙여자청년회 등에서 간부로 활동한 인물이 없었다는 점이 주목된다. 이는 부산지회가 기존 여성단체와 달리 매우 젊은 신예 여성들 중심으로 구성되었음을 뜻한다.

부산지회의 창립 과정에서 주목할 점은, 동래지회와 달리 기존 부산여자청년회와 부산중앙여자청년회가 해체되지 않고 존속했다는 점이다.[227] 이러한 현상은 두 단체의 구성원 인적 네트워크와 지역적 기반의 차이에서 비롯된 것으로 판단된다. 부산여자청년회는 일신여학교와 부산진교회를 중심으로 회원을 조직한 반면, 부산중앙여자청년회는 초량 지역 유지 여성과 초량교회와 연결되어 있었다. 회원들의 거주지 특성을 고려하면, 전자는 범일동·좌천동·수정동, 후자는 초량동·영주동 등에 주로 분포한 것으로 여겨진다. 이러한 배경 때문에 근우회 부산지회는 기존 여성단체를 해체하지 않고 별도로 결성될 수 있었다. 실제로 1928년 9월 신간회 부산지회가 8개 사회단체 연합으로 관북지역 수재민 구호 행사를 주도할 당시, 부산중앙여자청년회는 근우회 부산지회와는 별도로 참여하였으며, 부산여자청년회 역시 개별적으로 동정금을 의연하였다.[228]

이처럼 부산지회는 기존 여성단체들이 존속하는 가운데 여성운동을 전개한 반면, 동래지회는 기존 단체를 해체하고 모든 역량을 근우회로 집중하였다. 부산지회는 회원 수와 자금 동원력 측면에서 상대적으로 유리했으나, 임원 간 결속력과 집행부의 지도력에서는 동래지회에 미치지 못했던 것으로 평가된다. 부산지회의 창립 당시 회원 수는 정확히 확인되지 않으나, 대략 60여 명으로 추정된다. 이후 회원 수는 꾸준히 증가하여 1929년 4월에는 127명, 1930년 1월에는 132명에 이르렀다.[229] 부산지회의 회원 연령은 〈표Ⅲ-9〉에서 확인할 수 있듯이 동래지회와 동일하게 18세~30세로 구성되었다. 직업별 구성에서는 가정주부가 57%(72명)로 가장 많았고, 무직 19%(24명), 직업여성 16%(20명), 나머지 노동과 학생은 각각 0.1% 수준이었다. 동래지회와 비교할 때 부산지회는 무직이 상대적으로 많았으며, 직업상 노동과 학생에 해당한 여성들이 포함되어 있었다는 점이 특징적이다. 특히 노동 여성의 비율은 낮았으나, 전업 형태로 노동에 종사하는 여성들이 부산지회 회원으로 참여하고 있었음을 보여준다. 무직 또한 노동 가능성이 있는 여성으로 간주할 수 있으며, 노동과 무직을 합치면 전체 회원의 26%(33명)를 차지하였다.

부산지회 회원 중에는 여학생들도 있었는데, 회원 연령이 18세 이상인 점을 고려하면 대부분 여자고등보통학교 재학생이었을 여겨진다. 이러한 점을 고려하면 동래지회는 주로 가정주부와 직업을 가진 여성으로 구성된 반면, 부산지회는 다양한 계층의 여성들이 참여한 도시형 조직의 특성을 보여주었다. 따라서 부산지회는 도시적 성격을 지닌 조직으로 평가할 수 있는 반면, 동래지회는 농촌적 성격이 보다 짙은 지회였다고 할 수 있다.

부산지회는 창립 직후 근우회 전국대회에 참가할 대의원으로 윤재순과 서정숙을 선임하였다. 대의원 회의에서 논의된 의제는 ① 여성운동의 통일, ② 부인 교양, ③ 반동 세력의 퇴치, ④ 일제의 도일(渡日) 노동자 저지, ⑤ 부인 직업소개 등으로, 근우회 부산지회가 단순한 여성 계몽 활동에 머물지 않고 사회적·정치적 문제에 적극적으로 대응하고자 했음을 보여준다.[230] 이들 의제 중 ① 여성운동의 통일은 기존 여성단체들을 해체하지 않은 채 부산지회를 설치하는 문제와 관련된 논의였던 것으로 이해된다. ② 부인 교양은 여성 회원들의 교양 함양을 위한 각종 강연회, 토론회, 문화행사 등과 연결된다. ③ 반동 세력의 퇴치는 신간회·근우회·청년동맹 등 전민족적 투쟁 조직의 활동을 방해하는 단체들에 대한 대응을 의미한다. ④ 일제의 도일(渡日) 노동자 저지는 일본으로 건너가는 조선인 노동자에 대한 일제의 통제를 다루는 문제였다. 마지막으로 ⑤ 부인 직업소개는 회원 중 노동자와 무직 여성 등 도시 빈민층이 적지 않았던 현실과 연관되며, 부산지회가 여성들의 취업 문제 해결에 적극적으로 개입하고 있었음을 말해준다.

1928년 10월, 부산지회는 관북지역 수재민을 위해 동정금 23원 50전과 의복 150건을 우봉운(禹鳳雲)을 통해 서울 근우회 본부에 전달하였다.[231] 이후 1929년 3월, 부산지회는 부산청맹 회관에서 제2회 정기대회를 개최했다. 임시의장 신필애와 서기 김순옥의 주도로 진행된 회의에서 신임 위원 10명과 대의원 1명을 선거하였으며, 회의 안건으로는 회원의 증모, 부녀교양, 아동교양, 부산여성운동 통일, 부산여공조합 조직 등이 논의되었다.[232] 이처럼 부산지회는 여성회원들의 교육과 교양 함양뿐만 아니라 여성 노동자 조직과 지역 내 여성운동 통합에도 적극적으로 역할을 하였다. 제2회 부산지회 정기대회에서 특히 주목할 점은 여공조합의 조직 문제를 논의했다는 사실이다. 당시 논의의 구체적 형태는 명확히 확인되지 않지만, 조직의 기초가 어떻게 설정되었는지에 따라 성격이 달라질 수 있었다. 개별 여성 노동자를 중심으로 조합을 구성했다면 일반노동조합 형태에 가까웠을 것이며, 동일 직종이나 산업에 기반한 조직을 구상했다면 직종별 또는 산별 노동조합 성격을 띠었을 가능성이 있다. 당시 부산지회 회원 구성에서 도시 빈민층 여성들이 상당수 자유롭게 노동에 참여하고 있었던 점을 고려하면, 개별 노동자 중심의 일반노조 형태를 염두에 두었을 가능성이 있으며, 이미 활동 중인 부산고무직공조합과 같은 직종별 노동조합 모델을 상정했을 가능성 또한 배제할 수 없다.

특히 부산지회가 직종별 또는 산별 노동조합 형태를 논의했다면, 여공들이 대거 고용되어 있던 조선방직회사의 여공을 대상으로 한 조직 구상을 염두에 두었을 가능성도 있다. 비록 조합 결성의 성사 여부와는 무관하지만, 1929년 3월 제2회 정기대회에서 여공조합 문제를 적극적으로 논의했다는 사실은, 부산지회가 단순한 계몽단체적 성격을 넘어, 당시 도시 빈민층과 산업 현장의 무산계급 여성들의 권익 신장을 실질적으로 지향하고 있었다는 점을 확인할 수 있다. 실제로 1929년 7월 부산의 5개 고무공장 여공들은 임금 인하에 맞서 동맹파업을 일으켜 파업을 승리로 이끌었다. 동맹파업이 전개될 당시 근우회 본부는 사건의 진상을 파악하기 위해 조사위원 급파를 검토하였으나, 임박한 정기대회 준비로 직접 조사위원을 파견하지 못하고, 대신 부산지회에 사건 실태 조사를 맡기도록 결정하였다.[233] 그해 3월 부산지회에서 여공조합 조직의 필요성을 논의한 사실에 비추어볼 때, 부산지회는 고무공장 여공들의 동맹파업을 적극 지원하며 파업의 정당성을 선전하는 데 앞장선 것으로 보인다.

한편, 부산지회는 1929년 5월 두 가지 행사를 준비했다. 하나는 근우회 본부에서 파견한 순회 강연대의 강연회 개최였고, 다른 하나는 부산여자청년회, 부산중앙여자청년회와 공동으로 춘계대운동회를 개최하는 것이었다. 전자는 일제의 탄압으로 개최되지 못하였으나[234], 후자는 계획대로 부산공립보통학교 운동장에서 진행되었으며, 여성단체 연합으로는 최초의 행사로서 많은 여성이 참여한 가운데 여러 경기와 가장행렬 등으로 운영되었다.[235]

1929년 가을 무렵, 일제는 근우회 부산지회를 비롯하여 신간회 부산지회, 부산청맹 등 부산의 주요 사회단체를 일제히 압수 수색하였다. 이에 따라 근우회 부산지회의 활동은 위축될 수밖에 없었고, 사업도 부진을 면치 못하였다. 이러한 침체를 쇄신하고자 부산지회는 같은 해 11월 임시대회를 개최하였다.[236] 이어 1930년 1월 음력 정월 초하루에는 부산지회의 기본금 마련을 위해 부산공회당에서 음악회를 개최했는데, 1천여 명의 청중이 참여하는 성황을 이루었다.[237] 한편, 준비된 프로그램 중에는 일제에 의해 금지될 정도로 민감한 내용도 포함되어 있었다. 이는 당시 음악회가 단순한 오락의 장을 넘어 일정한 사회적, 정치적 의미를 지니고 있었음을 보여준다.

부산지회는 1930년 3월 제3회 정기대회에서 집행위원장 황경임(黃庚任)을 비롯한 9명의 집행위원을 선출하였다. 신임 위원들은 모두 이전에 여성단체나 근우회 부산지회 임원으로 활동한 적이 없는 인물들이었다. 이를 통해 제3회 정기대회를 계기로 집행부의 세대 교체가 완전히 이루어졌음을 엿볼 수 있다. 당일 논의된 안건은 교양문제, 여성운동의 통일, 춘기강습회 개최, 분회 조직 촉성, 미신 타파, 원유회 개최 등이었다.[238] 논의된 안건 중 분회 조직 촉성은 신임 집행부가 적극적으로 추진하려 한 사업으로 파악된다. 또한 당일 회의에서 부산청맹 간부 임국희(林國熙)가 국제 정세에 관해 보고를 하였는데, 이로 인해 그는 부산경찰서로 연행되어 취조를 받는 고초를 겪었다.[239]

부산지회는 1930년 6월, 지난 3년간 운영해 온 부산유치원의 재원을 마련하기 위해 동래권번 예기를 초청하여 부산공회당에서 정악(正樂) 대회를 개최했다. 부산유치원은 지회 창립 직후 설치된 이래 수백 명의 아동을 졸업시켰으며, 정악대회가 열릴 당시에는 재학생만도 100여 명에 달하는 규모로 성장해 있었다.[240] 이러한 점은 부산지회가 여성운동에 국한되지 않고 아동 교육 문제에도 적극적으로 관여했음을 뜻했다.

한편, 그해 8월 폭우로 인해 부산청맹회관이 피해를 입자, 사회단체연합 차원에서 회관 수리를 위한 기성회를 조직했다. 총 500원으로 추산된 수리비 가운데 부산지회도 적지 않은 금액을 분담한 것으로 보인다.[241] 이어서 그해 8월 15일 제3회 임시대회에서는 회원 교양, 회관 수리, 재봉강습회 개최 등을 논의하고 신임집행부를 선출했는데, 집행위원장 최소남(崔小南)과 집행위원 8명, 검사 위원 3명이 각각 선임되었다. 당일 신임 집행부의 선출 이전 재봉강습회 개최에 대해 논의한 것은[242] 부산지회가 여성들의 경제활동에 실질적 도움을 주고자 노력했음을 보여준다. 이어 그해 9월 제4회 집행위원회를 의장 최소남과 서기 조상달(趙尙達) 주재로 개최하여 추계운동회와 부산유치원 운영에 관한 문제를 토의했다.[243]

부산지회는 1930년 10월 19일, 세 단체가 연합하여 제2회 여성대운동회를 부산공립보통학교에서 개최했다. 여성 대상의 대운동회는 지난해에 이은 두 번째 행사였다. 준비된 프로그램 중 단연 인기를 끈 건 세 단체 임원들의 가장 행렬이었다.[244] 10월 21일에는 근우회 본부에서 온 사회주의 여성운동가 정종명(鄭鍾鳴)의 강연회를 부산청맹 회관에서 개최하려 하였으나, 부산경찰서의 저지로 무산되었다.[245] 11월에는 부산청맹 회관에서 10일간 모사편물(毛絲編物)강습회를 개최했다. 수강은 여성 100명으로 한정했으며 회비는 1원이었다. 강습 시간은 매일 오후 1시부터 4시까지, 하루 3시간씩 진행되었다.[246] 이 강습회는 그해 8월 임시대회에서 논의된 재봉강습회 개최 구상을 실현한 것이다.

이후 뚜렷한 활동이 없었던 부산지회는 1931년 3월 부산청년회관에서 근우회 해소 문제를 논의하기 위한 제4회 정기대회를 개최했다. 지역 언론은 부산지회가 근우회 해소 문제와 관련하여 비판적인 입장을 취할 것으로 전망했다.[247] 마침내 3월 17일, 부산청맹 회관에서 제4회 정기대회가 임시의장 최소남(崔小南)과 서기 조동수(趙東壽) 주재로 진행되었다. 회의에서는 부산유치원 운영, 회원 정리, 회관 수리, 원유회 문제, 부산지회 해소 문제 등이 논의되었다. 해소 문제와 관련해서는 연구반을 조직하기로 결정하고, 연구반 구성은 신임 집행부에 일임하기로 하였다. 회원들의 의견은 해소 문제에 대해 비판적 견해가 우세했던 것으로 판단된다. 논의가 마무리된 후, 집행위원장 조동수를 비롯해 집행위원 8명과 검사위원 신필애(申弼愛) 외 2명이 선출되었다.[248]

이후 부산지회는 1931년 11월, 초량예배당 옆 광장에서 제3회 여성운동회를 성황리에 개최하였다. 이는 부산지회가 '연구반'을 통해 근우회 해소에 대해 부정적 입장을 견지했음을 보여준다. 그러나 이러한 입장에도 불구하고, 부산지회의 활동은 제3회 여성운동회를 끝으로 더 이상 이어지지 못하였다.

(2) 동래지회

근우회 동래지회는 부산지회보다 먼저 설립되었다. 동래지회는 1928년 4월 20일 동래여자청년회 제7회 정기총회 때 여자청년회를 해체하고 지회 설치를 결의하여 마침내 5월 19일 동래유치원에서 조직되었다. 동래지회는 1928년 4월 20일, 동래여자청년회 제7회 정기총회에서 여자청년회를 해체하고 지회 설치를 결의한 뒤, 5월 19일 동래유치원에서 조직을 마쳤다. 동래여자청년회는 지회 설립 준비 과정에서 연령이 청년에 속하는 회원들이 1928년 2월 결성된 부산청맹에 가입하도록 결정하였다. 이는 부산청맹과 근우회 동래지회의 활동이 유기적으로 결합되어 있었음을 말해준다.

근우회 동래지회의 설립 준비위원은 권복해, 김수선, 김계년(金桂年),

송말순(宋末順), 이가우(李嘉佑), 구필순(具必順), 장갑수(張甲守), 이영희(李永姬) 등이 참가하였으며, 1928년 지회장에는 권복해가 선임되었다. 창립 당시 회원은 80명~94명 정도였으나, 이후 1929년 1월에는 113명으로 늘어났다.[249] 동래지회 회원의 학력은 여자고등보통학교 졸업 이하였으며, 연령은 18세~30세가 다수를 차지하였다. 직업별로 85명은 가정 여성이었고, 31명은 직업 여성으로, 부산지회에 비해 직업 여성의 비율이 높았다. 구체적인 직업 내역은 확인되지 않으나, 유치원 교사와 야학 교사 등 교육 관련 직종도 포함되어 있었던 것으로 추정된다. 동래지회의 핵심 인물로는 박차정, 김수선, 박소수(朴小守), 권복해, 김계년, 이가우 등이 있었다.

이들 여성 중 박차정은 1929년 3월 동래일신여학교를 졸업한 이후 부산청맹 집행위원, 동래노동조합원, 신간회 동래지회원으로 활동했다. 특히 1929년 7월 근우회 제2회 전국대회에서는 경남의 전형위원으로 선출되었으며, 이후 전형위원들의 추천으로 33명의 근우회 중앙집행위원에 포함되었다. 중앙집행위원 중 14인의 상무집행위원에도 선출되어 근우회 중앙본부의 선전조직과 출판부문을 담당하는 등, 여성운동가로서 두각을 나타냈다. 이러한 활동으로 인해 1929년 11월 광주항일학생의거 당시 서울에서 발생한 학생 시위의 배후 인물로 지목되어 서대문 경찰서에서 취조를 받았다. 혹독한 고문으로 신장염을 앓게 된 박차정은 건강을 회복하기 위해 동래로 돌아왔으나, 1930년 2월 동래경찰서에 재차 검거되어 서대문 경찰서로 호송되는 시련을 겪었다.[250]

김계년은 제2회 근우회 전국대회 때 박차정과 함께 대의원으로 참가했고, 김수선은 중앙집행위원 후보위원으로 선출되었다. 권복해는 기장의 명정의숙 출신으로 기장 3·1운동에 참가하였으며, 언니 권은해와 함께 기장여자청년회에서 활동했는데, 결혼과 함께 동래에 와서 근우회 동래지회 설립에 참여했다. 김수선과 박소수 또한 여성들의 사상단체인 적광회의 핵심 인물로 동래청년연맹의 집행위원 등으로 활동한 여성운동가들이었

다.[251]

동래지회 여성운동가들은 일찍부터 항일운동과 여성운동에 적극적으로 참여하며, 활동의 역량 면에서 타 지역보다 뛰어났다. 1929년 4월 현재 동래지회는 서무부, 재무부, 선전부, 교양부, 조사부, 정치연구부 등 6부 체제로 운영되었으며, 이후에는 서무재정부, 조직선전부, 교양부, 정치연구부 등 4부 체제로 개편되었다. 동래지회는 창립 직후인 1928년 6월 동래 영보단에서 원유회를 개최하였으며, 약 100명이 참석하였다. 또한 1930년 5월에도 영보단에서 원유회와 소규모 운동회를 개최하였다. 이러한 활동은 단순한 친목 도모에 그치지 않고, 회원 모집과 근우회의 취지 선전에도 중요한 역할을 했다.

동래지회는 창립 3개월 만인 1928년 7월 기장분회를 설치하였으며, 같은 해 10월 관북지역에서 발생한 수재민을 위해 근우회 본부에서 전국 지회에 동정금과 의복을 모집할 때, 8원의 성금을 송금하였다.[252] 이후 동래지회는 1929년 3월 제1회 정기대회를 지회장 권복해의 사회 하에 동래유치원에서 개최하고 신임 위원들을 선출했다. 선출된 집행위원들은 집행위원장 김수선, 집행위원 조이수, 구소연, 이가연, 이명수, 최성애, 권복해, 장갑수, 백순용, 김경수, 이가우, 이봉연, 김옥숙, 박소수, 박덕수, 하덕술 등이었다.[253] 제1회 정기대회에서는 동일노동에 대한 임금차별 철폐를 결의하고 이 방침을 다가오는 근우회 전국대회에서 건의할 것을 결정했다. 이러한 결정은 동래지회의 구성원들이 사회주의 여성해방론에 입각하여 여성 노동문제에 매우 적극적이었음을 말해준다. 이와 같은 활동 기반 위에서, 1929년 동래지회 소속 회원 3명(박차정·김계년·김수선)은 근우회 본부의 중앙위원과 대의원으로 활동할 수 있었다. 이후 동래지회는 1929년 8월 경북 지역에 기근이 발생했을 때, 동래의 각 사회단체와 연계하여 의연금을 지원한 것으로 확인된다.[254]

한편, 1930년 1월 부산 조선방직회사에서 여공들이 파업을 일으켰을 때, 신간회 동래지회와 부산지회, 그리고 여러 사회단체는 파업의 정당성을 선전하고 적극적으로 지원하였다. 1929년 이후 여성 노동문제에 꾸준히 관심을 보여온 동래지회가 당시 조선방직회사 여공들의 파업을 방관하지 않았을 것으로 판단된다. 이어 1930년 4월 동래지회는 제10회 집행위원회를 개최하여 다가오는 정기대회 준비, 회관건축기성회의 의무금 징수, 회원 증모 등의 사안을 논의하고, 정기대회 준비위원으로 김옥순(金玉順)과 하덕술(河德述)을 선출하였다.[255] 그 결과 4월 19일 김수선 사회로 제3회 정기대회를 동래유치원에서 개최하고 신임 집행위원으로 집행위원장 이현순(李賢舜), 집행위원 전부념(田富念), 구수련(具守連), 한용순(韓龍順), 박소수, 김명수(金命守), 권복해, 하덕술 등을 선임했다. 이어 근우회 전국대회에 제출할 의안 작성, 본부 의무금 납입 및 지회 의무금 징수, 이재민 구제, 잡지 『별건곤(別乾坤)』 비매동맹, 부인 야학 등의 문제를 토의했다.[256] 그해 6월에는 집행위원회를 개최하여 제3회 정기대회에서 논의된 사항들을 점검하고 동래사회단체회관 건축기성회 의무금 징수를 결의했다.[257]

이처럼 동래지회는 1930년 어려운 상황에서도 지속적으로 활동을 계속했다. 그해 10월에는 근우회 중앙위원으로 전국 지회를 순회하던 정종명(鄭鍾鳴)이 동래지회에서 〈여성운동의 근본문제〉라는 주제로 강연할 예정이었으나 일제의 갑작스러운 금지로 개최되지 못했다.[258] 동래지회는 사회단체에 대한 일제의 탄압이 심해지는 상황 속에서 1931년 4월 25일 제4회 정기대회에서 해소 문제를 논의했다. 회의에서 동래지회는 "해소는 운동 전환의 중대 문제인 만큼 당분간 보류하기로" 결정하고, 대신 '금후 노동여성운동 세력에 대한 강력한 대책 수립'을 주요 방침으로 채택했다. 이는 동래지회의 존치와 관련된 해소 문제는 차후로 미루면서, 대공황 속에서 고통받는 여성 노동자들의 삶을 개선할 구체적 방안에 우선 주력하려는 참가자들의 분위기를 읽을 수 있다. 만약 근우회의 해소 문제가 최우선의 과제로 인식되었다면 동래지회는 차기 집행위원들을 선출 하지 않고 곧바로 해소를 결의했을 가능성이 높은데, 동래지회는 신임 집행위원들을 선출했다.[259] 신임 집행위원을 선출한 점은, 근우회 해소 문제를 중대한 사안으로 인식하면서도 이를 졸속으로 처리하기보다 충분한 시간적 여유를 갖고 결정하려 한 집행부의 태도를 보여준다.

(3) 기장지회

근우회 기장지회는 1928년 3월 기장의 정진(正進)청년회가 여자부 회원을 분리하여 동래지회 기장분회 설치를 주장하면서 시작되었다. 이후 기장여자청년회와 정진청년회 여자부가 주축이 되어 1928년 7월 14일 동래지회 기장분회가 설치되었다. 지회로 설치되지 못하고 동래지회의 분회로 설치된 것은 당시 근우회 본부가 1군 1지회 원칙을 고수했기 때문이다. 그러나 1929년 2월 근우회 본부는 기장분회를 기장지회로 승격하도록 결정했다. 이에 기장분회는 곧바로 1929년 2월 19일 부산청맹 기장지부에서 제1회 정기대회를 개최하고 기장지회 신임 집행부를 구성했다.[260] 1930년 무렵 전국의 근우회 지회는 대략 65개 정도였는데[261] 분회가 설치되었던 곳은 동래지회와 함북 홍원지회가 유일하였다. 근우회 지회를 설치하지 못한 지역이었음에도 불구하고, 동래와 기장은 여성운동이 상대적으로 활발했음을 알 수 있다.

1928년 7월 14일 기장분회가 설치될 당시 창립 집행위원은 총 11인이었으며, 위원장 오주숙(吳珠淑), 서무부 정명자(鄭命子), 김정해(金靜海), 재무부 박영애(朴英愛), 김필수(金必秀), 조사부 문복줄(文福茁), 이윤명(李潤命), 교양부 최덕학(崔德鶴), 김덕순(金德順), 정치연구부 김필주(金弼珠), 윤정송(尹貞松) 등이 선출되었다. 이날 집행위원들은 교양문제, 여자야학 경영, 회관 설립, 회비 및 의무금 책정 등의 사안을 논의하였다.

기장분회 창립 당시 회원 수는 55명이었으며, 1928년 12월 64명, 1929년 1월 74명으로 점차 증가하였다.[262] 기장분회 창립 집행위원장 오주숙은 1924년 2월 기장여자청년회 간부로 선임된 이후 회장직을 맡고 있다가 기장분회 집행위원장으로 선출되었다. 정치연구부 집행위원 김필주도 기장여자청년회 간부로 오주숙과 행보를 같이 했다. 교양부 집행위원 김덕순은 이후 부산청맹 기장지부, 동래소년동맹 기장지부 집행위원으로 활동했다. 비교적 연령이 낮은 김덕순의 활동을 고려하면, 기장분회는 부산청맹 기장지부, 동래소년동맹 기장지부와 유기적으로 결합하여 활동하고 있었음을 알 수 있다.[263]

기장분회는 설립과 동시에 기장여자청년회에서 운영하던 여자야학을 인수하여 운영하였다. 그러나 1928년 12월, 근우회 기장분회의 여자야학과 부산청맹 기장지부의 노동야학은 폐교 위기에 직면하였다. 두 야학 모두 무산 자녀를 대상으로 기장보통학교 교실에서 운영되었으나, 일본인 학교 교장이 별다른 이유 없이 교실 사용을 불허했기 때문이다.[264] 이는 야학을 통해 무산 아동들의 의식이 급속히 성장하는 것을 일본인 교장이 두려워했기 때문으로 보인다. 이후 여자야학이 계속 운영되었는지는 현재까지 확인되지 않는다. 다만, 기장분회가 운영한 여자야학에는 학생이 60여 명, 교사가 3명 있었으며, 교장은 기장분회 집행위원장인 오주숙이 맡았다.[265]

1929년 5월, 근우회 본부는 전국 각 지역에 순회단을 파견하였다. 파견의 목적은 지회 설립을 준비 중인 지역에는 설립을 독려하고, 이미 지회가 설치된 지역에는 본부와 지회 간 상호 교류를 강화하기 위함이었다. 경부선을 중심으로 충청, 경북, 경남 지역에 파견된 박호진(朴昊辰)은 동래지회를 거쳐 6월 2일 기장지회를 방문하여 회원 20여 명과 간담회를 진행하였다.[266] 한편 기장지회는 1930년 3월 19일 제3회 정기대회를 개최할 계획을 세웠는데, 당시 일제는 기장지회를 포함한 모든 사회단체의 집회를 금지하고 있었다. 이에 따라 기장지회의 정기대회는 무기 연기되었으며, 같은 해 6월 단오절을 맞이하여 기장지회와 동래소년동맹 기장지부가 공동으로 개최하려 했던 음악연주회 또한 열리지 못했다. 같은 시기, 기장농민동맹의 제3회 정기대회도 일제의 불허로 무산되었다.[267] 일제는

1930년 8월에도 신간회 기장지회와 부산청맹 기장지부, 동래소년동맹 기장지부의 정기대회를 금지하였다.[268] 이러한 상황을 보면, 1930년 이후 기장 지역에서는 근우회 기장지회뿐만 아니라 여러 사회단체의 활동이 사실상 어려움을 겪었음을 알 수 있다. 따라서 1931년 기장지회의 해소 문제 역시 별도의 공식 절차를 거치지 못한 채 자연스럽게 활동이 중단된 것으로 이해된다.

4. 노동운동

1920년대 부산 지역 노동운동은 일제강점기 산업화와 일본 자본의 본격 유입으로 노동자가 급증하는 가운데, 열악한 작업환경, 장시간의 노동, 저임금에 대항해 지속적으로 전개되었다. 1921년 9월, 부산의 부두총파업은 임금 인하에 반대한 대규모 동맹파업으로, 이후 부산뿐 아니라 전국의 노동운동에 큰 영향을 끼쳤다. 노동쟁의는 주로 항만과 운수, 방직, 고무, 인쇄 등 다양한 산업에서 일어났으며, 파업과 시위 건수는 해마다 증가하였다.

노동운동 초기에는 지식인 주도로 이루어졌으나 시간이 지나면서 노동자 스스로 각성하고 조직 역량을 강화하여 자신들의 권리와 위상을 점차 키워 나갔다. 파업의 형태 또한 단일 사업장을 넘어 지역, 직종별로 연대와 동맹파업을 전개하였다. 이 과정에서 부산 지역 노동운동은 민족주의와 사회주의 사상이 결합하여 항일적 성격을 띠었으며, 일제의 강한 탄압 속에서도 꾸준히 운동의 역량을 키워 나갔다.

1) 1921년 부두 노동자 총파업

개항 이후 부산은 한반도 내에서 생산된 막대한 미곡과 값싼 원료가 일본으로 유출되고, 반대로 일본산 저가 공산품이 대량으로 유입되는 교역의 중심지로 급속히 자리 잡았다. 이러한 무역 구조 속에서 교역량이 매년 확대됨에 따라 부두항을 기반으로 한 무역회사들이 증가하였으며, 그에 종사하는 운송노동자(두량군·칠통군·지게군·하륙군)들 또한 자연히 늘어났다. 특히 제1차 세계대전기 전쟁 특수로 부산 부두의 화물 물동량이 급증하자 부두 노동자들의 역할은 그 어느 때보다 중요해졌다. 당시 부두 노동자는 대략 5천여 명으로 가족까지 합치면 2만 5천여 명으로 전체 노동자 수의 80% 이상을 차지하였다.[269]

이러한 여건 속에서 1918년 8월 5일, 해륙운송점 소속 짐꾼 300~400명은 오전 10시경 부산역 앞에 집결하여 임금인상 100%를 요구하는 동맹파업을 단행하였다. 이 파업은 1918년 조선 전역에서 발생한 파업 가운데 최대 규모였으며, 그 여파로 1919년 7월에는 부두 운송노동자들의 반수(반장)들이 주도하여 각 운송업자를 상대로 임금인상을 관철하는 파업을 벌여 목표한 성과를 거두었다. 그러나 부두노동자들의 이와 같은 공세적인 파업도 1920년에 접어들면서 급격히 변화하였다. 쌀값 폭락과 전후 공황의 엄습으로 부산항의 수출입 물량이 급감하자, 일본인 운송업자들은 즉각적으로 부두 노동자들에 대한 임금을 인하하려 하였다. 그 결과 1921년 9월 17일, 택산(澤山)상회 소속 부두 노동자들은 40~50%의 임금인상을 요구하며 파업에 돌입하였다.

부두노동자들의 노동은 항만운송 구조의 특성상 다른 부문과 구별되는 측면이 있었다. 부산항에 입항한 화물은 '입항 선박→하륙→각 선박회사 창고→운송점'으로 이어지는 해상과 육상의 연계 체계와 '입항선박→기차'로 직결되는 철도 연계 체계 등 두 경로로 처리되었다. 따라서 이와 같은 분절적 구조에서는 어느 한 단계의 노동자라도 파업에 돌입하면 항만 운송 전체가 마비될 수밖에 없었다.

특히 '선박→기차' 또는 '기차→선박'의 연결은 부산항 잔교(棧橋)를 통해 이루어졌기에, 잔교 노동자들이 파업에 들어간다면 경부선과 관부연락선을 중심으로 하는 한·일 간 운송체계 전반에 중대한 타격을 줄 수 있었다. 이러한 이유로 운송업자들은 잔교 노동자들에게 다른 부두 노동자들보다 30~40% 높은 임금을 지급하며 핵심 인력으로 대우하였다. 1921년 9월 부산 부두노동자 총파업이 강력한 파급력을 발휘할 수 있었던 것은, 9월 25일 잔교 노동자들이 파업에 적극 가담함으로써 항만 운송 체계 전반을 사실상 정지시킬 수 있었기 때문이었다.

특히 부산청년회에서 초기 활동했던 김종범을 비롯하여, 조동혁·최태열·최태희·손명표 등 선진적인 활동가들은 9월 26일, 파업 투쟁선언서 3천 매를 인쇄·배포하며 파업의 대중적 확산을 도모하였다. 이들 활동가의 적극적인 개입은 부산부두총파업이 성공적으로 전개되는 데 빼놓을 수 없는 요소였다. 이는 우리나라 노동운동에서 노동자 대중의 자생적 투쟁이 사회주의 활동가들의 조직적 지도와 처음 결합하였다는 점에서 중요한 역사적 의미를 지닌다.

잔교 노동자들의 전면적 파업 참가로 항만 운송이 사실상 마비되자, 자본가 측은 9월 27일, 잔교 노동자들에 한하여 15%의 임금인상을 제안하는 등 회유책을 구사하여 이들을 파업대열에서 분리하려 하였다. 나아가 9월 29일에는 대구 지역과 부산진 방면의 지게꾼을 동원해 연락선 화물 하역 작업에 투입함으로써 부두 노동자들의 투쟁력을 약화하려고 했다. 그러나 부두 노동자들은 파업 깨기꾼의 숙소를 습격하는 등 자본가 측의 분열 책동에 단호히 대응하였다. 이와 같이 결연한 저항 끝에 부산 부두 총파업은 9월 30일, 부두 노동자 임금을 10~15% 인상하는데 노동자와 자본가 대표가 합의하여 사실상 부두 노동자의 승리로 마무리되었다.[270]

한편, 부두 노동자 총파업에 이어 10월 10일에는 영도의 각 공장 노동자들이 임금인상을 요구하였고 라이징 썬 석유회사 지점 노동자들도 파업에 합류했다. 이듬해 1922년 2월에는 조선방직 노동자 500여 명이 임금인상과 대우 개선을 요구하는 파업을 단행하며 공장 내에 설치된 경관주재소를 파괴하는 시위를 전개하였다. 이처럼 부산 부두노동자총파업은 부산 지역에서 다른 파업들을 촉발하였을 뿐만 아니라 전국 각지의 노동자들에게 적지 않은 영향을 미쳤다. 이 점에서 부두노동자총파업은 일제강점기 노동운동에서 중요한 전환점으로 평가된다.[271)]

2) 1925년 부산인쇄직공 총파업

1922년 이후 한반도에서 잠시 소강상태를 보이던 파업 투쟁은 1923년에 다시 활성화되기 시작하였다. 이 해를 전후하여 메이데이 투쟁이 전개되는 한편, 경성고무 여직공 파업과 평양 양말공장 노동자 파업 등 선진적인 노동쟁의가 잇달아 발생했다. 이러한 흐름 속에서 각 지역에서는 노동단체의 조직적 기반이 확대되었고 직업별 노동조합의 결성도 본격화되었다.

이 무렵 부산에서는 부두노동자 총파업에 관여하였던 김종범·조동혁·최태희 등이 중심이 되어 1922년 1월 부산노동동맹회를 결성하였다. 부산노동동맹회는 서울파의 전조선노농대회와 화요파 계열의 조선노동연맹회가 전국적 지도기관을 둘러싸고 대립하던 시기에, 조선노동연맹회가 1924년 1월 진주에서 개최한 경남노농운동자간친회와 그해 3월 대구에서 열린 남선노농총동맹에 각각 대표를 파견하며 전국적 노동단체와 연대를 강화하였다.[272)]

이러한 교섭과 경쟁 속에서 서울파, 화요회, 북풍회는 마침내 1924년 4월 20일 통일된 전국적 노동단체인 조선노농총동맹을 결성하였는데 부산노동동맹회에서 활동했던 김종범·최태희·조동혁 등은 중앙위원으로 참여하여 활동했다. 그러나 김종범 등 핵심 인물들이 중앙 무대로 진출함에 따라 정작 부산 지역의 조직은 약화되고, 조선노농총동맹 결성 이후 부산노동동맹회의 회원 수는 오히려 감소했다.

그 결과 부산노동동맹회의 활동은 점차 축소되고, 이를 대체하는 새로운 단체인 부산노우회가 1924년 8월 결성되었다. 부산노우회는 주로, 정거장·운송점·화차 등에서 일하는 운송노동자들을 중심으로 조직되었는데, 1924년 12월 회원은 300여 명에 달했다. 이후 부산노우회는 빠르게 성장하여 1926년 8월경에는 회원 수가 700여 명에 이르렀고, 매월 수백 부의 팜플렛을 배포하며 부산 지역 노동단체 중 가장 큰 세력으로 자리매김하였다.[273] 부산노우회에 주목할 점은, 부산노동동맹회와는 달리 회원이 '순전한 노동자들의 자발적 결성'에 의해 조직된 노동단체였다는 점이다. 이는 부산 지역 노동단체가 선진적 활동가 중심의 조직에서 노동자 대중 중심의 자생적 기반을 갖춘 조직으로 이행하고 있었음을 보여준다.

부산노우회는 회원들이 매달 20전을 납부하였고 회의 목적을 '회원의 부모·처자·자식의 출생·결혼·질병·사망 때 상호부조를 제공하는 것으로 규정하고 있었다. 이러한 규정만 보더라도 부산노우회가 일상적 생활 문제를 중심으로 한 상호부조 성격을 강하게 띠고 있었음을 알 수 있다. 그러나 실제로 부산노우회에는 유동준(兪東濬), 박시영(朴時英) 등과 같은 운송 부문 조선인 중소자본가들이 참여하고 있었으며, 조직 운영 방식 또한 기존 운송 부문에서 중요한 비중을 차지했던 반수제(班首制)·십장제(什長制)의 체계를 운영하고 있었다. 이러한 점을 고려하면, 부산노우회는 노동자 단독의 조직이라기보다는, 일본 자본의 침투가 심화되는 상황에서 조선인 운송업자들이 안정적인 노동력을 확보하려는 이해관계와 운송 노동자들이 자신의 경제적 이익을 보호하려는 요구가 결합하여 조직된 노동단체였다고 볼 수 있다.

따라서 선진적 활동가들의 지도력이 비교적 분명하게 관철되었던 부산노동동맹회와 비교할 때, 부산노우회는 지도력 측면에서는 한 단계 후

퇴한 성격을 지니고 있었다. 그러나 부산노우회는 노동자들의 일상적 생계 문제 해결을 조직의 주요 목적으로 삼아 광범한 노동자층을 포괄했다는 점에서, 조직의 대중성 확보라는 측면에서는 오히려 부산노동동맹회보다 발전된 모습을 보였다. 이에 선진적 활동가들이 올바르게 노동운동을 지도해 낸다면 부산노우회는 더욱 큰 폭발력을 지닌 노동단체로 성장할 가능성을 충분히 내포하고 있었다.

한편, 부산노우회가 결성되고 4개월이 지난 1924년 12월에는 부산인쇄직공친목회가 조직되었다. 인쇄직공은 업무의 특성상 일정 수준의 문자 해독 능력이 필요했으며, 최소한 보통학교 졸업에 해당하는 학력을 요구받았다. 이러한 직업적 특성 때문에 1920년대 각 지역에서는 직업별 노동조직으로 양화·양말·철공·신문배달·목공 등의 부문에서 노동조합이 결성될 때, 인쇄직공조합은 가장 높은 선진성을 갖춘 강고한 조직으로 부상하였다.[274] 부산인쇄직공친목회는 야유회·운동회·인쇄 기술 경진대회 등 다양한 활동을 통해 조합원 간의 친목과 연대를 강화하였다. 이어서 1925년 6월 21일에는 기존 회장제를 위원장제로 개편하고, 신임 위원장 김칠성(金七聖)을 비롯하여 각 공장 대표 20여 명의 위원을 선출함으로써 조직의 체계를 정비하였다. 그 결과 1925년 11월 1일, 인쇄직공친목회를 인쇄직공조합으로 변경하며 노동조합으로서의 성격을 명확히 하였다. 이어 11월 24일, 서울파가 주도하여 인쇄직공조합의 전국적 조직체인 조선인쇄직공총동맹을 창립하려 하자, 부산인쇄직공조합은 원산·목포·전주 등의 인쇄직공조합들과 함께 중앙 발기대회에 참가하였다.[275] 이로써 부산인쇄직공조합은 부산을 넘어 전국적 노동운동의 흐름과 본격적으로 연계를 맺는 계기를 마련하였다.

이렇게 내외적으로 조직의 역량을 강화하던 부산인쇄직공조합은 1925년 11월 22일, 부산 지역 인쇄 관련 자본가들이 조직한 인쇄동업조합에 맞서 총파업을 단행했다. 당시 부산에는 경남인쇄주식회사를 비롯하여 천정(川井)·수도(手島)·부산일보사·조선시보사 등 10개여 개의 인쇄공장이 있었으며, 이들 사업장에서 일하던 노동자는 200여 명이었다. 파업에 돌입한 부산인쇄직공조합은 9시간 노동제, 최저임금제, 재해보상, 해고수당 지급, 조합활동 보장 등 13개 항목의 요구조건을 제시하였다. 그러나 인쇄동업조합의 자본가들은 평양·대구·일본 등지에서 파업파괴 인력을 동원하는 조치를 취했다. 이러한 압박 속에서 파업대열에 균열이 발생하였고, 일부 간부들이 복직하는 사태가 벌어졌다. 이에 11월 28일 김칠성 위원장은 투표를 통해 압도적 지지를 확보한 뒤, 복직한 간부 3명을 제명 처분하며 장기 항전에 돌입했다. 12월 2일에는 노동자들이 경남인쇄주식회사를 상대로 월급과 인쇄동업조합이 관리하던 강제저축금의 지급을 요구하자, 지배인 이병희는 경찰을 동원해 노동자들을 연행하였다. 이어 12월 5일에는 수도인쇄소에서 월급 지급을 요구한 노동자가 공장주에게 폭행당하는 사건이 발생하였다. 노동자들은 인쇄동업조합의 횡포를 폭로하는 기사를 신문에 게재하며 자본가 측의 탄압에 정면 대응하였다.[276)]

부산인쇄직공 파업이 전개되자 부산신문배달조합·부산진청년회·부산청년회·부산학우회·부산서부자선회 등을 비롯해 해주인쇄직공친목회·원산노동청년회·원산혁풍회 등 전국 각지에서 동정금을 보내며 연대의 손길이 이어졌다. 이외에도 경성인쇄직공조합은 파업 지원을 위한 대강연회를 준비했고, 경성무산청년회는 연대 격문을 2회 발송하는 등, 파업은 전국적 관심을 불러일으켰다. 부산인쇄직공조합은 이렇게 모인 동정금으로 쌀을 매입하여 가장 생활이 어려운 조합원 40여 명에게 각 3승씩 나누어주며 장기 투쟁의 체력을 유지하고자 하였다.[277)]

파업은 12월 중순에 이르러 노동자들의 복직과 자본가들의 부분적 요구 수용이라는 절충적 타협을 통해 일단락되었다. 부산인쇄직공파업이 노동자의 완전한 승리로 귀결되지 못한 데에는 몇 가지 요인을 지적할 수 있다. 우선 외부적 요인으로, 일본 자본가들이 일본을 비롯한 각지로부터 인쇄공을 불러 모았으며 일본 경찰 또한 노조 사무실을 폐쇄하며 모든 집회를 불허하고 야만적으로 탄압을 자행했다는 점이다. 내부적 요인으로는 파업 초기부터 조합의 고문으로 활동하던 김근호가 투항적인 태도를 보이며 파업 지도부를 이탈한 점은 조합의 내부 결속을 약화시키는 결과를 초래했다. 아울러 파업의 장기화 속에서 인쇄직공조합이 충분한 파업 기금을 확보하지 못한 것 역시 투쟁을 지속적으로 전개하는 데 큰 제약이 되었다.[278)]

인쇄직공조합이 보여준 장기 파업은 1920년대 전반의 노동운동에서 찾아보기 어려운 모습으로, 그만큼 상당한 수준의 자금 조성이 필요했다. 파업 기간 서울·원산·군산·광주·목포·해주·마산·전주·평양·통영·함흥 등 전국 각지의 인쇄직공조합과 노동단체들이 연대 성명을 발표하고 동정금과 격문, 위문 위원 등을 파견하며 물심양면으로 지원했다. 이러한 광범위한 지원에도 불구하고 조합이 지닌 재정적 제약과 조직적 역량의 한계는 결국 파업을 노동자들의 부분적 승리에 머무르게 하는 요인으로 작용했다.

한편 파업 과정에서 배출된 김봉희와 차학순은 이미 사상단체인 '제4동우회'에서 활동하던 인물들이었다. 이러한 사실은 1925년 부산인쇄직공파업이 초기 사회주의자들이나 선진적 민족자본가들이 제공하던 시혜적 지도력에서 벗어나, 노동자들 스스로가 투쟁을 조직하고 주도할 수 있는 독자적 세력으로 성장하였음을 말해준다. 이 점에서 부산인쇄직공파업은 노동운동이 자생적 지도력을 갖춘 대중운동으로 이행되는 중요한 전환점을 마련했다는 데 그 역사적 의의를 찾을 수 있다.

3) 기타 노동단체의 활동과 1920년대 후반 산별 노동조합으로 전환

1920년대 중반 이후 부산 지역에서는 부산노우회와 부산인쇄직공조합을 비롯하여 다양한 직업별 노동조합이 속속 결성되었다. 1925년 7월 신문배달조합의 조직을 시작으로, 1926년 7월 부산철공조합, 1927년 9월 부산고무직공조합, 1928년 5월 부산양화직공조합이 각각 창립되면서 노동운동의 저변이 점차 확대되었다. 이들 가운데 특히 부산철공조합은 창립 당시 20명에 불과하던 조합원이 1929년 1월에는 200여 명으로 급증할 만큼 빠르게 성장하였으며, 사회주의자 노상건이 조합장을 맡아 조직적 기반 강화에 주도적 역할을 하였다.[279)]

부산노우회를 비롯한 부산의 노동조합들은 지역적 범위에 머물지 않고 직업별 노동조합의 전국적 연맹체 결성에도 적극적으로 참여했다. 부산신문배달조합은 1926년 6월 전조선신문배달부조합총동맹 창립에, 부산인쇄직공조합은 같은 해 11월 조선인쇄직공총동맹 창립에 각각 참여한 것은 이러한 흐름을 잘 보여준다. 더욱이 1929년 2월 원산총파업이 발생하자 부산의 노동단체들은 동정금과 격려문을 발송하여 노동자의 전국적 연대를 실천하였다.[280)] 한편, 부산의 노동조합들은 1929년 6월 지역 노동단체들의 연합체인 부산노동연맹 결성을 추진했다. 비록 일제의 탄압으로 창립대회는 개최되지 못했으나,[281)] 이 같은 시도는 1920년대 후반 노동운동이 직업별 노동조합에서 산업별 노동조합으로 전환하고자 하는 변화 속에서 이루어진 것이었다.

실제로 부산인쇄직공조합은 1928년 7월 부산출판종업원조합으로 개편된 데 이어 같은 해 12월 다시 부산출판조합으로 개편되었으며, 부산노우회 또한 1929년 5월 부산합동노동조합으로 확대 개편되었다. 개편된 출판노조와 합동노조는 조직 재정비의 일환으로 각 공장에 반(班)을 설치하여 산업별 조직화의 기반을 강화해 나갔다.[282)] 이처럼 1928년 이후 부산의 노동단체들은 산업별 노동조합 체제로 전환을 적극적으로 추진했다. 1929년 12월 현재 부산 지역 노동단체들의 현황을 보면 다음과 같다.

〈표 III-10〉 1929년 12월 부산 지역 노동단체

단체명	창립		1930년 1월 현황		
	연, 월	조합원	집행위원	조합원	사업
부산합동노동조합	1924.8→ 1929.5	32명	회장 이순화(李順和)	560명	-
부산출판노동조합	1924.1→ 1928.12	-	집행위원장 김용이(金用伊)·상무 이화우(李和雨)외 12명	230명	-
부산철공조합	1926.7	20명	집행위원장 최덕진(崔德珍)외 위원 7명	200명	노동야학 경영
부산신문배달조합	1925.7	-	집행위원장 오두석(吳斗錫) 외 위원 5명	30명	-
부산고무직공조합	1927.9	60명	위원장 백영기(白榮基), 집행위원 18명	-	-
부산양화직공조합	1928.5	52명	집행위원장 김동수(金東洙)외 집행위원	61명	-
부산양말직공조합	1929.4	75명	집행위원장 김국태(金局泰), 집행위원 10명	75명	-
형평사경남지사	1923.12	-	지사장 이성순(李聖順)·서무 김진경(金振景)·임성오(林成五)외 3명	368명	분사 21개소

※출처: 『동아일보』 1929. 1. 4.; 1930. 1. 10. 부산합동노동조합과 부산출판노동조합의 전신은 부산노우회와 부산인쇄직공조합. 부산합동노동조합 집행위원 및 조합원 수는 1929년 1월 통계.

1920년대 후반 부산의 노동단체들이 산업별 노동조합 체제로 전환하는 과정에서 1929년 7월 부산의 5개 고무공장 노동자들이 총파업을 단행하는 사건이 발생했다. 당시 부산진 일대의 도변(渡邊), 일영(日榮), 대화(大和), 영남(嶺南), 환태(丸太) 등 고무공장 자본가들은 상호 담합하여 고무신 한 켤레당 1전에서 5리까지 임금을 일방적으로 인하하였다. 노동자들과 어떠한 협의도 없이 이루어진 이 조치는 수백 명 여공들의 강한 반발을 불러일으켰고, 결국 여공들은 연대파업에 돌입하여 부산의 고무공장들은 모두 조업을 중단하는 사태에 이르렀다.

여공들은 자본가 측의 온갖 회유와 압박에도 굴하지 않고 연대파업을 이어 갔으며 끝내 한 켤레당 4전 5리의 임금을 받는 것으로 협상을 승리로 이끌었다.[283] 1929년 세계 대공황이 엄습한 상황에서 이루어진 고무공장 여공들의 총파업은 노동자들에게 단결과 연대의 중요성을 각인시키는 결정적 경험이 되었으며, 부산 노동운동의 조직적 성장을 촉진하는 계기로 작용했다. 이후 1930년대에 들어서면서 부산의 노동운동은 조선공산당 재건운동과 결합하여 산업 부문별 혁명적 노동조합운동으로 또 한 단계 변화를 맞이하게 된다.

5. 학생운동

일제강점기 학생운동은 식민지 조선의 민족해방운동을 구성하는 주요한 한 축으로 전개되었다. 초기의 학생운동은 학교 내에서 조선인에 대한 부당한 차별이나 일본인 교사의 폭력적 처사에 대한 항의에서 비롯된 부분적 저항의 성격을 지녔다. 그러나 시간이 흐르면서 학생들은 점차 일제의 식민지 교육정책과 민족말살정책 전반에 대한 체계적 저항으로 나아갔으며, 그 과정에서 운동의 성격은 민족 독립과 사회 정의 실현을 지향하는 투쟁으로 발전하였다.

이 시기 학생들은 겉으로는 학교생활의 개선을 표방했으나, 실제로는 항일사상과 비판의식을 확산시키는 비밀활동을 조직적으로 전개하였다. 특히 1920년대 중반 이후 학생운동은 사상적으로 사회주의 이념과 반제국주의 사상을 적극적으로 수용하면서, 민족의 자주독립이라는 목표를 사회변혁의 이념과 결합해 나갔다. 그 결과 1920년대의 학생운동은 단순한 민족주의적 저항을 넘어 반제·반봉건의 성격을 띠는 사회운동으로 발전하였으며, 이러한 흐름은 1929년의 광주학생항일운동을 통해 절정에 이르렀다. 아래에서는 이러한 시대적 흐름 속에서 동래고등보통학교와 부산제2상업학교 학생들의 항일운동을 중심으로, 지역 학생운동의 구체적 전개 양상과 그 역사적 의미를 살펴보고자 한다.

1) 1920년대 부산 지역 학생들의 동맹휴학

(1) 동래고등보통학교의 동맹휴학과 혁조회(革潮會)사건

일제하 동래고등보통학교는 동래 지역 사회운동 인력의 배양소이자 지역 청년운동의 저수지 역할을 담당하였다. 이에 상응하듯 1920년대 내내 학생들의 동맹휴학과 파업이 끊이지 않았다. 1920년대 전국의 학생운동은 초기 계몽주의적·지연적(遲延的) 발생 단계에서 점차 벗어나, 맹휴에 앞서 투쟁 지도부가 형성되는 등 조직적·이념적 성격을 강화해 나갔다. 특히 지도부를 중심으로 사회주의 이념이 수용되면서, 동맹휴학은 단순한 항의 차원을 넘어 의식화된 정치적 행동으로 발전하였다.[284] 이러한 경향은 1925년의 동맹휴학, 1926년의 '장산(萇山) 촛불사건', 1927년의 동맹휴학, 나아가 혁조회와 같은 활동 등에서 뚜렷이 확인할 수 있다.

1925년 7월 10일에 발생한 동래고등보통학교(이하 동래고보) 맹휴는 일본인 교장 오다(大田信之)가 학생들의 조선어 사용을 금지하고 식민지적 순종 교육을 강요한 데 대한 조직적이고 자발적인 학생들의 저항이었다. 이 맹휴는 전교생 281명 가운데 234명이 정학 처분을 받는 사태를 낳았다. 그러나 학부모 대표단과 학교 측의 교섭이 이루어져 220명이 복교 조치를 받고, 나머지는 퇴학 또는 자퇴의 형태로 일단락되었다. 그러나 학생들의 저항은 여기에 그치지 않았다. 이듬해인 1926년 2월 발생한 '장산 촛불사건(萇山燭火事件)'은 일본인 사감의 비인도적이고 비교육적인 처사를 계기로 촉발된 또 한 차례의 항의운동이었다. 학생들은 야간에 장산으로 모여 시위를 모의하고 촛불을 밝혀 집단적 항의 의지를 상징적으로 표출하였으며, 이 사건으로 다수의 학생이 징계를 받았다.

특히 주모자로 지목된 전교 학생회장 박영출(朴英出)은 1925년 맹휴 당시에도 선두에 섰던 인물로, 이번 사건의 모든 책임을 스스로 지고 졸업을 한 달여 앞둔 시점에 퇴학 처분을 받았다. 이후 박영출은 일본 야마구치(山口)고등학교와 교토(京都)제국대학을 졸업한 뒤, 1934년에는 서울에서 이재유 경성그룹의 주요 인물로 활동하였다. 그러나 1935년 체포되어 혹독한 고문을 받았고, 1938년 8월 옥중에서 31세 나이로 생을 마감했다.[285]

한편, 1927년 7월 1일 동래고보 학생들은 ① 식민지 차별 교육의 철폐, ② 조선사 교육의 실시, ③ 오다(大田) 교장을 비롯한 무자격·무능 교사의 퇴진, ④ 학생 문제의 경찰 의뢰 금지 등을 요구하며 대규모 맹휴에 돌입했다. 시험 기간이 절반가량 진행된 상황에서 학생들의 집단행동이 발생하자 학부모들은 큰 우려를 나타냈으며, 교장 오다 역시 처음에는 사태를 원만히 해결하겠다는 태도를 보였다.[286] 그러나 학교 당국은 학생들의 요구를 끝내 수용하지 않았고, 갈등은 오히려 심화되었다. 결국 7월 9일, 5학년을 제외한 300여 명의 학생들이 새로운 6개 조항을 제시하며 기숙사생들까지 포함한 동맹휴학을 단행했다. 학생들의 요구는 ①운동장 시설 개선, ② 기념사진 남용 금지, ③ 교내 문제의 경찰 의뢰 금지, ④ 마츠다(松田) 교사를 비롯한 3명의 교사 배척, ⑤조선어 학습의 허가, ⑥ 학생 대우의 개선 등으로 구체화되었다.[287]

학생들의 요구에 학교 당국은 주동자 4명을 퇴학 조치하였고, 특히 교사 배척과 관련한 요구는 수용할 수 없다고 선언하였다. 더구나 여름 방학이 끝난 후에도 학생들이 복교하지 않을 경우, 전체 학생에 대한 조치를 취하겠다고 엄포를 놓았다.[288] 이러한 압박 속에서 학생들은 7월 16일 학부모 대표에게 사태 해결을 위임하고 일단 등교함으로써 표면적으로는 사태가 수습되는 듯하였다.[289] 그러나 학생들의 요구사항이 관철되지 않은 상황에서 교장 오다의 전근설이 돌면서 학교 분위기는 다시 긴장되었다.[290] 이후 총독부 학무국장과 경상남도 도지사가 중재에 나섰고, 새로운 교장으로 후지타니 쇼준(藤谷宗順)이 부임하면서 학생들의 요구가 일부 수용되었다. 이로써 2개월 간의 맹휴는 종결되었으며, 9월 초부터는 수업이 정상화되었다.[291]

1927년 7월 맹휴의 특징은 학생들이 체계적으로 조직을 운영했다는 점이다. 학생 지도부는 '참모(參謀)·폭력(暴力)·통신(通信)·변론(辯論)·감시(監視)'의 5부 체계를 갖추고, 각 부 아래에 '구(區)'를 설치하여 부장과 구장을 배치하였다. 지도부는 수시로 회합을 열어 투쟁 방침을 토의·결정하였으며, 특히 감시부는 학교 당국·학부모·학생의 동향을 수시로 정찰하여 참모부에 보고하는 조직력과 정보 체계를 갖추고 있었다. 이처럼 조직적이고 체계적인 대응은 이전의 맹휴에서는 찾아볼 수 없던 새로운 양상이었다.[292]

학생들이 주체적으로 구성한 투쟁 지도부와 정보 조직은 식민지 통치의 학교 운영체계를 돌파하려는 의식적 시도의 결과였다. 이러한 투쟁의 경험 속에서 형성된 비밀학생조직이 바로 혁조회(革潮會)였다. 학생들의 맹휴와 학교 당국의 처벌이 해마다 거듭되자, 학생들은 학우회(學友會)와 독서회(讀書會)를 중심으로 내부 결속을 강화하고, 그 활동의 이념적 지평을 확대하였다. 당시 동래고보 내 학우회와 독서회의 활동 유형은 대체로 세 가지로 분류할 수 있다.

첫째, 향우회 성격의 학우회 및 독서회로, 이는 부산부(釜山府)와 경남의 각 군(郡)에서 유학 온 학생들이 향토적 유대를 매개로 결성한 친목 중심의 조직이었다. 둘째, 사회주의 사상을 기반으로 한 독서회, 즉 혁조회와 같은 이념적 학습조직이었다. 이들은 단순한 독서 활동에 그치지 않고, 사회문제와 혁명사상에 관한 토론을 정례화하고, 외부 사회주의 단체와의 연계를 모색하였다. 셋째는 시기적으로는 다소 늦은 사례로, 1937년 한글학자 허웅(許雄)을 중심으로 국사와 조선어 보급을 목적으로 결성된 '동래고보 조선어연구회'가 있다. 이 단체는 이후 동래 지역의 민족적 문화운동으로 발전하는 기초를 제공하였다.[293]

이 가운데 특히 두 번째 유형에 속하는 조직이 바로 혁조회였다. 혁조회는 단순히 학생 자치단체의 한 분파가 아니라, 1920년대 후반 동래지역 학생운동이 사상적·조직적 차원에서 사회주의적 지향을 내면화해 가는 전환점이었다. 혁조회의 성립과 활동 과정을 통해 당시 학생들이 어떻게 식민지 교육체제의 억압적 구조 속에서 독자적인 정치·사회적 인식을 형성해 갔는지를 살펴볼 수 있다.

1926년 가을, 동래보통학교를 졸업하고 동래고보에 재학 중이던 박인호(朴麟浩, 제5회), 최두해(崔斗海, 제5회), 최정해(崔貞海, 제5회), 송경희(宋景熺, 제6회) 등과, 부산제2상업학교(현, 개성고등학교)에 재학 중이던 김규직(金圭直, 제16회), 양정욱(梁正彧, 제17회), 윤태윤(尹兌潤, 제17회), 윤호관(尹昊灌, 제17회) 등은 '동래독서회'를 조직하였다. 이들은 매월 정기적으로 모임을 가지며 자체 월간지를 제작·배포하여 비밀리에 학우들에게 사회문제를 선전하고 동지를 규합하였다. 회원 수는 약 40여 명이었으며, 사무실은 최두해의 집에 두었다. 그러나 학생 중심의 독서회만으로는 활동의 폭과 영향력이 제한된다는 판단 아래, 이들은 1927년 가을 김규직의 집에서 회합하여, 지역의 사회운동 인사 몇 명과 연합하기로 결의하였다. 이는 조직의 확대와 동지 결속, 그리고 투쟁력 강화를 도모하기 위한 전략적 시도였다.

그런데 이 무렵, 동래경찰서 형사들이 비밀독서회의 존재를 탐지하고 있다는 정보를 입수하게 된다. 회원들은 긴급히 전원을 소집하여 각자가 보유하고 있던 수필집과 문건을 모두 불태우고 자진 해산을 결정하였다. 얼마 지나지 않아 경찰의 수사가 이루어졌으나, 물적 증거를 확보하지 못한 당국은 사건을 종결하였고, 회원들은 별다른 처벌 없이 위기를 넘길 수 있었다. 동래독서회는 외형상으로는 자진 해산하였으나, 실제로는 활동을 완전히 중단하지 않았다.

그러나 회원의 증가와 함께 지도부는 조직의 노출 위험이 커지면서 언제 경찰의 수사를 받을지 모른다는 판단 아래, 정예 회원만을 선별하여 조직을 재편하기로 하였다. 이에 구성원들은 자신이 속한 학교 단위로, 조직을 분리하여 운영하기로 하고, 1927년 가을 무렵부터 독서회의 명칭을 흑조회(黑潮會)로 변경하였다.[294]

이후 혁조회 소속 부산제2상업학교 학생들은 1928년 6월 함흥고등보통학교 맹휴에 호응하여 전교생이 참여하는 맹휴를 단행하였다. 이 맹휴에는 혁조회 회원들이 주도적으로 가담하였으며, 그 과정에서 회원 양정욱(梁正彧)이 퇴학 처분을 받았다.[295] 퇴학 이후 양정욱은 일본으로 건너가 진학을 시도했으나 여건이 맞지 않아 귀국길에 올랐다. 그러나 관부연락선에서 고등계 형사의 검문을 받으면서 소지하고 있던 수첩이 압수되었다. 그 수첩에는 혁조회 관련 메모가 남아 있었으며, 이것이 단서가 되어 1928년 11월 20일 동래고보와 부산제2상업학교의 혁조회 관련자들이 대거 검거되는 사건으로 확대되었다.[296]

〈표 Ⅲ-11〉 혁조회 구성원

성 명	학 교	활 동
朴麟浩	동래고보	1934년 동래노동조합에서 활동했던 김명룡, 혁조회의 최명인 등과 부산부 초량 이덕만 소유 신구(新舊) 소작인 사이의 분쟁에 관여 신소작인의 업무방해로 검거
崔斗海	동래고보	동래기독소년회 지육부장(23.10), 구포청년회 위원(28.4), 동래청년동맹 경남도 대의원(29.3)
崔貞海	동래고보	동래기독소년회 운동부장(23.10)
宋景熺	동래고보	동래소년동맹창립 임시의장(28.4), 동아일보 동래지국 기자(29.6), 동래노조 간부(29.10), 동래소년동맹 총회 관련 검거(30.11)
金圭直 (20세)	부산제2 상업학교	동래면 복천동 거주. 부산2상 동인지『여문(麗文)』동인. 동래소년회 부흥(28.1), 동래소년동맹 창립 집행위원장(28.4), 경남소년연맹 중앙위원(28.7). 혁조회사건으로 구속중 급성폐렴으로 옥사(29.2.13)
尹兌潤	부산제2 상업학교	혁조회사건 1년 6개월구형. 1968년 5월 동래기영회 입회
尹昊灌	부산제2 상업학교	혁조회사건 1년 6개월 구형
梁正彧 (20세)	부산제2 상업학교	혁조회사건 2년 6개월 구형

성 명	학 교	활 동
崔命寅 (22세)	일반인	혁조회사건 2년 6개월 구형
俞鎭興 (20세)	일반인	혁조회사건 검거 중 병보석으로 출옥 후 병사(29.9.3)

※출처: 김승, 「한말·일제하 동래지역 민족운동과 사회운동」, 『지역과 역사』, 부산경남역사연구소, 2000, 120쪽 〈표 9〉 참조.

사실 혁조회는 동래소년동맹 출신의 송경희와 김규직을 중심으로 결성된 단체로 학생층의 사상적 연대와 활동성을 결합해 가는 과정을 보여주는 중요한 사례였다. 이러한 이유로 당시 언론에서는 이를 '동래혁조회 사건' 또는 '동래소년과학연구회(혁조회) 사건' 등으로 보도하였다. 혁조회의 박인호와 최명인은 이후에도 사회운동에 계속해서 활동하였다. 이들은 1934년 6월 중순, 동래노동조합에서 활동하던 김명룡(金命龍)과 동래소년회 출신 장성업(張成業) 등과 함께 부산부 초량에서 발생한 소작분규에 개입하여 검거되기도 하였다.

결국 혁조회는 동래소년회와 동래소년동맹을 거쳐 성장한 학생들이, 1930년대 들어 지역의 노동·사회운동을 주도하는 활동가로 성장해 가는 과정을 잘 보여준다. 이러한 점에서 동래의 학생운동은 소년운동에서 청년운동, 나아가 노동운동으로 이어지는 세대적·조직적 유대를 바탕으로 연속성 속에서 발전하였다고 할 수 있다.

(2) 부산제2상업학교의 동맹휴학

1928년 6월 16일, 부산제2상업학교 학생 90여 명은 자성대 숲에서 비밀회의를 열고 학교 내 차별적 교육운영과 일본인 교사들의 차별적 형태 등에 대한 대응 방안을 논의했다. 그 결과 다음 날인 6월 17일 공학제(共學制) 폐지, 조선어 시간의 연장 등 8개 조항의 요구안을 제시하며 3·4학년생들을 중심으로 동맹휴학을 단행했다.[297] 이어 6월 19일에는 1·2학년생들이 일본인 교사 이와시타(岩下)와 나가노(長野)의 배척, 도서관에 조선어 잡지·신문·서적 등의 비치 등을 요구하며 맹휴를 전개하였다.[298] 사태가 확산되자 학부모 대표와 졸업생 동창회 대표가 부산진의 오이케(大池)별장으로 학생들을 불러 회유에 나섰고, 자신들의 영향력 범위 내에서 학생들을 돕겠다는 조건으로 맹휴 철회를 종용하였다. 이 과정에서 3·4학년생들은 맹휴 철회 의사를 표명하였으나, 2학년생들은 강경한 입장을 유지하며 계속 투쟁할 것을 주장하였다.

내부 논의가 격화되자 학생들 사이에서 의견 충돌이 발생하였고, 일부 학생들은 감정이 격앙되어 울기도 하였다. 같은 날 밤, 강경파 학생들은 서면 인근의 야산에 모여 밤새 후속 행동 계획을 논의했다. 이후 6월 25일 등교한 학생이 1학년생 2명에 불과하자, 학교 측은 등교를 방해한 주동 학생으로 지목된 3학년 5명과 4학년 6명, 총 11명의 학생을 퇴학시켰다.[299] 이어 부산경찰서와 부산수상경찰서는 관련 학생 16명을 체포하였으며, 학교 당국은 6월 27일까지 순차적으로 163명의 학생을 퇴학 처리하였다. 이후 학교는 7월 30일 경찰서에서 석방된 학생 16명에 대해서도 모두 귀향 조치하였고, 귀향한 학생들의 외출 및 교류 또한 경찰을 통해 철저히 통제하였다.[300]

전교생 450명의 학교에서 163명이 퇴학 조치를 받았다는 것은 사실상 학교 운영이 마비되는 수준의 중대한 사태였다. 학부모들은 심각한 위기의식을 느끼고 신학기를 앞둔 8월, 부산부 학무 당국에 진정서를 제출하고 8월 21일에는 부산공립보통학교에서 학부형대회를 개최하여 학생들의 대규모 퇴학 조치에 대한 대책을 논의했다.[301] 이러한 상황 속에서 189명의 학생이 퇴학 상태로 2학기가 시작되었다. 그러나 학내 분위기는 극도로 위축되었고, 등교한 학생들 역시 불안과 긴장 속에서 수업을 이어가야 했다. 등교한 학생들은 영주동에 설치된 학부모 사무실을 방문하여 퇴학당한 동급생들의 복교를 위한 방안을 모색하였고[302] 학부모와 학생의 지속적인 노력 끝에 학교 당국은 1928년 12월 구두시험을 통해 학생들의 복교를 허용하였다.

그러나 복교 시험에 응시한 165명 가운데 147명만 재입학을 허가받았으며, 나머지 10여 명은 끝내 복교하지 못했다.[303] 이 사건은 부산제2상업학교 학생운동이 단순한 일시적 항의 행동을 넘어, 식민지 교육 통제체제에 대한 조직적 저항과 그에 대한 학교·경찰 당국의 강경 대응이 어떠한 결과를 초래했는지를 잘 보여준다.

(3) 동래일신여자고등보통학교

부산진에서 오랫동안 여성 교육에 앞장섰던 일신여학교는 1925년 6월 동래로 이전한 이후, 동래 지역의 대표적인 중등 여자 교육 기관으로 빠르게 성장하였다. 동래 이전 당시 90여 명의 학생 수는 1926년 12월 124명으로 증가하였으며, 1927년 3월 제2회 졸업생은 22명, 1929년 제4회 졸업생은 21명을 배출하였다. 특히 1929년 우등 졸업생 7명 중에는 훗날 근우회 동래지회와 근우회 본부 상무위원으로 활동하게 되는 박차정(朴次貞)도 포함되어 있었다.[304]

그러나 동래일신여학교(이하-동래여고)는 학교의 양적 성장에도 불구하고 총독부의 지정학교로 승인을 받지 못한 상태였다. 이에 1927년 6월 7일, 학생들은 학교의 지정학교 승격과 시설 개선을 요구하며 동맹휴학을 단행하였다. 이후 맹휴는 학부모들의 적극적인 중재를 통해 학교 측과 학생들 사이에 일정한 합의가 이루어져, 학생들이 6월 11일부터 등교를 재개함으로써 사태는 일단락되었다.[305]

하지만 동래여고의 학생 저항은 여기에 그치지 않았다. 1929년 6월 29일 동맹휴학이 또다시 발생하였다. 사건의 발단은 장티푸스로 사망한 4학년 학생의 장례에 동료 학생들이 조문한 사실을 문제 삼아, 학교가 관련 학생들에게 정학 처분을 내렸기 때문이었다. 학교는 장티푸스의 전염을 우려하여 조문을 금지하였으나, 학생들은 이를 비인도적 조치로 받아들였고, 학교의 부당한 처벌에 반발하여 집단행동에 나섰다.

학생들은 평소 학교 운영에 대해 제기해 온 불만을 4가지 요구사항으로 제시하고 7월 3일까지 해결할 것을 요구하며 맹휴를 일으켰다. 맹휴에는 4학년을 제외한 전교생이 참여하였는데, 학생들의 요구는 ① 김·이 두 교사의 퇴직 사유를 학생들에게 공개할 것, ② 학생의 신앙 자유를 보장하고 가혹한 통제를 폐지할 것, ③ 일요일 외출 금지와 면회 금지 조치를 철폐할 것, ④ 서신 검열제도를 철폐할 것 등이었다.[306)]

학생들의 요구사항을 살펴보면, 부당한 교사의 퇴직 문제, 기독교계 학교라는 이유로 일요일에 지방에서 방문하는 가족 친지의 면회를 금지한 학교 방침, 기숙사 학생들에 대한 과도한 통제, 서신 검열 등에 학생들이 평소 깊은 불만을 품고 있었음을 알 수 있다. 따라서 학생들의 맹휴는 단순한 규정상의 문제를 넘어, 식민지시기 여성 교육기관에서 학생의 인권과 자율성이 제약되었던 현실에 대한 집단적 문제의식이 표출된 사례라 할 수 있다. 학생들의 맹휴에 당황한 학교 당국은 7월 3일 강당에 모인 학생들을 상대로 대화나 협의도 시도하지 않은 채, 학교의 지정학교 승격 문제에 대해서는 2학기에 허가원을 제출하겠다고 일방적으로 발표하며 여름 방학을 선언했다. 이로써 학생들의 맹휴는 중단될 수밖에 없었는데,[307)] 이 사건은 일제강점기 학교 당국의 권위주의적 대응과 학생들의 자주적 요구가 얼마나 큰 괴리를 보였는지 잘 보여준다.

2) 1929년 광주학생운동 시기 부산의 학생운동

1929년 10월 30일, 전라남도 나주에서 광주로 통학하던 한 조선인 여학생이 일본인 남학생에게 희롱당하는 사건이 발생했다. 이 사건은 조선인 학생들의 민족적 분노를 자극하여, 이를 계기로 11월 3일 광주의 조선인 학생들이 가두시위를 벌이면서 광주학생운동이 시작되었다.

광주학생운동은 빠른 속도로 전국 각지로 확산되었다. 전국의 학생들은 동맹휴학과 거리 시위로 일제의 민족차별에 항의하였고, 이러한 저항은 이듬해 3월까지 지속되었다. 당시 전국에서 전개된 학생운동의 규모는 보통학교 100개교, 고등보통학교 23개교, 여자고등보통학교 13개교, 실업학교 36개교, 각종학교 45개교, 보습학교 16개교, 전문학교 8개교, 사범학교 1개교 등 총 250개교에 이르렀으며, 약 5만 4천여 명의 학생이 참여하였다. 특히 고등보통학교의 경우 전국 24개교 중 23개교가, 실업학교는 49개교 중 36개교가 참가하는 등 중등학교 학생들의 참여 비율이 두드러졌다. 동맹휴학에 참여한 학생 가운데 무기정학 2,330명, 반강제 퇴학 49명, 퇴학 526명 등 총 2,905명이 처분을 받았다. 이 중 복교하거나 전학한 학생은 64%(1,939명)에 그쳤고, 나머지 36%(1,069명)는 끝내 학교를 떠나야 했다.[308] 광주학생운동은 3·1운동 이후 최대 규모의 학생운동으로, 당시 부산의 학생운동 현황을 보면 다음과 같다.

〈표 Ⅲ-12〉 광주학생운동 시기 부산의 학생운동 현황

학교	시위 일시	시위 형태
동래공립고등보통학교	1929.12.20	진정서 제출, 맹휴
	1930.1.11	5학년 제외 전교생 맹휴(전원 정학)
	1.18	2학년 맹휴 선언
	1.20	2·3학년 교내 시위
	1.21	4학년 이하 맹휴 계획
	2.10	동래소년동맹·동래청년동맹 공동 시위 (사전 발각)
부산제2공립상업학교	1930.1.8	3종의 격문을 교내 및 부산여고보, 시내 살포
	1.9	2학년생 노예교육 철폐·검거학생 석방 요구 맹휴(2명 퇴학/80명 무기정학)
	1.11	도(道)참여관에 요구조건 제출·부산여고보에 격문 다수 배포
	1.13	무기정학·퇴학생이 등교하여 재학생을 지도하며 80여 명 시위 추진(경찰 제지)
	1.16	맹휴

학교	시위 일시	시위 형태
부산공립여자고등보통학교	1930.1.11	제2상업학교 격문에 자극되어 30여 명이 진정서 작성하고 맹휴·시위 계획(사전 발각)
	1.13	사전 발각
	1.20	맹휴 전개
부산상업실천학교	1930.1.15	4개조 진정서 제출, 맹휴(조선인 1·2학년 49명)
동래일신여자고등보통학교	1930.1.17	가두 시위
부산진보통학교	1930.1.22	5학년 이하 1천여 명의 학생들이 학년별로 비밀 회합(사전 발각)

※출처: 한규무, 『광주학생운동』, 한국독립운동사편찬위원회·독립기념관 한국독립운동사연구소, 2009, 179쪽 〈표 32〉; 『조선일보』 1930. 1. 19. 참조.

〈표Ⅲ-12〉에서 보여주듯, 광주학생운동 시기 부산 지역에서는 중등학교를 중심으로 동맹휴학과 거리 시위가 전개되었다. 특히 부산진보통학교의 경우, 학년별로 시위를 모의할 정도로 어린 학생들의 저항 의지 또한 강하게 표출되었다.[309] 이러한 점은 당시 부산 지역 학생운동이 조직적이고 자발적인 항일 의식을 바탕으로 전개되었음을 말해준다. 아래에서는 광주학생운동 시기 맹휴의 실상을 구체적으로 파악할 수 있는 동래고등보통학교와 부산제2공립상업학교의 사례를 중심으로 살펴보고자 한다.

(1) 동래고등보통학교의 학생운동

동래고보 학생들은 1929년 11월 중순, 광주학생운동을 지지하고 그에 동참하기 위해 동맹휴학을 단행했다. 그러나 이들은 이미 그해 6월에도 한 차례 맹휴를 경험한 바 있었다. 1929년 6월 29일, 동래고보 2·3학년 학생들은 일부 교사에 대한 배척을 요구하며 동맹휴학에 돌입하였으나, 상급생들의 중재로 복교가 이루어지면서 사태는 크게 확대되지 않았다.[310] 그러나 학생들의 요구가 관철되지 못했기 때문에 학생들의 불만은 해소되지 못한 상태였다. 이러한 가운데 1929년 11월 7일, 동래고보 학생 조순규(趙淳圭)와 졸업생 김동득(金東得)의 예심이 부산지방법원에서 열렸고, 두 사람이 무죄 판결을 받았다는 소식이 언론을 통해 알려졌다.[311] 이들은 1928년 7월 부당하게 동래경찰서에 체포된 뒤 1년 4개월 만에 예심에서 무죄로 풀려난 것이었다.

이와 같은 6월의 맹휴, 11월 3일 광주학생운동의 발발, 11월 7일의 무죄 판결 소식 등은 동래고보 학생들의 항일 의식을 자극하였다. 학생들은 11월 중순부터 비밀 회합을 갖고 광주학생운동에 동조하기로 결의하였으며, 시위가 지연될 경우 동력이 약화될 것을 우려하여 맹휴 실행을 서둘렀다. 이 과정에서 대표 학생들은 동래일신여학교에도 협조를 요청했다. 또한 동래청년회 소년부의 문재순, 차일명, 추학 등은 부산제2상업학교와 부산공립여자고등보통학교 학생들과 접촉하여 공동 행동을 모색하였다. 마침내 11월 중순, 4학년 학생 박대갑·김찬규·김옥출·김홍태·문재순·박수익·양승호·이상묵·이지영·이찬용·차일명·추학·한대섭 등은 첫 수업이 시작되기 전에 각 반에 두 명씩 들어가 맹휴의 참여를 독려했다. 예정된 시각에 비상종이 울리자 학생들은 강당에 집결하였다. 이 자리에서 박대갑은 교장 야마노이(山野井)에게 맹휴의 정당성을 밝힌 선언서를 전달한 뒤, 강당으로 돌아와 맹휴를 공식적으로 선언했다. 이어 학생들은 '거리 시위'를 외치며 교문을 뛰쳐나갔고, 이것이 동래고보 제1차 맹휴가 시작되었다.

시위를 주도한 학생들은 미리 기숙사생들에게 격문을 전달해 귀향 후 맹휴에 동참할 것을 요청하였다. 그러나 일부 학생은 귀향 도중 경찰에 검거되어 동래로 연행되었다. 갑작스런 맹휴에 놀란 동래경찰서는 다수의 학생을 구속하였으며, 소식을 들은 학부모들이 동래경찰서로 몰려와 항의하였다. 학부모와 경찰의 교섭 끝에 일부 학생은 석방되었으나, 몇몇은 계속 구금되어 조사받았다.[312]

제1차 맹휴 이후 정상적인 수업은 이루어지지 않았으며, 학생들 사이에서는 후속 행동에 대한 논의가 이어졌다. 그 결과 1929년 12월 20일, 5학년을 제외한 2·3학년 학생들이 ① 광주학생운동 관련 구금 학생들을 무조건 석방, ② 광주 사건 가해자에 대한 엄벌 등을 요구하며, 요구가 수용될 때까지 등교를 거부하는 제2차 맹휴를 단행했다. 다음날인 21일에는 1·3학년 학생들이 이에 동참하여 맹휴를 계속하였다.[313] 학생들의 맹휴가 장기화될 조짐을 보이자, 동래경찰서는 12월 24일 동래청년동맹과 동래노동조합 등의 회관을 수색하고, 12월 25일에는 김유태·문재순·추학·차일명·기찬규·이상태·양승호 등 주요 인물을 검거하여 취조하였다.[314] 제2차 맹휴의 결과, 학교는 20명의 학생을 퇴학 처분하였다. 학생들은 이에 반발하여 1930년 1월 11일 오전 9시, 5학년을 제외한 전교생이 경찰의 교내 침입 반대와 퇴학생 20명의 복교를 요구하며 제3차 맹휴를 전개하였다. 학교 당국 또한 학생들의 집단행동에 강경하게 대응하였다. 같은 날 오후, 맹휴에 가담한 전교생에게 무기정학 처분을 내리고, 학교 내에 사복경찰을 배치하는 조치를 하였다.[315]

이러한 초강경의 대응에는 당시 부산 지역의 사회적 긴장이 자리하고 있었다. 1930년 1월 조선방직회사 남녀 직공 2,700여 명이 총파업을[316] 일으켜 부산 일대는 학생들의 맹휴와 노동자들의 파업이 연일 이어지는 비상한 국면에 놓여 있었다. 이에 일제는 학생과 노동자의 연대를 신속히 차단하기 위한 조치로 전교생 무기정학이라는 극단적 처분을 단행했다. 전교생 무기정학 조치가 내려지자, 학부모들은 동래기영회 회관에 모여 학생 대표 20여 명과 회합을 갖고 타협점을 모색하였다. 그러나 학생들은 자신들의 요구가 관철되지 않는 한 등교하지 않겠다며 의지를 굽히지 않았다. 이러한 상황에서 1930년 1월 18일, 2학년생들을 중심으로 한 제4차 맹휴가 발생했다. 학교 당국은 즉각 주동 인물로 지목된 4학년 차일명 등 3명을 퇴학시켜며 사태 진압에 나섰다.[317]

이처럼 연이은 맹휴로 많은 학생이 정학 및 퇴학 처분을 받았음에도 불구하고, 동래고보 학생들은 제5차 맹휴를 준비했다. 그러나 1930년 1월 21일, 학생들이 등교하던 중 학교 당국과 경찰이 학생들의 신체를 수색하는 과정에서 강권일(姜權一) 학생이 소지한 진정서가 압수되면서 계획은 실행되지 못했다. 강권일은 당일 퇴학당하고, 3학년 백남석·김태수·정근모·황선상·옥영진 등 6명은 정학 처분을 받았다.[318] 이처럼 동래고보 학생들은 1929년 11월부터 1930년 1월까지 네 차례의 맹휴를 하였으며, 이 과정에서 다수의 학생이 동래경찰서에 연행되어 혹독한 취조를 받았다. 당시 동래경찰서에는 악명 높은 친일 경찰 노덕술이 근무하고 있었기 때문에, 검거된 학생들은 그의 가혹한 심문에 극심한 고통을 겪어야만 했다. 동래고보 학생들의 맹휴는 1930년 2월 중순에도 재차 계획된 것으로 보인다. 이는 맹휴 주동 학생들이 석방된 지 얼마 지나지 않은 2월 11일, 동래소년동맹과 동래청년동맹 동래지부·기장지부 간부 7명이 검거된 데서 또 다른 시위의 흔적을 엿볼 수 있다.[319] 광주학생운동 시기 동래고보에서 맹휴에 참여하였다가 퇴학당한 학생들은 다음과 같다.

〈표 Ⅲ-13〉 광주학생운동 시기 동래고보 퇴학 학생 명단

일시	명단
1929.12.24	김유태(金有泰)·추학(秋鶴)·박수익(朴壽益)·문재순(文載淳)·차일명(車日明)·박점수(朴點壽)·박대갑(朴大甲)·김홍태(金弘泰)·서홍렬(徐洪烈)·김일규(金一圭)·박해난(朴海難)·김옥출(金玉出)·이찬용(李讚庸)·김찬규(金讚圭)·이상묵(李相黙)·이지영(李池英)·양승호(梁承浩)·박한규(朴漢珪)[이상 4학년 18명]
1929.12.26	박차원(朴且願)·배석일(裵錫一)·윤주삼(尹柱三)·서병수(徐丙秀)·권재기(權載奇)·이정수(李廷守)·백남석(白南碩)·한성조(韓聖祚)·강권일(姜權一)·권재길(權載吉)·김홍갑(金興甲)·이덕명(李德明)·정근모(鄭根謨)·김해찬(金海讚)·권소득(權小得) [이상 3학년 15명]

※출처: 강대민, 『부산지역학생운동사』, 국학자료원, 2003, 135쪽 〈표 12〉 참조.

(2) 부산제2상업학교의 학생운동

1928년 6월 맹휴로 한차례 곤란을 겪은 부산제2상업학교(이하 부산상고) 학생들은 1930년 1월 9일, 다시 동맹휴학을 단행했다. 이날 경상남도 참여관은 학생들의 동요를 사전에 막기 위해 강당에 전교생을 소집하고,

광주학생운동의 '잘못된 점'을 지적하는 연설을 하였다. 그러나 이를 듣고 있던 2학년생들은 즉시 세 가지 요구를 제시하며 교문을 박차고 나가 맹휴를 시작했다. 이날 맹휴를 주도한 인물은 3학년 임기홍(林基洪)과 문길환(文吉煥)이었다. 이들은 광주학생운동 직후 신간회 부산지회에서 활동하던 강대홍과 접촉하며 학생운동을 준비하였고, 1929년 12월 중순에는 오이케(大池)공원에서 동래고보와 부산공립여자고등보통학교(현, 경남여자고등학교) 학생 대표 각 3명과 회합하여 공동 행동을 논의했다.[320] 이러한 준비 과정을 거쳐 1930년 1월 9일, 부산상고의 맹휴가 실행된 것이다.

주동 학생들은 사전에 각 교실 책상에 격문을 배포하였으며, 부산공립여자고등보통학교에도 격문을 전달하였다. 맹휴가 발생하자 경찰은 즉시 2학년 김성태(金性泰)와 박영표(朴永杓)를 체포하여 취조하였고, 학교 당국은 경찰에 체포된 두 학생을 포함하여 3학년 문길환, 4학년 장남현, 1학년 박근안 등 5명을 퇴학시키고, 84명의 학생에게 무기정학 처분을 내렸다. 그러나 1월 13일(월) 아침, 맹휴에 참여했던 2학년생 전원이 복교하자 학교는 정학 처분을 취소하고 학생들의 향후 동향을 예의주시하였다.[321] 한편, 부산경찰서 고등계는 수사를 확대하여 김성태와 박영표 외에 김귀문과 김금동 등 두 명을 추가로 체포하고, 이들에게 가혹한 취조를 하였다.[322]

부산상고 맹휴와 관련하여 경찰의 조사를 받은 김성태·박영표·임기홍은 이후 예심에 회부되었다. 이 가운데 김성태와 박영표는 1930년 8월 부산청년동맹의 지도를 받으며 부산소년동맹원으로 활동한 사실이 확인된다.[323] 이러한 점으로 미루어 보아 두 사람은 예심에서 석방된 것으로 추정된다. 반면 임기홍은 부산형무소에 수감된 상태에서 1930년 11월 재판에 회부되어 징역 5개월의 형을 선고받았다. 그러나 이미 미결 구류 기간이 형기에 해당하였기 때문에 그는 11월 9일 아침 만기 출옥하여 당일 오후 자신의 고향인 고성으로 돌아갔다.[324]

한편, 부산상고 맹휴로 퇴학당한 문길환(19세)은 1930년 1월 조선방직회사 파업이 발생하자, 직공들에게 격문을 배포하고 또 각 단체에 격문 발송 및 각처에 포스터를 부착했다. 이후 그는 경찰의 추적을 피해 잠적했는데 1930년 9월, 자택에 은신 중 체포되었다. 체포된 문길환은 윤달선과 함께 보안법 위반으로 기소되어 그해 11월 징역 10개월의 형을 선고받았다.[325] 출옥 후에도 문길환은 항일운동을 계속하였으며, 1934년까지 동래노동조합 간부로 활동하면서 체포와 석방을 반복했다.[326] 이처럼 1930년 1월의 부산상고 맹휴는 학생들에게 퇴학과 투옥이라는 희생을 안겼다. 당시 퇴학 처분된 학생들은 다음과 같다.

〈표 Ⅲ-14〉 광주학생운동 시기 부산상고 퇴학 학생 명단

일시	명단
1930. 1.9	1학년 박근안(朴根安), 2학년 김성태(金性泰)·박영표(朴永杓), 3학년 문길환(文吉煥), 4학년 장남현(張南鉉), 이외 임기홍(林基弘), 한국이(韓國伊) 등.

※출처: 부산상업고등학교동창회, 『釜商百年史』, 1995, 56쪽.; 『동아일보』·『조선일보』 참조.

광주학생운동 시기 동래고보와 부산상고의 많은 학생들은 정학 또는 퇴학 등 각종 징계를 받아 큰 피해를 입었다. 그러나 동래고보는 1931년 동래반제전위동맹 사건에서[327] 확인되듯이 이후 학생운동이 더욱 조직적이고 체계적인 형태로 발전하였다. 부산상고 역시 1930년 1월 맹휴에 연루되어 경찰에 구속된 김귀문(金貴文) 등이 중심이 되어, 그해 8월 교내 호남 출신 학생들을 규합하여 '호남학우회 사건'을 일으켰다. 이 사건으로 순천경찰서에 1년간 구금된 9명의 학생 가운데 3명은 기소되고 6명은 석방되었다.[328] 이처럼 동래고보와 부산상고의 학생들은 광주학생운동 이후에도 항일 의식을 바탕으로 지속적인 학생운동을 전개했다. 이러한 학생운동의 전통은 해방 전까지 면면히 이어져, 1940년 11월 부산항일학생운동으로 발전하게 되었다.

미주

1) 박찬승, 『한국근대정치사상사연구』, 역사비평사, 1992, 제3장; 박애림, 「노동공제회의 활동과 이념」, 연세대 석사학위논문, 1992, 3~4장; 이경용, 「1920년대 초반 노동운동의 분화과정」, 『한국근현대 이행기 사회 연구』, 신서원, 2000 참조.

2) 문화운동의 개조론은 신칸트학파에 기반한 이론이었다(박찬승, 앞의 책, 176~185쪽). 식민지 조선에 영향을 미친 일본의 '문화주의'와 '인격주의'는 소우다 키이치로(左右田喜一郎)와 아베지로(阿部次郎)가 대가였는데, 이들에 관해서는 이수정, 『일본근대철학사』, 생각의 나무, 2001, 293~302쪽. 개조론의 사상적 연원이 신칸트학파였다는 것은 조선에서도 알고 있었다(SWJ생). 「사회운동의 역사적 고찰과 현대사회운동의 일대진전」, 『개벽』제12호, 1921, 26~27쪽. M.로빈슨/김민환 역, 『일제하문화적민족주의』, 나남, 1990, 98쪽.

3) 안건호, 「朝鮮青年會聯合會 組織과 活動」, 『한국사연구』88, 1995, 114쪽. 『동아일보』, 1920. 8. 9.; 9. 13 참조(이하 『동아일보』는 『동아』, 『조선일보』는 『조선』으로 표시함).

4) 기미육영회와 부산예월회는 『동아』 1920. 5. 5.; 1921. 4. 19.; 4. 28.; 5. 3.; 5. 5.; 7. 10. 부산직할시사편찬위원회, 『부산시사』제1권, 1030~1034쪽. 이귀원,「1920년대 전반기 부산지역 민족해방운동의 전개와 노동자계급의 항쟁」, 『한국근현대지역운동사』Ⅰ·영남편, 역사문제연구소, 1993, 26~27쪽. 두 단체의 핵심 인물 백산 안희제는 『백산 안희제의 생애와 민족운동』, 백산안희제선생순국70주년추모위원회, 선인, 2013 참조.

5) 『동아』 1921. 9. 30.; 11. 8.; 7. 25.; 7. 28.; 10. 11.; 10. 22.; 『조선』 1923. 2. 9. 이귀원, 앞의 논문, 28~31쪽.

6) 『동아』 1923. 2. 5.; 『동아』 1923. 2. 8.; 『조선』 1923. 2. 9.

7) 『동아』 1923. 2. 16.; 1927. 5. 16.; 『조선』 1923. 2. 27.; 1923. 3. 2.

8) 『동아』 1923. 4. 2.

9) 『동아』, 1920. 7. 3.; 7. 29.; 1926. 8. 8. 동래청년구락부와 같이 청년구락부의 명칭을 사용한 부산진(釜山鎭)청년구락부도 있었다(『조선』, 1921. 7. 10.).

10) 『동아』 1920. 5. 27.; 1921. 4. 16.; 1921. 7. 6.; 8. 28.

11) 당시 선전문의 내용은 ① 내 살림은 내 것으로 살자. ② 헐은 남의 것은 비싼 내 것보다 비싸다. ③ 살림을 조려살자. ④ 비단옷 입지 말고 술 담배 먹지 말고 송별 환영하지 말자. ⑤ 새로 짓는 옷은 조선본목과 저마포로 합시다 등이었다(『동아』,1923. 2. 5.).

12) 부산 지역 물산장려운동은 최경숙, 「일제하 부산지역의 토산품 애용운동」, 『한국전통문화논집』, 경성대학교 부설 한국학연구소, 1999 참조.

13) 『동아』 1923. 6. 25.

14) 『동아』 1923. 11. 21.

15) 구포청년회는 부산정보대학 민속박물관, 『구포청년회 회록』, 1998, 16쪽, 149~152쪽.

16) 김동철·강재순, 「1920~1930년대 초 기장 지역 사회운동」, 『한국민족문화』6, 부산대학교 한국민족문화연구소, 1996.; 기장독립운동기념사업회, 『기장독립운동사』, 2024, 164~176쪽(김동철·강재순, 앞의 논문, 50쪽의 신간회 기장지회 설립준비위원 명단은 울산지회 준비위원 명단이다. 후속 연구에서도 오류가 반복되고 있어 이 점을 참고로 밝혀둔다). 『동아』 1923. 11. 27.; 1926. 12. 27.

17) 조선청년총동맹에 대해서는 안건호·박혜란, 「1920년대 중후반 청년운동과 조선청년총동맹」 및 박철하, 「고려공산청년회의 조직과 활동(1920~1928」, 『한국근현대청년운동사』, 풀빛, 1995; 신춘식, 「조직주체를 중심으로 본 '조선공산당' 창건 과정」 『성대사림』8, 1992, 53~57쪽.; 박철하, 『청년운동』 한국독립운동사편찬위원회·독립기념관 한국독립운동사연구소, 2009, 49~62쪽.

18) 안건호·박혜란, 앞의 논문, 87~92쪽.

19) 1923년 전조선청년당대회에 참가한 경남 지역 단체와 1924년 조선청년총동맹의 운동노선 변화에 대해서는 김승, 「1920년대 경남지역 청년단체의 조직과 활동」 『지역과 역사』 제2호, 부산경남역사연구소, 1996, 149~152쪽.

20) 『동아』 1924. 5. 22.; 6. 2; 6. 3. 이귀원, 앞의 논문, 60~61쪽. 이후에도 부산청년회는 기회 있을 때마다 일제의 도항 저지에 맞서 투쟁을 계속했다(『동아』 1927. 8. 30.).

21) 『동아』 1924. 11. 8.; 11. 19.

22) 『동아』 1925. 2. 7.; 2. 18.; 1926. 4. 25.; 7. 19.

23) 『동아』 1925. 9. 8.

24) 『동아』 1925. 10. 19.

25) 『동아』 1925. 12. 3.; 12. 8.; 12. 12.; 12. 16.; 12. 23. 영주구락부는 1926년 7월 16일, 부산노동청년회로 명칭을 변경했다. 부산노동청년회의 집행위원은 김한규(金漢圭)·김영주(金永柱)·강대홍(姜大洪) 외 2인이었다(『동아』 1926. 7. 20.).

26) 梁明, 「如是我觀」, 『개벽』통권 제65호, 1926, 12~13쪽.

27) 『동아』 1926.7.9.; 김승, 앞의 논문, 1996, 189~194쪽.

28) 이귀원, 앞의 논문, 62~71쪽.

29) 『동아』, 1925. 11. 6.; 11. 12.; 11. 26.

30) 『조선』 1925. 11. 27.

31) 동래청년연맹 창립 준비위원와 집행위원들의 자세한 활동은 김승, 「한말·일제하 동래지역 민족운동과 사회운동」, 『지역과 역사』제6호, 2000, 92~94쪽 참조.

32) 『동아』 1925. 12. 3.

33) 김승, 앞의 논문, 2000, 95~97쪽.

34) 『동아』, 1926. 1. 9.; 12. 27. 두 기사에 따르면 적광회의 설립은 1925년 11월과 1926년 1월 2일로 나타난다. 전후 상황으로 봐서 적광회의 실제 활동은 1925년 11월부터 시작된 것으로 보인다.

35) 『동아』, 1925. 1. 10.; 『시대일보』, 1926. 6. 26.

36) 『조선』, 1926. 4. 16.

37) 김동철·강재순, 앞의 논문, 152~155쪽. 권종철은 1928년 동래경찰서가 사상 간부 6명(동래의 박일형·이영석·엄진영, 기장의 노단우·권종철·김태영)을 검거할 때 체포되었다(『조선』, 1928. 11. 12.).

38) 『조선』 1926. 1. 15.

39) 『조선』 1926. 4. 2.; 4. 25.; 『동아』 1926. 5. 30.; 7. 28.

40) 1926년 12월, 16개 청년단체는 본문 〈표Ⅲ-1〉 중에서 수영여자청년회·수영노동청년회·용호청년회·구포여자청년회 등은 빠져있고, 그 대신 월리(越里)청년회·수영청년회·여고(余古)청년회·용포(龍浦)청년회 등이 가맹단체로 활동했다(『동아』 1926. 12. 27.).

41) 정우회선언 발표 이후 정우회선언의 찬반양론을 두고 전개된 정우회와 서울파 전진회(前進會) 검토문의 논쟁은 김승, 「신간회 위상을 둘러싼 '양당론'·'청산론'논쟁 연구」, 『부대사학』제17집, 1993, 528~536쪽. 전명혁 지음, 『1920년대 한국사회주의 운동연구』, 선인, 2006, 369~390쪽.

42) 안건호·박혜란, 앞의 논문, 110~111쪽; 박철하, 앞의 책, 65~72쪽.

43) 박철하, 앞의 책, 75쪽.

44) 『조선』 1927. 5. 2.(2면).

45) 『조선』 1927. 5. 26.; 5. 28.; 6. 2.

46) 『조선』 1927. 7. 13.; 『동아』 1927. 7. 20.

47) 『조선』 1927. 8. 2.; 8. 23.; 『동아』 1927. 8. 30.; 1927. 9. 4.

48) 『동아』 1927. 11. 27.

49) 『동아』 1927. 12. 8.; 『조선』 1927. 12. 10.; 『동아』 1929. 1. 4.; 1930. 1. 10.

50) 『조선』 1929. 9. 10.

51) 『동아』 1927. 12. 12.; 12. 13.

52) 『동아』 1927. 12. 8.

53) 『조선』 1928. 1. 24.

54) 『조선』 1928. 1. 24.

55) 『동아』 1928. 1. 24.; 2. 20.

56) 『동아』 1928. 11. 26.

57) 『동아』 1929. 11. 15.; 11. 18.

58) 『동아』 1928. 3. 6.

59) 『동아』 1928. 3. 6.

60) 『동아』 1928. 4. 14.

61) 『동아』 1928. 5. 3.; 『동아』 1928. 5. 11.

62) 『동아』 1928. 6. 15.

63) 『동아』 1928. 6. 22.; 7. 13.; 7. 22.; 7. 24.

64) 『동아』 1928. 6. 27.

65) 『동아』 1928. 5. 1.

66) 『동아』 1928. 7. 18.; 7. 26.; 『조선』 1929. 11. 21.

67) 『동아』 1928. 6. 29.

68) 『동아』 1928. 11. 2.

69) 『동아』 1928. 11. 26.

70) 『동아』 1928. 12. 2.; 12. 5; 『조선』 1928. 12. 9.; 12. 27.

71) 『동아』 1929. 4. 2.

72) 『조선』 1929. 8. 29.

73) 『조선』 1929. 11. 21.

74) 강재순, 앞의 논문, 51쪽. 『조선』 1928. 3. 22.; 1929. 5. 24.; 『동아』 1930. 1. 10.

75) 『조선』 1929. 4. 19.; 『동아』 1930. 1. 27.; 3. 30.

76) 『동아』 1929. 4. 12.; 『조선』 1929. 4. 12.

77) 『조선』 1929. 4. 19.

78) 『조선』 1929. 4. 29.

79) 『조선』 1929. 5. 28.

80) 『조선』 1929. 4. 15.

81) 『조선』 1929. 10. 13.; 11. 9.; 11. 21.; 『동아』 1929. 8. 29.

82) 『조선』 1929. 10. 27.; 10. 30.

83) 안건호·박혜란, 앞의 논문, 110~116쪽; 박철하, 앞의 책, 73쪽.

84) 『중외일보』 1929. 7. 10.; 『조선』 1929. 11. 15.

85) 『동아』 1929. 8. 28.; 『중외일보』 1929. 8. 27.; 8. 28.; 8. 31.

86) 『중외일보』 1929. 11. 1.

87) 『중외일보』 1929. 11. 15.; 11. 19.

88) 『동아』 1930. 3. 20.; 『조선』 1930. 3. 22.; 3. 24.

89) 『중외일보』 1930. 3. 27.

90) 『중외일보』 1929. 7. 12.

91) 『동아』 1929. 10. 8.; 10. 26.

92) 『동아』 1930. 3. 23.; 『조선』 1930. 3. 25.

93) 국체청년데이 강사와 강연 주제는 다음과 같았다. 임국희, 「국제청년데이와 우리의 진로」, 양로산, 「국제청년데이 의의와 역사」, 현룡범, 「국체청년데이와 우리의 당면 임무」(『동아』, 1930. 9. 8.).

94) 『조선』 1930. 5. 26.

95) 『조선』 1930. 6. 15.

96) 『동아』 1930. 12. 18.

97) 『조선』 1930. 5. 3.; 8. 18.

98) 『동아』 1929. 3. 31.; 10. 26.; 11. 27.

99) 『조선』 1930. 2. 27.

100) 『조선』 1930. 8. 5.

101) 『조선』 1930. 7. 19.; 7. 22.

102) 『조선』 1930. 6. 22.

103) 『동아』 1929. 11. 23.; 1929. 11. 29.; 『조선』 1931. 7. 29.

104) 『조선』 1930. 1. 26.; 1. 27.; 1. 28.; 2. 12.; 3. 6.; 3. 16.

105) 『동아』 1930. 3. 28.; 3. 30.

106) 『동아』 1931. 6. 9.

107) 『동아』 1930. 3. 26.

108) 『조선』 1930. 7. 1.

109) 『조선』 1930. 7. 8.

110) 『조선』 1930. 8. 9.

111) 『조선』 1930. 8. 21.; 8. 23.

112) 『조선』 1930. 8. 31.

113) 『동아』 1930. 10. 22.

114) 예정된 강사와 강연 제목은 김봉한 〈지료(地料)에 관한 비판〉, 이택국 〈폭리의 상인〉, 조수해 〈가임(家賃)에 관한 비판〉, 오두석 〈음식료에 관한 비판〉, 조삼조 〈생활현상의 비판〉 등이었다(『조선』 1930. 11. 24.).

115) 『조선』 1930. 12. 5.

116) 『조선』 1931. 2. 23.

117) 『조선』 1931. 5. 30.; 『동아』 1931. 6. 9.

118) 『동아』 1931. 2. 14.

119) 『동아』 1931. 4. 26.; 4. 27.; 『조선』 1931. 4. 27.

120) 『동아』 1931. 8. 6.

121) 『동아』 1928. 1. 31.

122) 『동아』 1928. 2. 18.; 2. 29.; 『조선』 1928. 2. 29. 동래청맹 강령은 ① 본 동맹은 (전조선)

청년대중의 정치적·경제적·민족적 이익의 획득을 기함, ② 본 동맹은 (전조선) 청년대중의 의식적 교양 및 훈련의 철저를 기함, ③ 본 동맹은 (전조선) 청년대중의 확고한 조직의 완성을 기함, ④ ○○○○○적 파벌주의를 배격함 등이었다. 동래청맹의 강령은 「정우회선언」을 연상케 한다.

123) 『조선』 1928. 3. 9.

124) 동래청맹 집행위원들의 구체적인 약력은 김승, 앞의 논문, 2000, 99~101쪽 〈표 6〉 참조.

125) 慶尙南道, 「青年團(會)及處會調査表(昭和五年七月末日現在)」, 『慶尙南道社會事業施設概要』, 1931, 附錄 附12~附13 참조.

126) 김동철·강재순, 앞의 논문, 153~154쪽.

127) 『동아』 1928. 6. 12.

128) 『동아』 1928. 5. 9.

129) 『동아』 1928. 6. 8.

130) 『동아』 1928. 12. 18.

131) 『조선』 1929. 2. 27.

132) 『동아』 1929. 2. 12.

133) 『조선』 1929. 3. 25.

134) 『조선』 1929. 4. 2. 강연회 강사와 주제는 임병태(林炳台) 〈문맹퇴치운동의 의의〉, 전두만(田斗萬) 〈독서를 권함〉, 장순혁 〈조혼의 해독〉, 김동명(金東命) 〈미신을 타파하자〉, 임병태 〈백의를 폐지하자〉 등이었다.

135) 『동아』 1929. 5. 15.; 『조선』 1929. 2. 10.

136) 『동아』 1928. 5. 31.

137) 『동아』 1929. 1. 19.

138) 기장독립운동기념사업회, 앞의 책, 184~190쪽.; 『조선』 1930. 3. 25.

139) 『조선』 1931. 12. 3.

140) 『조선』 1928. 12. 18.

141) 『동아』 1929. 10. 10.

142) 기장독립운동기념사업회, 앞의 책, 190쪽.

143) 『동아』 1929. 3. 25.

144) 『동아』 1929. 4. 20.

145) 『조선』 1930. 9. 25.

146) 『조선』 1930. 10. 3.

147) 『조선』 1928. 12. 18.(4면). 여고(余古)는 오늘날 사직동 일대에 해당한다.

148) 『조선』 1929. 6. 2.

149) 『동아』 1928. 10. 13.; 1929. 2. 13.; 2. 24.; 5. 3.; 7. 17.; 7. 31.; 9. 1.

150) 『동아』 1928. 8. 30.

151) 『조선』 1928.12. 18.; 『동아』 1931. 4. 13.

152) 『동아』 1931. 4. 16.

153) 『동아』 1932. 7. 16.; 9. 19. 구포의 유지들은 1933년 3월 구포지부를 해산하고, 구포청년회를 새로 결성했다(『동아』 1933. 3. 29.). 이런 점을 보면 구포지부는 당시까지 유지된 것으로 보인다.

154) 『조선』 1929. 6. 2.

155) 『동아』 1928. 5. 3.; 1929. 1. 4. 김승, 앞의 논문, 2000, 103쪽.

156) 『동아』 1929. 3. 10.; 3. 31.; 7. 17.

157) 『조선』 1928. 12. 18. 1929년 1월 현재 기장농민조합의 회원은 116명, 회장은 강기덕(姜基德)이었다(『동아』 1929. 1. 4.). 기장독립운동기념사업회, 앞의 책, 214~219쪽.

158) 『동아』 1929. 4. 4.; 4. 12.; 5. 3.; 9. 14.; 9. 15.; 9. 29.; 10. 10.

159) 『동아』 1929. 8. 17.

160) 『동아』 1929. 10. 16.

161) 『동아』 1929. 10. 29. 검사국에 송치된 9명은 박일형·한일철·김명룡·이영석·김순영·박봉우·박동석·박영종·추월량이었다(『동아』 1929. 10. 31.).

162) 『동아』 1930. 10. 31.

163) 『동래』 1931. 4. 4.

164) 한말·일제하 동래 지역 사회의 특성은 김승, 앞의 논문, 2000, 126~134쪽. 선우성혜, 『일제강점기 동래 지역 조선인 경제인의 경제활동과 연고 결속』 동의대학교 박사논문, 2020 등을 참조 바람.

165) 이균영, 『신간회연구』, 역사비평사, 1993, 〈제4장 지회의 설립과 활동〉 참조.

166) 『동아』 1927. 8. 1.

167) 『동아』 1928. 1. 11.

168) 1927년 후반기 신간회에 대한 무산계급의 헤게모니 전취를 둘러싼 논쟁은 김승, 앞의 논문, 1993. 551~560쪽. 전명혁, 앞의 책, 375~390쪽.

169) 이균영, 앞의 책, 161~171쪽. 178~186쪽 참조.

170) 강재순, 「신간회 부산지회와 지역사회운동」 『지역과 역사』 제1호, 부산경남역사연구소, 1996, 43쪽.

171) 부산지회 제4회 대회 시기 지회원들의 다른 사회단체에서 활동은 강재순, 앞의 논문, 45쪽 참조.

172) 『동아』 1928. 1. 3.; 1928. 1. 12.

173) 『조선』 1928. 4. 28.

174) 『동아』 1928. 8. 2.

175) 『동아』 1928. 9. 19.; 『조선』 1928. 10. 30.
176) 『동아』 1929. 11. 9.; 『조선』 1929. 11. 20.
177) 『동아』 1929. 12. 12.
178) 『동아』 1929. 12. 12.
179) 『동아』 1929. 12. 12. 부산지회는 이후에도 부산차가인동맹 결성에 앞장섰다(『동아』 1930. 2. 28.).
180) 『동아』 1930. 1. 10.
181) 『조선』 1930. 1. 13.; 1. 28.
182) 강재순, 앞의 논문, 87쪽.
183) 『동아』 1930. 12. 18.
184) 『조선』 1931. 2. 17. 신용하, 『신간회의 민족운동』, 한국독립운동사편찬위원회·독립기념관한국독립운동사연구소, 2007, 299~305쪽.
185) 『동아』 1928. 4. 25.; 『조선』 1928. 4. 24.
186) 동래지회 임원들의 자세한 경력에 대해서는 김승, 앞의 논문, 2000, 105~108쪽 〈표 7〉 참조.
187) 이균영, 앞의 책, 153쪽. 『동아』 1929. 11. 15.
188) 기장독립운동기념사업회, 앞의 책, 228쪽.
189) 동래고등학교, 『동래고등학교80년사』, 1978, 247쪽. 윤병항은 동래 삼락학교 제1회(1907년 3월) 수료 이후 동래동명학교 고등과 제2회(1910년 3월)를 졸업했다. 일성관은 현, 동래구 복산동 행정복지센터 자리에 있었다.
190) 김승, 앞의 논문, 2000, 111~116쪽.
191) 대구구락부는 오미일, 『한국근대자본가연구』, 한울아카데미, 2002, 328쪽, 330쪽, 341쪽, 345쪽 참조.
192) 김승, 앞의 논문, 2000, 116쪽.
193) 김승, 앞의 논문, 2000, 117쪽.
194) 오미일, 앞의 책, 294쪽, 313~315쪽.
195) 기장독립운동기념사업회, 앞의 책, 228~229쪽; 『동아』 1928. 6. 27.
196) 『동아』 1929. 3. 31.; 10. 26.; 11. 27.
197) 기장독립운동기념사업회, 앞의 책, 231쪽.
198) 『동아』 1921. 6. 17.
199) 이송희, 「일제하 부산지역의 여성운동(1)-1920년대를 중심으로-」, 『부산사학』제34집, 1998 참조. 『동아』 1922. 1. 4; 임지원, 「한말~일제시기 부산지역민의 기독교 수용과 사회참여」, 『일제강점하 부산의 지역개발과 도시문화』, 선인, 2009, 291쪽 및 논문의 〈별표 1〉과 〈별표 2〉 참조.
200) 『동아』 1921. 10. 24.

201) 『동아』 1921. 7. 10.; 8. 19.; 10. 24.; 11. 8.; 1923. 4. 17.

202) 『동아』 1921. 9. 4.

203) 『동아』 1921. 12. 3.

204) 『동아』 1923. 3. 17.; 1926. 2. 18.; 9. 7.; 10. 17.; 1928. 4. 27.; 1928. 5. 9.

205) 『동아』 1923. 6. 22.; 임지원, 앞의 논문, 291쪽 및 〈별표 1〉과 〈별표 2〉 참조.

206) 『동아』 1925. 5. 3.

207) 『동아』 1925. 6. 30.

208) 이송희, 앞의 논문, 참조.

209) 『동아』 1922. 4. 5. 당일 연사인 김경순 여사는 부산중앙여자청년회의 간사로 다년간 부인들을 위해 활동했는데, 1922년 10월, 28세로 사망했다(『동아』 1922. 11. 12.).

210) 『동아』 1924. 11. 19.

211) 『동아』 1925. 5. 9.

212) 『동아』 1925. 6. 19.

213) 『동아』 1925. 8. 2.; 8. 16.

214) 『동아』 1925. 6. 30.

215) 이송희, 앞의 논문, 참조.

216) 이송희, 앞의 논문, 기장독립운동기념사업회, 앞의 책, 참조.

217) 박용옥, 『여성운동』, 한국독립운동사편찬위원회·독립기념관 한국독립운동사연구소, 2009, 209~212쪽.

218) 박차정은 이송희, 「朴次貞 여사의 삶과 鬪爭-民族의 解放과 女性의 解放을 위해 鬪爭한 한 女性의 이야기」, 『지역과 역사』제1호, 부산경남역사연구소, 1996 참조.

219) 이송희, 앞의 논문, 1998, 77~78쪽. 박용옥, 앞의 책, 217~229쪽. 김준엽·김창순, 『한국공산주의운동사』3, 청계연구소, 1986, 75쪽.

220) 김준엽·김창순, 앞의 책, 80~84쪽. 96쪽.

221) 『槿友』, 1929, 82~93쪽.

222) 『槿友』, 1929, 80쪽, 92쪽.

223) 『동아』 1928. 4. 14.; 4. 17.; 6. 8.

224) 『동아』 1928. 6. 21.

225) 이송희, 앞의 논문, 1998 참조.

226) 임지원, 앞의 논문, 291쪽 및 〈별표 1〉, 〈별표 2〉 참조.

227) 이송희, 앞의 논문, 1998 참조.

228) 『동아』 1928. 9. 19.; 10. 11.

229) 『동아』 1928. 8. 15.; 1930. 1. 10.

230) 『동아』 1928. 7. 12.

231) 『동아』 1928. 10. 6.

232) 『동아』 1929. 4. 2.

233) 『동아』 1929. 7. 25.

234) 『조선』 1929. 5. 28.

235) 『조선』 1929. 5. 18.; 5. 24.

236) 『조선』 1929. 10. 27.; 11. 23.; 『동아』 1930. 1. 10.

237) 『동아』 1930. 1. 10.; 1. 31.

238) 『동아』 1930. 3. 18.

239) 『동아』 1930. 3. 26.

240) 『조선』 1930. 6. 8.

241) 『조선』 1930. 8. 9.

242) 『조선』 1930. 8. 18.

243) 『조선』 1930. 9. 16.

244) 『동아』 1930. 9. 19.; 10. 21.

245) 『조선』 1930. 10. 22.

246) 『조선』 1930. 11. 16.

247) 『조선』 1931. 3. 17.

248) 『동아』 1931. 3. 21.; 『조선』 1931. 3. 24.

249) 『조선』 1928. 12. 18.; 『조선』 1929. 1. 4.

250) 『동아』 1930. 2. 11.; 『조선』 1930. 2. 11.

251) 이송희, 앞의 논문, 1998, 참조.

252) 『동아』 1928. 10. 6. 이때 근우회 부산지회는 성금 23원 50전, 의복 159건을 본부로 발송했다.

253) 『동아』 1929. 3. 15.

254) 『조선』 1929. 8. 30.

255) 『조선』 1930. 4. 8.

256) 『조선』 1930. 4. 26.

257) 『조선』 1930. 6. 22.

258) 『조선』 1930. 10. 28.

259) 『동아』 1931. 5. 6. 신임 집행위원들은 집행위원장 이현익(李賢翼), 집행위원 김옥숙(金玉淑), 송말순(宋末順), 한용순(韓龍順), 전부염, 구수련, 이소순(李小順). 검사위원장 박소수, 위원 박덕수(朴德守), 김명수(金命守) 등이었다.

260) 『동아』 1929. 2. 6.; 3. 1; 『조선』 1929. 2. 7.

261) 김정희, 「日帝下 東萊地域 女性獨立運動에 關한 小考-槿友會 東萊支會를 中心으로」, 『문화전통論集』 第4輯, 慶星大學校 附設 鄕土文化硏究所, 76쪽.

262) 『동아』 1928. 7. 18.; 1929. 1. 4.; 『조선』 1928. 12. 18.

263) 기장독립운동기념사업회, 앞의 책, 247쪽. 『조선』 1930. 10. 2.

264) 『조선』 1928. 12. 10.

265) 『동아』 1929. 1. 4.

266) 『동아』 1929. 5. 8.; 『조선』 1929. 6. 7.

267) 『동아』 1930. 3. 21.; 『중외일보』 1930. 3. 23.; 5. 29.

268) 『조선』 1930. 8. 24.

269) 부산시사편찬위원회, 앞의 책, 884~892쪽.; 김경일, 『노동운동』, 한국독립운동사편찬위원회·독립기념관 한국독립운동사연구소, 2008, 107쪽.

270) 이귀원 앞의 논문. 36~49.; 강재순, 「일제하 부산지역에서 노동자계급의 형성」, 부산대학교 석사학위논문, 1991, 16~20쪽.

271) 김경일, 앞의 책, 2008, 109쪽.

272) 이재화·한홍구, 『韓國民族解放運動史資料叢書』, 경인문화사, 1987, 54쪽.; 『동아』 1924. 4. 21.

273) 『동아』 1926. 8. 6.

274) 김경일, 『일제하노동운동사』, 창작과비평사, 1992, 119~121쪽. 229~238쪽.

275) 김경일, 앞의 책, 1992, 231~237쪽.

276) 이귀원, 앞의 논문, 78~84쪽.

277) 『동아』 1925. 12. 3.; 12. 5.; 12. 6.; 12. 8.; 12. 9.

278) 이귀원, 앞의 논문, 86~87쪽.

279) 『동아』 1926. 7. 13.; 1929. 1. 4.

280) 『동아』 1929. 2. 4.; 『조선』 1929. 2. 4.

281) 김경일, 앞의 책, 1992, 230~231쪽, 206쪽.; 『조선』 1929. 6. 23.

282) 김경일, 앞의 책, 1992, 117쪽, 243쪽. 255쪽.

283) 『동아』 1929. 7. 22.; 7. 24.; 7. 25.; 7. 27.; 1929. 8. 3.

284) 장석흥, 「조선학생과학연구회 초기 조직과 6·10만세운동」, 『한국독립운동사연구』 8, 독립기념관 한국독립운동사연구소, 1994, 208~210쪽.; 김동춘, 「1920년대 학생운동과 맑스주의」, 『역사비평』 계간6호, 역사문제연구소, 1989; 장규식, 『1920년대 학생운동』, 한국독립운동사편찬위원회·독립기념관 한국독립운동사연구소, 2009 참조.

285) 김승, 앞의 논문, 2000, 118쪽, 131쪽. 강대민, 『부산지역학생운동사』, 국학자료원, 2003, 99~103쪽.

286) 『동아』 1927. 7. 9.

287) 『동아』 1927. 7. 10.; 『조선』 1927. 7. 13.

288) 『동아』 1927. 7. 14.

289) 『동아』 1927. 7. 17.

290) 『동아』 1927. 8. 26.

291) 강대민, 앞의 책, 105~110쪽.

292) 朝鮮總督府, 「朝鮮における同盟休校の考察」, 『韓國學生抗日鬪爭史』, 1929, 55쪽.

293) 김승, 앞의 논문, 2000, 119쪽.

294) 흑조회(黑潮會)의 명칭은 윤호관(尹昊爟)의 수기(手記)(부산상업고등학교, 『釜商의 70년』, 1965, 76~77쪽.) 및 동래고등학교, 『동래고등학교80년사』, 1979, 240~244쪽에 나온다. 그러나 흑조회 관련 당시 신문 기사와 경상남도경찰부, 『高等警察關係摘錄』, 1936, 62쪽 등에서는 모두 혁조회(革潮會)로 되어 있다. 이하 본문에서는 혁조회로 표기한다.

295) 양정욱과 그의 부친 양완호는 강대민, 「양정욱의 항일운동 소고(小考)」 및 이성혜, 「복천사, 佛母와 佛畫所에 대한 기억과 흔적」, 『문화전통논집』제15집, 경성대학교 부설 한국학연구소, 2008 참조.

296) 김승, 앞의 논문, 2000, 121쪽.

297) 『동아』 1928. 6. 19.

298) 『동아』 1928. 6. 21.

299) 『동아』 1928. 6. 27.

300) 『동아』 1928. 6. 29.; 7. 3.

301) 『동아』 1928. 8. 19.

302) 『동아』 1928. 10. 7.

303) 『동아』 1928. 2. 27.

304) 『동아』 1926. 12. 26.; 1927. 3. 27.; 1929. 1. 4.; 3. 12.

305) 『조선』 1927. 6. 9.; 『동아』 1927. 6. 12.

306) 『동아』 1929. 6. 24.; 7. 4.; 『조선』 1929. 7. 3.

307) 『동아』 1929. 7. 8.

308) 한규무, 『광주학생운동』, 한국독립운동사편찬위원회·독립기념관 한국독립운동사연구소, 2009, 71~98쪽. 231~235쪽.

309) 『조선』 1930. 1. 27.

310) 『조선』 1929. 7. 3.

311) 『조선』 1929. 11. 10

312) 강대민, 앞의 책, 132~134쪽.

313) 『동아』 1929. 12. 28.; 『조선』 1929. 12. 28.

314) 『조선』 1929. 12. 28.; 12. 30.; 『동아』 1930. 1. 1.

315) 『조선』 1930. 1. 12.; 『동아』 1930. 1. 12.; 1. 15.

316) 『조선』 1930. 1. 15.

317) 『조선』 1930. 1. 18.; 1. 20.; 『동아』 1930. 1. 20.

318) 『조선』 1930. 1. 24.; 『동아』 1930. 1. 24.

319) 『동아』 1930. 2. 14.

320) 부산상업고등학교동창회, 『부상100년사』, 1995, 56쪽.; 『동아』 1930. 1. 11.

321) 『동아』 1930. 1. 11.; 1. 15.

322) 『동아』 1930. 1. 20.

323) 『동아』 1930. 1. 20.; 『조선』 1930. 8. 21.

324) 『동아』 1930. 3. 29.; 11. 14.

325) 『동아』 1930. 9. 24.; 9. 30.; 10. 4.; 11. 8.

326) 『동아』 1932. 1. 9.; 1. 19.; 1933. 12. 9.; 1934. 1. 12.; 2. 19.; 3. 15.

327) 김승, 앞의 논문, 2000, 122~126쪽.

328) 『조선』 1931. 6. 24.; 『동아』 1931. 6. 27.

제4장

항일의 길을 이어가다

1. 학생운동
2. 노동운동
3. (1930년대 이후) 국외에서 활동한 부산의 독립운동가
4. 부산 항일의 길을 나아가며...

1. 학생운동

광주학생운동은 1929년 10월부터 1930년 3월까지 함북 회령에서 전남 제주에 이르기까지 전국 13도는 물론 중국과 노령, 일본, 미주 등에 영향을 미쳤다. 국내외 280여개 학교가 학생운동에 참여한 것으로 추정되는 대규모 민족운동이었고, 1920년대에서 1930년대로 넘어가는 시점에 일어난 민족운동 발전의 분수령이었다.[1)]

광주학생운동을 경험한 일제는 학생운동 조직의 와해를 위해 노력하며 학생운동을 탄압하였다. 또한, 1930년대 일제의 식민정책이 군국주의 체제로 전화되어 조선을 병참 기지화하고, 민족말살정책을 강화했다. 1931년 만주사변, 1937년 중일전쟁 등 일제가 수행한 침략전쟁은 조선을 인적, 물적 동원을 위한 병참기지로의 전환을 가속화 한 계기가 되었다. 1936년 부임한 미나미총독은 신사참배와 황국신민서사 강요 등 철저한 황민화정책과 군수병참기지화 정책을 실시하였고 <조선교육령>을 개정하고 조선어 사용을 금지했다. 이로 인해 1930년대 이후 학생운동은 동맹휴교와 같은 대규모 집단행동을 불가능하였고, 학생들은 소수에 의한 비밀결사로 지하화하여 표면적으로는 학생운동이 위축된 듯 보였다.[2)]

이러한 상황 변화로 학생운동이 이전처럼 집단적이거나 지역의 사회단체와 공동으로 투쟁하던 기존의 방식을 지속할 수 없게 되었다.

1) 1930년대 부산의 학생운동 단체

1930년대 학생운동은 민족말살정책과 병참기지화에 맞서 민족의 실력양성과 민족 각성을 위한 계몽운동, 교내에서의 동맹휴학, 교내외에서의 비밀결사를 통하여 민족운동으로서의 성격을 분명히 하였으며, 다양한 형태로 추진되었다.

이 시기 학생운동은 각 학교의 당(단), 동맹, 연구회와 같이 소규모 정예조직을 중심으로 전개되었다. 1930년대 초반 부산에서 조직된 단체로는 소년공산당(少年共產黨), 적기회(赤旗會), 반제전위동맹(反帝前衛同盟), 스포츠단, 사회과학연구회(社會科學硏究會) 등이 있다.

〈표 Ⅳ-1〉 부산지역 학생운동 단체

단체명	창립과 해산	장소	창립회원	목적	활동	비고
소년공산당	미상~ 1931. 2. 22	부산진보통학교	이연근(李連根) 이순기(李順基) 양성휘(梁聖輝) 김영부(金榮富), 김순상(金淳相), 양명수(梁命守), 김영건(金永健)	사회주의	-	1931. 2. 23. 피검
적기회	1931. 7	동래고보	김명돌(金命突) 이치우(李致雨) 권동수(權東洙) 김응엽(金應燁) 노상도(盧尙道) 전영철(全永哲) 양태목(梁泰穆) 양덕수(梁德守) 등	반전운동	『적색뉴스』 발간 반전격문 살포	1932. 1. 피검
반제전위 동맹	1931. 9 적기회에서 개조					
적색 스포츠단	반제전위 동맹 세포기관					
사회과학 연구회		부산제2상	11명	-		1933. 7. 17. 피검

※출전: 강대민, 『부산지역학생운동사』, 국학자료원, 2003, 146~160쪽; 『동아일보』, 1931. 3. 11.; 『조선일보』, 1931. 3. 11.; 국사편찬위원회, 『일제침략하 36년사』, 1974년, 736쪽; 경상남도경찰부, 『고등경찰관계적록(高等警察關係摘錄)』, 1938년, 77쪽.

소년공산당은 부산진보통학교의 학생·졸업생을 중심으로 조직되었다. 이 단체가 언제 조직되었는지 정확히 알 수 없으나, 동맹휴학을 선동한 혐의로 1931년 2월 23일 이순기 등 7명이 검거되면서 조직이 와해되었다.

부산진공립보통학교 6학년 이순기 등 7명은 1931년 2월 23일 아침 조회시간을 이용해 동맹휴교를 계획하고 교단에 서서 전교생에게 학생들의 요구 조건을 관철시키고자 독려했다. 그러나 교원들의 제지와 신고로 부산경찰서 형사들이 출동해 학생들을 검거하였다. 이들은 수업료 철폐 등 14개 조건을 제시했으나, 과격한 요구조건이라는 이유로 신문 상에는 내용이 삭제되었다.

검거된 7명 중 김영부, 김순상, 양명수, 김영건 등 4명은 석방되었고, 이연근, 이순기, 양성휘 등 3명은 치안유지법, 출판법, 보안법 위반으로 부산지방법원검국으로 인계되었다.[3]

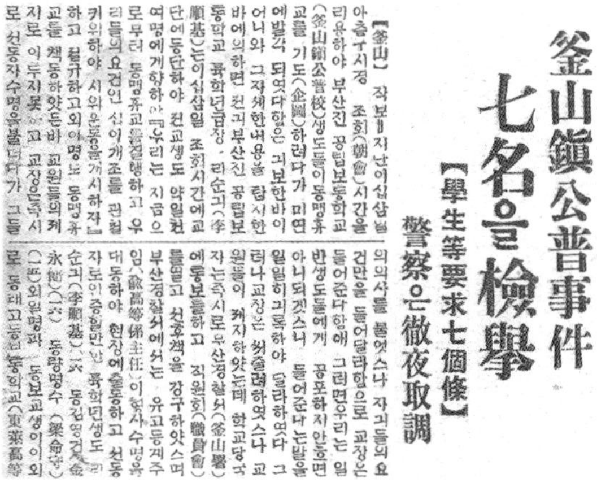

釜山鎭公普事件
七名을檢擧
【學生等要求七個條】
警察은徹夜取調

〈그림 Ⅳ-1〉 조선일보 1931일 2월 26일 자
※출처: 조선일보

학생비밀결사는 다양한 명칭을 가지고 있었지만 대부분 독서회 조직이었다. 그러나 1930년 초중반에 걸쳐 독서회와는 구별되는 반제동맹이라는 것이 존재했다. 독서회가 사회주의 이론학습을 위한 준비조직이었다면 반제동맹은 주로 1931년 일제의 만주침략 이후에 이를 반대하는 반전운동 등을 벌이는 실천 운동 조직이었다.[4]

부산에서는 1931년 12월 동래고등보통학교 4학년 14명이 반제국주의 동맹에 가입하여 활동한 것이 밝혀져 검거되면서 동래반제전위동맹 조직이 드러났다. 당시 동래고등보통학교생으로 동래소년동맹간부였던 김명돌(金命突), 이치우(李致雨), 권동수(權東洙), 김응엽(金應燁) 외 21명이 관련하였다. 이들은 1931년 4월 초부터 비밀회합을 거듭한 끝에 7월 중순경 동래소년동맹간부였던 이치우, 권동수, 김응엽, 권동수와 성달덕(成達德) 등을 중심으로 적기회를 조직하고 산하에 연락부, 서무부, 집적행동부, 조직선전부, 출판부, 재정부를 두었다. 출판부에는 이치우, 재정부에는 김명돌, 조직선전부에는 권동수를 책임자로 선정하였고, 7월 20일 『적색(赤色)뉴스』 창간호를 발간하여 회원들에게 배포하였다. 이후 성달덕이 오사카로 진출하면서 적기회 조직이 해체되었다가, 9월 초 다시 조직의 명칭을 동래반제전위동맹으로 고쳤다.[5] 반제전위동맹 산하 세포기관으로 동고사회과학연구회, 동고적색스포츠단, 수영무산청년회, 기장사회과학연구회 등을 조직하고, 『적색뉴스』를 계속 발간하였다. 반제전위동맹은 격문을 살포하고, 『적색뉴스』를 통해 제국주의전쟁 절대 반대, 일본제국주의 타도, 소비에트동맹 방위를 표방하고 조선 민족의 완전한 독립, 일본제국주의의 정치·경제·군사적 속박 해탈, 전 세계 무산자계급의 소비에트와의 연합 등을 달성하기 위해 맹렬한 활동을 벌였다.[6] 이들은 부산고무공장, 조선방직회사, 일영고무공장, 환대고무공장 등에 반전문서와 적색뉴스를 살포한 혐의로 다수가 체포되었고, 그 중 김명돌, 권동수, 이치우, 김응엽은 부산지방법원 공판에 회부되었다가 2년 6개월형을 선고받았다.[7]

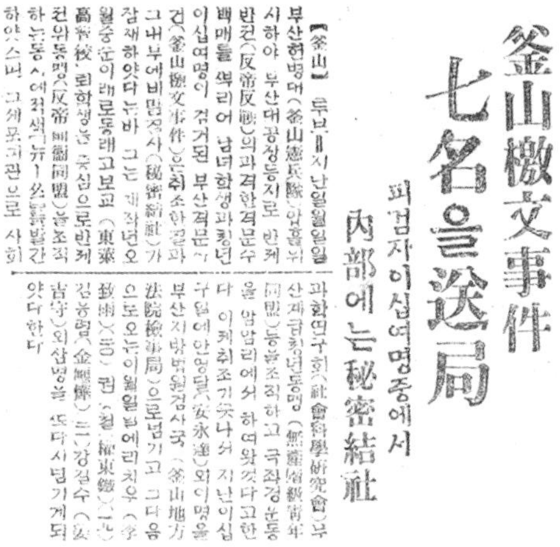

釜山檄文事件 七名을 送局

피검자이십여명중에서

內部에는 秘密結社

〈그림 Ⅳ-2〉 조선일보 1932년 2월 2일 자

※출처: 조선일보

이처럼 1930년대 학생운동은 동맹휴교가 급속히 감소하고 학생층의 비밀결사를 중심으로 한 운동이 증가하는 특징이 있다. 부산에서도 소년공산당, 적기회, 반제전위동맹, 적색스포츠단, 사회과학연구회 등 소수의 학생을 중심으로 비밀결사가 조직되었다. 학생들의 비밀결사는 소수의 의식화된 학생들을 중심으로 항일의식을 고취하고 나아가 반전격문을 살포하는 등 대중들에게 민족항일운동을 전이시키고자 했다. 이러한 학생들의 독립운동은 대중, 특히 부산 노동자들에게 반일 의식을 심어주어 1930년대 노동자들의 파업 형태도 항일운동을 전개할 수 있게 되었다.

2) 부산항일학생의거

부산항일학생의거는 1940년 11월 23일 부산공설운동장에서 개최된 제2회 경남학도전력증강국방경기대회(慶南學徒戰力增强國防競技大會)에서 심판장 노다이켄지(乃台兼治)의 편파판정으로 인해 불거진 전시체제하의 부산에서 일어난 대규모 학생 운동이다.

3·1운동 이후 일제가 실시한 기만적인 '문화통치'는 교육 분야에 크게 영향을 미쳤다. 1911년 8월 23일 칙령 제19호로 개정된 「조선교육령」은 외형적으로는 일시동인(一視同仁)을 표방하여 한국인과 일본인을 동등하게 대우한다는 논리였으나, 실제는 철저하게 차별화된 동화주의(同化主義)에 기반을 두었다. 이후 1938년 3월에는 전문 16조로 구성된 「3차 조선교육령」을 발표하였다.

〈표 IV-2〉 중등교육기관 주요과목 시간표

과목 학년	1932					1938				
	수신	일어 한문	조선어	체조	총 시간	수신 (공민)	일어 한문	조선어	체조	총 시간
1	1	7	3	3	32	2	7	2	5	34
2	1	7	2	3	32	2	7	2	5	34
3	1	6	2	3	32	2	6	1	5	35
4	1	5	3	3	33	3(2)	5	1	5	35
5	1	5	2	3	32	3(2)	5	1	5	35

※1938년도, ( ) 안은 공민과 수업을 의미함

※출처: 김형목, 「1940년 부산항일학생운동의 민족운동사상 의의」, 『문화전통논집』 14집, 경성대학교 한국학연구소, 2007, 246쪽.

1938년 「3차 조선교육령」 이후 주요과목 시간표를 보면 조선어 수업이 줄어들고, 체조 수업이 크게 확대된 것을 볼 수 있다. 이는 3대 교육 강령인 국체명징(國體明徵)·내선일치(內鮮一體)·인고단련(忍苦鍛鍊)과 무관하지 않다.[8)]

이러한 과정에서 일제는 1939년부터 전력증강국방경기대회를 개최하게 된다. 국방경기대회란 "황국청년(皇國靑年)의 자질연성에 노력하고 황군익찬(皇軍翼贊)에 참가한다"라는 취지 아래 각종 각개전투나 분대 전투에 사용되는 동작을 이른바 육상운동 경기로 전환한 것이다.[9)]

〈표 Ⅳ-3〉 전력증강국방경기대회 경기종목 및 내용

경기 종목	경기 내용
100미터	개인이 총을 가지고 달리기
400미터 릴레이	4명이 한 조가 되어 총을 바톤으로 하여 달리기
80미터 장애물	총을 들고 한 사람씩 한 장애물을 뛰어넘기
넓이 뛰기	5명이 한 조가 되어 무장하여 넓이뛰기. 총점수로 우열을 가림. 이때 총구멍이 땅에 닿으면 무효임(총구멍에 흙이나 모래가 들어가면 안되기 때문)
높이 뛰기	5명이 한 조로 무장한 상태에서 총만 가지지 않고 높이뛰기(이때 대검이 빠지면 무효)
턱걸이	5명이 한 조가 되어 총을 가지지 않고 철봉에 턱걸이하기
수류탄 던지기	5명이 한 조가 되어 수류탄을 멀리 던지는 것
토양(土壤) 운반	모래를 넣은 가마니를 짊어지고 달리기. 5명이 한 조가 되고, 가마니의 중량은 8관(30kg)
비상 소급	바지만 입고 누워 있다가 총소리가 나면 빨리 일어나 달리면서 옷을 입고 각반을 차고 무장하여 달리기
담가(擔架) 운반	5명이 한 조가 되며, 1인은 환자가 되어 담가에 실리고 넷이 달리기
중량물 들기	6관(22.5kg)짜리 역기를 많이 들어 올리는 횟수 경쟁
씨름	5명이 한 조로 구성
견인경주	큰 나무 널판 위에 모래 가마니 세 개를 싣고 5명이 한 조가 되어 긴 줄을 잡고 끌어당기기
줄당기기	20명이 한 조가 되어 긴 줄 당기기
무장행군	20명이 무장하여 한 손에 긴 줄 하나를 잡고 2,000m 마라톤 하기

※출처: 동래고등학교동창회, 『동래고등학교 100년사』, 2000, 212쪽.

국방경기대회의 경기 내용을 보면 총을 사용하여 진행되는 경기가 있다. 당시 일제가 일으킨 전쟁으로 총의 수요가 많았던 시기임을 짐작하면 모형 총을 사용했을 것으로 추측되지만, 모형 총을 가지고 훈련했다고 하더라도 이는 국방경기대회의 목적이 전쟁에 투입되기 직전의 훈련임을 알 수 있다. 또한, 달리기나 장애물 경기, 무장행군 등은 현역 군인의 훈련과 같고, 토낭 운반과 흙포대 옮기기, 중량물 들기는 진지 구축 훈련이며, 비상소급 종목은 군의 '5분 대기' 훈련과 동일하며, 견인과 줄다리기는 교량 건설을 위한 모의 훈련이고, 담가 운반은 부상병 운반을 위한 것임을 노골적으로 드러낸다.[10] 즉, 경남학도 전력증강 국방경기대회 자체가 집단 간의 경쟁심과 애교심(愛校心)을 기른다는 명목하에 일제가 수행하는 전쟁에 참여할 학생들을 군사훈련 시킬 목적이 내포되어있음을 짐작할 수 있다.

1940년에 개최된 제2회 경남학도 전력증강 국방경기대회는 1940년 11월 21일과 22일 양일간에 걸쳐 이루어진 모의군사전투훈련의 후속으로 다음 날인 11월 23일 부산공설운동장에서 개최되었다.[11]

〈그림 Ⅳ-3〉 부산 제2상업학교 전경
※출처: 직접 촬영(개성고등학교 역사관)

제1회 경기에서 조선인 학교인 동래중학이 우승하였기 때문에 일제는 제2회에서는 일본인 학교를 우승시키기 위한 계획을 세웠다. 경기에 들어가자 노다이를 비롯한 일본인 심판들은 조선인 학교의 경기를 트집 잡으며, 일본인 학교에 유리하도록 진행했다. 이에 격분한 동래중학을 비롯한 조선인 학생들이 항의했으나, 심판은 경기가 정당했다고 일축했다. 마지막 장거리 구보행군 후 동래중학의 우승이 확실했으나, 총점을 계산한 결과 일본인 학교인 부산중학이 1위로 확인되었다. 이에 동래중학의 김영근 교사와 학생들은 조선인 학생에 대한 차별 대우에 단체로 항의하였다. 그러나 심판장 노다이는 "심판의 판정은 신성하고 절대 불가하므로 판정에 따르라"라고 김영근 교사와 학생들의 항의에 답변했다. 같은 날 오후 5시 진행된 폐회식에서 심판장 노다이가 성적과 우승학교를 발표하자, 동래중학과 부산제2상업학교의 양교 학생들은 울분을 참지 못했다. 폐회식의 마지막 식순인 일본 국기 하강식에서 양교 학생들은 일본 국가 대신 애국가와 아리랑을 불렀고, "노다이 죽어라.", "왜놈 죽여라."라고 소리치며 항일 분위기가 고조되었다. 운동장에 있던 한국인 학생들은 일본인에 대한 의분을 참지 못해 돌을 던지며 일대가 아수라장이 되었고, 교사들이 만류했음에도 운동장 입구에 집결하여 정렬한 뒤 보수동을 향해 시가행진을 시작하였다. 학생들은 '황성옛터'와 '아리랑', '양산도', '도라지타령', '쾌지나칭칭' 등 우리 민요를 불렀고, "조선독립만세", "일본놈 죽여라", "너희들은 일본으로 돌아가라"라고 외치며 행진하였다. 또한, 영주터널 오른쪽에 위치한 노다이의 관사로 몰려가 돌 세례를 퍼부었다. 항일 시위를 하던 학생들은 오후 10시쯤 해산하기 시작했으나, 부산헌병대에서 각 경찰서에 지시를 내려 귀가하는 학생들이 대거 검거되었다.12)

〈그림 Ⅳ-4〉 노다이
※출처: 직접 촬영
(개성고등학교 역사관)

일경은 시가행진을 한 학생 중 200여 명을 체포하였으며, 그중 15명을 주동자로 구속기소하여 부산지방법원 1심 재판에서 유죄판결은 선고했다. 또한, 학교 측에서도 이와 관련된 학생 중 퇴학 21명, 정학 44명, 견책 10명 등 총 75명의 학생에 대해 처분을 내렸다.

〈표 Ⅳ-4〉 부산항일학생운동 피고 학생 1심 선고 현황

순번	성명	나이	출신학교	학년	1심 선고	최종 선고
1	김명수(金明洙)	-	동래중학	5	금고 8월	8개월 복역
2	김선갑(金銑甲)	19	부산제2상	4	금고 8월	8개월 복역
3	김영조(金榮照)	-	동래중학	5	금고 8월	8개월 복역
4	김인규(金麟圭)	18	동래중학	5	금고 8월	8개월 복역
5	김종배(金鍾培)	-	부산제2상	3	금고 8월, 집행유예 3년	8개월 복역
6	김재한(金在漢)	-	동래중학	3	금고 8월, 집행유예 3년	8개월 복역
7	안장원(安長遠)	16	동래중학	5	금고 8월	8개월 복역
8	이달희(李達熙)	20	동래중학	5	금고 8월	8개월 복역
9	이도윤(李道胤)	17	동래중학	5	금고 8월	8개월 복역
10	이병도(李丙燾)	17	부산제2상	5	금고 8월	8개월 복역
11	이세기(李世基)	17	부산제2상	4	금고 8월	8개월 복역
12	이인희(李仁熙)	16	부산제2상	5	금고 8월, 집행유예 3년	8개월 복역
13	정두열(鄭斗烈)	18	동래중학	5	금고 8월	8개월 복역
14	추유복(秋遺腹)	-	동래중학	5	금고 8월	유복자로 무죄 방면
15	홍병희(洪秉熹)	-	부산제2상	5	금고 8월	8개월 복역

※출처: 문인갑 외, 『乃台사건 회상록』, 동래고등학교, 1962; 안장원, 『乃台사건 회상록-군봉별책 특집호』, 1964; 공훈전자사료관(https://e-gonghun.mpva.go.kr/)

기소된 15명 중 추유복은 당시 유복자였음을 감안하여 무죄 방면되었고, 나머지 14명은 징역 8개월의 선고를 받고 복역하였다. 이중 김선갑과 김명수는 옥중 고문으로 출소 후 얼마 지나지 않아 순국하고 만다.[13]

1940년대에는 일제의 독립운동 탄압과 전시체제로 대부분의 항일독립운동이 국외에서 발생했다는 점을 생각할 때 부산항일학생의거는 광주학생운동을 잇는 대규모 학생운동이다. 당시 학생들은 내선일체의 허구를 깨닫고 일제의 조선인 차별에 대해 항일의식을 폭발시켰다. 또한, 가두시위를 통해 민중들의 항일의식을 고취시키고 일제로 하여금 조선인의 독립운동이 끝나지 않았음을 보여주었다. 또한, 이후 학생들을 중심으로 해방 직전까지 조선공산당, 무궁단 등 비밀결사를 조직하여 독립운동을 전

개할 수 있는 계기를 마련해 주었다.

3) 1940년대 이후 부산 학생들의 독립운동

1940년대를 일제의 엄청난 폭압으로 국내 항일독립운동이 침체한 암흑기로 규정하고 있으나 실제는 그렇지 않았다. 물론 이 시기에 국내에는 규모나 조직적인 측면에서는 약하고 다소 미약했지만, 대중운동은 오히려 1930년대 후반보다 고양되어 있었다. 특히 이 시기 학생운동의 고양은 다른 대중운동에 비해 두드러졌다.

〈표 Ⅳ-5〉 학생 사상범죄 사건

년도	1931	1932	1933	1934	1935	1939	1940	1941	1942	1943	1944 상반기
건수	6	22	24	8	5	6	16	48	57	46	16
인원	136	414	302	29	152	26	121	203	439	198	42

※출처: 송건호, 『한국현대사론』, 한국신학연구소, 1984, 366쪽; 홍석률, 「일제하 청년학생운동」, 『한국사』1 5, 한길사, 1994, 338쪽.

위의 표를 보면 1930년대 초 이후로 학생운동이 침체되었다가 1940년 무렵부터 다시 활성화되는 것을 볼 수 있다. 학생운동이 고양된 이유는 일제가 패전하고 조선독립의 결정적 시기가 도래한다는 인식이 일반 대중들, 특히 학생들 사이에 광범위하게 유포되었던 것으로 짐작한다. 이에 따라 학생들의 항일 투쟁 노선에도 변화가 일어나 무장화되는 모습을 보였다. 하지만, 당시 학생들은 일제의 폭압 아래 예전처럼 전국적인 조직을 계획한다든지 범국민적인 항일 투쟁을 전개하기는 어려웠다. 따라서 지역이나 조직 설립 취지에 국한된 소규모 비밀결사를 만들어 무장 투쟁적인 활동을 계획하였다.[14)]

특히, 부산은 1940년 11월 23일 전시체제하 대규모 학생운동인 부산항일학생의거를 경험한 후로 동래중학과 부산제2상을 중심으로 비밀 학생 조직을 결성하여 무장투쟁적 항일운동을 계획하게 된다.

〈표 Ⅳ-6〉 1940년대 부산지역 학생운동 단체

단체명	창립 일자	장소	창립회원	목적	활동	비고
-	1940.	동래중학교	김일규(金一圭) 김진훈(金鎭焄) 양중모(梁仲模) 남기명(南基明)	식민통치반대	민족의식 고취 및 계발	1941년 겨울 조선독립당으로 발전
조선 독립당	1941. 겨울	동래중학교	김일규(金一圭) 김진훈(金鎭焄) 양중모(梁仲模) 남기명(南基明) 이관수(李觀洙) 김한협(金漢俠) 등	총독처단 및 일군탄약고 폭파 군용열차 통과시 구포다리 폭파	1943년 졸업 후 본격적으로 활동, 순국당(殉國黨)과 연대 자일회(紫一會)와 연대 꾀함	순국당이 발각됨으로써 조직이 드러남. 1944.8. 피검
순국당	1944.5.	부산진 보통학교 출신 중학생	차병곤(車炳坤) 박정오(朴禎五) 신정호(辛正浩) 정오연(鄭五然) 김수성(金守性) 배봉수(裵鳳秀) 배광진(裵光珍) 등	총독암살, 일군시설파괴, 일본인 거주지 방화	조선독립당의 세포당 역할. 1차 계획인 철교파괴 실패 이후 만주 망명 계획	이관수의 지도. 1944.7. 발각
무궁단	미상	부산제2 상업학교	부산제2상 32회 졸업생 중심. 김한경(金漢經) 등 20여 명	독립쟁취		1945.6. 발각

※출처: 강대민, 『부산지역학생운동사』, 국학자료원, 2003, 200~203쪽.

1940년 겨울 부산항일학생의거가 일어난 이후 동래중학교 학생이었던 김일규, 남기명, 양중모, 김진훈이 중심이 되어 독서회를 조직했다. 독서회가 조직될 수 있었던 것은 당시 이들의 은사였던 허현(許鉉)의 영향 때문이었다. 동래중학의 독서회는 식민통치를 반대하며 항일적 저항의식을 다지고, 사회주의 운동을 비롯한 세계사의 흐름에 대한 인식을 넓히는 독서 활동을 전개하였다. 김일규 등은 독서회 경험을 바탕으로 1941년 겨울 김일규의 자택에서 조국에 목숨을 바칠 것을 맹세하며 독서회의 명칭을 조선독립당으로 개칭하였다. 조선독립당은 1942년 초봄 남기명 자택에서 2차 모임을 가지며, '우리는 조국의 독립을 위하여 목숨을 바친다'라는 강령을 채택하고 각 부서를 정하였다.

〈표 IV-7〉 조선독립당 책임자 및 담당부서

연번	인명	책임부서
1	양중모(梁仲模)	조직·해외정보 조사·행동반
2	김일규(金一圭)	내무·연락·당비·서류보관·행동반
3	남기명(南基明)	국내정보 조사·일본군의 기밀내사·탄약제조·행동반
4	김병현(金炳鉉)	청소년 훈련·병기탄약 제조·행동반
5	김한협(金漢俠)	청소년 훈련·부산지구 일본군 실태조사
6	이관수(李觀洙)	첩보수집
7	김진훈(金鎭焄)	외교관계·행동반
8	문인갑(文仁甲)	농민지도·국내조사·행동반
9	김영찬(金永瓚)	청소년 훈련·병기계통 연구·행동반(2차 모임 후 입당)
10	백기호(白基昊)	청소년 훈련·연락·행동반(2차 모임 후 입당)

※출처: 강대민, 『부산지역학생운동사』, 국학자료원, 2003, 200~204쪽.

이들 중 김영찬과 백기호는 2차 모임 이후 입당했다. 이들은 각 당원들이 수집한 서적을 읽고 토론하며 비밀 모임을 거듭하였다. 1943년 봄 동래중학교 졸업과 동시에 활동 범위를 넓혀 연락 암호를 정하는 등 실제 활동에 들어갔으며, 자일회·순국당 등과 연대할 기회를 엿보며 항일투쟁을 광범위하게 전개하기 위해 노력했다.

1944년 8월 1일 김영찬, 문인갑을 제외한 당원들이 양중모의 집에 모여 민심 교란, 일본군 탄약고 폭파, 군용열차가 구포를 통과할 때 폭파할 것 등을 모의하였다. 또한, 이들은 거사가 실패하면 모두 일본군에 입대한 후 연합군에 투항해 중국에서 다시 모이기로 계획했다. 그러나 계획을 실천하기 직전 차병곤 등 순국당원들이 부산 북부서에 검거되었고, 차병

〈그림 Ⅳ-5〉 조선독립당
※출처: 직접 촬영(부산광복기념관)

곤이 가지고 있던 거사 계획이 적힌 일기장이 발각되면서 조선독립당 당원들도 모두 검거되었다. 검거된 당원 10명 중 김영찬과 백기호는 석방되었고 나머지 8명은 「치안유지법」 위반 혐의로 부산검찰청에 송청되었다. 이때 김진훈은 일경의 혹독한 고문으로 1945년 4월 옥사했고, 나머지 7명은 조사 도중 해방을 맞아 1945년 8월 16일 출옥되었다.

조선독립당 발각의 원인이 되었던 순국당은 1943년 봄 만주에서 귀국한 차병곤과 부산진초등학교 동창인 박정오, 신정호 등 세 사람에 의해 조직되었다. 차병곤은 이종 사촌이었던 조선독립당의 이관수에게 영향을 받아 배일의식을 함양했고, 친구들에게 사상을 고취시키며 또래 학생들을 규합해 조직하기 위한 활동을 하였다. 김수성, 전창호, 정오연이 합류한 이후 차병곤은 동래중학의 배봉수, 배광진과 접촉하여 1944년 5월 신정호의 집에서 당원 13명이 순국당이라는 조직을 결성하였다.

〈표 Ⅳ-8〉 순국당 주요인물과 직책

순번	성명	나이	직책	소속	지역책	비고
1	차병곤(車炳坤)	17	당수	철도공작창 근무 부산실천상업학교(야간)2년 재학		후유사망
2	박정오(朴禎五)	18	부당수	초량상업학교 3년 재학	부산지역책	
3	신정호(辛正浩)	18	조직책	초량상업학교 2년 재학		
4	배봉수(裵鳳秀)	18	선전책	동래중학교 3년 재학		

순번	성명	나이	직책	소속	지역책	비고
5	배광진(裵光珍)	17	문화책	동래중학교 3년 재학		후유사망
6	남정기(南廷基)	19	재정	부산실천상업학교(야간)2년 재학		
7	전창호(田昌浩)	17	당서기	부산제1상업학교 3년		
8	윤창석(尹昌錫)	18	정보책	통영중학교 3년 재학	통영마산 지역책	
9	김수성(金守性)	18	행동책	초량상업학교 2년 재학	부산지역책	
10	정오연(鄭五然)	17	폭약연구책	부산공업학교 2년 재학		옥사
11	김진옥(金鎭沃)	17	행동책	일본야마구찌현 홍성중학교 3년 재학	일본 유학생책	
12	박태권(朴泰權)	17	행동책	입정상업학교 2년	부산지역책	
13	朝本(아씨모도, 창씨개명)	17	행동책	철도공작창 근무		

※출처: 강대민, 『부산지역학생운동사』, 국학자료원, 2003, 208쪽; 박철규, 「1940년대 전후 부산경남지역 항일독립운동」, 『1940 용기』, (사)부산항일학생의거 기념사업회, 2020, 176쪽.

순국당의 강령은 민족독립과 주권회복을 위해 투쟁한다는 것이며 행동목표는 ① 고이소(小磯) 총독암살 ② 일본군 시설의 파괴 ③ 일인 집단거주지(현 광복동, 남포동)에 대한 방화 ④ 은행 습격 ⑤ 공습 시 산불 놓기 등으로 결의하고 행동목표를 기입한 지면에 "대한독립만세"라고 자필로 쓰고 혈서로 연서하였다. 회의록과 강령은 전창호가 보관하고 있다가 순국당원들이 체포되자 소각하였다.

이렇게 결성된 순국당은 행동목표에 따라 실천에 옮겼다. 1차 계획은 1944년 5월 상순 영도다리 난간에 벽보 부착, 2차 계획은 1944년 5월 하순 진해 근교의 군용철교 파괴, 3차 계획은 박정오와 전창호가 일본군 소년항공학교에 지원, 4차 계획은 총독암살이었다. 1차 계획은 일부분 성공하였으나, 나머지 계획은 상황이 여의치 못해 중단되었다. 순국당원들은 실패가 거듭됨에도 포기하지 않고 7월 상순 임시총회를 열어 조선 내에서의 활동이 어려움을 토의하며 모두 만주로 가서 독립군에 합류키로 결의했다.

이 과정에서 윤창석의 아버지가 자신의 매제인 북부경찰서 고등계 형

〈그림 Ⅳ-6〉 순국당
※출처: 직접 촬영(부산광복기념관)

사 김종관에게 아들을 찾아달라는 부탁을 하면서 윤창석의 행적을 파악하던 일경에 의해 순국당이 발각되었다. 순국당원들은 1944년 8월 1일 부산북부서에 피검되어 '독립운동, 비밀결사조직, 치안유지법 위반'으로 혹독한 고문을 겪었다. 정오연은 일경의 고문으로 1945년 봄 옥사했고, 배광진은 병보석으로 나와 수일 만에 사망했다. 검사 구류 기간 1년을 다 채운 뒤에도 주동자 차병곤, 박정오, 신정호는 기소되어 해방을 맞이하고 난 뒤인 8월 18일 석방되었다. 나머지 8명은 출감되기는 하였으나, 귀가 조치된 것이 아니라 여러 잡역에 동원된 후 해방을 맞았다.

1945년 봄 장질부사(장티푸스)로 옥사한 정오연 외에도 배광진이 사망했으며, 차병곤도 석방 한 달도 안 돼서 사망했다.[15)]

한편 1940년대 학생운동은 무장투쟁적인 비밀결사 외에도 학병거부운동으로 나타나기도 했다. 일제가 특별지원병으로 전선에 보낸 조선인 청년 수는 1938년~1943년 시기에 최소 2만 5천명에 달했다. 징병제 실시를 위해 중등학교 이상에는 현역장교 배속, 국민학교 졸업생은 청년훈련소, 국민학교도 수료하지 못한 자는 청년특별훈련소에 수용해 군사훈련을 실시하였다. 1944년부터 실시 된 학도지원병제도에 의해 수많은 조선 청년들이 강제 징집되었고, 국민징용이란 명목 하에 일본 이외에도 중국, 미주 등에 노동자로 강제 연행되었다.[16)]

일제는 자의에 의한 지원이라고 표방했으나, 실제는 강제였고, 신문과 잡지 등에 명망 있는 인물을 내세우며 학생지원을 권유하는 글을 쓰게 했다. 이에 학생들은 입영 자체를 거부했는데, 집단적 입영거부 운동은 서울에서 먼저 일어났고, 부산에서는 초량상업학교 졸업생들이 지원병제도에 반대하는 투쟁을 벌였다. 학병거부는 병영탈출의 형태로 나타났는데, 만주 등에서 조선인 학병들이 탈출하여 광복군이나 무장 독립군 부대에 합류했다.17)

2. 노동운동

1930년대 초 세계대공황으로 조선에서도 공업생산이 위축되고, 회사령의 철폐를 계기로 발흥했던 소규모 공장을 비롯하여 곳곳에서 휴폐업하는 공장들이 속출하였다. 산업합리화라는 명분을 내세운 자본가들의 정리해고 방침에 따라 대량의 실업자가 양산되었고, 물가상승이 잇따라 임금 저하 현상을 가져왔다. 이는 결국 민중 생활의 불안정을 의미하며 노동자들의 노동운동을 고양시켰던 계기가 되었다.18)

일제의 식민지 산업이 확장되면서 노동자 수는 급증한 반면 노동자의 노동환경과 생활은 처참한 지경이었다. 1937년까지 한국인 노동자의 임금은 일본인의 절반 미만이었고, 노동시간은 1일 12시간 이상이 전체의 절반가까이까지 차지하고 있었다. 일제의 한국인 노동자에 대한 민족적 차별과 사회적 모순에 대해 새로운 사회의식이 생기기 시작한 노동자들은 일본에 대항하며 점차 조직력을 갖추기 시작했다.

개항 이래 부산은 일본 제국주의 침략의 관문 역할을 하면서 중요한 사업 중심지의 하나로 발전하였다. 화물의 하역과 운반에 종사하는 부두 노동자들이 지역에 집중되었고, 조선방직과 고무공장 등 각종 공장이 들어서면서 많은 노동자가 부산으로 몰려들었다.

부산에서 발생한 노동운동은 1921년 9월에 있었던 부산 부두노동자들의 대규모 동맹파업을 시작으로 일제 말기까지 전개되었다. 부두노동자 총파업은 다른 지역의 파업들을 촉발하였을 뿐 아니라, 전국 각지의 노동자들에게도 영향을 미쳤다.

1) 조선방직공장 파업

조선방직공업주식회사는 1917년 일본 미쓰이 재벌이 부산 범일동에 설립한 국내 최대 규모의 면방직 회사이다. 일본에서 값싸게 가져온 면화를 조선인의 노동력을 착취하여 비싸게 되팔아 이윤을 남겼다. 1931년 하반기 이후, 세계 대공황의 파급에 따른 심각한 경기 침체에도, 급격히 수익 구조를 호전시켰는데 이는 설비의 증설때문이었다.[19]

1930년 1월 조선방직공장에서 2,270명의 노동자들이 참가한 가운데 노동쟁의가 발생하였다. 조선방직에는 남성 선진노동자들로 구성된 중락회(衆樂會)[20]라는 조직이 있었는데, 이들은 이후 노동자들 자신의 불만을 표시할 수 있는 마지막 수단으로 2월 중에 파업을 단행하기로 결의하였다. 그러나 그 계획이 공장측에 탐지되어 시기를 앞당겨 1월 10일 파업을 단행하였다.

조선방직파업에서 제기된 요구 조건은 다음과 같다.[21]

1. 임금인상
2. 8시간 노동제 확립
3. 승급제의 확립
   (입사 후 4개월마다 승급시킬 것, 최저승급액은 5전으로 정할 것)
4. 해고제의 폐지
   (무단해고 절대 반대, 부득이 해고시에는 1개월 전에 통지할 것)
5. 작업도구는 무료로 지급할 것

6. 불구자나 사망자에 대한 위자료를 확정할 것
7. 벌금제를 폐지할 것
8. 기숙사의 식사 개선
9. 노동자 사택료를 지불할 것
10. 조선인과 일본인의 대우차별을 폐지할 것
11. 기숙사 내 여공의 출입증을 폐지할 것
12. 이번 사건에 대한 해고조건
(이번 사건으로 인한 해고는 절대 반대하며, 부득이 해고할 경우에는 백원 이상씩의 퇴직금을 지급할 것)

파업노동자들은 중락회의 지도하에 파업단 본부를 설치하여 지구전을 계획하는 한편 규찰대를 조직하여 노동자들이 파업으로부터 떨어져 나가는 것을 방지하고자 하였다. 그러나 곧바로 파업이 지구전으로 전개됨에 따라 파업단을 응원하기 위해 부산의 공장노동자들이 삐라와 격문을 뿌리며 시위행진을 벌였고, 부두 노동자들은 파업에 참가한 노동자 가족에게 구원금을 보냈으며, 함남 홍원과 전진의 노동조합원 300여 명은 동정파업에 들어갔다.

그러나 곧바로 출동한 경찰에 의해 중락회 간부들은 체포당하였으며, 경관이 회사를 포위한 가운데 회사측은 노동자들의 임금인상 요구를 거절하고, 300여 명을 해고하였다. 이에 맞서 노동자들은 요구관철과 체포자 석방을 요구하며 1,000여 명이 단식동맹을 했으나, 결국 경찰의 탄압과 회사의 무성의로 파업은 실패로 끝나고 말았다.[22]

조선방직공장 파업이 남성노동자들로부터 시작되었으나, 파업의 과정에서 여성노동자들도 본격적으로 파업전선에 참여해 단식투쟁을 강행하였다. 1930년 1월 10일 여성노동자들이 공장 내에서 단식투쟁을 강행하자 회사측은 여성노동자들을 감금하였다. 여성노동자들은 탈출을 시도했지만 경찰이 방해하여 실패로 끝나고 말았다. 다음 날 저녁 회사측은 주모자급 여성노동자를 강제로 고향으로 돌려보내려고 하였으나, 700여 명의 여성노동자들은 강경하게 대응하였다. 이후 여성노동자들은 독자적으로 파업여공단 사무소를 설치할 정도로 역량이 강화되었다.[23)]

조선방직공장의 파업은 실패로 끝났으나, 부산의 청년단체, 신간회 본부, 부산합동노조 등과 각지에서 많은 관심을 받았고 이후 조선방직공장의 파업을 이어갈 수 있었다.

〈표 Ⅳ-9〉 조선방직주식회사 노동운동

년 월	내용	비고
1930년 1월	조선방직회사의 종업원 2,000여 명은 회사측에 대해 종래의 임금 30전을 80전으로 인상할 것, 8시간 노동제의 실시, 기숙사의 식사개선, 취업 중의 부상자 치료비의 부담, 벌금제의 폐지, 민족적 차별대우의 폐지, 외출의 자유를 인정할 것 등을 요구조건으로 제안	기숙사 여직공 54명과 통근 직공 300여 명을 해고 조치
1933년 5월	조선방직회사 직공 400여 명의 파업	
1937년 1월	조선방직공장 직공 3,000여 명이 임금인상을 요구하고 파업	

※출처: 부산직할시 시사편찬위원회, 『부산시사』 1, 부산직할시, 1989, 1020~1023쪽 : 이송희, 「일제하 부산지역 방직공장·고무공장 여성노동자들의 쟁의」, 『이화사학연구』30, 374~375쪽.

〈그림 Ⅳ-7〉 조선방직공장을 경계하는 경찰
※출처: 뉴스라이브러리, 『조선일보』, 1930. 1. 12.

2) 부산 공장 노동자들의 파업

부산지역은 입지 조건과 관련하여 방직공장과 고무공장이 집중적으로 설립되었다. 1923년 일영(日營)공장 설립을 시작으로 1926년 도변(渡邊)공장, 부산분(釜山分)공장이 설치되었고 1930년에는 총 5개소, 1933년에는 총 9개소로 증가하였다. 이중 일본인이 경영하는 수가 압도적이었다. 이로 인해 1928년 환대(丸大)공장의 동맹파업을 시작으로 1929년에는 일영공장, 도변공장, 대화공장 4개소의 연대 파업이 일어났다.

1930년 6월에는 부산영도조선소의 노동자와 부산의 여러 정미공장의 노동자들이 파업을 일으켰고, 1930년 9월 4일에는 부산의 환대고무공장 100여 명의 직공들이 12개의 요구조건을 제시하며 파업에 돌입했다.

방직공장과 고무공장과 같은 제조업은 상대적으로 여공의 수요가 많았기 때문에 여성들이 몰려와 공장노동자로 취업하여 부산은 다른 지역보다 여성 공장노동자들이 많았다.[24] 이로 인해 여성노동자에 의한 파업이 두드러진다.

1931년 공황의 여파가 지속되는 가운데, 고무공장에서도 노동자를 정리해고하거나 임금을 대폭 인하하는 경향이 나타났다. 같은 해 3월 11일 환대공장의 여성노동자 340명이 임금인하 반대와 친목회 해산, 적립금제 폐지를 내세우고 12일 동맹파업에 들어갔고, 16일에는 대화공장의 여공 130명이, 19일에는 희성(喜聲)고무공장 여성노동자 50명이 파업에 돌입했다. 파업의 이유는 부산고무공업협동조합에서 임금을 2할 5분이나 인하했기 때문으로 같은 날 대화공장에서도 여성노동자 100여 명이 일제히 파업할 계획으로 대지공원에 소풍 간다고 시위행렬을 하고 가다가 경찰에 의해 해산당했다. 이때 주모자 5명이 경찰에게 검속되어 여성노동자 50여 명이 부산경찰서로 가서 검속된 동료의 석방을 요구하였다. 20일에는 부

〈그림 Ⅳ-8〉 일제강점기 삼화고무주식회사 전경
※출처: 직접 촬영(부산광복기념관)

산고무공업소에서도 임금 인하에 대해 여성노동자 50여 명이 파업을 단행했다.[25]

1931년 10월과 11월에 걸쳐 부산 6개소의 고무공장 직공들의 파업투쟁이 있었다. 일영과 태화고무의 노동자들은 기업의 합리화라는 이유로 고무신 한 켤레당 5리의 임금을 인하하였으므로 그에 대한 환급을 요구하였지만 회사측이 이에 불응하자 직공 300여 명이 10월 19일 파업에 돌입하였다. 이를 본 히시이와(岩)고무공장 직공 100여 명도 이에 동조 맹휴에 돌입하였다. 20일에는 부산고무와 희성(喜聲)고무, 표전(票田)고무공장의 고용주들이 잇달아 한 켤레당 5전의 임금을 인하하면서 다음 날부터 파업에 들어갔다.

노동자들의 파업에도 회사측이 임금인하 결정 등을 철회하지 않자, 10월 27일 일영공장 노동자 100여 명이 히시이와 고무회사에 시위를 한 다음 태화고무, 일성(一成)고무공장으로 가서 여성노동자들에게 동정파업을 호소한 다음 다시 환대공장으로 가서 시위하고 해산하였다. 28일 일영, 히시이와, 부산공장 등 4개 공장노동자 200여 명이 집결하여 시위를 다시 감행했고, 일경은 고용주측과 함께 온갖 방법으로 시위를 방해하고 저지하였다. 11월 4일, 각 공장 여성노동자 400여 명이 부산진공원에 모여 시위를 감행하다가 경찰에 저지당했다. 고무공장 노동자들의 연대 파업은 일경의 탄압에도 불구하고, 고무신 한 켤레에 5리로 인하했던 임금을 4리로 인하하는 것으로 노동자들이 승리하게 된다. 이후 1935년 9월 삼화고무공장 파업, 1936년 동양법랑철기회사 총파업, 1937년 부산 문현동 산토(山土) 채취장 인부들의 파업이 이어졌다.[26)]

또한, 1920년대 부산 부두 노동자 대파업 이후 부산 부두 노동자들은 물가 급등으로 인한 생활고를 이유로 임금인상을 요구하였으나 회사는 이들의 요구를 묵살하였고 노동자들은 강경 요구와 동맹사업을 선언하였다. 이후 회사 측에서는 1할 5분의 임금인상을 약속하였으나, 이행하지 않아 부두 노동자 수백 명이 태업(怠業)을 단행하여 경찰이 주모자 수명을 검거하는 사건이 발생하였다.[27)]

1930년대 노동운동의 특징은 비합법적 투쟁으로 전환하면서 폭력화 경향을 강하게 수반한다는 것이다. 또한, 노동운동을 주도하는 지도자는 예외 없이 검거 투옥되었다. 나아가 합법적인 노동운동의 공간이 위축당하자 노동운동은 비합법적인 노동조합의 조직 운동으로 전환되면서 사회주의 운동과 밀착하게 되었다. 비합법적 노동투쟁은 노동조직체를 효율적으로 운영하기 위한 방책에서 비롯된 것이지만 반대로 자체 활동공간의 축소라는 결과를 초래하였다.[28)]

부산에서 전개되었던 노동운동은 파업의 준비 및 전개에 있어 조직성과 지속성을 보여준다. 특히 조선방직과 고무공장의 연대 파업은 파업의 준비과정에서 자신들의 요구를 관철시키기 위해 조건을 체계적으로 정리하고 제시했으며 일경의 탄압과 회사측의 무시로 인해 실패해도 좌절하지 않고, 지속적으로 파업을 추진하여 노동자들의 뜻을 관철시키는 쾌거를 보기도 했다.

3. (1930년대 이후) 국외에서 활동한 부산의 독립운동가[29]

1) 김규식(金奎植, 1881. 1. 21~1950. 12. 10)[30]

본적지 경남 동래

호 우사(尤史), 죽적(竹笛), 만호(滿湖), 서호(西湖)

이명 김성(金成), 김중문(金仲文), 김일민(金一民), 여일민(余一民), 왕개석(王介石), 한재강(韓再剛), 한중서(韓中書)

김규식은 1881년 1월 29일 동래군(東萊郡, 현 부산광역시)에서 아버지 김지성(金知性)과 어머니 경주이씨의 셋째 아들로 태어났다. 1884년 동래부사의 부관으로 무역업무를 담당하면서 일본인들의 횡포를 목격했던 부친은 불평등조약의 부당성을 시정해야 한다는 상소문을 올렸다. 이로 인해 아버지는 유배당하고 당시 4살이었던 김규식은 어머니와 서울로 상경했다. 그가 6살이 되던 해 어머니마저 사망한 후 선교사 언더우드가 설립한 고아학교에 맡겨져 언더우드의 부인 릴리어트 호튼이 그를 양자로 삼아 돌봐주었다. 1894년 3월 한성 관립 영어학교 1기생으로 입학하여, 제1반 수석으로 졸업한 후 생계를 위해 식품점 점원으로 일하기도 했다.

1896년 서재필(徐載弼)이 독립협회를 조직하고 독립신문사를 설립하자 영어사무원 겸 회계직으로 독립신문사에 근무하다가 서재필의 권유로 17세인 1897년 9월 미국 동부 버지니아주에 있는 루터교 계통의 인문대학인

로아노크 대학 예과에 입학했다. 학교 잡지인 『로아노크 대학생』에 「한국과 한국어」, 「동방의 아침」, 「러시아와 한국 문제」라는 논설을 기고하고, 학내 강연대회에 참가하는 등 뛰어난 성적을 거두며 1903년 6월 졸업했다. 그해 가을 프린스턴 대학교 대학원 석사과정에 입학해 영문학 석사 학위를 받고 박사학위 과정의 장학생으로 선발되었으나, 1904년 2월 러일전쟁이 발발하자 귀국을 결심하였다.

귀국 후 언더우드 목사의 비서로 일하며 황성기독교청년회, YMCA와 경신학교, 기독교 주일학교, 배재전문학교, 연희전문학교, 조선기독교 대학교 등에서 교수하였다. 1906년에 대한자강회 회원이 되어 강연 활동 등을 통해 교육구국운동을 전개하였다. 1906년 새문안교회 교인이며 정신여학교 졸업생인 조은수(趙恩受)와 결혼했다. 1913년 4월 중국 상해로 망명하여 쑨원(孫文)을 비롯한 중국의 혁명 지사들과 친교를 맺고 중국혁명에도 참여하였다. 중국혁명이 실패하자, 1914년 신규식(申圭植)과 함께 박달학원(博達學院)을 설립해 한인들에게 영어를 가르쳤고, 제1차 세계대전이 발발하자 군관학교 설립 자금조달을 위해 노력했다. 1916년 외몽골에 있던 김규식은 아내와 둘째 아들 진동을 만났으나, 1917년 여름 조은수가 폐병에 걸리면서 사별하였다.

1918년 제1차 세계대전이 끝나고 여운형이 신한청년단을 조직하자 김규식은 신한청년당 한국대표단 수석대표로 임명되어 파리강화회의에 파견되었다. 이쯤 난징의 한 선교사의 집에서 김순애(金淳愛)와 재혼하였다. 1919년 5월 12일 '한국독립에 관한 청원서'와 '한국독립 항고서'를 파리강화회의에 제출하고, 『한국독립과 평화』라는 책자를 발간하여 배포하며 한국인의 독립 열망을 알렸으나, 전 세계인들은 한국민의 요구를 외면한 채 회의가 종료되었다.

1919년 8월 워싱턴으로 간 김규식은 구미위원부 초대 위원장에 추대되어 외교활동을 전개하였고, 1919년 9월 임시정부가 출범하였을 때 학무총장에 임명되었다. 하지만 1921년 4월 25일 임시대통령 이승만과의 갈등으로 직위를 사임한 후 남화학원(南華學院)을 설립하여 청년들에게 영어를 가르쳤다. 1921년 5월 국민대표회의에 관여하여 여운형과 함께 러시아에서 활동하였으며 1922년 1월 21일부터 개최된 극동피압박민족대회에 56명의 한국대표단 중 하나로 참석하였다. 극동피압박민족대회는 한인 사회주의자들의 혁명이론과 전략에 큰 영향을 주었고 민족통일전선 기관을 설립할 필요성이 인정된 계기였다. 1923년 1월 국민대표회의가 개최되었을 때 대한민국 임시정부를 대체할 수 있는 새로운 정부를 창조하고자 했던 창조파 편에 서서 국민위원회 위원과 외무위원장을 맡았다. 그러나 레닌이 사망하자 1924년 1월 창조파 국민위원회 위원들은 러시아 국경 밖으로 추방되었고, 김규식은 그해 5월 상해로 돌아왔다.

1927년 4월 상해에서 한국유일독립당 상해촉성회가 결성되자 집행위원에 선임되었다. 하지만 상해촉성회가 두 개로 분리되자, 텐진(天津)의 북양대학(北洋大學)에서 영어를 가르치는 일에만 집중했다. 1931년 일제가 만주국을 건설하고 1932년 1월 상해를 침공하자 안창호와 함께 통일전선운동을 지도해 나갔다. 안창호가 체포되어 한국으로 압송된 후에도 독립운동진영의 통일운동에 진력한 결과, 1932년 11월 한국대일전선통일동맹을 결성하기에 이르렀다. 1933년 6월 임시정부 외무장에 임명되었고, 1934년 3월 한국대일전선통일동맹 제2차 대표 회의에서 강력한 결속력과 통제력을 갖는 신당 조직의 필요가 선언되어 1935년 7월 난징에서 민족혁명당이 창당되었다. 민족혁명당의 규칙제정위원으로 참여하여 중앙집행위원, 국민부 부장 등으로 활동하였다.

1942년 10월 25일에 열린 제34회 임시의정원 회의에서 좌우합작이 성사되었고, 1943년 1월 임시정부 선전부장에 임명, 2월 22일에는 조선민족혁명당 주석으로 선출되었다. 이어서 1944년 임시 약헌(約憲) 개정으로 임시정부 부주석에 취임하였다.

1945년 8월 15일 광복이 되자 임시정부 요인 환국 제1진으로 귀국하여, 신탁통치 반대운동에 나섰다가, 여운형과 함께 좌우합작운동에 앞장섰다. 이후 남한 단독선거에 반대하며 5·10 총선거에 참여하지 않았다. 김구와 통일독립촉진회 등을 결성하여 통일운동에 힘을 기울이던 중 1950년 한국전쟁이 발발하였다. 서울에 남아 있던 김규식은 북한군에 납치되어 끌려가 1950년 12월 10일 평안북도 만포진(滿浦鎭) 부근 별오동(別午洞)에서 사망하였다.

대한민국 정부는 1989년 김규식에게 건국훈장 대한민국장을 추서하였다.

2) 김법린(金法麟, 1899. 8. 23.~1964. 3. 14.)[31]

본적지 경남 동래
호 범산(梵山)
본명 김진린(金振麟)

김법린은 1899년 8월 23일 경상북도 영천군 신녕면 치산리에서 아버지 김정택(金玎宅)과 어머니 김악이(金岳伊)의 1남 1녀 중 장남으로 태어났다. 본명은 김진린(金振麟)이고 법명은 법윤(法允)이었는데, 중국으로 건너가 바꾼 이름이 법린(法麟)이고 호는 범산(梵山)이다.

유년 시절 영천의 신녕보통학교에 다녔고, 15세가 되던 1913년 양혼허(楊渾虛)를 은사로 은해사(銀海寺)에서 출가하였다. 1915년 범어사(梵魚寺)로 승적을 옮긴 후 범어사의 신식학교인 명정학교(明正學校)를 마치고 강원에서 수학하였다. 범어사에서 명정학교 졸업생 중 우수한 학생을 선발하여 서울로 유학을 보낼 때, 김법린이 선발되었다. 1917년 휘문의숙(徽文義塾)에 입학하였으나, 다음 해 불교계 학교인 중앙학림에 편입하였다. 당시 중앙학림은 우수한 청년 승려들이 배우던 학교로 서울에서는 불교계의 유일한 신식학교였다.

민족대표 33인의 한 사람인 한용운(韓龍雲)은 중앙학림의 승려들과 긴밀한 관계에 있었고, 계몽지인 『유심(唯心)』을 발간하여 청년들의 민족의식을 고취했다. 김법린은 『유심』에 철아(鐵啞)라는 필명으로 글을 기고하였다. 한용운은 중학학림의 학생들을 불러 3·1운동 준비 및 독립선언서를 전하며 학생들에게 참여를 당부하였다. 한용운으로부터 당부를 받은 김법린은 학생들과 인사동에 있는 범어사 포교당으로 가서 만세운동을 숙의하고, 3월 1일 탑골공원의 만세운동에 참여하였다. 3월 4일 부산 범어사로 내려가 범어사 학인들과 선언식 거행, 선언서 등사, 결사대 조직을 추동(推動)하여 범어사와 동래에서 일어난 만세운동에 결정적인 역할을 하였다.

이후 상해에 대한민국 임시정부가 수립되었다는 소식을 접하고 신상완(申尙琓), 백성욱(白性郁)과 같이 상해로 건너갔다. 임시정부 특파원 자격으로 국내에 파견된 김법린은 만주 안동현(安東縣, 현 단둥현)에 동광상점(東光商店)이라는 쌀가게를 열어 국내 간 비밀활동을 전개하였다. 또한, 임시정부 밀령으로 독립사료를 수집하였는데, 독립사료는 임시정부가 한국 독립의 타당성을 뒷받침할 수 있는 자료로 국제연맹에 제출하기로 한 것이다.

상해에 있던 김법린을 포함한 승려들은 임정의 경제적 지원과 불교계의 독립운동을 총괄하기 위해 중앙학림 승려들로 구성된 한국민단본부(韓國民團本部)를 조직하였고 기관지 『혁신공보』를 발행하였다. 중견 승려 12명의 이름으로 상해에서 「불교승려 선언서」를 발표하면서 의용승군을 모집하기 위해 국내로 잠입하여 기밀부를 설치하였다.

1920년 4월 승려들의 이러한 움직임이 일경에 탐지되어 수사망이 좁혀지자, 김법린은 미래를 위해 학업에 정진하기 위해 동월 난징(南京)의 금릉대학(金陵大學)에 입학했다. 1921년 2월 프랑스로 유학을 떠나 이름을 김법윤에서 김법린으로 개명하고, 파리대학교 부설 외국인학교에서 공부하며 한인들을 규합하여 한인친목회를 조직하였다. 1926년 파리대학교 철학과를 졸업하고 대학원에 진학하였다.

1927년 2월 10~14일 벨기에 뤼셀 에그몽 궁전에서 21개국 174개 단체가 참가한 세계피압박민족대회에 단장 이극로(李克魯)와 이미륵(李彌勒), 황우일(黃祐日)과 함께 참가하였다. 이들은 대회개최 이전에 한국 식민통치 상황, 독립투쟁 의지 등을 정리한 8쪽 분량의 책자 『한국의 문제』를 제작하여, 각 대표에게 전달하였다. 대회에서 진행된 연설 내용을 책으로 펴낸 단행본 『에르몽 궁전의 봉화』에 「한국에서 일본제국주의 정책 보고」라는 제목의 연설문 전문과 한국 참가자 명단과 직책, 한국 대표단 결의안 등이 수록되어 있다. 동년 12월 9~11일에는 벨기에 브뤼셀에서 열린 반제국주의연맹 총회에 최린(崔麟)과 함께 참석해 한국의 실정을 보고하였다.

김법린은 국내 불교계의 요청으로 귀국 보조비를 지원받아 1928년 1월 14일 귀국하였다. 귀국 후 여러 사찰에서 강연하며 불교계 잡지인 『불교』를 발간하는 불교사에 입사해 유럽의 불교학 동향을 전달하였다. 1928년 조선불교청년회 재건, 1928년 1월 조선불교선교양종승려대회 등을 통해 국내 불교계의 모순 즉, 사찰령 부정 및 불교 통일운동 등의 해결을 위해 노력하였다.

1930년 일본으로 유학을 떠난 김법린은 고마자와대학(駒澤大學)에서 초기 불교와 인도철학을 공부하며, 비밀결사체인 만당(卍黨)의 일본지부를 결성하였고, 조선불교청년총동맹 동경지부장을 맡았다. 1932년 3월 귀국하여 모교인 중앙불교전문학교에서 강의하며 『불교』에 식민불교정책을 비판하는 글을 기고하였다. 1935년 9월 다솔사 강원과 해인사 강원이 합병되자 해인사 불교전문 강원의 원장을 맡았고, 1936년 1월 범어사 강원의 학감을 맡아 후배들을 지도하였다. 그런데 1938년 무렵 만당이 일경에 노출되어 당원들이 체포되면서, 김법린도 진주경찰서에 3개월간 수감되는 고초를 겪었다.

한편, 조선어학회 활동에도 관여하여 프랑스어와 불교 용어의 심의와 자문을 맡았는데, 조선어학회 사건으로 1942년 10월 19일 함남 홍원경찰에서 구속되어 징역 2년 집행유예 4년을 선고받고 1945년 1월 18일 출옥하였다. 이 사건으로 김법린이 있던 범어사 강원은 강제 폐교 당하였다.

광복 후 불교 종단의 총무원장을 맡아 식민불교 잔재를 청산하고 대중불교 구현을 위해 노력하였고, 1948년 감찰위원회 위원, 1952년 고시위원회 위원장, 문교부 장관, 1953년 유네스코 한국위원회 위원장, 제3대 국회의원(부산 동래), 1963년 동국대학교 총장을 역임하였다.

대한민국 정부는 1995년 김법린에게 건국훈장 독립장을 추서하였다.

3) 박차정(朴次貞, 1910. 5. 7.~1944. 5. 27.)[32]

본적지 경남 동래

이명 박철애(朴哲愛), 임철애(林哲愛), 임철산(林哲山)

박차정은 1910년 5월 7일 경상남도 동래군(東萊郡) 동래면(東萊面, 현 부산광역시) 칠산동(漆山洞)에서 아버지 박용한(朴容翰)과 어머니 김맹련(金孟蓮) 사이에서 3남 2녀 중 넷째로 출생하였다. 형제는 오빠 문희(文熺)·문호(文昊)와 언니 수정(壽貞), 남동생 문하(文夏)가 있다. 가족은 1918년에 설립된 동래성결교회 교인이었으며, 모두 독립운동에 적극 참여한 바 있다. 아버지 박용한은 일제의 무단통치에 항거하여 순국자결하였고, 외가 쪽 김두봉(金枓奉)과 김약수(金若水), 박일형(朴日馨) 등도 이름난 독립운동가였다. 아버지 서거 후 어머니 김맹련은 삯바느질 등으로 어렵게 5남매를 키우고 가르쳤다.

14세 때인 1924년부터 조선소년동맹 동래지부에서 활동하였고, 1925년 일신여학교 고등과에 입학하였다. 일신여학교 재학 시절 박차정은 여러 차례 동맹휴학을 주도하였다.

1927년 5월 서울에서 근우회를 창립하고 각 지방에 지회를 설치하자 1928년 4월 20일 동래에서는 기존 동래여자청년회를 자진 해산하고 5월 19일 근우회 동래지회를 창립하였다. 근우회 동래지회의 창립 초 명단에 이름이 나타나지 않는 것은 일신여학교 졸업 전이었기 때문이다.

1929년 3월 9일 일신여학교를 졸업하고 5월 경북지방에 기근이 심해지자, 동래에서 신간회 지회, 청년동맹, 노동조합, 근우회 지회의 4단체가 그해 5월 17일 경북기근구제회를 결성했을 때 서무를 담당한 5촌 당숙 박일형 밑에서 재무를 맡아 보았다. 같은 해 7월 27일부터 29일까지 서울에서 개최된 근우회 제2차 전국대회에 김계년(金桂年)과 함께 동래지회 대의원으로 참석하였다. 이 자리에서 경남 전형위원, 33인으로 구성된 중앙집행위원, 그리고 33인 중에서 선정된 14인의 중앙상무위원으로 선출되어 선전조직과 출판부의 책임을 맡았으며, 지회와 도연합회 규칙 세칙 제정위원으로도 선임되었다.

1929년 11월 3일 광주학생운동이 일어나자, 서울에서는 12월 2일부터 3일까지 서울 시내 학교에 격문이 뿌려지고 학생들은 만세시위 행진을 감행하였다. 배후 조종 세력으로 지목되어 근우회의 중심 간부인 허정숙(許貞淑)과 신간회 소속의 오빠 박문희와 함께 일제 경찰에 붙잡혔다가 풀려났다. 풀려 난 후 제2차 시위를 계획하였다. 1930년 1월 15일 이화·숙명·배화 등 11개교의 여학교가 시위를 전개하였다. 다시 일경은 근우회를 배후 조종 세력으로 지목하고 정종명(鄭鍾鳴), 허정숙 등과 함께 체포되었다. 그 후 2월 중순까지 투옥되었다가 서대문경찰서에서 병보석으로 석방되었다. 그러나 다시 동래에서 검거되었다가 석방되는 등 투옥과 석방을 되풀이하였다.

1930년 중국에서 활동하던 오빠 박문호의 권유로 중국 북경으로 망명하였고 의열단에 가입하여 조선공산당재건설동맹 중앙부 위원이 되었다. 1931년 3월 김원봉과 결혼하고, 의열단의 핵심 멤버가 되어 활약하였다. 1932년 북경에서 난징(南京)으로 옮긴 뒤 김원봉과 함께 국민당 정부의 협조하에 1932년 10월 조선혁명군사정치간부학교를 개설하고 임철애(林哲愛)라는 가명으로 여자부의 교관이 되었다.

1935년 7월 '통일대당' 결성을 위해 김원봉 주도로 의열단·한국독립당·조선혁명당 등을 통합해 난징에서 민족혁명당을 결성하였다. 이에 1936년 7월 16일 지청천(池靑天)의 부인 이성실(李聖實)과 함께 민족혁명당 남경조선부녀회를 창립하여 부녀자의 단결과 부녀해방을 위한 여성운동과 무장투쟁을 조직하는 활동을 하였다. 1937년 7월 7일 중일전쟁이 발발하자, 민족혁명당은 중국군과 항일공동전선을 펴기 위한 준비로서 조선민족해방동맹, 조선혁명자연맹과 함께 11월 조선민족전선연맹을 창립하였다. 한커우(漢口)에서 개최된 만국부녀대회에 박차정이 한국 대표로 참가하였고, 창사(長沙)로 이동한 대한민국 임시정부에 특사로 파견되어 일본제국주의의 침략을 규탄하고, 중국과 조선, 일본 민중의 연합과 일본 혁명대중들의 혁명전쟁을 촉구하는 라디오 방송을 하였다. 또한 이를 중국어로 번역하여 임철애(林哲愛)라는 이름으로 『조선민족전선』 창간호에 실었다. 1938년에는 『조선민족전선』 제3호(1938. 5. 10)와 제5, 6호(1938. 6. 25)에 「조선부녀여부인운동(朝鮮婦女與婦女運動)」이라는 장문의 글을 실었다. 이 글에서 중국의 전면 항일전쟁이 시작된 시점을 맞아 우리 부녀자들도 일치단결하여 조국의 자유 회복, 동아시아의 화평, 인류의 정의를 위해 투쟁하자고 호소하였다.

1938년 10월 10일 조선민족전선연맹이 조선의용대를 창설하자, 22명으로 구성된 부녀복무단의 단장을 맡아 활동하였다. 1939년 말 의용대 본부는 대일투쟁을 강화하기 위해 화북 진출을 결정하고 후난(湖南)과 광시

(廣西)의 의용대부터 차례로 북상시켰다. 이 중 엽홍덕(葉鴻德)이 이끄는 남로공작대원(南路工作隊員)들이 북상하면서 중국 강서성 곤륜산(崑崙山) 전투에 참여하고 적의 진지 앞에서 반전선전활동을 전개하였다. 이때 곤륜산 전투에 참여하여 큰 부상을 입었다. 1942년 12월 조선의용대가 광복군 제1지대로 편입되었으며, 남편 김원봉은 부사령관 겸 제1지대 대장에 취임하였다.

그러나 곤륜산 전투에서 다친 상처와 지병인 관절염 등으로 건강이 악화되어 대외 활동은 거의 할 수 없었고, 시와 소설로 해방된 조국을 그리다가 1944년 5월 27일 34세로 유명을 달리하였다. 유해는 충칭 강북구 화상산(和尙山) 공동묘지에 안치되었다. 광복 후인 1946년 2월 남편 김원봉이 환국하면서 김원봉의 고향 경남 밀양 감천동 뒷산에 안장하였다. 이때 피 묻은 군복과 군모를 유족들에게 전달하였다.

대한민국 정부는 1995년 박차정에게 건국훈장 독립장을 추서하였다.

4) 서영해(徐嶺海, 1902. 1. 13.~미상)[33]

본적지 경남 부산
본명 서희수(徐羲洙)

서영해는 1902년 1월 13일 경상남도 부산부(釜山府, 현 부산광역시) 영선동(瀛仙洞)에서 아버지 서석주(徐錫疇)와 어머니 김채봉(金采鳳)의 8남 2녀 중 넷째로 태어났다. 본관은 달성(達城), 본명은 서희수(徐羲洙)이고, 호는 영해(嶺海)이다. 아버지 서석주(徐錫疇)는 한약방을 운영하였다. 1916

년 3월 24일 부산공립보통학교(현 부산 봉래초등학교)를 졸업하였다. 중학 과정은 부산부 초량동 중화민국 영사관 부속의 화교학교에서 수학하였다.[34)]

1919년 만세운동이 일어나자, 만세운동에 참여하였다가, 4월 말경 일제 경찰의 수배령이 내려져 중국 상해(上海)로 망명하였다. 이때 이름을 서희수에서 서영해로 바꾸고 대한민국 임시정부에서 1년 넘게 머물렀다. 그러다가 프랑스 유학을 결심하고 1920년 11월 6일 프랑스로 출발해서 12월 13일 프랑스 남부의 마르세유(Marseille)에 도착하였다. 임시정부 파리위원부의 주선으로 파리에서 북쪽으로 70㎞ 떨어진 곳에 있는 보베(Beauvais)에서 고등중학교 과정을 수학하였다. 1926년 샤르트르(Chartres)시에 있는 리세 마르소(Lycee Marceau)로 진학하였다. 이곳에서 11년이 걸리는 프랑스 정규교육 과정을 6년 만에 마치고, 1927년 파리 소르본 대학 철학과에 진학하였다. 그러나 학비 조달 등 경제적 문제로 인해 학교를 중퇴하고 로렌 지방 롱위(Longwy)시의 포도 농장과 식당 등에서 잠시 취업 활동에 나섰다. 그 후 1928년 4월 파리의 소르본가에 위치한 파리고등언론학교(Ecole supérieure de journalisme de Paris)에 입학해 저널리즘과 관련된 법 지식과 정치·경제·사회 여러 분야의 저널 교육을 받으며 학업을 이어갔다.

파리고등언론학교에 재학 중이던 1929년 7월 독일 베를린(Berlin)의 반제국주의동맹이 주최하는 제2회 반제국주의연맹회에 유불한인회(留佛韓人會) 대표로 김백평(金白萍)·김양수와 함께 참석하여 유창한 프랑스어로 한국 문제를 참가자들에게 각인시키는 등 크게 활약하였다. 그리고 9월 28일에는 거주했던 파리 시내에 숙소인 말브랑슈(Malebranche) 7번지에서 '고려통신사(高麗通信社)'를 설립하였다. 고려통신사를 통해 1932년 도쿄의거 전 이봉창(李奉昌) 의사 기념사진, 윤봉길(尹奉吉) 의사 기념사진 등 임시정부에서 전달한 독립운동과 관련된 중요한 자료를 관련 기사와 함께 프랑스 언론에 전파하며 일본이 한국을 침략하고 무력을 행사한 사실들을 적극적으로 알리는 활동을 전개하였다.

1933년 1월 6일 스위스 제네바 국제연맹회의에 이승만(李承晩)과 함께 참석하여 외교 활동을 전개하였다. 1934년 4월 2일에는 임시정부 주프랑스 외무행서(外務行署) 외무위원의 임무를 맡게 되었고, 1936년 3월 8일 임시정부 주프랑스 특파위원, 1945년 2월에는 임시정부 주프랑스 대사를 역임하면서 유럽 각국의 인사들에게 일제 침략의 실상을 고발, 한국의 정세를 널리 선전하며 독립운동을 지원하는 주요 역할을 수행하였다.

그러한 가운데 유럽에서 개최하는 각종 국제회의에 여러 차례 참가해 적극적으로 일제의 억압 사실을 알려 나갔다. 1936년 9월 벨기에 브뤼셀(Brussels)에서 열린 만국평화회의에 참석해 세계평화와 동아시아의 평화에 있어 한국독립이 가지는 의의를 밝혔다. 1937년 11월에는 '중국문제 해결'을 위한 국제회의인 구국공약회(九國公約會)에서 각국 기자들을 만나 한국 독립운동의 상황을 설명하고, 임시정부에서 전달받은 선전 자료를 번역해 프랑스 언론에 배부하는 등 외교활동을 전개하였다.

프랑스에서 1930~1940년대 유럽지역에서 대한민국 임시정부의 주요한 외교활동을 담당해 오다가 파리에서 광복을 맞이한 후 1947년 5월 귀국하였다. 귀국 후에는 혼란한 정치 상황에 잠시 정치와는 거리를 두고 프랑스어 교재를 제작하고 연희전문학교과 이화여자전문학교 등에서 프랑스어 강사를 역임하며 주로 교육활동에 전념하였다. 그러다가 1948년 7월 대한민국 단독정부 수립을 반대하는 한국독립단의 대표단의 일원이 되어 선발대로 상하이를 거쳐 프랑스로 가고자 했다. 그러나 중국에서 여권 문제로 지체되었고, 결국 사회주의자로 몰려 중국 국민당 당국에 붙잡혔다. 주화대표단의 민필호(閔弼鎬)·박수덕(朴樹德), 그리고 중국국민당의 장샤오셴(張壽賢)·우톄청(吳鐵城) 등의 도움으로 프랑스 파리로 향할 수 있었다. 하지만 예정됐던 파리 UN총회에는 참석하지 못했다.

1949년 프랑스에서 상해에 돌아온 뒤, 같은 해 10월 1일 중국이 공산화되면서 한국인들이 귀환할 때 중국 국적이라는 이유로 억류되어 귀국하지 못하였고, 1955년 무렵까지 상하이의 인성학교(仁成學校) 교사로 활동하였다. 이후 북한으로 들어갔다는 주변인들의 증언이 있으나 자세한 행적은 알 수 없다.

대한민국 정부는 1995년 서영해에게 대한민국 건국훈장 애국장을 추서하였다.

5) 장건상(張建相, 1882. 12. 19.~1974. 5. 14.)[35]

본적지 경북 칠곡 *1883년 부산 좌천동으로 이주
자 찬성(贊成)
아호 소해(宵海)
이명 건상(健相), 봉상(烽相), 도산(濤山)

장건상은 1882년 12월 19일 경상북도 칠곡군에서 상당한 규모의 토지를 소유한 지주인 부친 장운원(張雲遠)과 모친 이윤영(李閏泳)의 4남 2녀 중 넷째 아들로 태어났다. 1883년 부산부 좌천동(佐川洞, 현 부산광역시)으로 이주하여 유년기를 이곳에서 보냈다.

좌천재(佐川齋)라는 서당에서 한문을 익혔으며, 육영재(育英齋)에서 근대 학문을 배웠다. 육영재에서 공부하던 중 장로교에서 운영하는 강습소에서 영어를 배우게 된다. 1903년 서울로 올라와 공립영어학교에 입학하여 1년간 수학한 다음, 캐나다인 선교사 게일(J.S.Gale)에게 영어를 배웠다.

1905년 일본으로 유학을 떠나 와세다대학 정치경제학부에 정치학을 공부하고, 항일청년단체인 한인학교에서 훈련을 받았다. 무관인 이스트레이크가 자신의 집에 세운 한인무관학교에서 군사훈련을 받았다.

1907년 귀국한 후 1908년 3월 미국으로 유학을 떠나 인디애나주 밸프

레이조(Valparaiso)대학교 법학과에서 정치학과 법학을 공부하였다. 1912년 대학을 졸업한 때에 안창호(安昌浩)로부터 함께 일하자는 제의도 받았으나, 중국으로 건너가 보다 적극적인 항일투쟁에 몸 바치기 위해 거절하였고, 마침 중국 상해의 신규식(申圭植)으로부터 연락을 받고 중국행을 결심하였다.

1916년 상해로 건너간 장건상은 동제사(同濟社)에 가입하였고, 만주 안동현(安東縣)에서 몇 년 동안 중국 망명 인사들의 길을 안내하는 역할을 했다. 이 과정에서 김두봉(金枓奉)·김원봉(金元鳳) 등과 만났다. 1919년 만세운동 이후 김두봉과 함께 상해로 가 대한민국 임시정부 수립에 참여하였다. 1919년 4월 20일 제2회 대한민국 임시의정원 회의에서 외무위원에 선임되어, 외무총장 김규식(金奎植)을 보좌하였다. 1919년 7월에는 대한적십자회 상의원(常議員)에 선임되었고, 의열단(義烈團) 활동에도 관여하였다. 임시정부 외무차장으로 근무하면서 폭탄 국내 반입 계획에 참여하였다.

1920년 북경으로 가서 고려공산당(高麗共産黨) 조직에 관여하였고 1921년 5월 이르쿠츠크에서 열린 고려공산당 창립대회에서 중앙위원 겸 정치위원에 선임되었다. 동년 6월 코민테른 제3차 대회에 참석하여 레닌을 만나 독립자금 지원을 약속받았다.

북경으로 돌아온 장건상은 고려공산당 대외 업무를 수행하였다. 베이징에 머물면서 1923년 겨울부터 김성숙(金星淑)·장지락(張志樂)·차응준(車應俊) 등과 『혁명(革命)』을 간행하며 편집대표를 맡았다. 한편 1923년 1월 3일부터 상하이에서 개최된 국민대표회의(國民代表會議)에 '시베리아부 대표'로 참석하였고, 회의초안기초위원의 한 사람으로 선출되었다. 국민대표회의 과정에서 창조파의 일원으로 활동하였다. 6월 3일 창조파들이 수립을 선포한 '조선공화국'의 외무총장으로 선임되었다.

1924년에는 대한민국 임시정부 외교총장으로 있으면서, 의열단의 활동에 필요한 혁명선언서 신임장과 위임장을 교부하였다. 1926년 10월 대독립당조직북경촉성회(大獨立黨組織北京促成會) 결성에 참여하여 집행위원에 선임되었다. 1927년 11월 상하이에서 한국독립당관내촉성회연합회(韓國獨立黨關內促成會聯合會) 결성에 참여하였고 상무위원에 선출되었다.

1926년 10월 10일 쌍십절(雙十節) 기념일에 북경대학(北京大學)에서 '약소민족의 설움과 항일의식'이란 주제로 '한·중 공동으로 일본을 배격하자'라는 요지의 영어 강연을 한 것이 문제가 되어, 일본인들의 사주를 받은 중국 경찰에 구금되어 2년간 옥고를 겪었다.

1928년 석방 후 김원봉과 민족혁명당 활동과 의열단 활동을 보조하는 역할을 했다. 이로인해 1937년 일경에 체포되었는데, 장건상의 딸 수양(守養)의 회고에 따르면, 1937년 4월 상하이 프랑스 조계 안에 있는 공원에서 의열단원 한 사람을 만나고 집에 돌아와 아침을 먹으려던 차 한인 형사들에게 체포되었다고 한다.

이후 국내로 송치되어 구금되었다가 기소유예로 풀려났다. 일제 경찰은 김원봉을 체포하려는 공작을 꾸미려고 회유하였고, 이들의 제의를 수락하는 척 위장하여 상해로 도망쳐 임정에 합류하였다. 1942년 임시정부 외교연구위원, 학무부장 등을 역임하였고, 1944년 4월 24일 임시의정원에서 주석 김구·부주석 김규식 등과 함께, 국무위원의 한 사람으로 선출되었다. 1945년 4월 김구 주석의 밀사 자격으로 옌안(延安)의 화북조선독립동맹(華北朝鮮獨立同盟)에 파견되어 독립동맹 주석 김두봉을 만났을 쯤 광복의 소식을 전해 들었다.

1945년 12월 1일 '임시정부 제2진'으로 환국한 후 민주주의민족전선 결성에 참가하였고, 조선인민당 부위원장으로 선출되었다. 1948년 2월 유엔(UN)한국위원단과 면담하고 주한 외국군 철퇴를 요구하였다. 4월 평양에서 열린 남북연석회의에 참여하였다.

1950년 5월 제2대 국회의원선거에서 부산 을구에 입후보하여 전국 2위의 득표로 당선되었다. 1957년 11월 '근로인민당 재건사건'으로 인해 구속되었다가 1심에서 무죄로 석방되었다. 1960년 4·19 직후 혁신동지총연맹 위원장으로 추대되었다. 그해 7월 제5대 국회의원선거에 출마하였다. 1961년 1월 혁신당 중앙집행위원장에 추대되었다. 2월 민족자주통일중앙협의회 결성에 참여하고 의장이 되었다. 그 후 반민주악법 반대투쟁위원회 지도위원으로 선출되었다. 5·16군사정변 후 박정희 정권에 의해 투옥되어 같은 해 10월, 징역 5년을 받았으나 병보석으로 풀려났다. 한국현대사의 소용돌이 속에서 숱한 고난을 이겨내며 '혁신계' 정치노선을 지켜나가던 중, 1974년 92세로 사망하였다.

대한민국 정부는 1986년 장건상에게 건국훈장 대통령장을 추서하였다.

6) **최장학(崔章學, 1909. 4. 11.~1987. 9. 12.)**[36]

본적지 경남 동래

이명 최장(崔章), 최장학(崔章鶴), 진가명(陳嘉明)

최장학은 1909년 4월 11일 경상남도 동래군(東萊郡) 동래면(東萊面) 교리(校里, 현 부산광역시)에서 태어났다. 이명은 장학(章鶴)·최장(崔章)·진가명(陳嘉明)이다. 부산제2상업학교를 다녔다.

1927년 동래고등보통학교 재학생 박인호(朴麟浩)·최두해(崔斗海)와 부산제2상업학교에서 독서회를 주도하던 김규직(金圭直)·양정욱(梁正彧)이 뜻을 모아 독서회 조직을 강화하여 결성한 혁조회(革朝會)에 가입하였다. 동지들의 하숙집을 회합 장소로 하여 민족의식 강화와 장차 독립운동 실행을 위한 방략을 논의하였으며, 월간지 『혁조(革潮)』 발간에 참여하였고,

부산 내의 민족의식이 투철한 학생들과 접선하여 동지로 포섭하였다.

1928년 6월 부산제2상업학교에서 민족 차별을 일삼던 일본인 교사들의 축출을 목표로 한 동맹휴학이 발생하자, 이를 사상단체의 배후 공작으로 판단한 일제 경찰의 탐문에 부산제2상업학교 내 혁조회 조직이 발각되어 김규직·양정욱·윤병수(尹炳洙) 등과 함께 1928년 12월 체포되었다.

혁조회 활동이 식민통치를 부정하고 독립운동을 목적으로 한 불온단체라는 일제의 판단에 따라 이른바 치안유지법 위반으로 재판에 넘겨졌다. 1929년 9월 24일 부산지방법원에서 징역 1년 6월, 집행유예 3년을 받고 풀려났다. 그러나 일제는 혁조회 회원들을 수감한 채 모진 고문을 가하며 재판을 진행하였고, 미결수 기간은 9개월에 달하였다.

풀려난 후 최장학은 동래청년동맹(東萊靑年同盟) 등의 단체에서 계몽활동에 종사하던 중, 동래 출신 의열단원 박문희(朴文熺)와 접선하여 1931년 10월 19일 부산항에서 연락선을 타고 중국 상해(上海)로 건너갔다. 의열단장 김원봉(金元鳳)을 만나 의열단에 가입하고, 김원봉이 중국 국민당의 장제스(蔣介石)와 제휴하여 난징(南京)에 설립한 조선혁명군사정치간부학교(朝鮮革命軍事政治幹部學校)에 입학하였다. 문길환(文吉煥)·이무용(李武龍)·김영배(金永培)와 함께 초급장교 교육과 공작 활동에 필요한 훈련을 받은 뒤 1933년 4월 20일 졸업하였다.

김원봉의 명에 따라 중국에 잔류하여 간부학교의 교관을 담당하다가 광저우(廣州)의 황푸군관학교(黃埔軍官學校)와 중산대학(中山大學)에서 공부하였다. 1935년부터 조선민족혁명당(朝鮮民族革命黨) 당원으로 활동하였고, 충칭(重慶)에서 조선민족혁명당 기관지 『망원경』의 편집책임자로 활동하며 글을 기고하거나 중국 내 논설을 번역하였다. 1937년 일제가 중일전쟁을 일으키자, 1938년부터 조선의용대(朝鮮義勇隊) 소속으로 전선에서 중국 국민혁명군을 도와 유격전 및 선전·사기 저하 작전에 종사하였다.

1941년 최창익(崔昌益)을 중심으로 조선의용대 화북지대(華北支隊)가 분리되어 독자 행동하자, 김원봉을 따라 대한민국 임시정부에 합류하였다. 1942년 5월 한국광복군이 2개 지대로 재편될 때 광복군 제1지대에 정식 입대하여 일본군을 대상으로 한 선전·심리전을 전개하였으며, 민족혁명당의 간부로서 중앙위원, 주임비서 등의 직책을 역임하였다.

1945년 8월 15일 일제가 패망하자 국민혁명군을 도와 일본군 무장해제 작업 및 관할 내 치안 유지를 보조하고, 한국인들의 신변 보호 및 귀국 절차 원호를 담당하다가 1946년 귀국하였다. 귀국 이후 조선민족혁명당 주석 김규식(金奎植)을 따라 민중동맹(民衆同盟)에서 활동하였고, 1949년 대한민국 육군사관학교 제8기로 입교하여 국군 장교로 복무하였다.

대한민국 정부는 1990년 최장학에게 건국훈장 애국장(1977년 건국포장)을 추서하였다.

7) 한형석(韓亨錫, 1910. 2. 21.~1996. 6. 15.)[37)]

본적지 경남 동래

이명 한유한(韓悠韓)

필명 한유(韓悠), 한서(罕西), 한희(罕希), 한석(韓錫)

1910년 2월 21일 경상남도 동래부(東萊府, 현 부산광역시 동래구)에서 태어났다. 본관은 청주(淸州)이다. 이명은 한유한(韓悠韓)이고, 필명은 한유(韓悠)·한서(罕西)·한희(罕希)·한석(韓錫)을 썼다. 한국청년전지공작대(韓國青年戰地工作隊)와 한국광복군 제2지대 등에서 항일 예술 활동을 전개하였다.

의사이자 독립운동가였던 부친 한흥교(韓興教)를 찾아가 1915년 가족과 함께 중국 베이징(北京)으로 건너갔다. 이후 육영소학교, 육영중학교,

노하고급중학교를 졸업하였다. 1933년 상하이 신화예술대학(新華藝術大學)을 졸업하였고, 산둥성(山東省) 각지에서 항일 가곡과 군가를 중국군에 보급하며 카이펑(開封)·시안(西安) 등에서 항일순회공연을 전개하였다. 1939년 11월 한국청년전지공작대(韓國青年戰地工作隊)의 결성에 참여하였고, 예술조장으로 활동하였다. 한중연대와 항일의식 고취를 목적으로 시안(西安)과 인근 지역을 순회하며 「아리랑」, 「국경의 밤」, 「한국의 한 용사」 등의 연극을 연출하였다.

1939년 말부터 1942년 10월경까지 중국중앙전시간부훈련(中央戰時幹部訓練) 제4단 특과총대학원대 한국청년훈련반(韓國青年訓練班)에서 군사교관도 역임하였다. 1941년 전지공작대가 광복군 제5지대로 개편되자 1942년 한·중 공동작전을 위해 광복군 제2지대에 파견되었다. 이때 전시아동보육원 제2보육원 부속 아동예술반 주임으로 아동교육에도 힘썼다. 이를 통해 광복군과 중국 각급 기관 및 단체들과의 긴밀한 협조를 도왔다. 1944년 중국군 부상병을 대상으로 위문공연을 하였고, 광복군 제2지대 선전부장 겸 중국희극학회 부회장으로서 대원들을 인솔해 서북 각 지역에서 순회공연을 벌였다. 광복군 제2지대 교관 시절 『광복군가집』 1·2집을 발간하였고, 「압록강행진곡」, 「조국행진곡」, 「국기가」 등을 작사하였다.

1945년 윈난성(雲南省) 쿤밍(昆明)에서 무선통신·산악전투훈련 등 특수공작훈련을 받던 중 광복을 맞이하였다. 이후에는 광복군 제2지대 산둥성 지난(濟南)지역 특파원으로 파견되어 교포 송환을 도우며 특파원 임무를 수행하였다. 1946년에는 광복군 제2지대 정훈처 중령과장과 지난 연락주임, 중국 국립산둥대학교 예술지도원으로 활동하다가 1948년 9월 귀국하였다.

1948년 11월 서울중앙방송국 촉탁 방송 위원을 맡았다. 1950년 6.25전쟁이 터지자 부산에 내려가 사재를 털어 문화극장을 설립하고 극장장을 맡았다. 1953년에는 색동야학원과 자유아동극장을 설립하였다. 이후 부산대학교 중어중문학과 교수와 한국연극협회 부산시지부장, 광복회 부산지회장 등을 역임하며 부산 지역 문화발전에 기여하였다.

대한민국 정부는 1990년 한형석에게 건국훈장 애국장(1977년 건국포장)을 수여하였다.

4. 부산 항일의 길을 나아가며...

부산은 일본에서 가장 가까운 부산항을 중심으로 발달하여 일제 식민 지배의 중요한 거점이되었다. 우리가 현재 '부산(釜山)'이라고 부르는 명칭은 부산포에서 유래된 것이다. 부산포 지역은 고려 말 일본과 대치하는 국방의 요새로 주목받았고, 1876년 개항과 함께 부산은 근대 무역, 상공업의 중심지로 대일항쟁기 대륙침략의 관문이 되었다.

강화도 조약 이후 개항장 일대에 일본인 조계지가 형성된 부산은 대한제국 시기까지 '동래부'에 속해 있었고, 1910년 국권 피탈 이후 '부산부'로 되었다가, 1914년 행정구역의 개편에 따라 일본 전관거류지가 있던 중구를 중심으로 동구·영도구와 서구 일부만 '부산부, 나머지 지역은 '동래군'이 되었다.

부산은 개항 전부터 일제강점기 36년 동안 일제 식민 수탈의 최전선이었기 때문에 부산의 지역민들에게 식민 지배에 항거하여 독립운동을 전개하는 민족적 문제에 직면하게 했다. 또한, 부산은 일본이 가져온 근대 문물을 통해 일찍이 개화에 눈을 뜰 수 있었고, 지역 토착민들의 의지와 선교사들에 의한 근대교육은 독립운동가들을 배출하는 밑거름이 되었다.

광복 후 일본인들은 물러갔으나, 사회 전반에는 갈등과 혼란이 뒤따랐다. 치안 공백을 메우기 위해 인민위원회 같은 자치 조직이 등장하였다. 일제 잔재를 청산하고 새로운 사회를 만들고자 했지만, 미군정이 한반도 남부를 통치하게 되면서 이러한 자치 조직은 점차 해체되었다. 이 과정에서 정치적 이념 차이가 뚜렷해지며 좌우 대립이 심화되었다.

또한 부산은 항구 도시라는 특성으로 해방 후 인구 이동이 매우 활발했는데 귀환 동포와 실업자들이 몰려들면서 식량 부족과 주택 문제 같은 사회문제가 발생하였다. 이러한 경제적 어려움은 시민들의 불만을 키웠고, 각종 시위와 사회적 긴장으로 이어졌다.

이후 이념전쟁이었던 한국전쟁이 발발하자 부산은 임시 수도가 되어 정부 기능을 유지하고 전국에서 몰려온 피란민을 수용하는 중심지가 되었다. 휴전 이후에도 전쟁 피해 복구와 경제 재건의 거점이 되어 부산은 항만을 중심으로 무역과 공업이 발전하였다. 전쟁 시기에 형성된 인구와 산업 기반은 부산이 한국의 대표적인 도시로 성장하는 토대가 되었다.

본서는 부산, 항일의 길을 딛고, 걷고, 달리고 이어간 이야기를 담고 있으며, 그 정신을 이어가기 위해 집필되었다. 독립운동사는 우리 민족이 식민 지배에 맞서 자유와 주권을 되찾기 위해 노력한 역사이다. 독립운동사를 아는 것은 오늘날 누리는 국가와 민주주의가 결코 당연한 것이 아님을 깨닫게 해 준다. 수많은 사람이 희생과 헌신을 통해 독립을 이루려 했다는 사실을 되새겨 현재의 삶을 돌아보게 한다. 또한, 나라를 잃은 어려운 상황 속에서 우리를 지키고자 노력했던 것은 우리 사회의 뿌리를 이해하고 민족적 자존감과 정체성을 형성하는 데 중요한 역할을 한다. 『부산, 항일의 길』을 통해 미래 사회를 살아가는 데 필요한 역사적 교훈을 찾고 과거의 경험을 통해 민주적 가치와 인권의 중요성을 인식하기를 바란다. 부산이 걸어 온 항일의 길은 현재와 미래를 잇는 중요한 역사이며 끝나지 않은 현재이다.

미주

1) 윤선자, 『일제강점기 해외독립운동과 광주학생운동』, 경인문화사, 2025, 191쪽.
2) 강대민, 『부산지역학생운동사』, 국학자료원, 2003, 140~141쪽.
3) 국사편찬위원회, 『일제침략하 36년사』, 1974, 736쪽.
『동아일보』, 1931. 2. 25.; 1931. 2. 26.; 1931. 3. 4.; 1931. 3. 11. / 『조선일보』 1931. 2. 25.; 2031. 2. 26.; 1931. 3. 9.; 1931. 3. 24. 신문지면 상으로 알 수 있는 학생들의 요구사항은 3가지가 있는데 '수업료를 철폐할 것, 학용품을 무상대여 할 것, 교원 간의 풍기상 불행위의 각성을 촉함'이다.
4) 강대민, 앞의 책, 142~143쪽.
5) 김승, 「한말·일제하 동래지역 민족운동과 사회운동」, 『지역과 역사』 Vol-No.6, 부경역사연구소, 2000,
6) 김경일, 『한국민족해방운동사자료집』 제2권, 318~334쪽.
7) 경상남도경찰부, 『고등경찰관계적록(高等警察關係摘錄)』, 1938년, 77쪽.
『동아일보』 1932. 1. 15.; 1932. 1. 22.; 1932. 2. 12.; 1932. 5. 29.; 1932. 9. 11.; 1932. 9. 15. 『조선일보』 1932. 1. 25.; 1932. 1. 30.; 1932. 2. 2.; 1932. 5. 27.
8) 김형목, 「1940년 부산항일학생운동의 민족운동사상 의의」, 『문화전통논집』 14집, 경성대학교 한국학연구소, 2007, 245~246쪽.
9) 『매일신보』, 1941년 5월 12일~13일: 김인호, 「1940년 11·23사건의 사회 경제적 기초-국방헌납과 전쟁편승이 낳은 기대감」, 『한국민족운동사연구』 Vol.0 No 72, 한국민족운동사학회, 2012, 186쪽.
10) 강대민, 「1940년 부산 항일학생의거의 인식에 대한 고찰」, 『인문학 논총』 제40집, 경성대학교 인문과학구소, 2016, 18~19쪽.
11) 모의군사전투훈련에는 진주중학, 마산중학, 동래중학, 부산중학, 부산제1상, 부산제2상, 진주농업, 울산농고 등 경남 도내 갑종중학 8개교의 학생들이 참여하였다. 이중 일본인 학교는 부산중학, 부산제1상, 마산중학이고 조선인 학교는 동래중학, 부산제2상, 진주중학, 진주농업, 울산농고이다.
12) (사)부산항일학생의거 기념사업회, 『1940 용기』, 2020, 9~11쪽; 문인갑 외, 『乃台사건 회상록』, 동래고등학교, 1962; 동래고등학교 동창회, 『동래고등학교 100년사』, 2002; 부산항일의거기념논집편찬위원회, 『부산학생항일의거의 재조명』, 계림출판사, 1992
13) (사)부산항일학생의거 기념사업회, 『1940 용기』, 2020, 12쪽
14) 박철규, 「1940년대 전후 부산경남지역 항일독립운동」, 『1940 용기』, (사)부산항일학생의

거 기념사업회, 2020, 172~173쪽.

15) 부산직할시사편찬위원회, 『부산시사』, 1989; 부산지방보훈청 『부산 독립운동사』, 1996; 동래고등학교 동창회 『동래고등학교 100년사』, 2002; 한국독립운동사연구소, 『한국독립운동사사전』 2 총론편 하권, 1996; 강대민, 앞의 책, 박철규, 앞의 책 등을 참고하여 정리하였다.

16) 한국독립운동사연구소, 『한국독립운동사사전』 2 총론편 하권, 1996, 573~574쪽.

17) 강대민, 앞의 책,

18) 김경일, 「일제의 노동정책과 노동운동」, 『동양학』Vol. No41, 동양학연구원, 2007, 54~55쪽.

19) 『한국향토문화전자대전』 조선방직(www.grandculture.net)

20) 중락회는 1929년 설립된 청년운동의 통일체 부산청년동맹과 신간회 부산지회와 일정한 관계를 유지하던 단체였다. 조선방직공장의 파업으로 신간회 부산지회 김봉황이 검거되어 취조받았다.(이송희, 「일제하 부산지역 방직공장·고무공장 여성노동자들의 쟁의」, 『이화사학연구』 제30집, 이화사학연구소, 2003, 375쪽; 『중외일보』 1930. 1. 11.)

21) 강창석, 「조선방직주식회사 2천 백 명의 대파업」, 『문예전선』 8권 제3호, 1930; 『부산역사문화대전』; 『동아일보』 1930. 1. 13.; 『조선일보』 1930. 1. 17.

22) 『조선일보』 1930. 1. 13.; 1. 14.; 1. 15.; 1. 20.; 1. 21.

23) 이송희, 「일제하 부산지역 방직공장·고무공장 여성노동자들의 쟁의」, 『이화사학연구』 제30집, 이화사학연구소, 2003, 375~377쪽,

24) 이송희, 「일제하 부산지역 방직공장·고무공장 여성노동자들의 쟁의」, 『이화사학연구』 제30집, 이화사학연구소, 2003, 366쪽,

25) 경상남도경찰부, 『고등경찰관계적록(高等警察關係摘錄)』, 1938년, 80쪽; 『동아일보』 1931. 3. 21; 이송희, 「일제하 부산지역 방직공장·고무공장 여성노동자들의 쟁의」, 『이화사학연구』 제30집, 이화사학연구소, 2003, 381쪽,

26) 부산직할시사편찬위원회, 『부산시사』 제1권, 1989, 1021~1023쪽.

27) 『조선일보』 1937. 1. 14.; 1. 30.

28) 한국독립운동사연구소, 『한국독립운동사사전』 2 총론편 하권, 1996, 4쪽.

29) 1930년대 이후 국외에서 활동한 독립운동가에 대한 자료는 독립기념관의 독립운동가 인명사전과 공훈전자사료관의 내용을 정리 요약하였다.

30) https://search.i815.or.kr/해당항목

31) https://search.i815.or.kr/해당항목

32) https://search.i815.or.kr/해당항목

33) https://e-gonghun.mpva.go.kr/diquest/Search.do

34) 서영해에 관한 연구는 2016년부터 본격적으로 이루어졌으며 3·1운동 100년과 관련하여 2019년 부산박물관에서 기획전시 [서영해-파리의 꼬레앙, 유럽을 깨우다]가 마련되면서

관심이 커졌다. 최근 연구에서는 서영해는 아버지 서석주가 한약방을 하면서 부유한 유년 시절을 보냈고, 1915년 부산공립보통학교에 입학하여 1917년 졸업했다고 한다(김두진, 「독립운동가 서영해의 삶과 교육활동 연구」, 『항도부산』41, 2021, 180~181쪽).

35) https://search.i815.or.kr/해당항목

36) 유족 촬영

37) 유족 촬영

부록

연표

부산지역 독립유공자

찾아보기

연표

연도		사건	비고
1869	1.30.	서계 사건 발생	
1872	음5.27.	초량 왜관 난출 사건	
	9.	일본의 기유약조 파기로 조선의 철공철시	
1875	5.25	운요호, 다이테이보호 부산 입항	
	10.	일본 카스가함, 모순함의 무력시위	
	12.	호쇼함 부산 입항	
1876	1.	호쇼함 등 일본함 총 7척의 부산 입항	
	4.	호쇼함 재입항 및 동래부 남문 투석전	
1878	9.28.	두모진 해관 설치	
	12.19.	두모진 해관 폐쇄	
1883	5.	동래민란	
1886	6.	부산 선창가 투쟁	
	9.	일본감수소 동래 여인 납치 사건	
1907		부산지역 국채보상운동 본격화	
	10.15.	구명학교(1년제) 개교	
1908	02.11.	구포저축주식회사 설립	
1909	8.	부산진 일신여학교 설립	1895년 미우라(Myoora Institute) 고아원으로 출발
	10.	대동청년단 결성	
1910		대붕회 조직	부산공립상업학교
1912		구포은행 발족	1915년 경남은행 개칭
1914		백산상회 창립	1917년 합자회사, 1919년 주식회사 전환

연도		사건	비고
1915		구세단 조직	부산공립상업학교
1918	9.14.	동래은행 영업개시	
1919	3.1.	부산 사상 출신 김형기 서울 만세 운동 참여	경성의전 4년생
		서울 만세 시위로 부산 출신 학생들 재판 회부	김형기, 허영조, 황용주, 서영완, 김성국 등
	3.	독립선언서 전달 및 확산	김법린, 김 모, 곽상훈, 양봉근, 김수룡, 배동석, 김연복
	3.11.	부산진 좌천동 일신여학교 만세 시위	
	3.12.	동래면 야간 시위	
	3.13.	동래시장 만세 시위	
	3.17.	범어사 만세 시위	
	3.18.	동래시장 남문 1차 시위	
	3.19.	동래시장 남문 2차 시위	
	3.29.	구포시장 만세시위	
	3.31.	금정 북면 장정리 만세시위	
	4.1.	일신여학교 동맹휴학	
		부산상업학교 동맹휴교	
	4.3.	부산진고등보통학교 만세시위	
		부산상업학교 동맹휴교	
	4.5.	동래 수안 서문통 만세시위 기장읍 만세시위	
	4.초	강서 녹산면 생곡리 만세시위	
	4.8.	부산진 좌천동 만세시위 기장 동부시장 만세시위	
	4.9.	기장 장안 좌천시장 만세시위	
	4.10.	기장공업보통학교보, 시장 만세시위 기장 철마 만세시위 강서 명지 중리 명호시장 만세시위	
	4.11	기장 일광 이천리 만세시위	
		강서 가덕도 만세시위	11~12일 2일간
	4.중	영도 만세시위	
	4.		
	11.	기미육영회 결성	문화운동 주도, 인재 양성

연도		사건	비고
		부산예월회 결성	
	11. 말	부산청년회 결성	1920. 12. 조선청년회연합회 가맹단체로 가입 1921. 청년회관 기공
	-	동래청년구락부 조직	1910년대 중반 혹은 1920년 무렵 결성된 것으로 추정. 1922년 1월 자체 해산
1920	9. 14.	박재혁의 부산경찰서 폭탄 투척 사건	박재혁, 오재영, 최천택 등 모의
1921	4.	기장기독청년회 조직	1921. 7.~12. 사이 장안, 철마, 이천, 대변리 등에도 청년회 결성
	5.	동래여자청년회 조직	
	6. 13.	부산여자청년회 조직	
	6.	기장여자청년회 조직	
	9.	부산 부두노동자 총파업	노동자의 승리로 마무리
1922	2. 5.	동래청년회 조직	중등학교 이상의 청년층
	2. 25.	초량여자청년회 조직	1924. 7. 부산중앙여자청년회로 발전
1922	4.	부산노동회, 초량여자청년회, 부산교원간친회, 평수친목회, 삼일교회기독청년회 등 이 모여 대토론회 개최	주제 '사회발전에는 상호부조인가 생존경쟁인가'
	2. 5.	구포청년회 조직	
1923	2.~3.	토산장려회 조직	부산청년회에서 물산장려운동을 위해 조직. 민생문제에도 대응
	2.	조선물산장려회 조직	동래불교청년회, 동래여자청년회의 연합
	-	기장청년회 조직	기장구락부의 후신 1923. 2.~11. 사이에 조직된 것으로 추정
	11.	동래청년회관 개관	동래기영회의 후원
1924	11.		
1925	3.	기장정진청년회 조직	기장청년회 해체 후 조직 청년운동 단체로 성격 전환
	5.	수영여자청년회 조직	
	8.	구포여자청년회 조직	
	11. 22.	동래청년연맹 조직	동래청년회·서면청년회·구포청년

연도		사건	비고
			회·남면노농청년회·감만청년회·동래여자청년회 등 16개 단체와 함께 발기
		부산인쇄직공조합 총파업	동년 12월까지 지속. 절충과 타협으로 마무리
1926	1. 2.	적광회 조직	동래 여성 중심의 사상단체
	1.	부산청년연맹, 부산부청년연맹 조직	
	4. 10.	신성회 조직	기장에서 조직된 사상단체
1927	7. 30.	신간회 부산지회 창립	경남에서는 사천, 마산에 이은 세번째 창립
	가을	혁조회 조직	학생들이 중심이 되어 조직한 동래독서회의 후신. 혁조회 조직 전후 학생들의 맹휴가 지속되었음.
	12. 4.	부산청년동맹 창립	부산부청년연맹과 부산청년연맹의 통합 추구
1928	2. 26.	동래청년동맹 창립	동래청년회 해체 후 창립
	4.	동래소년동맹 조직	
	4. 21.	신간회 동래지회 창립	
	5. 6.	동래청년동맹 사하지부 결성	
	5. 27.	동래청년동맹 기장지부 결성	
	5. 29.	근우회 동래지회 창립	
	6. 16.	근우회 부산지회 창립	
	6. 22.	동래청년동맹 좌천지부 결성	
	6. 26.	동래청년동맹 일광지부 결성	
	6. 30.	동래청년동맹 여고지부 결성	
1928~1929		부산 환대공장 동맹파업 부산 고무공장 연대파업(환대, 일영, 도변, 대화)	
1929	2. 19.	근우회 기장지회 승격	1928. 7. 14. 동래지회 분회
1929	3.	신간회 기장지회 창립	
	-	근우회 기장지회 창립	
	7. 7.	부산청년동맹 서부지부 결성	
	7. 8.	동래청년동맹 동래지부 결성	
	8. 24.	부산청년동맹 목도지부 결성	

연도		사건	비고
	8.26.	동래청년동맹 구포지부 결성	
	10.21.	부산청년동맹 중부지부 결성	
	10.23.	부산청년동맹 수정지부 결성	
	11.17.	부산청년동맹 부산진지부 결성	
	12.~	동래공립고등보통학교, 부산제2공립상업학교, 부산공립여자고등보통학교, 부산진보통학교, 동래일신여자고등보통학교, 부산상업실처학교 등 학생들의 맹휴와 시위 발생	1929.11.3. 광주학생운동으로 촉발
1930		소년공산당 창립	창립일 미상 _1931.2.22. 해산 부산진보통학교
	1.10.	조선방직공장 총파업	노동들의 역량 강화 계기
1931	3.11.	환대공장 여성노동자 340명 동맹파업	
	3.16.	대화공장 여성노동자 130명 동맹파업	
	3.19.	희성공장 여성노동자 50명 파업	
	3.20.	부산고무공업소 여성노동자50여 명 파업	
	4.	동래청년동맹의 활동 사실상 중단	회원들의 잇단 검거 영향
	5.	신간회 부산지회, 동래지회, 기장지회 해소	1931.5.16. 신간회 해소 이후
	7.	적기회 조직	동래고등보통학교
	8.	부산청년연맹 회관 처분 후 부산청년동맹 활동 사실상 중단	경남도청년동맹 해체 영향
	-	근우회 부산지회, 동래지회, 기장지회 해소	근우회 해소 이후 점차 활동 중단
	9.	반제전위동맹 조직	적기회에서 개조 세포기관으로 적색스포츠단, 사회과학연구회
	10.~11.	부산 6개소 고무공장 직공 연대 파업	
1933	5.	조선방직공장 직공 400여 명 파업	
1937	1.	조선방직공장 직공 3,000여 명 파업	
1940	11.23.	부산항일학생의거(일명 노다이 사건)	동래고등보통학교, 부산제2상업학교

연도		사건	비고
			200여명 피검, 15명 구속
1941	겨울	조선독립당 창립	부산항일학생의거 이후 동래중학교 학생들을 중심으로 조직 1944.8. 피검
1944	5.	순국당	부산진보통학교출신 1944.7. 발각
	-	무궁단	부산제2상업학교 창립일 미상, 1945.6. 발각

부산지역 독립유공자

일러두기

부산 출신(본적지 기준) 독립유공자를 한글순으로 정리한다.
부산 출신은 아니지만, 부산에서 활동한 내용으로 포상이 된 독립운동가도 함께 정리한다.
부산은 현재의 행정구역으로 한정한다. 이전에는 부산이 아니었으나, 현재 부산의 행정구역으로 개편되었던 지역도 포함한다.
독립유공자 현황은 공훈전자사료관(https://e-gonghun.mpva.go.kr)의 내용을 정리한다.
검색 일자는 2025년 11월이다.

순번	성명(한자, 생몰)	성별	운동계열	포상훈격	포상년도	출신지
1	강무홍(姜武洪, 1921~1971)	남	국내항일	대통령표창	2009	부산-기장
2	강석이(姜碩伊, 1865~미상)	남	3·1운동	애족장	2014	부산-동래
3	강우중(姜宇中, 1924~1967)	남	학생운동	대통령표창	2021	부산-부평
4	고규주(高圭柱, 1894~1980)	남	미주방면	대통령표창	2005	창원
5	고영건(高永建, 1897~1941)	남	3·1운동	애족장(대통령표창)	1990(1983)	부산-대저
6	공덕윤(孔德允, 1889~미상)	남	미주방면	대통령표창	2017	부산-대저
7	구수암(具壽巖, 1901~1920)	남	3·1운동	애국장	1992	부산-기장
8	권동수(權東銖, 1914~미상)	남	국내항일	애족장	2021	부산-기장
9	권용학(權龍鶴, 1891~미상)	남	3·1운동	대통령표창	2017	부산-동래
10	권철암(權鐵巖, 1901~1936)	남	3·1운동	애족장(대통령표창)	1990(1986)	부산-기장
11	김계향(金桂香, 1909~미상)	여	학생운동	대통령표창	2019	부산-초량
12	김귀룡(金貴龍, 1898~1975)	남	3·1운동	애족장(대통령표창)	1990(1982)	부산-동래
13	김규원(金圭元, 1925~2002)	남	일본방면	건국포장	1993	부산-기장
14	김규직(金圭直, 1909~1929)	남	학생운동	애국장	1996	부산-동래
15	김근도(金根道, 1900~1983)	남	일본방면	애족장	1995	부산-가덕
16	김근태(金根泰, 1909~1973)	남	학생운동	대통령표창	2023	김해
17	김금수(金今守, 1892~미상)	남	만주방면	애족장	2020	부산-대저
18	김기삼(金琪三, 1901~1965)	남	3·1운동	대통령표창	1992	부산-동래
19	김난줄(金蘭茁, 1904~1983)	여	3·1운동	대통령표창	2015	부산-좌천
20	김난줄(金蘭茁, 1905~1938)	남	국내항일	대통령표창	2020	부산-영선
21	김남수(金南守, 1892~1955)	남	3·1운동	대통령표창	2014	부산-가덕
22	김달수(金達洙, 1888~1924)	남	3·1운동	애족장	1995	부산-동래

순번	성명(한자, 생몰)	성별	운동계열	포상훈격	포상년도	출신지
23	김덕원(金德元, 1859~미상)	남	3·1운동	대통령표창	2014	부산-동래
24	김덕조(金德祚, 1914~1947)	남	국내항일	건국포장	2004	양산
25	김도엽(金度燁, 1899~1937)	남	3·1운동	애국장	1992	부산-기장
26	김명수(金明洙, 1922~1961)	남	학생운동	대통령표창	2022	부산-초량
27	김반수(金班守, 1904~2001)	여	3·1운동	대통령표창	1992	부산-동래
28	김법린(金法麟, 1899~1964)	남	국내항일	독립장	1995	부산-동래
29	김병태(金餠泰, 1899~1946)	남	의열투쟁	독립장	1995	부산-좌천
30	김복선(金福善, 1901~미상)	여	3·1운동	대통령표창	2015	김해
31	김봉애(金奉愛, 1901~미상)	여	3·1운동	대통령표창	2015	양산
32	김봉추(金鳳樞, 1892~1949)	남	3·1운동	대통령표창	1992	부산-서구(녹정)
33	김상기(金相琦, 1894~1953)	남	3·1운동	애족장(대통령표창)	1990(1983)	양산
34	김선갑(金銑甲, 1921~1942)	남	학생운동	애국장	1993	창원
35	김성규(金成奎, 1913~미상)	남	일본방면	애족장	2023	부산-가덕
36	김성조(金聖祚, 1902~1920)	남	3·1운동	애족장	2003	부산-동래
37	김수룡(金壽龍, 1901~1973)	남	3·1운동	애족장(대통령표창)	1990(1968)	부산-기장
38	김순이(金順伊, 1903~1919)	여	3·1운동	애국장	2014	부산-좌천
39	김순희(金順希, 1911~미상)	여	학생운동	대통령표창	2023	울산
40	김애련(金愛蓮, 1906~1996)	여	3·1운동	대통령표창	1992	부산-좌천
41	김영규(金永奎, 1898~1952)	남	3·1운동	애족장(대통령표창)	1990(1977)	부산-진구(금성)
42	김영서(金永瑞, 1882~1975)	남	3·1운동	애족장	1990	부산-좌천
43	김영식(金永植, 1904~미상)	남	3·1운동	대통령표창	2018	울산
44	김영조(金榮照, 1923~2004)	남	학생운동	애족장	2023	울산
45	김영주(金永柱, 1896~1930)	남	의열투쟁	대통령표창	1996	부산-좌천
46	김영찬(金永瓚, 1924~2017)	남	학생운동	애족장(대통령표창)	1990(1982)	부산-동래
47	김영호(金永浩, 1912~1978)	남	국내항일	건국포장	2009	부산-청학
48	김옥겸(金玉兼, 1892~1957)	남	3·1운동	애족장(대통령표창)	1990(1977)	김해
49	김용구(金龍九, 1890~1963)	남	3·1운동	대통령표창	1998	부산-동래
50	김윤길(金潤吉, 1889~1931)	남	3·1운동	건국포장	2008	부산-동래
51	김윤희(金允熙, 1888~1921)	남	3·1운동	애족장	1990	부산-정관
52	김은해(金銀海, 1878~1951)	남	미주방면	건국포장	2017	부산-동래
53	김응수(金應守, 1901~1979)	여	3·1운동	대통령표창	1995	통영
54	김인규(金麟圭, 1922~1996)	남	학생운동	애족장	1993	양산
55	김인주(金仁柱, 1892~1944)	남	문화운동	애국장(대통령표창)	1991(1977)	부산-동래

순번	성명(한자, 생몰)	성별	운동계열	포상훈격	포상년도	출신지
56	김인호(金仁浩, 1900~1982)	남	3·1운동	애족장(대통령표창)	1990(1983)	부산-동래
57	김일규(金一圭, 1924~2003)	남	국내항일	애족장(대통령표창)	1990(1982)	마산
58	김장룡(金章龍, 1926~2015)	남	국내항일	건국포장	2007	울산
59	김장학(金章鶴, 1895~미상)	남	3·1운동	대통령표창	2019	부산-대저
60	김재한(金在漢, 1921~1977)	남	학생운동	대통령표창	2022	밀양
61	김재호(金在浩, 1900~1969)	남	3·1운동	대통령표창	1993	경주
62	김종엽(金鍾燁, 1897~1969)	남	국내항일	애족장	2022	부산-기장
63	김종한(金鍾漢, 1901~미상)	남	만주방면	애족장	2025	부산-영주
64	김진옥(金鎭沃, 1928~1980)	남	국내항일	건국포장	1996	부산-범일
65	김진훈(金鎭焄, 1924~1945)	남	국내항일	애국장(대통령표창)	1991(1982)	창원
66	김충념(金忠念, 1896~미상)	남	3·1운동	대통령표창	2020	울산
67	김치명(金致明, 1880~1950)	남	미주방면	건국포장	2022	부산-동래
68	김태엽(金泰燁, 1897~1985)	남	일본방면	애족장	2009	부산-대저
69	김학준(金學俊, 1887~1920)	남	3·1운동	애국장	2018	부산-동래
70	김한경(金漢經, 1927~1946)	남	국내항일	애족장	1995	부산-영주
71	김한기(金漢琦, 1897~1982)	남	3·1운동	애족장(대통령표창)	1990(1986)	부산-동래
72	김홍태(金弘泰, 1909~1950)	남	학생운동	대통령표창	2023	부산-초량
73	김환성(金煥性, 1904~1981)	남	국내항일	건국포장	2008	부산-대신
74	남기명(南基明, 1923~1999)	남	국내항일	애족장(대통령표창)	1990(1982)	통영
75	남정섭(南廷燮, 1887~미상)	남	만주방면	애족장	2021	부산-영주
76	노원필(盧源弼, 1875~1957)	남	3·1운동	대통령표창	2014	부산-동래
77	데이지 호킹(Daisy Hocking, 1888~1971)	여	독립운동 지원	건국포장	2022	호주
78	도우황(都宇黃, 1891~미상)	남	3·1운동	대통령표창	2019	부산-동래
79	마가렛 선더먼 데이비스 (Margaret Sandeman Davies, 1887~1863)	여	독립운동 지원	애족장	2022	호주
80	문길환(文吉煥, 1912~미상)	남	학생운동	애족장	2020	부산-동래
81	문복숙(文福淑, 1901~미상)	여	3·1운동	대통령표창	2018	부산-동래
82	문시환(文時煥, 1897~1973)	남	중국방면	애족장	1995	부산-동래
83	문인갑(文仁甲, 1923~2008)	남	국내항일	애족장(대통령표창)	1990(1982)	부산-동래
84	민병구(閔丙久, 1918~1973)	남	일본방면	건국포장	2023	밀양
85	박덕홍(朴德弘, 1896~미상)	남	3·1운동	건국포장	2022	부산-동래
86	박도백(朴道伯, 1892~1939)	남	3·1운동	애족장	1996	부산-대저
87	박두성(朴斗成, 1899~미상)	남	3·1운동	대통령표창	2018	부산-명지

순번	성명(한자, 생몰)	성별	운동계열	포상훈격	포상년도	출신지
88	박두천(朴斗天, 1897~1923)	남	3·1운동	애족장	1995	부산-좌천
89	박문호(朴文昊, 1907~1934)	남	국내항일	애국장	2019	부산-동래
90	박문희(朴文熺, 1901~미상)	남	국내항일	애족장	2018	부산-동래
91	박석오(朴碩五, 1900~미상)	남	3·1운동	대통령표창	2022	부산-동래
92	박성봉(朴成鳳, 1898~1980)	남	3·1운동	대통령표창	2003	부산-동래
93	박성해(朴性海, 1898~1929)	남	3·1운동	대통령표창	2008	부산-좌천
94	박세용(朴世用, 1907~1935)	남	일본방면	애족장	2006	부산-기장
95	박세현(朴世鉉, 1897~1918)	남	국내항일	애족장	1993	부산-동래
96	박시연(朴時淵, 미상~미상)	여	3·1운동	애족장	2018	부산-미상
97	박연이(朴連伊, 1900~1945)	여	3·1운동	대통령표창	2015	부산-범일
98	박영준(朴英俊, 1885~1943)	남	3·1운동	애족장(대통령표창)	1990(1986)	부산-기장
99	박영출(朴英出, 1907~1938)	남	국내항일	애국장(건국포장)	1990(1977)	부산-동래
100	박영환(朴永煥, 1896~1962)	남	3·1운동	대통령표창	2005	부산-동래
101	박용수(朴龍水, 1888~1943)	남	3·1운동	대통령표창	2014	부산-대저
102	박임갑(朴壬甲, 1902~1990)	남	3·1운동	대통령표창	1992	양산
103	박재삼(朴在森, 1902~1963)	남	3·1운동	대통령표창	2019	부산-동래
104	박재선(朴再善, 1911~1998)	여	학생운동	대통령표창	2023	부산-대신
105	박재혁(朴載赫, 1895~1921)	남	중국방면	독립장	1962	부산-범일
106	박점수(朴点壽, 1910~1979)	남	학생운동	대통령표창	2023	마산
107	박정국(朴楨國, 1897~1972)	남	3·1운동	대통령표창	1992	부산-대연
108	박정수(朴貞守, 1901~미상)	여	3·1운동	대통령표창	2015	부산-좌천
109	박정수(朴貞守, 1917~1979)	남	광복군	대통령표창	1963	부산-대저
110	박정오(朴楨五, 1927~2012)	남	국내항일	건국포장	1993	부산-범일
111	박지원(朴志源 1893~1966)	남	국내항일	애국장(건국포장)	1990(1977)	밀양
112	박진태(朴鎭台, 1876~미상)	남	만주방면	애국장(대통령표창)	1991(1963)	부산-동래
113	박차정(朴次貞, 1910~1944)	여	중국방면	독립장	1995	부산-동래
114	배봉수(裵鳳秀, 1928~2005)	남	국내항일	건국포장	1993	울산
115	배종훈(裵鍾勳, 1924~1997)	남	학생운동	건국포장	2019	함안
116	백광흠(白光欽, 1895~1927)	남	계몽운동	애족장(대통령표창)	1990(1963)	부산-동래
117	백신영(白信永, 1889~미상)	여	국내항일	애족장(대통령표창)	1990(1963)	부산-초량
118	백인봉(白仁鳳, 1887~미상)	남	3·1운동	대통령표창	2017	부산-동래
119	서영석(徐泳奭, 1925~1963)	남	일본방면	애족장(대통령표창)	1990(1977)	부산-금곡
120	서영해(徐嶺海, 1902~미상)	남	임시정부	애국장	1995	부산-초량
121	서영환(徐永琬 1898~미상)	남	중국방면	애족장	2019	부산-좌천

순번	성명(한자, 생몰)	성별	운동계열	포상훈격	포상년도	출신지
122	서진령(徐鎭泠, 1899~1971)	남	3·1운동	대통령표창	1992	김해
123	손군호(孫君浩, 1902~1976)	남	3·1운동	대통령표창	2005	양산
124	손태연(孫泰淵, 1901~미상)	남	3·1운동	대통령표창	2020	부산-기장
125	송윤화(宋潤和, 1916~1975)	남	광복군	애족장(대통령표창)	1990(1963)	부산-미상
126	신두성(辛斗星, 1890~1959)	남	3·1운동	대통령표창	1993	부산-정관
127	신성집(申性執, 1863~미상)	남	3·1운동	대통령표창	2022	부산-동래
128	신정호(辛正浩, 1928~1989)	남	국내항일	건국포장	1993	부산-수정
129	신종기(申鍾驥, 1897~미상)	남	3·1운동	대통령표창	2020	울산
130	신종은(申鍾殷, 1900~1946)	남	3·1운동	대통령표창	2009	부산-동래
131	신주성(愼注星, 1902~1951)	남	3·1운동	대통령표창	1996	마산
132	심순의(沈順義, 1903~미상)	여	3·1운동	대통령표창	1992	부산-좌천
133	안경환(安敬煥, 1892~1943)	남	3·1운동	대통령표창	2020	부산-동래
134	안장원(安長遠, 1924~1971)	남	학생운동	애족장	1993	울산
135	안정석(安貞錫, 1883~미상)	여	국내항일	애족장(대통령표창)	1990(1968)	부산-우암
136	안화중(安華重, 1882~1921)	남	3·1운동	대통령표창	2014	부산-동래
137	양수근(梁壽根, 1898~1977)	남	3·1운동	대통령표창	1997	부산-동래
138	양왕석(梁旺錫, 1900~1967)	남	3·1운동	대통령표창	2018	부산-명지
139	양정욱(梁正彧, 1909~1931)	남	학생운동	애족장	1995	부산-동래
140	양춘도(楊春到, 1902~미상)	남	3·1운동	대통령표창	2020	양산
141	양태용(梁太鎔, 1893~1937)	남	3·1운동	대통령표창	1997	부산-동래
142	어소운(魚小雲, 1906~1977)	남	국내항일	대통령표창	2002	부산-동래
143	엄병영(嚴棅永, 1902~1974)	남	3·1운동	대통령표창	1995	부산-동래
144	엄진영(嚴進永, 1899~1947)	남	3·1운동	애족장(대통령표창)	1990(1977)	부산-동래
145	오규환(吳珪煥, 1885~1932)	남	국내항일	대통령표창	1998	부산-기장
146	오기원(吳基元, 1897~1940)	남	3·1운동	건국포장	1992	부산-기장
147	오동휘(吳東輝, 1923~1944)	남	일본방면	애국장	2025	부산-동래
148	오재영(吳哉泳, 1897~1948)	남	의열투쟁	애족장(대통령표창)	1990(1883)	부산-좌천
149	유진석(俞鎭奭, 1898~미상)	남	미주방면	건국포장	2016	부산-미상
150	유진흥(俞鎭興, 미상~1929)	남	학생운동	애국장	2000	미상
151	윤경봉(尹敬奉, 1897~1941)	남	3·1운동	건국포장	1997	부산-동래
152	윤삼동(尹三東, 1901~1984)	남	3·1운동	대통령표창	1999	부산-동래
153	윤상은(尹相殷, 1895~1982)	남	3·1운동	대통령표창	2005	부산-동래
154	윤장수(尹章守, 1895~1958)	남	3·1운동	대통령표창	1995	부산-동래
155	윤정은(尹正殷, 1852~1920)	남	3·1운동	애국장(대통령표창)	1991(1977)	부산-동래

순번	성명(한자, 생몰)	성별	운동계열	포상훈격	포상년도	출신지
156	윤창배(尹昌培, 1899~미상)	남	미주방면	건국포장	2022	부산-초량
157	이갑이(李甲伊, 1897~1929)	남	3·1운동	애족장	1990	부산-좌천
158	이강희(李康熙, 1898~1943)	남	국내항일	애족장(대통령표창)	1990(1980)	부산-초량
159	이관수(李觀洙, 1925~1951)	남	국내항일	애족장(대통령표창)	1990(1982)	부산-동래
160	이광우(李光雨, 1925~2007)	남	국내항일	애족장	2000	부산-범일
161	이규회(李圭恢, 1903~1966)	남	3·1운동	대통령표창	2018	부산-명지
162	이달희(李達熙, 1920~1994)	남	학생운동	애족장	1993	창원
163	이도윤(李道胤, 1923~2013)	남	학생운동	애족장	1993	부산-기장
164	이동화(李東華, 1896~1934)	남	중국방면	애국장	2009	부산-동래
165	이명상(李明祥, 1909~1969)	남	국내항일	애족장	1996	창원
166	이명시(李明施, 1902~1974)	여	3·1운동	대통령표창	2010	합천
167	이몽석(李夢石, 1898~1929)	남	3·1운동	대통령표창	2014	부산-동래
168	이병도(李丙燾, 1923~1991)	남	학생운동	애족장	1993	하동
169	이봉우(李鳳雨, 1873~1921)	남	만주방면	독립장	1980	부산-동래
170	이사벨라 멘지스(Isabella Menzies, 1856~1935)	여	독립운동 지원	건국포장	2022	호주
171	이상덕(李相悳, 1900~1975)	남	3·1운동	애족장	1995	부산-수영
172	이상엽(李相燁, 1907~미상)	남	학생운동	대통령표창	2025	부산-부민
173	이세기(李世基, 1923~1976)	남	학생운동	애족장	1993	하동
174	이수강(李壽康, 1912~1962)	남	일본방면	애족장	1990	부산-가덕
175	이수룡(李守龍, 1911~1998)	남	일본방면	애족장	1990	부산-가덕
176	이수열(李守烈, 1903~1971)	남	3·1운동	대통령표창	2000	부산-동래
177	이영우(李永雨, 1899~1938)	남	3·1운동	대통령표창	2020	양산
178	이인희(李仁熙, 1924~2012)	남	학생운동	대통령표창	2019	부산-동래
179	이진석(李鎭奭, 1896~1970)	남	3·1운동	애족장(대통령표창)	1990(1977)	부산-명지
180	이차봉(李且鳳, 1919~미상)	남	일본방면	대통령표창	2025	부산-중도
181	이추수(李秋收, 1923~1969)	남	학생운동	대통령표창	2022	부산-동래
182	이춘근(李春根, 1912~1993)	남	국내항일	애족장	2021	부산-부민
183	임국희(林國熙, 1901~1968)	남	국내항일	대통령표창	2017	부산-아미
184	임명조(林命祚, 1905~1965)	남	3·1운동	대통령표창	1992	부산-동래
185	임봉래(林鳳來, 1890~1968)	남	3·1운동	애족장(대통령표창)	1990(1968)	부산-화명
186	장건상(張建相, 1882~1974)	남	임시정부	대통령장	1986	부산-좌천
187	장남현(張南鉉, 1911~1947)	남	학생운동	건국포장	1995	순천
188	장봉기(張琫起, 1902~1997)	남	3·1운동	대통령표창	1992	부산-기장
189	전병철(全秉哲, 1926~2010)	남	학생운동	대통령표창	2004	밀양

순번	성명(한자, 생몰)	성별	운동계열	포상훈격	포상년도	출신지
190	전병희(全炳凞, 1890~1942)	남	노령방면	애족장	2011	부산-영주
191	전창호(田昌浩, 1928~1993)	남	국내항일	건국포장	1993	부산-부전
192	정두열(鄭斗烈, 1922~2003)	남	학생운동	애족장	1993	울주
193	정문규(鄭汶圭, 1908~1979)	남	학생운동	대통령표창	2025	부산-동래
194	정성언(鄭聖彦, 1892~1952)	남	3·1운동	대통령표창	1993	부산-동래
195	정오연(鄭五然, 1928~1945)	남	국내항일	애국장	1995	부산-좌천
196	정인찬(鄭寅贊, 1887~1932)	남	임시정부	애족장(대통령표창)	1990(1977)	부산-동래
197	정주영(鄭鑄永, 1914~1935)	남	국내항일	애족장	2000	합천
198	정지모(鄭智謨, 1893~1925)	남	3·1운동	애족장	1966	울산
199	정차호(鄭且浩, 1908~1946)	남	국내항일	대통령표창	2018	의령
200	정호종(鄭浩宗, 1901~1981)	남	3·1운동	애족장(대통령표창)	1990(1983)	부산-동래
201	조동수(趙東壽, 1910~미상)	여	학생운동	대통령표창	2023	부산-동래
202	조용진(趙鏞晉, 1894~1961)	남	3·1운동	대통령표창	2014	부산-가덕
203	조해규(趙海奎, 1878~1959)	남	3·1운동	대통령표창	2019	부산-동래
204	지봉구(池鳳九, 1899~미상)	남	3·1운동	대통령표창	2019	부산-명지
205	지용준(池龍俊, 1894~1971)	남	3·1운동	대통령표창	1992	양산
206	진유관(陳有寬, 1891~1946)	남	3·1운동	대통령표창	2019	부산-동래
207	차병곤(車炳坤, 1928~1945)	남	국내항일	애국장	1995	부산-동래
208	최기복(崔基福, 1901~1991)	남	3·1운동	애족장(대통령표창)	1990(1980)	부산-기장
209	최복순(崔福順, 1911~미상)	여	학생운동	대통령표창	2014	부산-초량
210	최상림(崔尙林, 1888~1945)	남	국내항일	애국장(대통령표창)	1991(1977)	부산-기장
211	최선호(崔善浩, 1925~1981)	남	국내항일	대통령표창	2020	부산-초량
212	최세권(崔世權, 1901~1939)	남	3·1운동	애족장	2008	부산-가덕
213	최익수(崔益守, 1901~1978)	남	3·1운동	대통령표창	2008	부산-좌천
214	최장학(崔章學, 1909~1987)	남	광복군	애국장(건국포장)	1990(1977)	부산-동래
215	최진학(崔進鶴, 1892~1941)	남	국내항일	애족장	2014	부산-좌천
216	최창용(崔昌鎔, 1898~1981)	남	3·1운동	애족장(대통령표창)	1990(1982)	부산-기장
217	최천택(崔天澤, 1897~1962)	남	국내항일	애족장	2003	부산-좌천
218	최한봉(崔漢鳳, 1882~1961)	남	3·1운동	대통령표창	2022	부산-동래
219	추규영(秋圭映, 1901~1977)	남	3·1운동	애족장(대통령표창)	1990(1986)	부산-동래
220	하성동(河性東, 1906~1927)	남	학생운동	대통령표창	2024	창녕
221	하인출(河仁出, 1892~1929)	남	3·1운동	대통령표창	2010	부산-가덕
222	한덕술(韓德述, 1903~1942)	남	국내항일	대통령표창	2005	부산-동래
223	한하연(韓何然, 1903~1960)	남	일본방면	애족장	1990	부산-초량

순번	성명(한자, 생몰)	성별	운동계열	포상훈격	포상년도	출신지
224	한형석(韓亨錫, 1910~1996)	남	광복군	애국장(건국포장)	1990(1977)	부산-동래
225	한흥교(韓興敎, 1885~1967)	남	중국방면	애국장(건국포장)	1990(1977)	부산-동래
226	허영조(許永祚, 1897~1929)	남	3·1운동	대통령표창	1996	부산-초량
227	허 정(許 楨, 1894~1948)	남	3·1운동	대통령표창	2021	부산-동래
228	허치옥(許致玉, 1894~1924)	남	3·1운동	애족장	1990	부산-동래
229	허희중(許希中, 1887~1954)	남	3·1운동	대통령표창	2006	부산-동래
230	홍재문(洪在文, 1897~1958)	남	3·1운동	애국장(건국포장)	1990(1977)	밀양
231	황만우(黃滿宇, 1901~1952)	남	3·1운동	대통령표창	1999	양산
232	황용하(黃龍河, 1899~미상)	남	3·1운동	대통령표창	2022	부산-사상
233	황학동(黃鶴東, 1901~미상)	남	3·1운동	대통령표창	2020	울산

찾아보기

ㄱ

ㄴ

ㄷ

ㄹ

ㅁ

ㅂ

ㅅ

ㅇ

ㅈ

ㅊ

ㅌ

ㅍ

ㅎ

부산, 항일의 길

초판 1쇄 인쇄 2025년 12월 19일
초판 1쇄 발행 2025년 12월 26일

지 은 이 강대민, 김승, 김혜진, 박철규, 배진영
엮 은 이 광복회 부산지부

발 행 인 한정희
발 행 처 경인문화사
편 집 정효민 김한별 김지선 한주연 양은경
마 케 팅 하재일 유인순
출판번호 제406-1973-000003호
주 소 경기도 파주시 회동길 445-1 경인빌딩 B동 4층
전 화 031-955-9300 팩 스 031-955-9310
홈페이지 www.kyunginp.co.kr
이 메 일 kyungin@kyunginp.co.kr

ISBN 978-89-499-6911-4 93910
값 26,000원